直面历史的深渊（上册）

南京大屠杀始末探析

[美] 陆束屏 ◎ 著
[美] 陆束屏 ◎ 译

团结出版社

图书在版编目（CIP）数据

直面历史的深渊：南京大屠杀始末探析 /（美）陆束屏著；陆束屏译. -- 北京：团结出版社，2023.1
ISBN 978-7-5126-9853-6

Ⅰ. ①直… Ⅱ. ①陆… Ⅲ. ①南京大屠杀－研究 Ⅳ. ① K265.607

中国版本图书馆 CIP 数据核字 (2022) 第 220505 号

Translation from the English language edition:
The 1937-1938 Nanjing Atrocities
by Suping Lu
Copyright © Springer Nature Singapore Pte Ltd. 2019. All Rights Reserved.

出　　版：	团结出版社
	（北京市东城区东皇城根南街 84 号　邮编：100006）
电　　话：	（010）65228880　65244790（出版社）
	（010）65238766　85113874　65133603（发行部）
	（010）65133603（邮购）
网　　址：	http://www.tjpress.com
E-mail：	zb65244790@vip.163.com
	tjcbsfxb@163.com（发行部邮购）
经　　销：	全国新华书店
印　　装：	三河市东方印刷有限公司
开　　本：	170mm×240mm　16 开
印　　张：	50.25
字　　数：	736 千字
版　　次：	2023 年 1 月　第 1 版
印　　次：	2023 年 1 月　第 1 次印刷
书　　号：	978-7-5126-9853-6
定　　价：	138.00 元（全 2 册）

（版权所属，盗版必究）

作者自画像

作者简介

陆束屏　美国内布拉斯加大学教授，主要英文著作有 *Japanese Atrocities in Nanking: The Nanjing Massacre and Post-Massacre Social Conditions Recorded in German Diplomatic Documents* (2022), *The 1937-1938 Nanjing Atrocities* (2019), *A Dark Page in History: The Nanjing Massacre and Post-Massacre Social Conditions Recorded in British Diplomatic Dispatches, Admiralty Documents and U.S. Naval Intelligence Reports* (2012, 2019), *A Mission under Duress: The Nanjing Massacre and Post-Massacre Social Conditions Documented by American Diplomats* (2010), *Terror in Minnie Vautrin's Nanjing: Diaries and Correspondence, 1937-38* (2008), *They Were in Nanjing: The Nanjing Massacre Witnessed by American and British Nationals* (2004) 等。

从 1999 年至 2021 年，先后用中文在北京和南京出版相关南京大屠杀研究的专著 8 部：《日军南京暴行：德国外交文件中记载的南京大屠杀与劫后社会状况》（2021），《忍辱负重的使命：美国外交官记载的南京大屠杀与劫后社会状况》（2018），《历史上的黑暗一页：英国外交文件与英美海军档案中的南京大屠杀》（2017），《血腥恐怖金陵岁月：金陵女子文理学院中外人士的记载》（上下册，2014），《英国外交官和英美海军军官的记载：日军大屠杀与浩劫后的南京城》（2013），《腥风血雨话金陵：明妮•魏特琳一九三七——一九三八年日记、书信和电文》（2012），《美国外交官的记载：日军大屠杀与浩劫后的南京城》（2012），《南京大屠杀：英美人士的目击报道》（1999）；并于 2022 年 10 月在德国用德文出版 *Japanische Greueltaten in Nanking: Das Nanjing Massaker in deutschen diplomatischen Dokumenten* 一书。因在南京大屠杀研究领域的成果及其在英语世界的传播，2014 年被南京大屠杀遇难同胞纪念馆授予特别贡献奖。

中文版序

　　1937年7月初，日本在卢沟桥挑起事端，发动全面侵华战争。到7月底，日军攻占北平、天津，并继续在华北攻城略地。8月中旬，淞沪战役打响。虽然中国军队奋起抗战，英勇抵抗，前赴后继，但是在缺乏制空权，没有制海权，武器装备、训练水平均处于劣势的情况下，他们虽殊死奋战，却节节败退，11月12日，上海沦陷。日军继续向西推进，向南京进犯。

　　日军在所到之处，包括上海、苏州、无锡、常州、镇江、徐州等地，犯下种种暴行，杀人、放火、强奸、掳掠，无所不为，这些行为在攻占南京后达到令人发指的地步。作为国民政府的首都，南京驻有西方记者，还有西方传教士与商人，因此日军的所作所为被迅速报道，传往海外。相较而言，日军在其他地域的暴行则较少被报道，不那么引人注目。

　　战争的践踏、日军的暴行在百姓中造成极度的恐惧。听闻日军将至，他们仓皇出逃，因此，数以千万计的难民或从城镇逃往乡村，或溯江而上，向西逃难。笔者的父母便在这千千万万的民众当中。1937年，在江南小县城丹阳，笔者的母亲周秀（1913—1964）是一名小学教师，父亲陆元凯（1910—1994）任教育局的督导员。日军的到来使他们失去了一切。他们从江南逃难到苏北，参加抗日游击队。二十来岁的热血青年如果不愿意在日本人的统治下过亡国奴的生活，这是唯一的出路。外敌入侵、流离失所之苦让笔者的父母终生难忘，父亲生前不止一次提及这段不堪回首的经历，并强调千万不能忘记，因为日本资源匮乏，一旦有机会，便会向外扩张，亚洲大陆必然首当其冲。国人需警钟长鸣，居安思危。这在一定程度上可以理解为笔者二十多年来从事这项研究的初衷。

1997年2月，笔者第一次前往美国国会图书馆搜寻美国传教士留下的南京大屠杀的目击证词，这是笔者此项研究的肇始。最初的研究成果为北京的红旗出版社于1999年出版的《南京大屠杀：英美人士的目击报道》，这是一部包括新闻报道、美国传教士信件、日记，以及部分美国外交电文的英文原始资料的中文译文的汇编。

然而，严格意义上的学术研究是在笔者完成第一部汇编文集的编纂工作之后才开始的。此后数年，笔者陆续走访了位于中国、美国与英国的国家档案馆、国家图书馆、大学图书馆与教会历史学会的档案馆或图书馆，收集了大量珍贵的英文原始资料，包括英美记者于1937年12月发自南京的新闻报道，留在南京的美国传教士于1937年12月至1938年上半年期间写的大量书信与日记，美国、英国外交官于1938年发自南京的各类外交电文、报告、信件与其他文件。此外，笔者还寻获了一批珍贵的原始资料，其中有1938年中国各地报章上发表的逃离南京的大屠杀幸存者与目击者的证言、采访报道，1945—1946年国民政府在南京进行的大规模"敌人战争罪行调查"记录，以及1984年南京市对1700多名仍健在的大屠杀幸存者与目击者调查访谈的笔录。

笔者原本打算利用这些材料，用英文撰写一部全面论述、分析南京大屠杀的学术专著。但仔细审阅收集到的资料，发现要深入分析研究南京大屠杀这一巨大历史惨案的方方面面，当时掌握的资料仍显不足。中英文资料中，仍缺乏东京远东国际军事法庭与南京国防部军事法庭审判日本战犯的材料、掩埋遇难者尸体的各类记录以及淞沪战役与南京攻防战等各类战报与记述；日文资料中，仍没有搜寻到日军官兵在战时私下记述的战地日记，而这又无疑是最珍贵的一部分；德文资料中，仍无法获得在南京的德国外交官于1938年上半年向柏林外交部与当时在汉口的德国驻华大使发送的数量可观的外交电文与报告。有鉴于此，笔者决定收缩写作计划的范围，将重点聚焦在美国与英国公民对南京大屠杀的目击见证。

经过笔者一年左右的写作，该书于2003年末完稿，于2004年11月由香港大学出版社向全球发行。该书主要论述、分析了南京被攻占后留在城内的西方籍人士名单，英文媒体关于南京大屠杀的报道，南京安全区国际委员会及安全区文件，美国传教士的个人记录，美国外交文件于海军档案的记载，日军对美国公民的袭击，英国外交官与皇家海军的记录，以及美国与英国财产遭受的损失等主题。

然而，由于收集到的英文原始资料数量庞大，而撰写一部学术著作所用的素材相对有限，但这些极为珍贵的历史资料应该全部被整理出版，以惠及世界各地的学者、研究人员、学生，以及对此主题感兴趣的读者。此外，这些原始资料可以帮助人们更直接、更清楚地了解南京大屠杀与日军暴行的真相，最有力、最有效地回击否定南京大屠杀事件的日本右翼势力。

在此后的十多年中，笔者整理、编辑、注释、出版了明妮·魏特琳的《魏特琳日记》（2008），美国外交官1937年12月底至1938年8月从南京发出的电文、信件、报告与文件（2010），英国外交文件、皇家海军档案与美国海军每周情报报告（2012、2019）三部英文原始资料集。这三本书均被译成中文，并在南京分别出版两次。

在编纂这些资料集的同时，笔者也积极收集来源不同的英文、中文、日文、德文与法文的档案与资料。因为笔者每年都会到美国各城市开会，所以每隔两三年就会有机会去哈佛、国家档案馆或其他图书馆和档案馆。这样，笔者几乎每年都奔走在收集资料的旅途上：2005年去哈佛霍顿图书馆查阅传教士的书信，2006年到位于田纳西州纳什维尔的基督会历史协会图书馆扫描传教士的文件与照片，2009年前往芝加哥市立图书馆查找芝加哥1937—1938年出版的报纸，2010年在美国国家第二档案馆扫描美国驻上海总领事于1938年9月发给国务卿的日军屠杀中国军民的照片，2013年6月前往纽约哥伦比亚大学协和神学院图书馆搜寻传教士的档案，2013年12月到美国国家第二档案馆查找美国驻南京大使馆档案，2014年1月在费城长老会历史协会档案馆查资料，2015年5月前往哈佛燕京图书馆搜寻中文、日文报纸，同年6月去加州伯克利大学查找日文书籍与杂志，2016年1月再次去哈佛燕京图书馆查找日文报章。与此同时，从2008年至2017年，笔者还陆续前往爱丁堡、伦敦、巴黎、波恩、柏林等地的档案馆、图书馆搜寻各类档案与资料，其中分别去了两次伦敦和巴黎，去了三次柏林。在柏林的成果最为丰硕，在德国外交部档案馆和联邦档案馆，笔者查获了德国外交官1938年上半年从南京发出的大量电文、报告和其他文件。将这些德文资料用于撰写 The 1937-1938 Nanjing Atrocities（《1937—1938南京大屠杀》）之后，笔者在2020年至2021年将其整理、编辑、注释，再翻译成英文和中文，中文本《日军南京暴行：德国外交文件中记载的南京大屠杀与劫后社会状况》于2021年12月由南京出版社出版，英文本 Japanese Atrocities in Nanjing: The Nanjing Massacre and Post-Massacre Social Conditions Recorded in German Diplomatic Documents 于2022年8月由欧洲的出版社Springer出版，德文本 Japanische Greueltaten in Nanjing: Das Nanjing Massaker in deutschen diplomatischen Dokumenten 由德国出版商Springer Verlag für Sozialwissenschaften 于2022年10月在德国威斯巴登出版。

2013年初，三部英文原始资料汇编集均已出版，中文翻译工作的主要部分亦已完成，于是笔者便开始构思综合全面的论述分析南京大屠杀的专著，尽管当时掌握的日文和德文资料还相当有限，但第一章至第六章主要依赖中文和英文资料即可，以后再用日本随军记者、日军官兵的日记及德国商人与外交官的记叙补充完善。因此，笔者于2013年末开始了长篇英文专著"The 1937—1938 Nanjing Atrocities"的写作，同时申请2014年上半年学术休假，专注于这项工作。随着写作的逐步开展，笔者更加明确了尚缺乏的资料。在频繁外出进一步收集资料的同时，笔者也充分利用美国国内图书馆馆际借阅系统。主要的日文资料便是通过这一途径获得的，包括由日本学者整理的、20世纪90年代于东京出版的大量日本官兵的日记，对于"百人斩竞赛"的报道，即有当事人的回忆，20世纪70年代日本国内的争论，以及2003年、2006年的诉讼案。

三等秘书约翰·摩尔·爱利生于1938年初进入南京，是当时官阶最高的美国外交官。爱利生于1927年毕业于笔者目前供职的内布拉斯加大学，在南京时，他曾发回大量电文，报告南京大屠杀的情况、日军的暴行、日本兵洗劫在南京的美国产业，以及爱利生本人在调查强奸案时遭日本兵打耳光事件等内容。内布拉斯加大学校刊的编辑曾经请笔者写一篇校友爱利生在南京履行外交使命的文章，他特别提出，对于1937年7月，日军在卢沟桥挑起事端，发动战争，美国学生比较困惑，当时在北平的郊区怎么会有日本军队的存在。笔者认为，不仅是美国学生，今天的许多读者也可能会对此感到困惑。

有鉴于此，本书第一章简述了日本军事扩张的脉络。1879年日本吞并琉球王国、1894—1895年的中日甲午战争、1904—1905年的日俄战争，以及1910年日本吞并朝鲜半岛等一系列事件，均使日本的扩张野心进一步膨胀，觊觎中国的领土。1931年发动九一八事变，1932年建立伪满洲国傀儡政权，进而不断蚕食华北，完全侵占东北，并在华北大量驻军，从而形成了卢沟桥事变爆发之前的格局。第一章旨在勾勒出50多年间日本军事扩张，逐步蚕食中国领土的大事件，从而交代历史背景，为英文读者解惑。

第二章中，笔者简要叙述了日本在上海驻军的始末。1894年甲午战争爆发之初，日本以保护侨民为由，在上海派驻军舰，有突发事件时，派陆战队上岸。早期，日本只是短期派驻舰只与军队，1927年国民革命军北伐抵达上海之际，日本开始派遣少量军舰与部队在上海长期驻扎，与美英法等国部队守护租界，1929年，日本在四川北路建立海军陆战队司令部。1931年，九一八事变之后，日本第三舰队便一直驻扎在上海，陆战队的人数也大幅增加，至1937年8月淞沪战役爆发之前，日本在上海驻扎近万名海军陆战队员。有关淞沪会战的部分，在篇幅有限、着墨不多的情况下，笔者尽量条理清晰地简述淞沪会战的各个阶段，以便读者了解中日双方战场上力量消长的情况。

1937年8月下旬，日军在上海宝山地区登陆之初，肆意屠杀当地的老百姓，焚烧村庄、房屋，强奸妇女。11月初，日军第十军在杭州湾金山卫登陆后的暴虐行径如出一辙。日本《朝日新闻》报纸的记者本多胜一曾于1971年和1984年到中国，在当年日军途经并犯下暴行的地区采访受害者、幸存者，记录下大批日军暴行的证言，并在《朝日新闻》上连载，结集成书出版。1997年，上海宝山区政协也出版了调查、采访暴行受害者的记录。2000年，上海社会科学院出版了内容更为丰富的《泣血吴淞口：侵华日军在上海宝山地区的暴行》一书。在利用上述资料的基础上，本书第二章叙述了日军在吴淞口、宝山、苏州、无锡、常州、镇江等地的暴行，向读者揭示日军早在抵达南京之前便犯下累累罪行。

上海沦陷之后，由于中国军队没能在上海以西的广大地区组织有效的防御与抵抗，日军长驱直入。12月8日，日军已兵临南京城下。进攻路上，他们滥杀无数无辜百姓。南京大屠杀所指的范围为南京城及周边地区，绝大多数大规模屠杀均发生在城墙以外。被日军山田支队、第十六师团屠杀的东郊栖霞山一带村庄中的村民、汤山镇附近的老百姓、仙鹤门地区的大批中国军人俘虏，在那段时间均没有进入南京城。相关材料、日军的战时日记，以及德国外交文件对这些屠杀事件有所记载。

本书第三章至第六章对南京大屠杀的主要事件加以论述。第三章重点论证分析发生在城外的大规模集体处决与屠杀,其中大多数在长江岸边与临江的下关地区,而且几乎每一次大规模屠杀都有幸存者,对这些屠杀的论述均基于幸存者的证词,只有东郊仙鹤门数以千计的俘虏被屠杀未见幸存者的记载,但可见于日军第十六师团军人日记之中。日军野战军邮站长佐佐木元胜在战时日记与回忆录中对东郊屠杀俘虏均有记叙,其中特别描述了日军如何侮辱刺杀一名中国年轻女军官的细节。

除了大规模的屠杀,城乡各处还有数量众多的小规模的、零星的屠杀。日军各个师团从不同的方向攻打南京城,第十三师团的山田支队沿长江南岸向西进攻,攻占南京北郊的乌龙山炮台、幕府山炮台,俘虏了数以万计的中国军人,并在长江岸边将他们集体屠杀,但这支部队并没有进城,而是驻扎在城北郊区,并于12月20日左右在下关渡江前往浦口。其他师团从东面、西南面、南面、东南面进攻,并进入南京城,分区分片"清剿"各城区,屠杀军民。第四章按照各师团进攻的方向、路线及在城内"清剿"的区域系统地论述了东郊、南郊、西郊、城内各城区发生的小规模与零星屠杀,及其为哪个师团的部队所为。这些屠杀事件均有幸存者或目击者的证词,或日军的记录、安全区文件与美国传教士的记载证实。

在南京地区,日军除了大肆屠杀之外,还肆意强奸妇女,大规模掳掠与焚烧。第五章利用各方资料描述了日军犯下的各类暴行。南京大屠杀之初,美国传教士、德国商人,以及中国籍安全区工作人员,便及时记录下主要在城内,特别是安全区内发生的各类暴行,并汇编成安全区文件。这些安全区文件是最早记录暴行的目击证词。1937年末、1938年初,美国传教士约翰·麦琪拍摄了大量暴行受害者的影片,并配以翔实的解说词。这些解说词也是早期记录下的暴行证据。1938年至1940年左右,一些在大屠杀中失去丈夫、妻子、儿子的无依无靠的老人，向"南京自治委员会"或伪南京市政府提交申请，希望进入养老院等慈善机构，他们在申请中描述了亲属被害的情况。尽管提交这些书面材料是希望在生活上得到帮助，但它们在客观上记录了日军的暴行。日本战败投降后，1945—1946年，国民政府在全南京市调查敌人战争罪行，发动市民填写表格，提交呈文，申诉家庭成员遇害的情况。这些调查材料构成了20世纪40年代记载日军暴行的档案材料。1951年2月，朝鲜战争爆发后，美国及其盟国与日本谈判，签订和平条约，将领土主权归还给日本，但将中国排斥在外。中国政府强烈谴责美国重新武装日本。其时，南京的《新华日报》连载刊登了南京大屠杀幸存者的回忆与控诉。尽管数量有限，但这些控诉材料为我们留下20世纪50年代记录日军暴行的书面证据。20世纪80年代初，日本政府修改历史教科书，企图否认第二次世界大战中的侵略行径，引起了亚洲国家的愤慨与谴责。1984年，南京市政府再次在全市范围调查、采访大屠杀幸存者、目击者。大量的采访记录构成了80年代记录日军暴行的书面文字材料。

　　第六章回顾并研究了各个时期留存下来的文字档案，特别对那些由同一个人在不同年代叙述的同一案件，或不同的时代、不同的人描述的同一个案件，加以对照、比较与分析，检验它们之间的连贯性，以证明这些文字材料的可信度与可靠性，评价它们的历史价值。与此同时，第六章还将各个时期的证言档案分门别类，选择有代表性的材料，归纳为：本人幸存的经历，父母遇害，配偶、儿女、亲属遇害，目睹他人遇害，以及本人遭强奸，母亲、妻子、女儿、儿媳被强奸，目睹他人遭遇强奸等类别的案例。这些有名有姓的案例将暴行具体到特定的个人，体现出了中国民众遭受的切肤之痛，那绝不仅仅是笼统的概念或统计数据。

　　中日两国当时社会发展的程度有所不同，研究中可见日军中很多军人受过教育，例如一个伍长会说几句法语，能和美国传教士交流，而中国军队中绝大多数士兵则是文盲和农民子弟兵。相当数量的具有一定文化程度的日本官兵会经常写日记，记录下在异国的经历，而鲜见中国军人留存的战时日记。但日军有相当严格的审查制度，他们严禁军人携带透露在中国残暴行为的照片、文字材料回日本，以免在社会上造成负面影响。然而，仍有相当数量的日记被带回日本。这些军人过世后，一些亲属将日记捐献出来。在1990年前后，日本左翼和右翼的学者都收集了军人的日记，整理汇编成集出版。颇为可笑的是，日本右翼分子认为，在战争中屠杀俘虏并不是战争罪行，因而他们收集出版了记叙屠杀俘虏场面的日记，以证明大屠杀不存在。但根据《日内瓦公约》，放下武器的军人即为非武装人员，应保障其生命安全；任何杀俘行为均为战争罪行，因此这些日本右翼出版的日记恰恰证明了大屠杀的存在。

第七章精选摘录了日军上自将军，下至士兵在1937年12月至1938年初所记关于屠杀内容的日记，笔者按照日记作者所属师团归类，从行凶杀人者的视角揭示各种屠杀的场面。

1937年11月，在南京的西方籍人士发起成立南京安全区国际委员会，先后建立了25个难民营，在日军攻占城市后，为难民提供住房、粮食，以及力所能及的保护，为改善遭受日军蹂躏的民众的生存环境起了重要的作用。而及时收集日军暴行案件，向日本当局不断提出抗议，并存档安全区文件，是他们的另一个重要贡献。从1937年12月16日至1938年3月20日，他们记载了470例各类暴行案件。除此之外，这些西方人士在个人的日记，给亲朋的信件，给他们所属的教会组织或供职的洋行所写的报告，以及其他一些文件中，记载了他们亲历的恐怖状况、耳闻目睹的各种暴行，从而留下了珍贵的目击证词。五位留在南京的德国公民中，约翰·拉贝、克里斯卿·克罗格、爱德华·斯波林都留下了形式各异的书面材料。经历南京大屠杀整个过程的14名美国传教士在不同的岗位与单位，积极参与安全区或难民营的各项工作。他们都受过非常良好的教育，在大屠杀期间做了或多或少的各种文字记录。到目前为止，除了当时在鼓楼医院妇产科任护士，年已63岁的伊娃·M. 海因兹的材料尚未发现外，其他13个人当年记叙的书面材料，笔者均通过不同途径寻获。第八章简略介绍了南京安全区国际委员会与安全区的组建、作用及其记载的安全区文件，并对16位留下目击记录的外籍人士逐一介绍他们的生平、留下的文字材料，以及他们的材料目前收藏的情况与地点。

作为发生在当时的中国首都的重大事件，各国媒体都会对南京大屠杀加以报道。第九章聚焦1937年末至1938年上半年发表的相关英文、中文与日文的报章杂志文章。1937年12月13日，日军攻占南京，施暴屠杀之际，有五名美英记者在城内。正是这五名记者首先向世人揭露大屠杀真相，报道日军暴行。他们当时发出的电讯稿构成英文媒体最初的报道。1938年1月6日，美国外交官回到南京，重开美国大使馆，从而使美国传教士有可能通过外交途径，将暴行目击报告在不受日本当局检查的情况下发送到上海，再传往海外。1938年在美国、英国以及中国上海与中国香港的英文报纸杂志上发表的美国传教士的目击报告，构成英文媒体报道的另一个组成部分。

日军攻占南京前夕，中国的记者早已撤离，因此，没有中国记者在城内报道日军暴行。1937年12月下旬上海、汉口等地的中国报纸上发表的有关南京大屠杀的简短报道均转译自英文报章最初的电讯。中文媒体刊登的有价值的新闻报道主要是逃离南京的中国民众在上海、徐州、汉口、西安、长沙、成都、广州等地接受采访的内容。1938年1月9日至11日，西安出版的《西京日报》连载了一篇这样的采访报告：一位陕西籍的军人陈庆华在中央教导总队服役，在太平门防守南京，城陷后逃回故乡并在西安接受采访。此后，《大公报》《申报》《新华日报》《中山日报》《文汇报》与《中央日报》均刊登了类似的报道。2月16日，当时在长沙出版的《中央日报》匿名发表了德国商人克罗格于1月21日寄给在汉口的德国军事顾问的一封信，这封德文信后被《中央日报》译成中文刊载。长沙版《中央日报》于当年 4 月 1 日至 3 日连载了一份具有重要价值的采访报道。接受采访的人为毕业于黄埔军校第六期与陆军大学特别班第二期的刘柔远（1905—1989），他在南京战役中担任南京卫戍司令部少将团长。城市被攻占后，他身陷城内数月，最终在一位书商左先生的掩护协助下逃离，经上海、香港回到家乡湖南，在长沙接受《中央日报》的采访。他对城内情况的叙述不仅详尽面广，而且相当准确，并且给予了极有见地的分析。另一份极为重要的中文媒体报道为西安出版的《西京平报》于 1938 年 8 月 1 日至 9 月 17 日连载的郭岐（1905—1993）的《陷京血泪录》。郭岐为黄埔四期毕业生，1937 年任中央教导总队辎重营中校营长，他于 1938 年 3 月 11 日逃离南京。在这篇分 35 次刊载的长篇目击报告中，他提供了翔实细致、涉及面广的叙述。

日军攻占南京时，有近百名日本随军记者进入南京城。虽然日本随军记者不可能直接报道日军的暴行，但是，在他们从南京发出的电讯稿中仍可发现蛛丝马迹。1937 年 12 月 14 日《东京日日新闻》报道，日军大野、片桐、助川和野田部队在麒麟门附近杀害了 3000 多名中国军人，那里的尸体堆积如山。日军上海派遣军参谋长饭沼守少将在其 12 月 14 日的日记中记录了大批中国军人在该地区被俘。当时这个地区战场并没有因极为剧烈的对抗造成数千人战死。很显然，这是日军在大批杀俘。日军第十六师团师团长中岛今朝吾中将在 12 月 13 日的日记中记载在仙鹤门附近俘虏七八千人，并特别提及，处理上述七八千人需要一条巨大的壕沟。日军第二十联队的一等兵牧原信夫在 12 月 14 日的日记中记录了在马群周围"扫荡清剿"，俘虏 1800 人并杀俘的情况。日本军邮站长佐佐木元胜也在其战时回忆录中记述，在 12 月 16 日目睹约 4000 名被解除武装的中国士兵被扣留在麒麟门附近，后来被屠杀。第二十联队上等兵东史郎也在日记中提到 12 月 18 日或 19 日在麒麟门附近屠杀 7000 人。

同样在12月14日，《东京日日新闻》刊登该报特约记者横田发自南京的电讯，称大野、野田部队从中山门、太平门攻入城后，在东部城区沿中山东路向新街口方向"扫荡"；协坂、伊佐部队从光华门、通济门进城，在东南部城区"扫荡"；千叶、矢崎、山本、山田部队在中华门以东翻越城墙入城，在城南中华路以东城区扫荡。协坂、伊佐部队分别指日军第九师团协坂次郎指挥的第三十六联队与伊佐一男的第七联队。千叶、矢崎、山本、山田部队为日军第一一四师团下属的千叶小太郎第一〇二联队，矢崎节三的第一一五联队，山本重惠的第一五〇联队，以及山田常太的第六十六联队。日军进城前，大部分市民已搬迁进安全区，但仍有不少老年人认为敌军不至于加害他们，因而留守照看家园房产。"扫荡"的日军逐一闯房入舍，杀害了很多这样的留守老人。20世纪40年代与80年代，中国政府调查敌军暴行的过程中，许多亲属报告了家中留守老人遇害的情况。

12月17日，《东京日日新闻》刊登了该报特派记者金子和引田在南京的报道：从12月16日早晨开始，日军在华侨招待所及其他许多地方，甄别居民与中国正规部队军人。这一报道证实了中国大屠杀幸存者证言中有关数千人在华侨招待所被抓走，押送到下关江边遭处决的描述。

12月16日，《东京朝日新闻》刊发了该报特派记者横田关于两角部队在城北攻占乌龙山炮台与幕府山炮台，并俘虏了14777名中国各部队军人的报道。该报于12月17日再次刊登了同一记者的更为详细的报道，同时配发了照片。横田描述了俘虏挤满了幕府山下22座大营房的场景，并采访了俘虏中官阶最高的中央教导总队参谋沈博施。横田在报道中强调了每天为这么多俘虏提供口粮极为困难。两角部队即为日军第十三师团山田支队下辖，由两角业作任联队长的第六十五联队。正是第六十五联队和同属于山田支队的第十九炮兵联队一道，于12月16日、17日在草鞋峡长江岸边屠杀了两万名左右的俘虏。第六十五联队第四中队步兵少尉宫本省吾在12月16日至19

日的日记中描写了该联队的官兵屠杀俘虏、处理尸体的情况：12月16日开始屠杀俘虏，当天枪杀了三分之一，约7000人；17日官兵参加入城仪式，回营后立即在傍晚至夜间将剩余的俘虏屠杀；18日、19日两天处理尸体。该联队于20日上午过江向浦口方向开拔。第六十五联队第八中队步兵少尉远藤高明在日记中做了内容相近的记述。他在12月16日的下午3点见到《东京朝日新闻》记者横田，并从横田处得知俘虏的总人数为17025人。当天六十五联队第一大队枪杀其中三分之一的俘虏。他本人17日晚上去杀俘，18日处理尸体。第十九炮兵联队第三大队的伍长目黑福治在12月16日的日记中写道：当天山田支队枪杀了7000名俘虏，他本人17日下午5点参与杀俘，两天内，山田支队枪杀了近两万人。12月19日，目黑福治奉命将遭枪杀俘虏的尸体扔进长江。

　　1937年12月30日，《东京朝日新闻》刊登了上海日军当局发布的南京战场上中日双方伤亡数字的公告，称日本方面阵亡800人，4000人受伤；中国方面已有84000具尸体，10500人被俘。在战时，或战斗结束不久公布的伤亡数字通常会缩小己方的人数，夸大敌方的数字。然而，根据南京战役的规模和烈度，有理由相信日军的阵亡人数在1000人以下是准确可信的。在实际作战中，双方的伤亡人数不会相差太多。日军的装备和训练程度均优于中国军队，所以当时的战败方中国军队的伤亡数字会高于日军。假设中国军队的阵亡人数是日军的十倍（现实中不会有这么大的差距），阵亡数也只有一万。超过一万的死亡人数便是日军屠杀俘虏的人数。这里，日军承认俘虏了一万多名中国军人，这个数据很难令人信服。根据日本右翼出版的，包括日军官兵日记的资料集《南京战史资料集》，日军第十六师团中将司令官中岛今朝吾在他1937年12月13日的日记中写道，"基本上，我们执行不保留俘虏的政策，而是决定采取彻底消灭的政策"。日军在南京大肆抓捕、屠杀任何被怀疑为军人的青壮男性市民、村民，更不可能释放俘虏，事实上也由于没有任何释放俘虏的记录,可以看出他们没有释放俘虏的习惯。因此,不管真实的数据是多少,这些被记录下来的俘虏都在日军屠杀之列。

1938年2月、3月间,日本的杂志也发表了记者记录南京见闻的文章,一些比较知名的记者和作家,诸如中川纪元(1892—1972)、大宅壮一(1900—1970)、小坂英一与杉山平助(1895—1946),都跟随日军进入南京城,发回篇幅较长的报告,刊登在《文艺春秋》《改造》等杂志上。其中《东京朝日新闻》的记者杉山平助在《改造》1938年3月号上发表了题为《南京》的长篇报告。他细致入微地叙述了他在南京目睹的民众悲惨的处境:一个老太太怀抱着儿子的尸体,在大雨中连续哭了三天。他还写道,莫愁湖四周散落着遇难者的尸骸,整个城市也处处可见尸体。

1938年1月6日,以爱利生为首的美国三人领事小组获准回到南京,重开美国大使馆。三天后,英国领事小组和三名德国外交官一道搭乘英国炮艇"蟋蟀号"抵达南京,重新开展各自使馆的工作。回到南京后,三个国家的外交官员均发送了大量电文,向本国政府与上级官员报告南京的状况,包括日军在南京的暴行。同时,他们积极调查日军暴行对本国在南京的财产造成的损失,并将调查的结果与收集到的材料和证据呈交给日本当局索赔。这三个国家涉及南京大屠杀的外交档案构成另一批独特的研究南京大屠杀的珍贵史料。本书第十章着重介绍这些外交档案。

爱利生抵达南京的当天下午便发电报,及时报告城内的情况,简略叙述日军的暴行。此后,他向留在城内的美国公民了解情况,调查日军暴行对美国财产造成的损失。在调查发生在美国房产上的强奸案时,他被日本兵打了耳光,史称"爱利生事件"。从1938年1月6日至8月10日在南京任职期间,他频繁地向美国国务卿发送电文,但对日军暴行的记载比较简略。美国外交文件中史料价值最高的是副领事詹姆斯·爱斯比编纂的两份分别超过100页的报告。第一份报告完稿于1月25日。他细致地描述了他们抵达南京之前与之后城内的状况，对日军肆意屠杀等各种暴行作了具体详尽的记叙。第二份报告聚焦日军掳掠对美国在南京各院校、教会等机构造成的重大损失。

英国领事亨弗雷·英吉兰·普利煮－布伦和武官威廉·亚历山大·洛瓦特－弗莱瑟均报告了城内的情况，包括日军暴行。但由于当时没有英国公民留在南京，英国外交官了解的情况远远没有美国外交官那么具体。然而，英国外交官报告的情况也有独到之处。虽然绝大多数市民都进入安全区避难，位于安全区外的英国大使馆馆舍也庇护了数百名难民。英国外交官也积极协助英国公民收集材料，整理财产损失的报告，向日本当局索赔。

在三个国家驻南京的领事中，德国领事乔治·弗里德里希·穆拉德·罗森在揭露、抗议日军暴行方面，所做的工作最多。他发送了篇幅较长、内容翔实的报告。1938年1月9日至6月21日，罗森在南京担任领事期间，发送了数量可观的电文与报告。1月13日他便发出了有关德国公民财产在南京遭受日军洗劫、焚烧的报告，早于他的美国、英国同事数周。罗森在1月15日发送了一份长达5页的报告，题为《南京的状况：日军暴行》("Zust·nde in Nanking. Japanische Greuel.")，他写道，日军在得知西方外交官将返城的消息后，迅速清理横陈在街头"犹如沙丁鱼"般众多屠杀中遇害的平民、妇女、儿童的尸体。他还描述了日本兵到德国大使馆索要妇女，以及美国教会医院收治遭强奸妇女的情况。然而，罗森发送的极具特色、史料价值极高的材料，是他于2月26日报告并转发的栖霞山地区村民提交的两份请愿书。该请愿书不仅列数日军肆意屠杀、四处强奸的暴行，还附有两份被屠杀的村民与遭强奸的妇女的名单。

日军在南京地区大规模屠杀中国军民必然会留下数量巨大的尸体，因而处理尸体就成为南京大屠杀这一事件中必不可少的部分。日军自身也急于毁尸灭迹，掩盖罪证，因此日军是最早参与尸体处理的。从1937年12月下旬开始，南京的数个慈善机构相继招募人员在城乡各处收殓埋葬尸体，这一工作一直持续到1938年5月、6月。当地的政府也参与了掩埋尸体的工作，断断续续到1939年春天。有些死者的亲属、朋友、邻居也参与了掩埋尸体。第十一章综合梳理了各种史料，比较全面地论述、分析了相关掩埋尸体的档案、图表、数据、文件，以及日军官兵在日记与回忆文章中的记叙。

1937年，日军第十军后备步兵团的新兵冈本健三随所在部队在杭州湾登陆，一路向南京进犯，攻打南京城。1971年，他在月刊《中国》8月号上发表了一篇题为《参加杭州湾敌前登陆》（『杭州湾敵前上陸に参加して』）的回忆文章，其中详细地描写了攻占南京后，在城市东部的明故宫机场屠杀数百名中国俘虏，并连夜将尸体焚烧再掩埋，不留任何痕迹，因为绝对不能让人知道他们用机枪射杀战俘。然而，在大规模屠杀后，很难完全毁尸灭迹。日军第十三师团山田支队的多名官兵都在日记中记录了在江边枪杀俘虏，抛尸长江，但很多抛入长江的尸体仍会被江流冲上沿江岸边。还有更多的尸体被日军浇上汽油焚烧，但这也不可能完全灭迹。很多这样的尸体遗骸被慈善机构的埋尸队收殓掩埋。红卍字会的数据为逐日详细记录的，因此相当准确可靠。美国传教士明妮·魏特琳、约翰·麦琪，以及德国外交官保罗·汉斯·赫曼·莎芬伯格都在1938年3月、4月的日记、信件与外交文件中提及红卍字会当时收埋尸体的数据，并与中国第二历史档案馆中收藏的档案数据相符。红十字会埋尸队的记录也是逐日填报的，真实可信。《中国红十字会月刊》1938年6月出版的第35期第47页上刊载了红十字会南京分会掩埋第一队1938年4月的工作报表，其填报的数据和南京档案馆中的红十字会档案一致。本书在第十一章中影印了1938年出版的这一报表，将其和红十字会档案记载的数据相对照。

战后，盟军相继成立军事法庭审判日本战犯。澳大利亚、法国、荷兰、苏联、美国、英国等国均在亚洲各地与澳大利亚设立军事法庭，苏联则在其远东城市哈巴罗夫斯克进行审判。中国在北平、沈阳、南京、上海、济南、广州、汉口、太原、徐州和台北设立了审判日本战犯的军事法庭。然而级别最高、最引人注目的是东京的远东国际军事法庭，该法庭审判 A 级日本战犯，其他各地法庭审判 B 级、C 级战犯。涉及南京大屠杀的战犯在东京与南京审判。本书第十二章着重论述战后军事法庭对涉及南京大屠杀的日本战犯的审判。

南京国防部军事法庭先后引渡、起诉了四名日本军官——谷寿夫、田中军吉、向井敏明与野田毅，并于 1947 年 2 月 6 日至 12 月 18 日先后对其进行审判，并判处死刑。对谷寿夫的判决书则是南京军事法庭审判涉及南京大屠杀一案最为重要的文件。这份公开刊登在《中央日报》1947 年 3 月 11 日第 3 版的判决书认定在南京大屠杀期间遇害总人数达 30 万以上。这是首次提及 30 万遇难者人数，也是当年国民政府对南京大屠杀受害者人数的官方正式论断，1949 年后被中华人民共和国政府确认。

在远东国际军事法庭，日本华中派遣军司令官松井石根作为南京大屠杀的主犯受审。正是他指挥的部队攻打南京城，实施大屠杀。对他的审判从 1946 年持续到 1948 年，1948 年 12 月 23 日松井在东京被处以绞刑。在审判的过程中，控方和辩方均有众多的证人出庭提供证词。在取得大量证据后，控方于 1948 年 2 月 18 日在法庭上宣读了辩论总结，历数日军在南京犯下的种种暴行。1948 年 4 月 9 日辩方也提交了辩论总结，不仅为日军的行为辩护，推卸责任，而且否认控方的指控，主要的三个论点为：1、南京人口与遇难者人数的关系；2、大屠杀遇难者的人数；3、尸体掩埋记录的可靠性。20 世纪 70 年代初以来，日本右翼否认南京大屠杀基本上都围绕着这三个议题，他们所谓的新论点，都是起源于这份辩论总结。经过 7 个月的审议，远东国际军事法庭于 1948 年 11 月 11 日宣读了南京大屠杀案的判决书，认定日军在南京屠杀了 20 万以上的中国军民，并判处松井石根死刑。

远东国际军事法庭审判之后的 20 多年内，日本社会基本上没有人质疑该法庭的判决，因为于 1952 年生效、将主权归还给日本的和平条约第 11 条明文规定，日本接受远东国际军事法庭与其他盟国法庭对日本战犯的判决。因此，日本政府、民间都很清楚接受东京审判是不容置疑的。然而，由于朝鲜战争爆发，美国需要日本作为进行战争的军事与后勤基地，因此对第二次世界大战中的敌国日本采取宽容的政策，将大批在押服刑的日本战犯提前假释出狱。到1958年，所有日本战犯均被释放。这些政策，在客观上为日本右翼人士营造了宽松有利的社会环境，他们不仅开始挑战东京审判，甚至否认南京大屠杀。

20世纪70年代初，关于南京大屠杀的争论主要在日本人之间展开。1971年，《朝日新闻》记者本多胜一在中国各地采访日军战争罪行幸存者的报道刊登在《朝日新闻》报纸上，右翼人士对其中相关"百人斩竞赛"的报道提出质疑，进而发展为日本左翼与右翼学者之间的公开论战。左翼的中心人物为洞富雄与本多胜一；右翼则以田中正明、今井明夫（笔名铃木明）、山本七平（笔名本达桑）为代表。本书第十三章详细追溯了这场争论的始末，深入分析、评判了洞富雄与田中正明最具影响力的代表作品。

1951年至1982年间，中国方面在公开场合很少提及南京大屠杀，也没有介入日本国内20世纪70年代的争论，相关的学术研究更是屈指可数。

1982年6月，日本文部省修订历史教科书，篡改侵略历史，洗刷淡化南京大屠杀的史实。中国及其他亚洲国家谴责日本篡改历史的行径。1983年，南京市政府决定整理出版有关南京大屠杀的档案资料；在全市范围内大规模调查、采访大屠杀幸存者与目击者，记录他们的证词；在大屠杀发生的主要地点设立纪念碑；筹建南京大屠杀遇难同胞纪念馆等。与此同时，陆续开展相关的学术研究。第十三章追溯了80年代以来中日双方学者对南京大屠杀研究的流派、动向及出版物。

"百人斩竞赛"是在日军第十六师团少尉向井敏明和野田毅之间开展的屠杀中国军民的杀人竞赛。由于1937年11月30日至12月13日被在日本国内影响很大的报纸《东京日日新闻》连续报道，"百人斩竞赛"遂广为人知。战后这两个少尉被南京军事法庭判处死刑，于1948年1月28日在雨花台被处决。1971年，日本国内对南京大屠杀的争论也因"百人斩竞赛"而起。在日本右翼人士的不断鼓动之下，这两个少尉的亲属在2003年针对《东京日日新闻》的继承者《每日新闻》以及《朝日新闻》等出版机构与本多胜一等人提起诽谤诉讼，但诉讼被日本各级法院否决。本书第十四章介绍分析了各报纸1937年至1938年间对"百人斩竞赛"及其后续情况的原始报道，了解情况的当事人事后出版的回忆录与回忆文章，以及2003年至2006年的诉讼案的主要论点与详细过程，对这一事件给予综合全面的论述。

在20年深入研究的基础上，笔者采用从世界各地搜集的中、英、德、法、日文原始资料，用时五年，完成了英文专著 *The 1937–1938 Nanjing Atrocities*，该书由Springer于2019年12月在纽约、伦敦、新加坡出版。2022年，笔者将其译为中文。

最后，希望借此机会感谢团结出版社、方莉编辑为本书的简体中文版积极筹划、出版所作的不懈努力，将这一关于南京大屠杀新的研究成果呈献给广大中文读者。

陆束屏
2022年6月于美国内布拉斯加大学

原英文版前言

笔者1997年1月开始从事南京大屠杀课题的研究，侧重西方人士对南京大屠杀的目击证词。在过去的二十多年中，在美国、亚洲、欧洲走访了众多档案馆、图书馆等研究机构，其中包括美国国会图书馆、位于华盛顿的美国国家档案馆、坐落在马里兰州学院公园的国家第二档案馆、耶鲁大学神学院图书馆、哈佛大学的燕京图书馆与霍顿图书馆、北京的中国国家图书馆、南京的中国第二历史档案馆、田纳西州纳什维尔的基督会历史协会图书馆、费城的长老会历史学会、纽约哥伦比亚大学协和神学院的伯克图书馆、伦敦的大英图书馆与英国国家档案馆、爱丁堡的苏格兰国家档案馆、巴黎的法国国家档案馆与法国军事档案馆、柏林的德国外交部档案馆与德国联邦档案馆，搜寻相关南京大屠杀的历史资料与原始档案。此外，还通过图书馆馆际互借系统获得了大量出版物，包括日文报纸和日本军人的战时日记等重要的日文资料。

笔者的研究之旅收获了大量有价值的原始材料供研究分析，撰写专著。*They Were in Nanjing: The Nanjing Massacre Witnessed by American and British Nationals* 一书于2004年出版。然而，撰写该书只使用了一小部分收集来的原始档案，所以决定与其他研究人员和学者分享这些珍贵的资料，并花费了数年时间筛选资料，整理成书，再编辑、注释，最终出版了 *Terror in*

Minnie Vautrin's Nanjing: Diaries and Correspondence, 1937–38(《米妮·魏特琳身临其境的恐怖南京：1937-38日记与通信》)（2008）、*A Mission under Duress: The Nanjing Massacre and Post-Massacre Social Conditions Documented by American Diplomats*（《忍辱负重的使命：美国外交官记载的南京大屠杀与劫后社会状况》)（2010），以及*A Dark Page in History: The Nanjing Massacre and Post-Massacre Social Conditions Recorded in British Diplomatic Dispatches, Admiralty Documents, and U.S. Intelligence Reports*（《历史上的黑暗一页：英国外交文件、海军档案以及美国海军情报报告中记载的南京大屠杀与劫后社会状况》)（2012、2019）。

然而，到此为止该研究仅关注美国和英国记者与外交官以及美国传教士留下的目击证词与其他文字记录。随着研究的继续深入，笔者获得更多来源不同的原始资料，尤其是中国、德国和日本方面的原始资料，一个以美国、英国、中国、德国和日本诸多来源的原始资料为依据的综合全面的研究项目便应运而生。*The 1937-1938 Nanjing Atrocities*（《1937-1938年南京暴行》）回顾了南京大屠杀的重大事件，不同历史时期中国幸存者和目击见证者的证词，1937/38年的中、英、日文媒体报道，南京大屠杀时期留在城内的美德侨民的目击叙述，1938年美、英、德外交官的外交电文，日军官兵战时日记中的记述，日军、慈善组织、家属等对遇难者尸体的处理与掩埋，战后军事法庭审判，相关南京大屠杀的争论，以及"百人斩竞赛"及相关的争论与诉讼。

中国幸存者与目击见证人在20世纪30年代、20世纪40年代、20世纪50年代初期和20世纪80年代中期等各个历史时期都留有证词。本书对同一幸存者或证人在不同历史时期提供的证言，或不同时期不同当事人对同一案件的证言的一致性、可靠性和准确性进行了比较研究。

本书还从日本左翼和右翼学者出版的资料集中遴选出日本军人的战时日记，这些原始资料以参与大规模处决战俘和平民的杀人者的视角记叙了南京大屠杀。

围绕南京大屠杀的争论始于20世纪70年代初,在日本作家和学者之间展开,此后一直持续并演变。然而,争议的关键问题则一直相对恒定一致,亦即南京人口与遇难者人数的关系、大屠杀遇难者人数以及掩埋记录的可靠性。这三个主要论点起源于日方辩护律师于1948年4月9日提交给远东国际军事法庭的辩论总结。然而,1948年11月11日,法庭庭长威廉·弗罗德·韦伯(William Flood Webb)宣读的法庭判决否定了这些论点。20世纪80年代初,日本右翼将这些论点再度发掘出来炒作。自从日本教科书修改问题出现以来,中国学者的研究日趋活跃。本书对争议的历史和演变进行了分析回顾,同时对日本左、右翼学者的著作和中日学者的研究进行了公正客观的讨论与分析。

"百人斩竞赛"是另一个引发争议的话题。1937年日本媒体首次报道杀人竞赛时,美国媒体与中国方面均评论道,这是对战俘和平民的杀戮。他们从来没有认为这两个少尉是战场上的英雄人物。尤其对中国方面而言,这一观点一直延续至今并未改变。相关"百人斩竞赛"的争论主要在日本人之间开展。本书忠实地介绍了日本媒体当初对"百人斩竞赛"的报道以及记者和当事人的回忆录,公正地呈现了20世纪70年代的争论和2003至2006年的诉讼始末。

笔者想借此机会感谢内布拉斯加大学研究基金会对作者研究项目一如既往的支持与资助,从而使本书得以出版。还要感谢笔者的女儿陆媞博士(Diana Lu),她不知疲倦地审阅书稿使之得以不断改善,还有Brian O'Grady借助图书馆馆际互借系统为这个项目提供了大量的图书资料。

陆束屏

2019年6月于美国内布拉斯加大学

目　录（上）

第一章　日本的军事扩张 1

第二章　通向南京之路 17
　日军在上海驻扎起始 17
　虹桥事件引发军事冲突 19
　战争在上海城区爆发 20
　日军增援部队在长江口登陆及中国军队反登陆作战 22
　潘泾与杨泾之间的战役 26
　蕰藻浜与走马塘之间的战役 27
　上海的陷落 28
　三路向南京进犯 29
　日军在长江三角洲地区所犯暴行 30
　南京保卫战 42
　南京沦陷 48

第三章　日军攻陷南京后的残暴行径：大规模屠杀 53
　草鞋峡大屠杀 60
　燕子矶大屠杀 69

鱼雷营与宝塔桥一带的大屠杀 …………………………………… 72
煤炭港附近的大屠杀 ……………………………………………… 75
中山码头附近的大屠杀 …………………………………………… 79
下关地区的大屠杀 ………………………………………………… 84
三汊河周围的大屠杀 ……………………………………………… 89
上新河地区的大屠杀 ……………………………………………… 94
江东门与水西门周围的大屠杀 …………………………………… 98
汉中门与汉西门附近的大屠杀 …………………………………… 102

第四章　小规模屠杀与零星的杀戮 ……………………… 107
清凉山与古林寺附近的屠杀 ……………………………………… 107
三牌楼附近与城西北区的屠杀 …………………………………… 112
山西路与大方巷地区的屠杀 ……………………………………… 116
鼓楼与阴阳营附近的屠杀 ………………………………………… 122
五台山与上海路周围的屠杀 ……………………………………… 129
在东郊的屠杀 ……………………………………………………… 135
在南郊的杀戮 ……………………………………………………… 143
在城区南部的杀戮 ………………………………………………… 148
在城区西部与西南部的杀戮 ……………………………………… 151
在城区东部的杀戮 ………………………………………………… 155
在城区中部的杀戮 ………………………………………………… 158
在城区北部的集体屠杀与杀戮 …………………………………… 160

第五章　奸淫、掳掠、焚烧 ……………………………… 165
肆无忌惮地奸淫 …………………………………………………… 165
随心所欲地掳掠 …………………………………………………… 181
毫无节制地焚烧 …………………………………………………… 194

第六章　大屠杀幸存者与见证人的证言　203
历史回顾　203
在不同的历史时期不同的证人对同一案例的证言　215
对日军暴行所作的证言　233

第七章　日军官兵的记载　260
松井石根　263
饭沼守　266
上村利道　268
第十三师团山田支队　270
第十六师团　279
第九师团　292
第六师团　297
第三师团　301
其他部队　304

第八章　南京安全区国际委员会与身陷南京城的西方籍人士　318
南京安全区国际委员会　318
身陷南京城的西方籍人士　331

第一章　日本的军事扩张

1868年的明治维新使日本踏上广泛而深入的改革历程，以期增强国力，取得与西方列强在军事与经济上的平等地位。在此后的几十年中，日本的政治、社会、经济和军事等领域都产生了巨大的变革。然而，岛国日本缺乏工业化所需的自然资源，现代化的变革在很大程度上刺激了其以扩大疆域、获得自然资源与财富为目的的军事扩张。日本的不断向外扩张使得周边邻国不可避免地成为日本军事侵略的受害者。

1874年5月，日本对中国台湾进行了一次军事远征。日军屠杀了台湾的原住民，惩罚他们谋杀琉球群岛遭遇沉船海难的渔民。琉球群岛是一个独立的王国，也是中国藩属国之一[①]。这一事件在日本被称为"台湾远征"，在中国被称为"牡丹社事件"。事件发生后，日本和中国政府于1874年10月在北京达成协议。协议规定，中国将支付10万两白银作为"受难者（或遇难者）家属的抚慰金"，并向日本支付40万两白银以换取日本从台湾撤军[②]。然而，日本抓住了这次远征的机会，企图霸占琉球王国。尽管中国一再抗议，该王

[①] "China", *The Time* (London), July 14, 1874, p. 4; "The Japanese Expedition to Formosa", *The Time*, July 31, 1874, p. 4, and "Formosa", *The North-China Herald and Supreme Court & Consular Gazette*, June 6, 1874, p. 504.

[②] "The Chino-Japan Convention", *The North-China Herald and Supreme Court & Consular Gazette*, December 10, 1874, pp. 570-571.

国还是在 1879 年 3 月被日本吞并。琉球国王尚泰（1843—1901，1848—1879 在位）被废黜并被押送到东京。这样，琉球王国就变成了日本的冲绳县①。

日本人觊觎朝鲜由来已久。早在 1875 年，日本就派出船只对朝鲜的海岸和港口进行侦察，寻找机会挑起事端与朝鲜人发生冲突。《日本先驱报》在 1875 年 6 月报道：

> 日本政府已派遣两艘船只前往朝鲜进行侦察，并获得有关其海岸和港口的情报。这两艘船将沿江而上，前往首都。如果朝鲜人采取与对待美国人一样的敌对政策，那么这些船只就有可能遭到袭击，在这种情况下，可能会发生一些严重的事件。日本政府采取的行动似乎表明，他们要么打算使事情陷入危机之中，要么他们期望，如果两国之间宣战，试图获取的相关朝鲜半岛脆弱易攻之处的知识将派上用场。②

这样的机会于 1875 年 9 月降临，日本军舰"云杨号"在江华岛附近的科巴湾（Bay of Koba）航行时，遭到了朝鲜人的射击。"云杨号"回击，向朝鲜的要塞开火，然后日本人登陆并攻击朝鲜人的阵地，打死了 30 名朝鲜军人，俘获了 12 名士兵，抢走了大炮、火枪，并放火烧毁了房屋。同时，日本立即派遣更多的军舰和军队，威胁朝鲜，称要对其开战③。1876 年 2 月 27 日，朝鲜被迫与日本签署了《江华岛条约》。该条约规定，朝鲜将成为一

---

① "The Loochoo Islands", *The North-China Daily News*, April 4, 1879, p. 311； "The Loochoo Islands", *North-China Daily News*, April 18, p. 355; "Loochoo", *The North-China Daily News*, May 16, 1879, p. 451, and George H. Kerr, *Okinawa, The History of an Island People*, Rutland, VT.：Charles E. Tuttle Company, 1958, pp. 381-383.

② "Corea", *The North-China Herald and Supreme Court & Consular Gazette*, June 5, 1875, p. 553.

③ "Japan and Corea", *The North-China Herald and Supreme Court & Consular Gazette*, October 28, 1875, p. 429.

个独立的国家，与中国的长期附属关系将随之废除；朝鲜将开放釜山和其他两个港口进行贸易；将于汉城和其他港口设立日本公使馆和领事馆；日本领事馆官员被授予治外法权，他们有权审判所有居住在朝鲜的日本人[①]。《江华岛条约》标志着中国和日本在此后 20 年里为控制朝鲜而进行的争夺的开始[②]。该条约签订后，日本人不仅深入渗透到包括军队在内的朝鲜的政治体系，而且逐步在朝鲜发挥主导作用。

多年的日本征服导致了朝鲜军队的反叛暴动。由于对社会现实和日本式的军事训练不满，1882 年 7 月，反叛的朝鲜军人在汉城袭击并放火焚烧了日本公使馆，杀害了日本军事教官和朝鲜官员，强行闯入了皇宫[③]。1882 年的起义是对日本在朝鲜的统治地位、《江华岛条约》签订后日本人和货物的涌入，以及引进日本式社会和军事改革的反抗。中国则将这次叛乱视为一个干预的机会，以便重新确认其与朝鲜的宗主国—附属国关系。中国政府派遣了 5000 人的军队，该军队在袁世凯（1859—1916）的指挥下，协助朝鲜政府镇压起义，并废除了所有日本式的改革[④]。由于军事干预，中国的影响力日益扩大。

尽管 1882 年的叛乱使日本在朝鲜的影响力大为削弱，但日本人仍继续为争夺朝鲜的控制权而战。1884 年 12 月，驻扎在汉城的日军支持发动了一场朝鲜宫廷政变，杀死了六位大臣，成功地夺取了皇宫，建立了新政府，并宣布了改革纲领。不久之后，中国军队成功发动了反击，迫使日本军队撤退，并恢复了亲中国的政府[⑤]。

为了扭转日本在朝鲜的地位恶化这一形势，日本人提议中国和日本的军

[①] "Corea", *The North-China Herald and Supreme Court & Consular Gazette*, March 23, 1876, p. 266; Takashi Hatada, *A History of Korea*, translated and edited by Warren W. Smith, Jr. and Benjamin H. Hazard, Santa Barbara, CA.: ABC-CLIO, Inc., 1969, p. 92.

[②] Takashi Hatada, *A History of Korea*, p. 93.

[③] "Corea", *The North-China Herald and Supreme Court & Consular Gazette*, August 18, 1882, pp. 176-178 and "The Outbreak in Corea", *The Time*, September 30, 1882, p. 4.

[④] Takashi Hatada, *A History of Korea*, pp. 94-95.

[⑤] "The Corean Outbreak", *The Time*, December 22, 1884, p. 5; "The Corean Outbreak", *The Time*, January 8, 1885, p. 5, and Takashi Hatada, *A History of Korea*, pp. 95-96.

队都撤出朝鲜①。《李鸿章—伊藤博文协定》，也被称为中日《天津条约》，于 1885 年 4 月 18 日签署。该条约规定中国和日本将在四个月内撤军，在发生严重动乱的情况下，双方都不会在不通知对方的情况下派兵，问题解决后，双方都应撤军②。

  1894 年 5 月，朝鲜发生了另一起事件，即东学党起义。东学党是宗教组织，但其成员热衷于政治活动，他们反对赋税繁重、政府腐败、外国侵略。1893 年的饥荒和强加给朝鲜南部人民繁重的赋税引发了叛乱，人民群众广泛响应，叛乱迅速蔓延。由于无法平息起义，朝鲜政府请求中国军队的支援。中国通知日本将向朝鲜派遣军队，但日本以保护在朝鲜的日侨与财产为借口，也急忙派兵。几周内，日本军队的数量从 1000 人猛增到 15000 人。根据 1885 年《李鸿章—伊藤博文协定》的条款，叛乱被镇压后，中国和日本的军队都应撤出。中方提议同时撤军。然而，日本非但没有表现出撤军的迹象，反而企图用军队控制朝鲜。1894 年 7 月 22 日，日军进入汉城，袭击皇宫，将皇帝、皇后和其他皇室成员绑架至日本公使馆囚禁。当中国增派更多的军队进入朝鲜以反制日本的所作所为之际，日本海军袭击了中国军舰，并于 7 月 25 日在朝鲜海岸击沉了载有 1220 名中国军人的英国汽轮"高升号"。日本于 1894 年 8 月 1 日对中国宣战；紧接着中国也对日宣战。经过激烈的战斗，日军于 9 月 16 日从中国人手中夺取平壤，并在第二天赢得了黄海战役。1895 年 2 月 12 日，日军在威海卫摧毁了中国北洋舰队③。

  第一次中日战争后，中日双方于 1895 年 4 月 17 日签署《马关条约》，其规定中国承认朝鲜独立，将台湾、澎湖列岛和辽东半岛割让给日本，并向

---

  ① "China and Japan", *The North-China Herald and Supreme Court & Consular Gazette*, March 25, 1885, pp. 342-343, and Takashi Hatada, *A History of Korea*, p. 96.

  ② Harley F. MacNair, *Modern Chinese History: Selected Readings*, New York: Paragon Book Reprint Co., 1967, pp. 514-515.

  ③ Jerome Chen, *Yuan Shih-kai, 1859-1916; Brutus Assumes the Purple*, Stanford, CA.: Stanford University Press, 1961, pp. 41-44.

日本支付战争赔偿金两亿两白银①。

在《马关条约》签署后不到一周,俄国、法国和德国联合逼迫日本将辽东半岛归还中国。1896年,俄国获得了在中国东北(又称满洲)开采矿山、修筑铁路和驻扎警察部队的权利,并迫使中国在1898年将旅顺港和大连租借给俄国②。俄国在朝鲜的影响因此扩大。日本在朝鲜半岛专一的主导权受到了俄国人的挑战和侵蚀。

自1840年鸦片战争以来,一而再再而三的外国入侵,清政府被迫与外国列强签订的一系列不平等条约,以及日益扩张的基督教影响,引起了农民等下层民众自发的敌意,特别是在华北,农民对日渐增多的西方人和传教士的存在感到不满③。他们组成了被称为义和团的练武强身的组织,袭击并杀害外国人、传教士和中国基督徒。义和团运动在1900年达到高潮,义和团围攻了北京的外国外交使团驻地,杀害了外交官。

面对义和团排外仇洋、攻打外交使团的状况,德国、英国、法国、俄国、日本、美国、意大利和奥匈帝国组成八国联军远征中国,于1900年夏天攻入天津和北京,镇压义和团。1901年9月7日,中国被迫签署了《辛丑条约》,中国被迫支付4.5亿两白银,并允许外国势力在山海关、天津和北京的一些地方驻军④。因此,日本开始在北京周围驻军。然而,在此后的几十年里,日本军队的数量持续增加,驻军的地点也超出了《辛丑条约》中指定的区域。同时,在义和团运动之后,尽管其他国家提出抗议,但俄国军队并未撤走,而是驻扎到中国东北地区⑤。结果,俄国不仅巩固了其在中国东北的立足点,还加强了与朝鲜的联系。

---

① Harley F. MacNair, *Modern Chinese History: Selected Readings*, pp. 546-547.
② Harley F. MacNair, *Modern Chinese History : Selected Readings*, pp. 549-567.
③ William J. Duiker, *Cultures in Collision: The Boxer Rebellion*, San Rafael, CA.: Presidio Press, 1978, p. xvii.
④ Harley F. MacNair, *Modern Chinese History: Selected Readings*, p. 622.
⑤ Ian Nish, "An Overview of Relations between China and Japan, 1895-1945", in Christopher Howe ed. *China and Japan: history, trends, and prospects*, New York: Oxford University Press, 1996, p. 24.

因此，日本认为，俄国是其向朝鲜和中国东北扩张并取得主导地位的最大障碍。为了制衡俄国，在1902年形成英日同盟的同时，日本将巨额的中国战争赔偿金用于其陆军和海军的建设。日俄双方就其在朝鲜与中国东北的利益形成的外交局面使日本确信，只有军事行动才能将俄国人赶出该地区。1904年2月，日本驱逐舰在旅顺港袭击了俄国舰队。与此同时，日军在朝鲜登陆，在鸭绿江打败了俄国人，并在5月渡江进入中国。在日俄战争中，日军几乎赢得了所有陆战和海战。经过激烈的战斗，俄军遭受惨重的伤亡之后，旅顺港于1905年1月2日落入日军之手，俄国波罗的海舰队于5月在对马海峡被摧毁。最终，1905年2月至3月在沈阳附近进行了决定性的战役，日本最终取得了日俄战争的胜利。1905年9月5日，《日俄条约》在美国新罕布什尔州的朴次茅斯签署。根据该条约，俄国承认日本在朝鲜的主导地位，向日本割让其在中国东北南部，包括辽东半岛南端的权利，并割让库页岛的南半部[①]。

战局明朗之后，日本便加快了吞并朝鲜的进程。在日本的压力下，朝鲜于1904年5月废除了与沙俄签署的所有协议和条约。根据1904年8月23日签署的《第一次日本朝鲜公约》，朝鲜将在财政部和外交部任命日本推荐的顾问。1905年11月17日达成的《第二次日本朝鲜公约》规定，朝鲜的外交事务由东京的日本外务省指导和监督。同时，为控制朝鲜外交事务，将于汉城设立代表日本政府的常驻代表[②]。1906年2月，伊藤博文（Hirobumi Ito，1841—1909）被任命为第一任统监。然而，他的权力远远超出了外交事务的范畴。

虽然朝鲜实际上已经成为日本的殖民地，但日本人的欲望并没有得到满足。朝鲜皇帝被迫退位，军队也于1907年7月解散。统监控制着朝鲜内部事务，包括编纂法律、任命高级官员等，并履行着其他重要的行政职责。1909年7月，

[①] Harley F. MacNair, *Modern Chinese History: Selected Readings*, pp. 659-662.

[②] Takashi Hatada, *A History of Korea*, p. 108, and Harley F. MacNair, *Modern Chinese History: Selected Readings*, pp. 671-672.

朝鲜的司法和执法，包括警察和监狱，被置于日本的控制之下。1910年8月的条约使日本最终完成了吞并，完全征服了朝鲜[①]。

1914年第一次世界大战爆发后，西方列强完全卷入欧洲战事。日本利用这个机会推进其在中国的利益，并报复德国在甲午战争后迫使其归还辽东半岛的干预。1914年8月15日，日本向德国政府发出最后通牒，命令德国在一个月内无条件或无补偿地交出其租借的中国胶东半岛。由于德国人没有给予答复，日本于8月23日向德国宣战，并于11月7日攻克德国在青岛的城防守备[②]。

1915年1月18日，日本人向中国政府秘密提出了一份包含21项要求的清单，企图在中国获得更多的权利和特权：一些要求涉及延长即将到期的租约和租界，或合法化日本在新占领的胶东半岛的地位；要求中国中央政府在政治、财政和军事事务上聘请日本顾问，并要求中国向日本购买军火；规定日本人在中国东北南部和内蒙古东部的内陆地区修建铁路、拥有财产，以及居住的权利。21项要求将削弱中国作为一个独立国家的主权，使中国沦为日本的被监护国[③]。1915年5月7日，日本发出最后通牒，要求中国在48小时内接受其稍做修改的要求。结果，日本在中国东北获得了大量特权和租界，中国承认了日本在山东从德国攫取的利益，并承诺不允许其他列强染指日本在1895年吞并的台湾对岸的福建沿海地区。这21条要求招致了中国民众的强烈反对，他们在全国各地举行反日示威，并大张旗鼓地抵制日货[④]。

1919年，第一次世界大战结束后举行的巴黎和会决定将德国租借的胶州湾、青岛市、胶济铁路和山东的矿区移交给日本，而不是像中国代表所要求的那样归还中国。这一消息传到北京，引发了一场轰轰烈烈的爱国抗议热潮，

[①] Takashi Hatada, *A History of Korea*, pp. 108-109.
[②] Harley F. MacNair, *Modern Chinese History: Selected Readings*, p. 758.
[③] Harley F. MacNair, *Modern Chinese History: Selected Readings*, pp. 768-770.
[④] Ian Nish, "An Overview of Relations between China and Japan, 1895-1945", pp. 29-30.

即五四运动。因此,中国代表拒绝在1919年6月28日的签约仪式上签署《凡尔赛条约》。直到1922年2月4日在华盛顿会议上签署《山东条约》,德国租借问题才得以解决。该条约要求,自条约签署之日起六个月内,日本应将胶州湾的领土归还中国,日本军队应尽快从铁路线和租借地撤出。中国应向日本支付其在1915年后对德国持有的租借地进行的所有改善增建项目的费用[①]。

虽然日本人被迫撤离,但他们并没有轻易放弃山东。五年后的1927年5月,当北伐军逼近山东时,日本首相田中义一向山东派遣了一支2000人的远征军,这一举动表面上是为了保护那里的日本侨民及其财产,但真正的意图是阻止中国军队向中国华北地区挺进,因为日本在那里有重大的经济利益,北伐征讨因此暂时停顿。1928年4月,国民革命军再次北上时,田中政府向山东派遣了25000人的部队,他们不仅占领了铁路线,还攻占了济南。与此同时,更多的日本军队从华北和日本本土前往山东。1928年5月3日,一支日军部队强行闯入交涉公署,将国民政府战地政务委员会外交处主任兼山东特派交涉员蔡公时(1881—1928)捆绑并拖拽出办公室,残忍地割去其耳鼻,并将其与其他16位同事一起枪杀。日本人还挑起了与中国军队的激烈冲突,造成了惨重的军民伤亡。这场被称为济南惨案的骚乱和屠杀持续了一个多星期,数百名军人和平民被屠杀[②]。直至1929年春天中日双方达成协议,日本对山东的占领才告一段落。

当时掌控北京政府的军阀张作霖(1875—1928)未能抵挡住北伐军的进攻,国民革命军到达华北,于是日本人向山东派遣军队。日本人在东北地区

---

① Harley F. MacNair, *Modern Chinese History: Selected Readings*, pp. 844-845 and 860-861, and Ian Nish, "An Overview of Relations between China and Japan, 1895-1945", pp. 31-33.

② 《济南日军惨无人道》,载《申报》1928年5月5日,第4页;《蔡公时殉难始末记》,载《申报》1928年5月9日,第10页;"Fight at Tsinan-Fu is Over; Both Sides Charge Atrocities", *The New York Times*, May 6, 1928, pp. 1 & 18; Henry F. Misselwitz, "Nanking Appeals to League to Urge Japan to Quit China", *The New York Times*, May 12, 1928, pp. 1 & 4, and Hallet Abend, "Twenty Waves of Chinese Mowed down by Japanese in Fight Atop Tsinan Wall", *The New York Times*, May 13, 1928, p. 1.

有重大的经济和战略利益,他们将不惜一切代价捍卫这一地区的权益。多年来,在中国东北建立并巩固权力的张作霖获得了日本的扶持,并将其权力从中国东北扩展到华北,甚至东南沿海地区。日本人希望得到张作霖的回报,或与日方合作,或对他们的要求作出让步。这种相互交换的交易或多或少地维持到 1925 年,其时,正在觉醒的民族意识与爱国热情和日本帝国主义之间的紧张关系使张作霖陷入了两难的困境。他能作出的让步越来越少,后来甚至采取了与日本人的计划截然相反的方案①。张作霖在决策和战场上的表现都不尽如人意,这让日本人大失所望,他们更希望张作霖和他的部队撤回东北,以应对那里日益严重的骚乱。张作霖被迫离开北京,前往他在东北的老巢沈阳。日本关东军的军官密谋暗杀张作霖,目的是在他死后制造混乱的危机局面。他们希望借此接管中国东北。1928 年 6 月 4 日上午 5 点 30 分,张作霖的火车在沈阳郊区的皇姑屯被炸毁。几个小时后,他因伤重身亡②。

张作霖的死讯被严加保密,直至 1928 年 6 月 21 日才公布。期间,张作霖的长子张学良(1901—2001)从北平赶回沈阳,这使他有时间处理危机并控制局势。张学良的父亲被刺杀,日本成为他的杀父仇敌,因此他在 1928 年 10 月宣布效忠南京国民政府。作为回报,南京政府任命张学良为国民政府委员会委员和陆海空军副总司令、国民革命军东北边防军总司令。关东军刺杀张作霖所希望达成的的目的并未得逞③。

然而,这并没有阻止日本人觊觎中国东北。1931 年 9 月 18 日晚,关东军在沈阳以北约 7 公里的柳条湖炸毁了一段铁轨,并声称是中国军队所为。日军以此为借口,对沈阳北面北大营的中国驻军发起了突袭,并在第二天早晨占领沈阳。几乎与此同时,驻扎在长春附近的日军于 9 月 19 日凌晨 4 点

---

① Gavan McCormack, *Chang Tso-lin in Northeast China, 1911-1928*, Stanford, Calif.: Stanford University Press, 1977, p. 254.

② Gavan McCormack, *Chang Tso-lin in Northeast China, 1911-1928*, Stanford, Calif.: Stanford University Press, 1977, p. 248.

③ Ian Nish, "An Overview of Relations between China and Japan, 1895-1945", p. 36.

袭击并占领了长春①。两天后，他们占领了吉林省的首府吉林市。张学良只进行了有限的象征性抵抗。

日本人决心要把张学良赶出东北。张学良拥护国民政府的立场及其对南京的效忠对日本人来说是不可饶恕的耻辱②。9月21日，日本援军从朝鲜抵达。在一个星期内，日军占领了辽宁和吉林两省。经过激烈的战斗，日军于11月19日占领了黑龙江省省会齐齐哈尔。1932年1月，张学良从东北撤军后，2月5日，日军进犯哈尔滨，完成了对整个中国东北地区的占领。这次事件被称为九一八事变，成为中日关系的转折点。

日军还在东北铲除残余的抗日分子之际，冲突在上海地区爆发。1932年1月18日，五名日本和尚在上海公共租界附近的三友实业社毛巾厂附近遭到一群中国流浪汉的袭击。两天后，一群日本暴徒放火烧了毛巾厂，并与上海的中国警察和公共租界的警察发生冲突，造成一个日本人和一名租界警察身亡。日本总领事村井仓松（Urumatsu Murai，1888—1953）要求中国当局道歉并严格控制反日活动，而日本驻沪海军司令则威胁要对《民国日报》的"反日报道"采取行动。1月22日，上海市市长吴铁城（1888—1953）要求日本人就毛巾厂暴乱一事道歉。第二天，日本人开始在上海地区调集海军舰只。1月27日，日本总领事向吴铁城发出最后通牒，给他24小时（至1月28日下午6点），让他无条件地遵守日本的五项要求。1月28日，吴铁城无条件地同意了日本的要求。村井仓松很满意，并承诺不会采取任何行动，但盐泽幸一（Koichi Shiozawa，1883—1943）指挥的海军陆战队在午夜前开始攻击上海闸北③，引发了一·二八事变。

---

① 《日军大举侵略东省》，载《申报》1931年9月20日，第3—4页。

② Hallett Abend, *My Life in China, 1926-1941*, New York: Harcourt, Brace and Company, 1943, p. 150.

③ Sargent Key ed., *Eighty-Eight Years of Commercial Progress Ruined: Shanghai Shelled and Bombed, A Collection of editorials and reports written by impartial foreign observers on the local war situation for leading American and British papers including "The Shanghai Evening Post & Mercury", "The China Press", "North China Daily News", etc.*, Shanghai: [n.p.], 1932, pp. 10-11.

日军的进攻遭到了中国第十九路军的顽强抵抗。日军飞机轰炸上海进行报复，上海的很大一片区域沦为废墟，数量众多的平民因此伤亡。2月初，日本向上海增派了第二十四旅团和第九师团，中国则迅速征调第八十七师和第八十八师到上海。整个2月，上海许多地区持续进行着激烈的战斗。3月1日，日军的增援部队第十一师团和第十四师团在浏河登陆，从后方威胁中国军队的阵地，中国军队被迫撤退。

上海的街道被恐怖笼罩。日本海军陆战队在街上用机枪肆无忌惮地射击行人，用刺刀惨无人道地刺杀大批平民百姓[1]。当时，持有任何被认为是反日的物品，都足以受到最严厉的惩罚。房屋中有一把左轮手枪，即使有市政府的许可证，也足以成为被立即处决的借口，稍有抵抗者立即被刺刀捅死或枪杀[2]。

在国联的干预下，3月3日实施停火。5月5日，双方签署了停战协议，在结束上海危机的同时，在公共租界周围建立了一个非军事区，终止抗日活动，并撤走日本军队。然而，根据停战协议，在日本将军队撤回公共租界后，中国方面只能在上海的城区驻扎警察部队[3]。

淞沪战役仍在进行之中，日本关东军便在东北忙于组建傀儡政权，九一八事变后，日本人立即筹划在东北建立一个"独立"的、以废黜的清朝皇帝溥仪（1906—1967）为首脑的"满洲国"。1931年11月10日，日本特工将溥仪从天津劫持到辽宁营口。日本人将中国东北完全置于其控制之下后，成立了东北最高行政委员会，该委员会于1932年2月19日通过了一项决议，即在东北建立"共和国"并宣布从中国独立。1932年3月9日，溥仪在长春的"满洲国"宣誓就任行政长官，定长春为"满洲国"国都并更名为

---

[1] Sargent Key ed., *Eighty-Eight Years of Commercial Progress Ruined: Shanghai Shelled and Bombed, A Collection of editorials and reports written by impartial foreign observers on the local war situation for leading American and British papers including "The Shanghai Evening Post & Mercury", "The China Press", "North China Daily News", etc.*, Shanghai: [n.p.], 1932, pp. 60-64.

[2] George A. Fitch, *My Eighty Years in China*, Taipei: Mei Ya Publications, 1967, pp. 412-413.

[3] "Full Text of Peace Agreement", *The North-China Daily News*, May 6, 1932, p. 19.

新京①。东北就此完全沦为日本的殖民地，在关东军的直接控制之下。

"满洲国"建立后，日本人立即将目光投向当时的热河省，企图扩展新成立的殖民国家的疆域。1932年4月，第八师团根据秘密命令从其位于日本弘前的大本营调防到"满洲国"，为热河的军事行动做准备，第六师团则于12月被调往"满洲国"参加这一行动。1933年1月27日，关东军司令武藤信义（Nobuyoshi Muto, 1868—1933）发布进攻热河的命令，给予反"满洲国"的反日分子致命的打击，但热河行动直至2月21日才开始实施。热河省的首府承德于1933年3月4日被日军攻陷。与此同时，中国军队持续发起猛烈的反攻，日军伤亡惨重②。

面对中国军队的反击，关东军试图通过在长城内采取军事行动来切断中国军队的供应线。攻打长城各关隘的战斗极其艰难。中国军队在长城沿线的喜峰口、古北口和冷口进行了顽强而有效的抵抗和反攻。经过反复进攻，日军于4月12日攻占喜峰口，5月12日渡过滦河，占领了河北省东部22个县的大片地区，对平津地区构成直接威胁。5月30日至31日，中日双方在塘沽进行了谈判，达成《塘沽协定》③。5月31日签署的《塘沽停战协议》迫使中国人承认"满洲国"的建立，承认日本对热河省的占领。它允许"满洲国"将其西南边界延伸到长城边上。此外，日方在长城以南建立了一个非军事区。《塘沽协定》使日本人在河北省东北部站稳了脚跟④。

新的疆界和非军事区在不到两年的时间内保持相对稳定。与此同时，关

---

① Pu Yi, *Last Manchu: The Autobiography of Henry Pu Yi, Last Emperor of China*, New York: G. P. Putnam's Sons, 1967, pp. 162-179.

② Toshihiko Shimada（岛田俊彦）, "Designs on North China, 1933-1937", in James W. Morley ed. *Japan's Road to the Pacific War: The China Quagmire, Japanese Expansion on the Asian Continent, 1933-1941*, New York: Columbia University Press, 1983, pp. 11, 18-25.

③ Toshihiko Shimada（岛田俊彦）, "Designs on North China, 1933-1937", in James W. Morley ed. *Japan's Road to the Pacific War: The China Quagmire, Japanese Expansion on the Asian Continent, 1933-1941*, New York: Columbia University Press, 1983, pp. 32, 43, 55.

④ Toshihiko Shimada（岛田俊彦）, "Designs on North China, 1933-1937", in James W. Morley ed. *Japan's Road to the Pacific War: The China Quagmire, Japanese Expansion on the Asian Continent, 1933-1941*, New York: Columbia University Press, 1983, p. 59.

东军继续寻找机会向南扩张。1935年5月2日,亲日报纸《国权报》社长胡恩溥(1884—1935)和《振报》社长白逾桓(1876—1935)在天津的日本租界被暗杀。尽管有证据表明日军参与了这些暗杀行动,但日本人积极地利用这些案件进一步扩大他们在河北的势力范围。驻扎在天津的日军向北平军事委员会分会委员长何应钦(1890—1987)提出了一系列要求,包括严格控制反日组织,从北平、天津地区撤出诸如蓝衣社、青帮、宪兵第三团、军事委员会政治训练团和第五十一军等当地的国民党和抗日组织,并解除其领导人的职务。当中方流露出不愿照办的迹象时,日本人威胁要采取军事行动。1935年7月9日,何应钦在获取南京方面的首肯后,最终同意了所有的要求。所谓的"何梅协定",实际上是天津日军参谋长酒井隆(Sakai Takashi, 1887—1946)与何应钦之间的一系列来往信件。这些得到何应钦便条确认的条件,使日本人能够将中国中央军、地方部队和所有抗日组织赶出河北省,并解除所有担任省级重要职位的抗日官员的职务[①]。

与此同时,日本人利用张北事变将中国军队从察哈尔省赶走。1935年5月31日,四名关东军军官前往察哈尔省的省会张家口。他们没有察哈尔当局所要求的通行证,因此于6月5日到达张北时被第二十九军扣留。当时,第二十九军军长兼察哈尔省省长宋哲元(1885—1940)释放了这些日本军官,并警告他们今后应获取适当的通行证件。拘留事件只是例行公事,但关东军急于抓住任何机会在华北进一步扩张。6月18日,关东军制定了一份与宋哲元谈判的准则,其中包括要求宋哲元的部队和其他抗日组织,如东北军宪兵队、蓝衣社和国民党,从察哈尔省撤出的条款[②]。

南京政府采取了息事宁人的调和举措,解除了宋哲元的职务,任命秦德

[①] Toshihiko Shimada(岛田俊彦), "Designs on North China, 1933-1937", in James W. Morley ed. *Japan's Road to the Pacific War*: *The China Quagmire, Japanese Expansion on the Asian Continent, 1933-1941*, New York: Columbia University Press, 1983, pp. 102-114.

[②] B. Winston Kahn, "Dorihara Kenji and the North China Autonomy Movement, 1935-1936", in Alvin D. Cox and Hillary Conroy ed. *China and Japan*: *Search for Balance Since World War 1*, Santa Barbara, Caif.: ABC-Clio, Inc., pp. 182-183.

纯（1893—1963）为第二十九军副军长兼察哈尔省代理省长。尽管如此，日本谈判代表土肥原贤二（Kenji Doihara，1883—1948）仍然向秦德纯和地方官员王克敏（1876—1945）施加压力，要求他们作出进一步让步。1935年6月27日，经南京方面批准，秦德纯正式接受了土肥原贤二的要求，即所谓的"秦土协定"。将宋哲元的部队和国民党的组织驱逐出察哈尔省后，关东军在华北建立了另一个立足点，并进入了在华北建立"自治政府"的最后阶段[①]。

在"何梅协定"和"秦土协定"的鼓舞推动下，日本人试图进一步扩大他们在华北的势力范围。土肥原贤二前往河北、山东、山西、察哈尔和内蒙古，与中国地方官员接触，企图建立一个"自治政府"。土肥原贤二的计划只取得了有限的成功。1935年11月25日，冀东行政专员殷汝耕（1883—1947）宣布成立冀东防共自治委员会。之后，该委员会于12月25日更名为"冀东防共自治政府"。土肥原贤二还努力促成了12月18日成立的"冀察政务委员会"，尽管它的成立得到了南京政府的首肯[②]。因此，河北省享有特殊的地位：即使没有独立于南京中央政府，但亦与之疏离。

关东军还积极推动绥远省的"内蒙古独立运动"。在日本的军事援助下，1936年2月，德穆楚克栋鲁普亲王（1902—1966），即德王，在百灵庙宣布"内蒙古独立"。4月，德王在察哈尔的化德县组建了一个军政府，该政府于1936年6月作为"内蒙古政府"正式成立[③]。当时华北的大片区域都在日本人的直接或间接控制之下。然而，日本的一系列侵略扩张，特别是"华北自治运动"，在中国民众中激起了强烈的反日情绪。试图征服中国的日本

[①] B. Winston Kahn, "Dorihara Kenji and the North China Autonomy Movement, 1935-1936", in Alvin D. Cox and Hillary Conroy ed. *China and Japan: Search for Balance Since World War 1*, Santa Barbara, Caif.: ABC-Clio, Inc., pp. 183-184.

[②] B. Winston Kahn, "Dorihara Kenji and the North China Autonomy Movement, 1935-1936", in Alvin D. Cox and Hillary Conroy ed. *China and Japan: Search for Balance Since World War 1*, Santa Barbara, Caif.: ABC-Clio, Inc., pp. 192-196.

[③] Toshihiko Shimada, "Designs on North China, 1933-1937", p. 218.

军国主义野心和决心将日本人赶出中国国土的中国爱国主义激情之间的对立不断加剧,最终,1937年7月7日爆发了卢沟桥事变,这是全民族抗日战争(1937—1945)的开端。

1901年9月7日签署的《辛丑条约》第九款规定:

> 按照公历一千九百零一年正月十六日,即中历上年十一月二十六日文内后附之条款,中国国家应允,由诸国分应主办,会同酌定数处,留兵驻守,以保京师至海通道无断绝之虞。今诸国驻守之处系:黄村、廊坊、杨村、天津、军粮城、塘沽、芦台、唐山、滦州、昌黎、秦皇岛、山海关。[①]

在《辛丑条约》签署之前,日本于1901年4月成立了清国驻屯军(1912年更名为中国驻屯军),这支有2600人的部队驻扎在北京、天津、塘沽、秦皇岛和山海关,表面上是为了保护日本侨民及运输线。然而,在随后的几十年里,随着日本对华北地区的不断侵占和军事扩张,日军的数量及驻扎的地点急剧增加。1933年,占领了热河省并突破了长城沿线的中国防线后,日本在更多地方,诸如北戴河、抚宁、迁安、卢龙、昌黎、密云、蓟县、唐山等地驻扎了军队。1935年11月,日军向北平西南郊的丰台火车站派遣部队,该地并不在《辛丑条约》指定的区域内。到1936年7月,日军在丰台设立了司令部,同年9月,日军将中国第二十九军的部队排挤出丰台,当时,仅在丰台的日军就多达2000人。

驻扎在丰台的日军经常到卢沟桥附近地区进行训练,举行军事演习。1937年7月7日晚,来自丰台的一个日本步兵中队在北平西南约8英里的宛平城外的卢沟桥北面进行演习。他们声称在晚上10点40分左右听到了几声枪响,迅速点名后发现一名士兵志村菊次郎(Kikujirou Shimura, 1916—

[①] Harley F. MacNair, *Modern Chinese History: Selected Readings*, p. 622. 此处中文译文采用《辛丑条约》原文。

1944）失踪。日本人认为是驻扎在宛平城的中国军队绑架了志村菊次郎，要求立即在宛平城内搜寻失踪的士兵。时任北平市长、第二十九军副军长的秦德纯拒绝了搜查要求，但同意进行双边调查。当调查人员于7月8日凌晨4点40分左右到达宛平时，该城已被连夜从丰台赶来的日军包围。调查人员进城不久，日军开始炮击该城，尽管此时他们已经找到了失踪的志村菊次郎，他仅迷路了大约20分钟。面对日军的进攻，中国军队予以反击[①]。

经过几轮调查和谈判，7月8日晚，秦德纯和北平特务机关长松井久太郎大佐（Takuro Matsui，1887—1969）在北平达成了口头协议。协议要求：a. 立即停火；b. 日军撤至丰台，中国军队撤至永定河西岸（卢沟桥以西）；c. 保安队取代在宛平的正规驻军部队。然而，几个小时后，战斗又打响了。7月9日，东京的日本陆军总参谋本部提出了四项要求：a. 中国军队从卢沟桥附近和永定河左岸撤出；b. 保证今后不再发生类似事件；c. 惩罚该事件的责任人；d. 中国为该事件道歉。谈判和战斗同时进行了数周[②]。

与此同时，日本从朝鲜和中国东北向平津地区增派了一个师团、两个旅团的援军。7月25日，日本增援部队攻占了北平和天津之间的战略要地——廊坊火车站。北平于7月29日沦陷，天津于7月30日被占领。平津地区因此被置于日本的控制之下[③]。

从1879年到1937年7月，日本通过一连串的军事征服使其领土增加了两倍多。琉球王国、俄国库页岛南部、整个朝鲜半岛及中国的台湾、东北和华北的大片区域都被日本占据或控制。由卢沟桥事变引发的第二次中日战争的爆发，标志着日本军事扩张的新阶段：征服整个中国。日本军国主义分子将继续沿着他们奉行的军事征服的道路前行。

[①] 李云汉：《卢沟桥事变》，台北：东大图书公司1987年版，第293页、308页，and Ikuhiko Hata, "The Marco Polo Bridge Incident, 1937" in *Japan's Road to the Pacific War: The China Quagmire, Japanese Expansion on the Asian Continent, 1933-1941*, pp. 247-248.

[②] Ikuhiko Hata, "The Marco Polo Bridge Incident, 1937", pp. 249-250.

[③] Ikuhiko Hata, "The Marco Polo Bridge Incident, 1937", pp. 258-261.

第二章　通向南京之路

日军在上海驻扎起始

早在1894年第一次中日战争爆发时，日本就在上海地区部署了军舰和海军陆战队。1897年，发生暴乱之际，日本"大岛号"炮舰上的20名海军陆战队员被派往上海，保护日本驻上海总领事馆。这就是日本在上海部署地面部队的开始。1900年，日本人组织了一支由120人组成的半军事化义勇队，在义和团运动中保护日本侨民。五年后，日本巡洋舰"对马号"的海军陆战队登陆，成立"守备警察本部"。同时，在上海的日本军舰被正式编成南清地方警备舰队，该舰队在1909年更名为第三舰队[①]。

1927年之前，日本只有在发生事件或危机时才向上海派遣军舰，派海军陆战队员上岸。危机结束后，军舰和海军陆战队都返回日本。

然而，在1927年，当国民革命军北伐军到达上海时，几艘日本巡洋舰、第十八驱逐舰队，以及由特别陆战队和舰艇陆战队组成的联合陆战队抵达，陆战队的人数逐渐增加到4300人。他们与美国、英国和法国军队一道保卫

[①] 许杰：《虹口日本人居住区述论》，载《上海研究论丛》第十卷，上海：上海科学院出版社1995年版，第285页。

外国租界。9月，战争结束后，大多数海军陆战队员返回日本，但有几百人作为上海陆战队留在上海，这是一支长期驻扎的地面部队，其司令部于1929年在四川北路设立。上海陆战队也偶尔到中国其他省份执行任务。1928年，200名陆战队队员参加了山东的军事行动[①]。

九一八事变之后，外国列强在上海部署了地面部队，共同保卫他们在上海的租界。由1800名海军陆战队队员组成的日军负责公共租界的北部和东部地区，以及四川北路以西的地区。1932年一·二八淞沪抗战期间，日本人在上海集结了第三舰队的28艘战舰。自那时起，第三舰队的旗舰"出云号"巡洋舰便停泊在黄浦江达数年之久。

1932年参加淞沪战役的日本地面部队为海军陆战队、第二十四步兵旅团及第九、第十一和第十四步兵师团。战斗行动结束后，陆军部队返回日本。1932年10月，上海陆战队更名为上海海军特别陆战队，这一数量达2000多人的部队主要驻扎在虹口地区，他们以四川北路司令部为中心，在那里建立了分布广泛的据点和碉堡系统。

1937年7月7日，卢沟桥事变爆发。中日战事在华北爆发后不久，上海地区的局势也迅速紧张起来。7月24日，日本人发现一名日本水手宫崎贞夫（Sadao Miyasaki）失踪，并声称中国方面策划绑架了他。人们担心事态会升级。然而，失踪的水手在位于长江北岸、上海以西约120英里的小城靖江露面，他只是开了小差，并不涉及任何阴谋[②]。危机这才得以避免。

与此同时，中日双方都在为可能发生的军事行动做准备。1937年8月9日，2000名日本海军陆战队队员从汉口抵达，加入已经驻扎在上海兵员达数千的海军陆战队[③]。一支日本舰队在黄浦江集结，还有更多的巡洋舰、驱逐舰和炮艇正在前往上海的途中。在城内公共租界的日占部分周围，中国方面

---

① 上海市地方志办公室编撰：《日本等外国驻军》，载《虹口区志》，网址：http://www.shtong.gov.cn/node2/node4/ node2249/node 4418/node20217/node23228/node62919/ userobject1ai9654.html.

② "'Kidnapped' Japanese Turns up a Deserter", *The New York Times*, July 29, 1937, p. 3；《靖江八圩港寻获宫崎》，载《申报》1937年7月29日，第14页。

③ 《空气突趋紧张大队日舰集沪》，载《申报》1937年8月12日，第9页。

正忙于挖掘战壕，建立防御工事和沙袋路障。训练有素、装备精良的国军第八十七师和第八十八师驻扎在苏州和无锡地区，随时待命前往上海。在这种情况下，任何事件都会引发爆炸性的后果。

虹桥事件引发军事冲突

1937年8月9日下午5时30分左右，在上海虹桥机场发生了枪击事件。根据中方消息，日本一等水兵斋藤要藏（Yozo Saito）与海军少尉大山勇夫（Isao Ohyama）驾驶一辆汽车，试图强行闯入虹桥机场。当入口处的中国守卫试图阻止飞驰的汽车时，两人掏出手枪开火。中国警卫没有还击，而是躲藏隐蔽，因为他们接到命令，如果日本人前来寻衅，不要开火。守卫在通往机场的道路上的几名中国保安队员听到枪声后赶到现场，他们遇到离开机场的日本汽车时，日军再次开火，打死了其中一名队员时景哲。中国人自卫还击，当场击毙大山勇夫。斋藤要藏受伤后，弃车而逃，但还没跑多远便倒下，因伤势过重而亡[①]。

日方对中方的说法提出异议，他们称大山勇夫和斋藤要藏驾驶的汽车在机场边的道路上被中国保安队成员包围后，遭到机枪和步枪射击，两人因此死亡[②]，不过日方没有提到时景哲的死亡。

事件发生后，中日双方同意进行联合调查，共同寻求外交渠道来解决问题，以避免局势恶化。然而，8月11日，当调查正在进行时，日方的立场趋于强硬。日本海军当局向中国提出了解决该事件的四项要求：a. 逮捕并惩罚那些对杀人事件负有责任的人；b. 赔偿一笔数额未定的金额并正式道歉；c. 从紧邻上海的地区撤走保安队；d. 撤除中国在上海周边地区的防御工事。

---

① "Three Killed in Affray near Aerodrome", *The North-China Daily News*, August 10, 1937, pp. 9 & 14；《日军官武装直冲我飞机场》，载《申报》1937年8月10日，第9页。

② "Three Killed in Affray near Aerodrome", *The North-China Daily News*, August 10, 1937, p. 9.

中国方面拒绝了这些要求①。

日本人提出要求的同时，又有 20 艘日本军舰，包括巡洋舰、驱逐舰和炮艇抵达，这些军舰卸下了弹药、物资，以及几千名海军陆战队队员。32 艘日本军舰集结在黄浦江上，另一艘航空母舰和更多的军舰停泊在吴淞口附近②。

与此同时，中国第八十七师和第八十八师于 8 月 12 日清晨乘坐火车和卡车赶到上海。他们立即占领了吴淞、闸北和江湾的阵地，这些地方与公共租界的日本部分接壤。中国方面最初计划在 8 月 13 日天亮前发动突然袭击，把日本人赶出上海，但在发动袭击之前，南京统帅部电话命令上海前线指挥官张治中（1890—1969），要求其暂停进攻③。

战争在上海城区爆发

1937 年 8 月 13 日，战争还是爆发了。驻扎在四川北路日本小学的日本海军陆战队声称，中国的狙击手向宝山路的日本巡逻队开火，因此他们对中国的阵地进行了小规模的反击，并在上午 9 点 15 分左右与中国军队发生了三次冲突。这些短兵相接的战斗只持续了 20 分钟。然而，从中午开始，中日双方在闸北的同一地区继续战斗，机枪声和迫击炮声持续了几个小时。到下午 4 点，日本军舰对中国的阵地和建筑进行了炮击，中方的大炮予以还击。战斗在夜幕降临时分逐渐平息，到晚上 9 点停止④。

1937 年 8 月 14 日，中国人开始大规模地猛烈进攻。拂晓时分，中国第八十八师在西侧推进。他们的目标是攻击日军在西面的据点，如五卅公墓、

---

① "32 Tokyo Warships Mass at Shanghai", *The New York Times*, August 12, 1937, pp. 1 & 10.
② "Japan's Landing Party Reinforced", *The North-China Daily News*, August 12, 1937, p. 9, and "32 Tokyo Warships Mass at Shanghai", *The New York Times*, August 12, 1937, p. 1.
③ 张治中：《揭开八一三淞沪抗战的战幕》，引自《八一三淞沪抗战：原国民党将领抗日战争亲历记》，北京：中国文史出版社 1987 版，第 20 页。
④ "First Clash in Shanghai", *The New York Times*, August 13, 1937, p. 1; "Shanghai Battle Goes on Unabated", *The New York Times*, August 14, 1937, pp. 1 & 2;《沪日兵昨晨首先挑衅　我军抗战敌受重创》，载《申报》1937 年 8 月 14 日，第 2 页。

日本火葬场、八字桥、持志大学、爱国女校、粤东中学、上海法学院等地，以及横滨路、宝山路和虹江路的火车北站附近。同时，第八十七师在东侧沿军工路、黄兴路和其美路向日军在沪江大学、东部据点公大纱厂、日本海军操场和日本海军俱乐部的阵地进攻。中国军队与日本海军陆战队进行了巷战，一些阵地数次易手。

上午10点，中国的轰炸机开始轰炸日军在虹口、杨树浦的阵地，以及日军在黄浦江中的军舰，但效果有限。日本军舰和飞机进行回击，对中国阵地进行了炮击和轰炸。下午，中国军队发起进攻，占领了几个日军阵地。激烈的战斗持续了一整天[①]。

中国空军也参加了下午的战斗。然而，下午5点后，由于一架轰炸机的弹药架被日本防空炮火损坏，两枚炸弹在拥挤的市中心坠落，造成数百人死亡，一千多人受伤[②]。

由于这次意外的轰炸造成了严重的平民伤亡，也出于其他的考虑，中方在8月15日和16日暂停了主要的攻击行动，为下一步行动做准备。作为对日军反击的回应，小规模的战斗主要在西部的日本海军陆战队司令部和东部的公大纱厂周围继续进行着。

与此同时，中国的增援部队也到达了上海前线：第九十八师于8月15日从武汉抵达，当晚在东线占领了阵地，增援第八十七师；第三十六师于8月17日从西安抵达；其他刚刚抵达的中国军队在上海郊区占领了阵地：第五十六师被部署在长江边的太仓—浏河一线，第二旅驻扎在南翔，而第五十五师、第五十七师和第六十二师及第四十五旅则抵达浦东、上海南郊和杭州湾以北地区。8月18日和19日，日本增援的四个海军陆战队大队从中国旅顺和日本佐世保抵达上海。

[①] 《闸北浦东我军前线进攻》，载《申报》1937年8月15日，第1页；"Chinese Air Bombs Kill 600 in Shanghai", *The New York Times*, August 15, 1937, pp. 1 & 28；张治中：《揭开八一三淞沪抗战的战幕》，第21页。

[②] "Chinese Air Bombs Kill 600 in Shanghai", *The New York Times*, August 15, 1937, p. 1.

中国人在 8 月 17 日上午恢复了进攻。从黎明到黄昏，第八十七师和第八十八师在他们之前坚守的阵地上进行了激烈的战斗，但伤亡惨重，取得的战果有限。第八十八师的第二六四旅试图夺取日本公墓、八字桥、上海法学院和虹口公园的日军阵地，并击退日军反击，但遭受了巨大的伤亡。与此同时，第八十七师的第二五九旅成功地占领了日本海军俱乐部和海军操场[①]。

8 月 19 日，在第三十六师和第九十八师的参与下，中国人发起了新一轮的进攻。沿着欧嘉路（Urga Road）和大连路（Dalny Road）之间的战线，第九十八师、第三十六师和第八十七师向南推进，希望攻占日军在汇山码头（Wayside Wharf）的据点，切断日军的防线，将其西翼与东翼分割。晚上 10 点，一支由两辆装甲车带领的部队到达黄浦江边的汇山码头。日军的阵地有很强的防御能力，配备了较好的武器装备，并有高效的海军炮火掩护支持。因此，日军得以击退中国人的多次进攻。面对日军从三个方向的反击及中国装甲车被摧毁的情况，中国人发现不可能长期保持刚刚占领的阵地。在接下来的几天里，中国人反复进攻，到达汇山码头，但由于缺乏有效的武器装备和足够的炮火覆盖，他们无法占领日军的据点，也无法确保守住他们付出巨大伤亡才占领的阵地[②]。

在淞沪会战的第一阶段，中国军队基本处于攻势。8 月 23 日，日本增援部队第三师团和第十一师团于清晨在上海以北的长江沿岸与吴淞口成功登陆，中方被迫将部队向北调遣，建立新的防线。因此，战争的重点转移到了乡村，中国军队处于守势。

日军增援部队在长江口登陆及中国军队反登陆作战

战争在上海爆发后，日本最高统帅部于 8 月 15 日发布命令，组建由第三师团、第十一师团及独立飞行第六中队组成的上海派遣军，松井石根（Iwane

---

[①] 张治中：《揭开八一三淞沪抗战的战幕》，第 22—23 页。
[②] 张治中：《揭开八一三淞沪抗战的战幕》，第 23—24 页。

Matsui, 1878—1948）任其总司令[①]。第三师团于 8 月 18 日和 19 日从名古屋的热田港出发，第十一师团于 8 月 20 日和 21 日离开多度津，前往上海东南约 120 公里的嵊泗群岛附近的海上集结地，准备在上海北部进行登陆作战[②]。

与此同时，中国援军也陆续抵达上海。中央教导总队于 8 月 21 日从南京抵达上海；第十一师于 8 月 22 日从武汉抵达；而第六十七师、第六十一师、第六师、第一师、第十四师、第五十八师和第七十八师则在 8 月底和 9 月初抵达。

8 月 23 日凌晨 5 点左右，日军第十一师团开始在上海北面的川沙口登陆。在消灭了第五十六师部署在那里的少量中国军队后，日军向石洞口、狮子林炮台、宝山、浏河和罗店进发。到下午，他们已经占领了川沙镇、狮子林炮台、宝山和具有战略意义的罗店镇。日军牢牢控制滩头阵地，后续部队也不断登陆。他们打算进一步向南推进，占领南翔，以便切断南京—上海的铁路线，围困在上海的中国军队[③]。

中国方面迅速作出反应，派遣第十一师的第一三三旅去击退日军的进攻，经过激烈的巷战，中国军队在当晚趁日军在罗店镇尚未站稳脚跟之际，夺回了罗店。8 月 24 日，第九十八师的第二九四旅向北疾进，成功地将日军赶出了宝山。同时，第九十八师的第二九二旅于 8 月 28 日抵达，收复了狮子林炮台[④]。

日军第十一师团即将实施登陆作战之际，第三师团乘船进入黄浦江，并于 8 月 23 日凌晨 3 点左右在蕰藻浜和张华浜开始登陆，蕰藻浜位于蕰藻浜河以南，与吴淞镇隔江相望。中方在该地区部署了一个武装警察团。然而，警察部队难以抵挡训练有素的日本步兵部队。中国第十一师的第一三一旅和

[①] 防卫厅防卫研修所战史室：『支那事变陆军作戦』第一卷，东京：朝云新闻社 1975 年版。转引自齐福霖、宋绍柏翻译：《中国事变陆军作战史》第一卷第二部分，北京：中华书局 1981 年版，第 6—7 页。

[②] 防卫厅防卫研修所战史室：『支那事变陆军作戦』第一卷，东京：朝云新闻社 1975 年版。转引自齐福霖、宋绍柏翻译：《中国事变陆军作战史》第一卷第二部分，北京：中华书局 1981 年版，第 12—13 页。

[③] 蒋纬国主编：《国民革命战史》第三部《抗日御侮》第五卷，台北：黎明文化事业公司 1978 年版，第 33 页。

[④] 蒋纬国主编：《国民革命战史》第三部《抗日御侮》第五卷，台北：黎明文化事业公司 1978 年版，第 34 页。

教导总队的一个团在当天上午和下午分别赶来增援。在下午的登陆行动中，十多架日本轰炸机和十多艘军舰对中国阵地进行轰炸，为日军提供掩护。中国军人进行了顽强的抵抗，但轰炸所造成的巨大伤亡大大降低了他们的反击能力。第二天，来自第三十六师和第八十七师的中国增援部队到达前线，新到达的第六十一师也于8月26日加入战斗。然而，日军训练有素，装备精良，并有飞机、军舰的猛烈轰炸与炮击的支援，中国守军所能做的只是将日军包围在张华浜周围的区域内，无法将他们逼回舰艇[1]。

日军第三师团于8月23日开始轰炸吴淞镇，但直到第二天早上才在该镇进行登陆作战。负责保卫该镇的中国保安团部队无法抵御日军的进攻。到下午5点，吴淞镇的大部分地区处于日军的控制之下，如果不是第九十八师的一个团发动反攻，将日军赶出镇子回到他们的船上，该镇就会被日军完全占领。然而，中国军队并没有在吴淞镇坚守很久。三天后，日军第三师团在确保其在张华浜和蕰藻浜地区的阵地后，越过连接吴淞镇和蕰藻浜的蕰藻滨河桥，试图夺回吴淞镇。中国守军在第六十一师一个团的支援下，得以抵御日军的进攻，直至8月31日，日军在30架飞机和十几艘军舰的支援下，再次发起登陆行动。中国方面在9月1日派遣第六师的部队来增援，打算收复该镇。经过几天的激烈战斗，日军的炮击和空中轰炸造成了重大伤亡，第六师的使命没有成功[2]。

在确保了川沙口、石洞口、蕰藻浜、张华浜和吴淞镇的登陆阵地后，日军进一步向内陆推进，打算占领罗店、月浦和宝山。为了击退日军的进攻，中国第十一师和第六十七师于8月25日发起反击。双方在罗店周围进行了激烈的战斗，他们拼命地逐村、逐街甚至逐屋地争夺控制权。8月28日，在中国军队从敌人手中夺回罗店的六天后，罗店再次落入日军之手。

---

[1] "Japanese Land Troops off Woosung", *The North-China Daily News*, August 24, p. 5；余子道、张云：《八一三淞沪抗战》，上海：上海人民出版社2000年版，第145—146页。

[2] 蒋纬国主编：《国民革命战史》第三部《抗日御侮》第五卷，台北：黎明文化事业公司1978年版，第31—32页。

由于罗店的重要战略位置，中国方面从第九十八师和第十四师派遣部队，增援第十一师和第六十七师，试图夺回该镇。然而，由于缺乏炮火支援，中方尝试两次，均以失败告终。在强大的空军、海军和炮兵的掩护和支持下，日军在白天发动进攻，夺取新的阵地，而中国人则在夜幕降临后进行反击，夺回他们在白天失去的阵地[1]。

从9月1日至5日，更多的中国援军，即第五十一师、第五十六师和第五十八师抵达，加入罗店战役。直到9月10日，该镇仍然在日军手中，但中国人没有表现出任何打算放弃的迹象[2]。

在罗店周围的战斗进行的同时，8月31日，日本第十一师团试图在狮子林炮台登陆。空中、海上的大炮轰炸摧毁了中国第九十八师的防御，日军在9月1日夺回了该炮台。在试图向宝山方向推进时，日军遇到了持续顽强的抵抗，为了争夺沿途的每一座村庄，双方都进行了激烈的战斗。9月5日，来自狮子林和吴淞镇的日军到达宝山，宝山由中国第九十八师第五八三团的第三营防守。在包围了这座小城之后，日军用装甲车封堵了所有的四座城门，并用硫黄烧毁了这座城市。激烈的巷战随之展开，结果，除了一名士兵成功翻越城墙逃脱外，中方的全营官兵，包括营长姚子青都在保卫阵地的战斗中牺牲。宝山于9月6日沦陷[3]。

天谷支队，即日军第十一师团的第十步兵旅团，于9月3日在吴淞口登陆，增援已经在那里的日军，进攻他们的下一个目标——月浦。同时，新抵达的中国第一师和第十四师的部队前来增援第九十八师。9月9日，日军开始攻击周围村庄的中国军阵地，中国军队进行着一场又一场艰苦卓绝的激烈抵抗，许多村庄几度易手。然而，日军的空中和海上轰炸及陆地大炮轰击再次得手。

---

[1] 蒋纬国主编：《国民革命战史》第三部《抗日御侮》第五卷，台北：黎明文化事业公司1978年版，第38页。

[2] 余子道、张云：《八一三淞沪抗战》，第155页。

[3] 蒋纬国主编：《国民革命战史》第三部《抗日御侮》第五卷，第37—38页；余子道、张云：《八一三淞沪抗战》，第159—161页。

9月11日，月浦和杨行都被日军占领①。

潘泾与杨泾之间的战役

中国军队的顽强抵抗给日军造成了重大伤亡，极大地阻碍了他们的进展。显然，如果没有进一步的增援，日军将很难突破中国军的防线。因此，日本最高统帅部同意向上海前线派遣更多的部队：从台湾派遣来新组建的约有一个旅团兵力的重藤支队，于9月14日在川沙口登陆；第一〇一师团于9月22日抵达吴淞口；第九师团于9月27日抵达张华浜；第十三师团于10月1日抵达吴淞口。同时，更多的中国军队被源源不断地派往上海前线，从9月12日至20日，第八、第九、第十三、第十五、第十六、第三十二、第四十四、第五十九、第六十、第七十七、第九十、第一五九和第一六〇师到达上海前线②。

月浦和杨行沦陷后，中国军队于9月12日凌晨向西撤退，在蕰藻浜河以北的潘泾河沿岸占领了阵地。9月12日下午，日军向西发起进攻。北面的第十一师团打算清除潘泾河、荻泾河和杨泾河之间的中国阵地，而南面的第三师团则试图突破潘泾河和荻泾河的中国防线，占领顾家镇和刘行③。

中国第十五师、第三十二师、第七十七师和第五十七师进行了激烈的战斗，第五十九师、第九十师、第一五九师和第一六〇师增援上述部队。中国守军一直坚守在潘泾河沿岸，直至9月22日，日本第一〇一师团赶来加入战斗。惨重的伤亡和猛烈的轰炸迫使中国守军于9月26日撤退到沿荻泾河一线的阵地④。

接下来的几天，中日双方在荻泾河和洋泾河之间由北到南30公里、从

---

① 余子道、张云：《八一三淞沪抗战》，第161—163页。
② 余子道、张云：《八一三淞沪抗战》，第197—202、204—205页。
③ 余子道、张云：《八一三淞沪抗战》，第211—212页。
④ 余子道、张云：《八一三淞沪抗战》，第212页。

西到东 10 公里的地区内进行了激烈的战斗。9 月 27 日，日军第九师团抵达，进一步增强了日军的实力，发起几轮攻击。第十一师团在罗店以西的施相公庙一带作战，第三师团进攻刘行，第九师团向顾家镇推进。中国军队虽然得到了第八、第九、第十六师和其他部队的进一步增援，但仍无法守住他们在荻泾河和顾家镇一带的防线，刘行于 9 月 30 日晚沦陷。经过反复的殊死较量，中国守军进一步撤退到洋泾河以西的防线[①]。

蕰藻浜与走马塘之间的战役

当他们把中国军队从荻泾河和洋泾河之间的地区清除出去后，日军准备向蕰藻滨河对岸南下。他们的目标是占领大场，以阻断庙行、江湾和闸北地区的中国军队向西撤退的通道。为了阻止日军前进，中国第八师、第十三师、第十六师、第五十七师、第六十一师和第八十七师在蕰藻滨河两岸布防。10 月 2 日，日军第九师团向陈家行和唐桥站之间沿河北岸的中国阵地发起进攻。有一段时间，他们成功地突破了中国军队的防线并渡过了河。然而，中国军人殊死抵抗，将日军赶回了北岸。在接下来的几天里，南下的进攻与北上的反击多次重复，双方都遭受了巨大的伤亡。10 月 6 日，在第三师团的增援下，日军成功渡过蕰藻滨河，并经过残酷的血战，向南扩展，建立滩头阵地，使后续部队得以渡河。中国军队顽强抵抗，双方在沿河南岸的村庄陷入了激烈的战斗，直至 10 月 18 日[②]。

日军正在巩固他们在蕰藻滨河以南的阵地并向南作战过程中，中国军队于 10 月 21 日发起了大规模的向东的反攻。新抵达的第一七一师、第一七三师、第一七四师和第一七六师从陈家浜、谈家头和北侯宅附近的阵地发起进攻；第七十七师、第一五九师和第一六〇师的部队从广福和陈家浜之间的阵地进攻；第九十八师、第四十四师、第六十师、第三十一师、第五十六师和

[①] 余子道、张云：《八一三淞沪抗战》，第 212—214 页。
[②] 余子道、张云：《八一三淞沪抗战》，第 224—228 页。

第五十八师的部队从费家宅和广福发起进攻。同时，刚刚到达前线的第十八师、第三十三师和第一五三师被部署在走马塘以北，建立一道新的防线①。

中国军队的反攻持续了三天，成功地拖延了日军的推进，并给日军造成了重大伤亡。然而，中国军队的伤亡更大，且无法阻止日军的进攻。日军第三师团和第九师团继续攻击大厂以西的中国阵地，第十一师团向大厂的东侧作战，而第一〇一师团则向庙行和江湾推进②。

大厂，这个具有战略意义的重镇，于10月26日落入日军之手。大厂的丢失对中国第八十七师、第三十六师和第八十八师构成了直接威胁，他们分别在庙行、江湾和闸北坚守阵地。这三个师被迫匆忙撤离到苏州河以南的地区③。

上海的陷落

至10月31日，除了第八十八师第五二四团第一营还留在苏州河以北的闸北，所有的中国军队都向南转移，沿着苏州河形成了一条新的防线。当中国军队大规模南撤时，日军紧随其后，迅速推进，在10月28日占领了真如④。

从10月29日至11月3日，日军开始了新一轮的南下作战行动。尽管伤亡惨重，但中国军队继续进行顽强抵抗。经过逐村逐户的战斗，日军在几个点上突破了中方的防线，越过了苏州河，在苏州河以南建立了阵地⑤。

此时，日军增派了由第六、第十八、第一一四师团与国崎支队，即第五师团第九步兵团，组成的第十军。第六师团和第十八师团及国崎支队于11月5日在杭州湾以北的金山卫沿海一带登陆。五天后，第一一四师团在金山卫以西的全公亭登陆。新登陆的部队迅速向北推进，几天后，在几乎没有遇到中国军队抵抗的情况下，日军占领了金山、奉贤、南汇和松江的大部分地区。

---

① 余子道、张云：《八一三淞沪抗战》，第234—241页。
② 吴相湘：《第二次中日战争史》（上册），台北：综合月刊社1973年版，第390页。
③ 吴相湘：《第二次中日战争史》（上册），台北：综合月刊社1973年版，第390页。
④ 余子道、张云：《八一三淞沪抗战》，第307—308、316页。
⑤ 余子道、张云：《八一三淞沪抗战》，第317—319页。

到11月8日，日军第六师团已经向青浦推进，对苏州河以南中国阵地的后翼构成了严重威胁。中国方面别无选择，只能放弃这些阵地，匆匆向西撤退。11月12日，中国军失去了在上海的最后阵地南市。至此，除了法租界和公共租界外，上海被置于日军的控制之下，上海地区的战事也告一段落[1]。

日军突如其来的登陆和迅速的推进使中国军队没有时间在上海西面组织和建立起有效的防线。新抵达的日本第十六师团于11月13日在白茆口登陆，进一步破坏了中国军队在大规模西撤的过程中进行有条不紊地撤退或组织抵抗的计划[2]。

60万军队的仓促撤退，统筹组织的缺乏，通信联络的不畅，以及日军的迅速追击，导致了中国军队的混乱，向西溃退。因此，中国军队未能在上海以西的地区组织进行大规模有效的抵抗[3]。

三路向南京进犯

然而，日军充分利用这一局面，不失时机地追击战败的中国军队，兵分三路迅速往西面推进，向中国首都南京进犯。由第十一师团、第十三师团、第十六师团组成的北翼，首先攻占了南京—上海铁路线以北的地区，其中一些部队在抵达无锡和常州后沿铁路线进犯。第十一师团的天谷支队，即第十旅团，与第十三师团一起进攻并占领了镇江，天谷支队和第十三师团的主力都在那里渡过长江，到达长江北岸。天谷支队向北进攻扬州，而第十三师团的主力则沿着江岸向西推进。同时，第十三师团的山田支队，也就是第一〇三旅团，仍然留在长江以南，沿着江岸向南京的北面发起攻击。在白茆口登陆后，第十六师团攻占了常熟、无锡和常州，沿着南京—上海的铁路线抵达

---

[1] 余子道、张云：《八一三淞沪抗战》，第353—363页。
[2] 余子道、张云：《八一三淞沪抗战》，第353—363页；何应钦：《八年抗战之经过》，台北：文海出版社1972年版，第18—19页。
[3] 余子道、张云：《八一三淞沪抗战》，第380—383页。

丹阳，然后穿过句容和汤山，攻击中国在紫金山及其周边地区的阵地，以及南京东面的城门和北面的城门。

第三师团和第九师团组成中翼，沿着南京—上海铁路线进攻作战，抵达常州后离开铁路线，向西攻击金坛、句容和淳化，然后进抵南京东南面各城门。

南翼由第六师团、第十八师团、第一一四师团和国崎支队组成。第一一四师团经嘉兴、湖州、长兴、宜兴、溧阳和溧水一线，从南面进攻南京。第六师团、第十八师团和国崎支队沿着同一条路线前进，经嘉兴、湖州和广德，然后第六师团穿越郎溪和溧水，向南京的南面和西南面城门发起攻击。国崎支队从郎溪向西进攻，占领高淳，然后在太平渡过长江向东行进，目的是占领浦口这个与南京隔江相望的长江北岸的铁路枢纽，以阻止南京守军向北撤退的通道。第十八师团受命从广德经宣城，攻击并占领芜湖，防止南京守军向西逃离。

日军在长江三角洲地区所犯暴行

8月23日，日军在川沙口登陆，以后不久，便犯下暴行。据记载，在日军占领川沙口地区后的100天内，有2244名平民被屠杀，10948座房屋被烧毁，数百名妇女被强奸[①]。据幸存者顾庆祯回忆，日军登陆后，他所在的韩家宅村除了14个村民外，其余人都逃走了。留下来的14人就包括他的父母和他自己。当时他才13岁，日本兵进村后，杀死了所有留下的村民，只有顾庆祯受了伤，被压在父母的尸体下面，这才得以幸存[②]。

日军到达蒋家宅村时，蒋辂赞年仅8岁。他和姐姐、妹妹躲在稻田里，活了下来，而他的祖父母、父母和其他村民则在不同的藏身处被杀害：

---

① 任晓初，金兆其：《罗泾血案调查记》，收录于《罗泾祭：侵华日军暴行实录》，上海市宝山区政协学习文史委员会编，1997年，第196页，and Katsuichi Honda，*The Nanjing Massacre: A Japanese Journalist Confronting Japan's National Shame*, Armonk, New York: E. Sharpe, 1999, p. 31.

② 《顾庆祯证言》，收录于《罗泾祭：侵华日军暴行实录》，第14—15、48页。

1937年农历八月初四，日本兵杀到我们蒋家宅，烧房杀人，共杀死33人，我们全家8口，被杀害5人。

父亲蒋月恒（37岁）和小阿伯蒋月文（31岁）躲在一块稻田里，被日军发现，抓去杀害。

祖母蒋马氏（61岁）被日军枪杀在塘南宅沟里。祖父蒋洪明（62岁）和母亲张小妹（36岁）在日军进村时躲在一个枝杨坟里，被日军发现，母亲被日军用刺刀杀害在坟上，还用刺刀剖腹，肠子和肚里的孩子全部流在地上（肚里的孩子应该是被杀的第6人），祖父被日军在背上打了一枪，受伤后回到宅上，倒在芦栗园里死亡。①

在大多数情况下，年轻人在日本人到来之前就逃走了，而老人则留下来照看他们的家园和庄稼。在被日军杀害的人当中，老年人的比例很高。陈德禄在他的证词中指出，他的祖父（71岁）、他所在的墅沟宅的一名妇女（63岁），以及他在周家宅的祖母（59岁）被烧死②。三位村民作证说，在他们的村庄徐家阁，有36人被杀。其中10名受害者是日军在其他地方搜捕来的平民百姓，所以他们的姓名不得而知。其余26人是同村的村民，其中男性11人，女性15人，最年长的74岁，年龄最小的仅3岁，26人中有20人年过50岁。以下为受害者姓名、性别、年龄：

万和南，女，61岁；徐东山，男，60岁；徐东生，男，62岁；徐陈氏，女，70岁；徐张氏，女，60岁；徐沈氏，女，59岁；春婆婆，女，55岁；徐玉泉，男，74岁；徐沈氏，女，69岁；阿相林，男，52岁；徐新堂，男，60岁；徐俞氏，女，59岁；徐杏生，男，20岁；徐万氏，女，61岁；闵信连，男，43岁；施阿堂，男，65岁；施周氏，女，62岁；徐阿三，

---

① 《蒋辂赞证言》，收录于《罗泾祭：侵华日军暴行实录》，第35页。
② 《陈德禄证言》，收录于《罗泾祭：侵华日军暴行实录》，第38页。

男，64 岁；徐江氏，女，71 岁；徐小妹，女，59 岁；沈德生，男，26 岁；严沈氏，女，70 岁；沈金波，男，19 岁；徐婆婆，女，70 岁；徐万氏，女，50 岁；徐小弟，男，3 岁①。

如果日军意图消灭应征入伍年龄的年轻男性，以尽量减少潜在的中国人的抵抗，那么屠杀 60 多岁和 70 多岁的男性，以及大量的老年妇女就显示出其毫无意义的残暴。这清楚地表明，日军试图围捕并不分青红皂白地屠杀他们行军途经的村庄和地区所能发现的每一个人。

类似的暴行也发生在宝山、洋行、月浦、罗店、顾家镇、大厂、庙行和彭浦等地区的许多城镇和村庄②。当日军到达宝山镇西部的东万宅村时，万阿荣还不到 9 岁。

> 那一年农历八月初三，日本军从村子东面进村，我们无法逃走，都躲在家中，我亲眼见我母亲、大妹妹被日军枪弹打中死在自己家客堂桌子下。第二天，农历八月初四，上午约 10 点左右，日本军又突然冲进村子，他们将猪圈里的猪赶走，挨家挨户将躲避的村民男女老幼统统赶进猪圈，没有多久，又将大人们赶往村子东面的竹林里，当时我是小孩，和小妹妹及村子里的小孩一起关在猪圈，见大人们被抓，吓得不得了，不敢吭声。当天，日军发火烧掉了全村的房子，等他们回去，第二天，我们才敢走出猪圈，出来一看，全村的房子被烧毁了，被日军赶到竹林里的大人们都被杀掉了，尸体倒在竹林里，包括我的父亲万阿大，祖父万云生，叔叔万阿笃、万全生，堂弟、堂妹、姑母、姑父。③

---

① 《徐世禄、高兰芳、沈凤英证言》，收录于《罗泾祭：侵华日军暴行实录》，第 19—20 页。
② 《泣血吴淞口：侵华日军在上海宝山地区的暴行》，上海：上海社会科学院出版社 2000 年版，第 222—261 页。
③ 《泣血吴淞口：侵华日军在上海宝山地区的暴行》，上海：上海社会科学院出版社 2000 年版，第 387 页。

来自吴家宅村的三位农民吴雪生、吴永兴和吴永清讲述了1937年夏天的一个早晨发生在他们村庄和家庭的事情：

> 1937年农历八月初八日上午，东洋兵在东边村庄烧房子，火光冲天，烟雾腾腾。大家只得弃家逃生。后来日本鬼子进了我宅，我亲眼看见邻村回娘家的妇女，鬼子逼她交出银洋钿，因不给，就被一枪打死在井边。我伲未出逃的10多个人被鬼子关在刘老宅村刘洪生家里。生死难测，凶多吉少，得要想法出逃。我伲（吴永兴娘俩，吴桃生夫妻俩）四人，在八月半夜里，趁鬼子归队后逃出去的。未逃走的，我吴永兴的祖父母、父亲、哥哥嫂嫂五人三代被鬼子杀害。新婚的嫂嫂被逼到宅后的棉花田里，从下身劈成两爿。吴永清的叔父母全家7人被杀害。吴雪生的父亲被杀在家东沟。①

日本兵强奸妇女之后再将她们杀害。赵玉树，1937年时18岁，作证道：

> 我母亲叫周阿囡，当时51岁，被日本兵用枪打死的，是农历七月三十日。我祖母叫赵陆氏，当时83岁，房子被日本鬼子烧塌之后，被压死在房子下面。……日本鬼子最残酷的是把我们村上二个小姑娘，一个叫吴之妹，当时20岁左右，被日本鬼子奸污后，用并[瓶]子塞在她的下身后死亡。另一名叫吴阿龙，当时19岁，在被日本鬼子奸污后枪杀的。②

石家堰村的居民姚春熙作证说，他目睹了日本兵强迫一名女难民和一名

---

① 《泣血吴淞口：侵华日军在上海宝山地区的暴行》，上海：上海社会科学院出版社2000年版，第162页。
② 《泣血吴淞口：侵华日军在上海宝山地区的暴行》，上海：上海社会科学院出版社2000年版，第394页。

当地村民在公共场合发生性关系：

> 我还亲眼看到月浦有个读书人钱之妻子逃难到我宅，被日本鬼子抓住，拉出去叫当地一男子当众污辱她。那位男子不肯，被日本鬼子打了几个耳光。他还是不肯，后来日本鬼子硬是把钱之妻子衣服剥光，又把那个男子衣服也剥光，硬要二人发生性关系，日军在场取乐。后来该男子回家生了三个月的病，钱妻也成疯子，不久就死亡。①

第十军的行为同样残暴。在金山卫登陆后，日军屠杀战俘，滥杀村民，强奸妇女，烧毁房屋。火野苇平（Ashihei Hino）作为一名军曹参加了杭州湾的登陆行动。他在自己的著作中记录了一场大屠杀，在这场屠杀中，他所在的部队关押的所有战俘都被屠杀了：

> 我因寒冷而醒来，走到外面。之前用电线捆绑在一起的俘虏不见了。我问近旁的士兵他们出了什么事，他说："我们把他们都杀了。"
> 我看到中国军人的尸体被扔进了一条战壕。战壕很窄，所以他们叠摞在一起，有些一半淹没在泥水中。他们真的杀了36个人吗？我顿时感到悲伤、愤怒和恶心。沮丧之余就要转身离开时，我注意到奇怪的现象：尸体在移动。我仔细观察，看到一个浑身是血、半死不活的中国士兵在最底层的尸体中移动。也许他听到了我的脚步声；不管情况如何，他竭尽全力撑起身体，直视着我。他痛苦的表情使我感到恐惧。他带着恳求的眼神，先指着我，然后指着自己的胸膛。我丝毫不怀疑他想让我杀了他，所以我没有犹豫。我瞄准这个垂死的中国士兵，扣动了扳机。他不再动

---

① 《泣血吴淞口：侵华日军在上海宝山地区的暴行》，上海：上海社会科学院出版社2000年版，第396页。

弹了。①

从 11 月 5 日至 9 日，日军在杭州湾以北的金山卫登陆后的五天内，杀害 2933 名平民，烧毁 26418 座房屋，奸污 389 名妇女②。1983 年，日本记者本多胜一（Katsuichi Honda, 1932—）到金山卫采访了大屠杀的幸存者，记录了暴行案例：

> 裴银宝是住在杨家村的妇女。她的儿子齐祖根被刺刀捅死，她三岁的孙女的头从中间被劈开，之后，裴银宝的乳房被割掉，然后被刺杀。她的儿媳碰巧在她父母家才得以幸存，这样一家四口三个被杀。
>
> 在建国村，李全保抱着七个月大的女儿正往外面走时被枪杀，她倒在稻田里。发现时婴儿正吸吮她母亲的乳房。她由姐姐带大，现在仍健在。
>
> 向阳村的农民齐金玉和从附近房子里逃出来的六个人躲在他的房子里，但日本兵发现了他们，用刺刀把他们都捅了。五人当场死亡，但两人重伤幸存下来。
>
> 向阳村的三个人，朱家和、沈有根和程阿妹，躲在稻田里，但他们被发现并被带到胡阿四的家里。日本兵把他们的衣服剥光，砍掉他们的胳膊和腿，把他们吊在织布机上，然后放火将房子烧毁。③

当时驻上海的美国外交官记录了该地区的类似情况。1938 年 1 月 25 日，美国驻上海总领事克莱伦斯·爱德华·高斯（Clarence Edward Gauss, 1887—1960）在给美国国务卿科德尔·赫尔（Cordell Hull, 1971—

---

① Katsuichi Honda, *The Nanjing Massacre: A Japanese Journalist Confronting Japan's National Shame*, p. 11.
② 《泣血吴淞口：侵华日军在上海宝山地区的暴行》，上海：上海社会科学院出版社 2000 年版，第 844—849 页。
③ Katsuichi Honda, *The Nanjing Massacre: A Japanese Journalist Confronting Japan's National Shame*, pp. 23-24.

1955）的外交电报中报告了日军在上海地区的所作所为：

> 至于浦东，几乎没有外国人进入腹地，也没有收到外国人消息来源的相关日军在该地区行为的报告。中国人的报告，有些无疑是可信的，表明有一些杀害中国平民，强奸妇女，抢劫和焚烧私人财产的情况。至于南市，美国医生和传教士报告说，日军占领该地区不久，发生了一些强奸案，大约有 80 名中国平民被枪杀，许多中国人的私人房产被烧毁、掳掠。南市的状况正在慢慢改善，但仍不时有强奸案的报道。[①]

上海沦陷后，日军一路向西作战，在整个长江三角洲的城市、城镇和乡村犯下无数的暴行。11 月 19 日，苏州被攻陷，11 月 20 日，有人目睹日本兵在苏州郊区一个名为梅巷的小村庄围捕并处决了 60 名农民[②]。

从 11 月 21 日至 12 月 11 日，几位美国传教士在光福建立了难民营，收容苏州的难民，他们几乎每天都从光福到苏州去。日军肆无忌惮地滥杀，以至于他们"不得不小心翼翼地开车，以避免碾过道路两旁和散落在田野上的死者尸体"，"我们在日军占领后第一次访问苏州时在街上看到的尸体，在那里躺了 10 天或更长的时间"[③]。美国总领事高斯在他的电报中报告说：

> 日军为所欲为骇人听闻地强奸、抢劫。一份报告指出："我们查访苏州不同的传教区时，我们必须经过该市最重要的商业和住宅区。在我们查看的每一家商店、银行和住宅都被破门而入，人们看到穿着制服的日本兵进出这些建筑，出来时满载着成捆的丝绸、鸭绒被、枕头、衣

---

① Clarence Edward Gauss, No. 135 Telegram, 3 p.m., January 25, 1938, Department of State File Number 793.94/12207, Record Group 59, Microfilm set 976, roll 49, the National Archives II, College Park, Maryland.

② Katsuichi Honda, *The Nanjing Massacre: A Japanese Journalist Confronting Japan's National Shame*, pp. 43-45.

③ "Soochow Nightmare", *China Weekly Review Supplement*, March 19, 1938, p. 24.

服等等不一而足。这种掳掠并非仅仅是为了进行掳掠的士兵个人的利益，而是为了日本军队的利益，并且是在军官知情与同意的情况下进行的，这一点可以从我们看到一些掳掠的物品装上军用卡车这一事实得到证明。我们看到一辆大卡车停在日军司令部前面，上面装满了精美的黑檀木中国家具。日军在苏州进行的所有这些抢劫都极为可怕，但最可怕的还有待讲述——日本劫掠者对中国各阶层妇女的侵犯。受害者人数众多。"①

无锡是苏州以西约20英里的城市，位于南京—上海铁路线上。11月22日，日军抵达无锡郊区。下面的文字描述了那天在无锡郊区一个村庄发生的情况：

100多个日本兵把38个人赶到那个地方，把他们包围起来。这群人中有两个年轻妇女，一个17岁，未婚，另一个是孕妇。两人都被带出来到不同的房子里，被一个又一个的"鬼子"强奸，这种折磨使她们虚弱得站不起来。

强奸了这两名妇女之后，士兵们开始放火焚烧，大规模屠杀。几个士兵将两名妇女拖回菜园，其他日本兵则放火焚烧所有的房屋。……

日本兵们将一把扫帚插入年轻妇女的阴道，然后用刺刀捅她。他们剖开孕妇的肚子，把胎儿掏出来。

三个人不忍看到火焰吞噬他们的家园，拼命冲破日本兵的包围圈，向房屋的方向跑去。他们遇到了其他一些坚决不让他们通过的日本兵，并强行将他们推进正熊熊燃烧的一间屋子。日本兵们从外面锁上门几秒钟后，屋顶在烈焰中坍塌，压在这些人身上。

一个两岁的小男孩由于噪音和混乱号啕大哭。一个日本兵从他母亲的怀里将他抢夺过去，扔进烈焰中。然后，他们用刺刀捅死了哭得声嘶

---

① C. E. Gauss, Telegram No. 135, 3 p.m., January 25, 1938.

力竭的母亲，并把她扔进了小河里。日本兵强迫其余 31 人面对小河跪下，用刺刀从后面捅他们，扭动刀刃使他们开膛破肚，再把他们扔进水里。①

然而，日军在无锡地区犯下的最臭名昭著的暴行是许巷大屠杀。根据本多胜一的采访记录，11 月 24 日下午 4 点左右，日军进入许巷，这是一个被水路围绕的小村落，在无锡东北约 2 英里处。日本兵闯入住宅，不分青红皂白地杀人。两小时内，222 名男女村民被枪杀或刺死。受害者的年龄从哺乳期的婴儿到 80 岁的老人不等。屠杀之后，日本兵在房屋和农作物上放火，摧毁了 93 座房屋和 150 亩（约 10 公顷）水稻作物②。

11 月 25 日，无锡完全被日军占领。日本兵刚刚进城，就沿街掳掠或挨家挨户地搜查，肆意杀害平民，强奸妇女。1937 年，张锡元 24 岁。他向本多胜一描述了他 60 岁的母亲是如何在家中被强奸，他 62 岁的父亲是如何在街上被日本兵捅刺、枪杀的：

> 在日军侵入城市那天，几个日本兵闯入了张家的三层楼房。张母以为自己年纪大了就安全了，日本兵追逐她，使她措手不及。他们把她困在三楼，剥光了她的衣服，强奸了她，然后用棍子进一步猥亵她。……张父出门上街时，几个日本兵来了，他想往回跑到南北货店里去，但日本兵在门口追上了他。他的头部被刺刀捅穿，然后被枪杀。他妻子到门口看看出了什么事时，他已经死了。在一根柱子上可以看到他被刺中头部时留下的刺刀痕迹，有 15 厘米深。③

---

① Katsuichi Honda, *The Nanjing Massacre: A Japanese Journalist Confronting Japan's National Shame*, pp. 63-65.
② Katsuichi Honda, *The Nanjing Massacre: A Japanese Journalist Confronting Japan's National Shame*, pp. 68&73.
③ Katsuichi Honda, *The Nanjing Massacre: A Japanese Journalist Confronting Japan's National Shame*, p. 76.

据报道，无论是中国人的住宅还是美国教会的房产，都被日军闯入并洗劫一空。美国人开办的圣安德鲁医院，以及美国圣公会、南方浸信会和南方卫理公会的房产被彻底洗劫①。

无锡城内大火遍地，骇人听闻。一位《字林西报》的记者在前往无锡后报道了这些情况：

> 进城之际，可见情况相同的破坏。估计无锡至少有一半的建筑物被烧毁。这包括从市中心到北门的所有商业区，再出城一直到通往惠山那条路上横跨大运河的长铁桥。城市南面与大运河平行的长街，街道两边有一英里长的距离被烧毁。这座曾经是一个伟大的制造中心和粮仓的城市，就这样一蹶不振。②

杀戮、强奸、焚烧和掠夺使无锡沦为一座可怕的鬼城，"烧焦的气味和腐烂尸体的恶臭在城市的空气中徘徊，运河中也漂浮着许多尸体。旧的尸体会浮出水面，而新的尸体会被扔进去。我们一直都能看到尸体，直至第二年的2月"③。

11月29日，日军攻占了常州，这是继无锡之后，他们前往南京途中占领的又一座主要城市。日军进城后，发现一大群平民在一个大型的防空洞中避难。他们立即用机枪将其扫射杀害④。常州的街道上到处都是尸体。在这个城市落入日军之手后约一个月，除了亲属和其他人处理的尸体外，埋尸队

---

① "Wusih American Property Looted", *China Weekly Review Supplement*, March 19, 1938, p. 23.
② "Shanghai to Wusih and Return", No. 793.94/13095, Microfilm set 976, roll 54, the National Archives II.
③ Katsuichi Honda, *The Nanjing Massacre: A Japanese Journalist Confronting Japan's National Shame*, p. 80.
④ Katsuichi Honda, *The Nanjing Massacre: A Japanese Journalist Confronting Japan's National Shame*, p. 86.

还掩埋了约 4000 具尸体①。一位日本军医保坂晃（Hosaka Akira）在他的日记中披露了在常州发生的情况：

> 1937 年 11 月 29 日 10 时，我们出发去"清剿"常州的敌人，中午时分我们进城。接到命令要杀居民，其中 80 人，男女老少都有，黄昏时分被枪杀。希望这是我最后一次目睹这样的场面。人们都被赶到一处。他们都在祈祷、哭泣，并乞求帮助。我实在不忍心看如此可怜的场面。不久重机枪开火了，那些人尖叫着倒在地上的情景，即使我胸中有颗魔鬼的心脏，也无法面对。战争真的很可怕。②

保坂晃在日记中记录的内容在另一位日本军人的叙述中得到佐证。当时 22 岁的一等兵牧原信夫（Nobuo Makihara）在第十六师团第二十步兵联队机枪中队第三小队服役，1937 年 11 月 29 日，他在常州写道：

> 上午 9 点从村里出发，各部队竞相进城。坦克部队也开动了。与昨天相比，完全没有敌人的踪迹。进入宏伟的市镇，经过一座令人印象深刻的寺庙（尽管中国有很多寺庙）……
>
> 因为武进是座抗日的据点，我们在全城进行"清剿"，不分男女地杀戮。敌人无影无踪，要么是因为他们在无锡的防线被攻破后失去了战斗意志，要么是他们在更远的地方坚守阵地。到目前为止，我还没有见过一个像这样令人印象深刻的城镇……③

---

① Katsuichi Honda, *The Nanjing Massacre*: *A Japanese Journalist Confronting Japan's National Shame*, p. 85.

② Daqing Yang, "About the Cover : Diary of a Japanese Army Medical Doctor, 1937", in *Researching Japanese War Crimes Records*: *Introductory Essays*, edited by Edward Drea et al., Washington, D.C. : Nazi War Crimes and Japanese Imperial Government Records Interagency Working Group, 2006, p. ix.

③ Daqing Yang, "About the Cover : Diary of a Japanese Army Medical Doctor, 1937", in *Researching Japanese War Crimes Records*: *Introductory Essays*, edited by Edward Drea et al., Washington, D.C. : Nazi War Crimes and Japanese Imperial Government Records Interagency Working Group, 2006, p. x.

常州沦陷后，一名18岁的男子被日本人俘虏，并被迫作为苦力与日本兵同行，为他们搬运行李。他与日本兵同行的经历使他能够近距离观察他们的所作所为。大约在这个年轻人被抓的同时，日本人还拘押了另一个40多岁的男子。日本兵在他身上搜寻出值钱的东西，然后把他扔进河里，在他浮出水面时开枪将他打死。在另一个例子中，士兵们劫持了一名年轻妇女：

> 她立即被带到河岸边的一个小码头，士兵们试图脱光她的衣服。她坚决地反抗着，但士兵们最终剥光了她的衣服，而他们在附近吃午饭的战友们则在一旁观看，欢呼、鼓掌。她试图用手帕遮住自己，在抵抗士兵试图从她手中抢走手帕之际，她坠入河中。士兵们瞄准她的头，枪杀了她。[①]

镇江位于常州以西约40英里处，在20世纪30年代是江苏省的省会，也是南京东面最后一座主要城市。当日军在12月8日进攻该城时，它实际上是一个毫无防备的城市。日军从南门进入城市，继续他们杀戮、焚烧、强奸和抢劫的暴行。最严重的大规模屠杀发生在城东门外的三十六标、黄山和七里甸。其他大规模杀戮包括在宝盖山以东的一个巨大的防空洞中用机枪扫射杀害了300多名难民。根据1951年进行的调查收集的数据，被杀害的平民人数估计约为10000人[②]。

张怿伯（1884—1964）是一个受过良好教育的富裕商人，他在沦陷的城市里待了两个多月，照看他的生意。1938年初，他编印了一本名为《镇江沦陷记》的小册子，其中记录了几十起主要发生在他周围的暴行。以下是他对

[①] Katsuichi Honda, *The Nanjing Massacre: A Japanese Journalist Confronting Japan's National Shame*, p. 94.

[②] Katsuichi Honda, *The Nanjing Massacre: A Japanese Journalist Confronting Japan's National Shame*, p. 117.

第 6 起谋杀案的记录：

> 某姓，父子在家，来兵数名，指要身上绒线衫，已脱一件，还要脱一件，时值天气寒冷，他儿子因父亲年老，哀求少脱一件，兵不允许，乒郎［啷］就是一枪，立刻毙命。①

然而，最臭名昭著的暴行是两名日军少尉向井敏明（Toshiaki Mukai, 1912—1948）和野田毅（Tsuyoshi Noda, 1912—1948）之间进行的百人斩竞赛，从常州到南京，他们开展竞赛，看谁第一个砍杀 100 人。日本著名报纸《东京日日新闻》在 1937 年 11 月 30 日、12 月 4 日、12 月 6 日和 12 月 13 日刊登了四篇系列报道，对这场杀人比赛进行了连续而详细的报道。根据第四篇报道，当他们到达紫金山时，向井杀了 106 人，野田杀了 105 人②。

南京保卫战

战争的到来，中国军队的西撤，日军持续不断的空袭、快速推进，有关日军屠杀暴行的报道，在居住在长江下游的平民百姓中引起了广泛的恐慌，大量百姓从城市和周边地区逃亡。数以百万计的民众向西迁徙，前往乡村、山区，甚至到中部和西部的内陆城市和乡镇③。一列车一列车的难民途经南京，他们有的乘船沿长江向西而去，有的继续乘火车向北行驶，也有许多人留在南京寻求庇护。

1937 年 11 月 19 日，苏州沦陷，第二天，中国政府宣布国都将从南京

---

① 张怿伯：《镇江沦陷记》，北京：人民出版社 1999 年版，第 25 页。
② 『百人斬り"超紀録"、向井 106 — 105 野田／両少尉さらに延長戦』，载『东京日日新闻』1937 年 12 月 13 日，第 11 页。
③ "Millions Flee in Panic", *The New York Times*, November 17, 1937, p. 4.

迁往华西的重庆。在政府机构开始迁移的过程中，南京各行各业的民众都认为撤离城市是明智之举。迁徙首先从富裕家庭开始，他们动用所有能用上的卡车、汽车、船只，沿江而上，前往汉口或其他更远的地方。中产阶级也紧随其后，撤到他们有能力去的地方。最后，贫困家庭的人们带着行李箱、被褥卷，坐上人力车，前往附近的乡村[①]。因此，在日军到来之前，大批的居民离开了南京，只有那些没有能力撤离的赤贫阶层留了下来。

中国军队从上海向西撤退时，许多部队沿着太湖以东的道路，经宜兴、长兴、广德，撤到皖南山区。驻扎在南京的教导总队直接从上海返回驻地，而第三十六师于11月22日抵达南京。从上海前线撤下来，参加南京保卫战的其他部队有第五十一师、第五十八师、第八十七师、第八十八师、第一五四师、第一五九师和第一六〇师。第四十一师和第四十八师从湖北直接部署到南京，分别于12月4日和7日抵达。第一五六师于11月17日从武汉到达苏州，但这个师直到11月23日调防无锡才参战，他们在那里为其他从上海撤退的部队提供掩护。第一五六师于12月7日加入南京保卫战序列。第一〇三师于9月初被部署在浏河，以防止日军从那里的长江沿岸登陆。10月26日大场沦陷后，该师调防去守卫江阴要塞，他们在那里进行了惨烈的战斗。12月2日，江阴要塞被日军攻占后，该师撤到镇江，12月10日赶到南京。第一一二师于10月被部署在长江北岸的靖江，与江阴炮台隔江相望。当上海即将沦陷时，该师的两个团渡过长江，参加了江阴和要塞的防御，最终与第一〇三师一起撤到了南京。此外，驻扎在南京的宪兵旅也参加了南京保卫战。除了第四十一师、第四十八师及宪兵旅，上述部队都经历了艰苦的战斗，伤亡惨重。他们匆匆赶来，既没有充分休整，也没有补充兵员。

国民政府的一些高级将领对保卫南京持反对意见。他们认为，南京的地理位置决定了中方不能确保成功防守。此外，由于伤亡惨重及从上海撤离的混乱局面，导致部队的战斗力和士气都很低落。有人建议，如果要保卫南京，

[①] Minnie Vautrin, "A Review of the First Month", p. 3, Folder 2875, Box 145, Record Group 11, Special Collection, Yale Divinity School Library.

也只能象征性地防守，可用12到18个团的兵力进行短时间的防御，然后撤离。尽管有反对意见，蒋介石（1887—1975）还是下决心保卫南京，理由是南京是国都，是中华民国国父孙中山先生（1866—1925）的陵寝所在。11月20日，他任命唐生智将军（1889—1970）为南京城防司令，他是唯一主动请缨防守南京的高级将领，但任命直至11月24日才向公众宣布[1]。

随着更多部队被用于防守南京，防御部署计划也多次修改。12月4日，日军距离南京以东25英里的重要战略城镇句容只有约10英里。第一五四师被部署到东昌，第一五六师被部署在镇江西南面的地区。第一五九师和第一六〇师防守从伏牛山到淳化的防线，并向句容派出先遣部队。第五十一师和第五十八师占据了从淳化到牛首山一线的阵地，其中一些部队驻扎在湖熟和秣陵关。第八十八师的主力部队在中华门以南的雨花台驻扎，其中一个旅在城西南的江宁镇防守。新到的第四十一师在南京东北的栖霞山和龙潭，而第三十六师则去了城北，守卫幕府山、红山和下关地区。教导总队的主要阵地在紫金山，还有一些部队在北面的乌龙山炮台驻扎，直至12月7日第四十八师接替他们防守。第八十七师被部署在教导总队的阵地以南，防守从孝陵卫一直到光华门外的芜湖—南京铁路线。宪兵旅驻扎在城内，在清凉山守卫城市的西侧[2]。

凭借得胜之师的气势，日军从北面、东面、东南面和南面向南京推进，他们用战机、装甲车和大炮轰击，在战斗中占据了优势。相比之下，中国城防部队大部分丧失了先前具备的顽强斗志和战斗力。除了精疲力竭的战士和装备的落后之外，大部分部队在上海遭受了惨重的伤亡，只能用缺乏战斗经验的新兵补充。因此，中国防守部队被迫一再退却。

12月7日，日军到达南京以东约15英里的汤山，突破了中国军的第一道防线。第一五九师和第一六〇师，后来由第一五四师和第一五六师增援，

---

[1] 刘斐：《抗战初期的南京保卫战》，引自《南京保卫战》，北京：中国文史出版社1987年版，第8—10页。

[2] 谭道平：《南京卫戍战》，引自《南京保卫战》，北京：中国文史出版社1987年版，第15—19页。

殊死搏斗，奋勇抗击，在第二道防线抵抗日军的进攻①。

12月7日清晨，在日军兵临南京城下之前，蒋介石和他的妻子乘飞机去了九江，把南京留给了唐生智和他的部队。到12月8日，日军到达东北面的栖霞山、东南面的淳化、南面的秣陵关，以及西南面的江宁镇。在东部的汤山，激烈的战斗持续了一整天。日军突破了中国军在汤山的防线，到达了南京的外城门之一——麒麟门。留在南京报道南京保卫战的《纽约时报》记者弗兰克·提尔曼·杜丁（Frank Tillman Durdin，1907—1998）描述了12月8日该地区的战斗情况：

> 300名中国军人被日军围困在离南京12英里的汤山公路边一座锥形山峰上，经昨天一整天激战，伤亡殆尽，几乎只剩一个人。
>
> 日军在山头四周放火。树木、草叶助长火势，渐渐延烧到山顶部，迫使中国军人向山上退，挤作一团，无情的机枪扫射置他们于死地。
>
> 在两英里以外的地方，笔者观察了这场独特战斗的最后阶段，这支遭厄运部队的一名幸存者，今天早些时候和其他几个人冲破日军封锁线下山，当时和我在一起。②

汤山战役后，伤亡惨重的第一五四师、第一五六师、第一五九师和第一六〇师退入南京城。

12月9日，几乎每条战线的局势都急转直下。60—70架日军飞机轰炸了城墙内外的中国军阵地，为他们的步兵发动攻击提供掩护。

在淳化，第八十七师取代了遭受重创的第五十一师。然而，在后者撤退之后，前者尚未牢牢地占据阵地之前，日军发动攻击并突破了中国军的防御。他们跟随撤退的中国军队来到高桥门，这是南京东南的一座外城门，他们在

---

① 谭道平：《南京卫戍战》，引自《南京保卫战》，北京：中国文史出版社1987年版，第19页。
② F. Tillman Durdin, "300 Chinese Slain on a Peak Ringed by Fires Set by Foe", *The New York Times*, December 9, 1937, pp. 1 & 5.

那里迅速建立了一个炮兵阵地，炮击光华门。匆忙撤退的中国军没有时间摧毁七桥瓮和中和桥，这使得十几辆日军坦克和2000名士兵能够到达光华门外的地区。当炮击突破城墙时，100多名日本士兵爬进城内，但他们立即被歼灭。不久，第八十七师部队回防，与第五十一师协调反击，将日军逼离光华门[①]。随后，第五十一师被调去守卫水西门外的地区和水西门的阵地[②]。

在南面，第八十八师的撤退比预期的要早，这不仅导致第五十八师的侧翼暴露在进攻的日军面前，而且还影响了士气，动摇了战斗意志。最后，第五十八师被迫放弃牛首山周围的阵地，向北撤退，在水西门外重新集结。日军因此得以向前推进到雨花台附近[③]。

在东北面，第四十一师在栖霞山顽强战斗。阵地三度易手，最后在遭受重大伤亡后，该师放弃了栖霞山，撤退到和尚桥的第四十八师阵地[④]。

在东面，日军炮击和攻击中国军在紫金山的阵地，同时他们的大炮发射燃烧弹，烧毁了周围的树木，迫使中国军队放弃在老虎洞的阵地，撤退到第二峰[⑤]。与此同时，日军向中山门外孝陵卫一带的中方阵地发起进攻，炮火直接轰击中山门及周边城墙[⑥]。日军已兵临南京城下。

12月9日，日军总司令松井石根将军向南京卫戍区司令唐生智将军发出最后通牒，要求在12月10日中午前无条件投降：

> 百万日军已席卷江南。南京城将陷入重围之中。观之战局大势，今后交战唯有百害而无一利。盖江宁之地乃中国故都，亦为民国之都城，明孝陵、中山陵等名胜古迹猬集。有宛若东亚文化精髓之感。日军将严

[①] 谭道平：《南京卫戍战》，引自《南京保卫战》，第22—23页。
[②] 王耀武：《第七十四军参加南京保卫战经过》，引自《南京保卫战》，第144页。
[③] 谭道平：《南京卫戍战》，引自《南京保卫战》，第23页。
[④] 《附录一：南京保卫战大事记》，引自《南京保卫战》，第326页。
[⑤] 周振强：《教导总队在南京保卫战中》，引自《南京保卫战》，第168页；刘庸诚：《南京抗战纪要》，引自《南京保卫战》，第181页。
[⑥] 陈颐鼎：《八十七师在南京保卫战中》，引自《南京保卫战》，第154页。

厉处置抵抗者，不予宽恕，然对无辜民众及不怀敌意之中国军队，则宽以待之。乃至东亚文化亦有保护保全之热诚。然若贵军继续交战，南京势必难免战祸，千载文化归于灰烬，十年之经营化为泡影。故本司令官代表日本军劝告贵军，立即和平开发南京城，然后按下文所记处置。

大日本陆军司令官　松井石根[①]

本劝告书之答复，应于12月10日正午，在中山门至句容道路之步哨线，由我军收领之。若贵军派遣司令官代表，应准备于答复收领处，与本司令官代表达成关于接收南京城之必要协定。若于指定之时间内未得到任何答复，日本军将不得不开始攻占南京。

12月10日中午，中方没有给予答复，下午2点左右，日军向雨花台、通济门、光华门和紫金山第二峰发起猛烈攻击，战机轰炸和大炮轰击持续不断。最激烈的战斗发生在光华门，日军两次攻破城墙。第一五六师被派去增援教导总队，防守通济门和光华门，第一五九师则在明故宫机场待命，随时准备进一步增援。经过殊死的苦战，中国守军击毙了城墙内的所有日军进攻者。然而，在猛烈的攻击和轰炸下，第八十八师在雨花台丢失了三个阵地[②]。

在东面，日军攻占老虎洞后，向紫金山第二峰的中国军阵地发起了攻击。激烈的战斗持续了几个小时，双方都有惨重的伤亡，但教导总队的部队成功地坚守住了阵地。日军轰炸和攻击了教学总队在孝陵卫和西山的其他阵地[③]，并攻击和占领了城墙东南角外的工兵学校[④]。在第一〇三师和第一一二

[①] "Gen. Matsui Gives Ultimatum to Nanking", *The North-China Herald*, December 15, 1937, p. 411.
[②] 谭道平:《南京卫戍战》，第23—24页；《附录一：南京保卫战大事记》，引自《南京保卫战》，第326页。
[③] 周振强:《教导总队在南京保卫战中》，引自《南京保卫战》，第168页。
[④] 刘庸诚:《南京抗战纪要》，引自《南京保卫战》，第183页。

师从镇江撤退到南京后，第一〇三师立即加入了中山门的防御①。

由于 12 月 11 日未能攻入光华门，日军集中兵力进攻南京的主要南城门——中华门。日军对雨花台的中国军阵地进行了频繁而猛烈的空袭轰炸，使得第八十八师的守军无法坚守住他们的阵地。当一些部队躲避到城里时，大约 300 名日本兵在中华门被关闭之前尾随他们进入中华门。随后发生了残酷而激烈的巷战。中华门内的中国守军竭尽全力消灭了所有入侵者。然而，对雨花台的空袭轰炸仍在持续，一些阵地被摧毁后，日军迅速抢占。遭受巨大伤亡的第八十八师只能守住中华门外的几个主要阵地，而第五十一师、第五十八师和第一五六师则守卫着中华门及其周围的城墙②。

在北面，日军占领了银孔山和杨坊山，切断了城防司令部与第四十一师和第四十八师的联系③。

在东面，日军向紫金山和中山门以东孝陵卫一带的中国军阵地发起了猛烈的进攻。战斗持续了一整天，双方都伤亡惨重。由于教导总队驻扎在孝陵卫军营，并在该地区进行了四年的训练，士兵们熟悉周围的地貌地形，能充分利用地形抵御日军的进攻。当晚，中国军队仍坚守着第二峰④。

在西南面，在 12 月 8 日占领大胜关后，日军于 12 月 11 日渡江到长江中的江心洲，试图对第五十一师和第五十八师在上新河地区的阵地发起攻击⑤。

南京沦陷

12 月 11 日中午，顾祝同（1893—1987）打电话给南京城防司令唐生智，

---

① 《附录一：南京保卫战大事记》，引自《南京保卫战》，第 326—327 页；万式炯：《第一〇三师江阴抗战及撤退概述》，引自《南京保卫战》，第 86 页。
② 谭道平：《南京卫戍战》，引自《南京保卫战》，第 24 页。
③ 谭道平：《南京卫戍战》，引自《南京保卫战》，第 24 页。
④ 李西开：《紫金山战斗》，引自《南京保卫战》，第 173 页。
⑤ 《附录一：南京保卫战大事记》，引自《南京保卫战》，第 327 页。

口述了蒋介石的命令，即如果情况允许，南京的部队可以撤离①。12月12日凌晨2点，唐生智召集他的助手和参谋到他的住所宣布这一消息，并要求他的参谋长和参谋们起草撤退命令②。

然而，12月12日见证了最惊心动魄的狂轰滥炸。从黎明开始，日军飞机和大炮对城门、城墙和附近的建筑进行了不间断的轰炸和炮击，城墙多处被毁坏，大部分建筑物被炸成废墟。与此同时，30多架日军飞机在上空盘旋，投下炸弹和传单，敦促担任指挥的将军投降。

到中午时分，雨花台的所有中国军阵地都被日军攻占，紫金山第二峰也被占领。西南水西门附近的城墙和东部的中山门也被攻破。在北面，第四十一师和第四十八师进一步向后退至长江边的乌龙山阵地。

临近下午2点，中华门被攻破，日本兵涌入中华门，但遭到了中国军队顽强抵抗。中华门是一个类似于堡垒的建筑，里面有四至五道城门，日军在通过第一道和第二道城门时，留下两三百具尸体。与此同时，第一五四师被派往中华门抗击侵略者，激烈的巷战随之展开③。

下午3点左右，恐慌开始了。第八十七师和第八十八师的部分部队放弃了他们的阵地，沿着中山路朝北，向挹江门进发，试图渡江撤离南京。他们到达交通部，但被奉命守卫城门的第三十六师部队拦截，阻止他们通过城门渡江。临近黄昏时分，当日军经由中华门、光华门和水西门攻入城内的消息在士兵中传开之际，恐慌迅速蔓延④。

在南京战斗进行的同时，日军第十八师团于12月10日攻占了芜湖；第十三师团于12月11日到达长江以北的六合；国崎支队于12月11日在太平渡过长江，向浦口推进，打算封锁中国军队的北撤通道。局势危急。下午5点左右，唐生智在他的住所召集军、师级指挥官开会，简要地通知他们撤退

---

① 唐生智：《卫戍南京经过》，引自《南京保卫战》，第4页。
② 谭道平：《南京卫戍战》，引自《南京保卫战》，第26页。
③ 谭道平：《南京卫戍战》，引自《南京保卫战》，第26、25页；卢畏三：《第八十八师扼守雨花台中华门片段》，引自《南京保卫战》，第165页。
④ 谭道平：《南京卫戍战》，引自《南京保卫战》，第25页。

的命令，他的参谋长分发了以下印好的命令：

首都卫戍司令长官作战命令特字第一号

十二月十二日下午三时

命令

于首都铁道部卫戍司令部

一、敌情如贵官所知。

二、首都卫戍部队决于本日晚，冲破当面之敌，向浙皖边区转进，我第七战区各部队，刻据守安吉、柏垫（宁国东北）、孙家埠（宣城东南）、杨柳铺（宣城西南）之线，牵制当面之敌，并准备接应我首都各部队之转进。又芜湖有我第七十六师，其南石硊镇有我第六师占领阵地，正与敌抗战中。

三、本日晚各部队行动开始时间，经过区域，及集结地区如另纸附表规定。

四、要塞炮及运动困难之各种火炮并弹药应即彻底自行炸毁不使为敌利用。

五、通信兵团除配属各部队者应随所配部队行动外，其余固定而笨重之通信器材及城内外既设一切通讯网应协同地方通讯机关彻底破坏之。

六、各部队突围后运动，务避开公路，并须酌派部队破坏重要公路桥梁，阻止敌人之运动为要。

七、各部队官兵应携带四日份炒米及食盐。

八、予刻在卫戍司令部，尔后到浦镇。

右令

（计附表第一第二两纸）

司令长官　　　唐生智[①]

[①] 谭道平：《南京卫戍战》，引自《南京保卫战》，第26页。

所附名单规定了各军、各师和其他单位的撤退路线:除卫戍区司令部、宪兵旅和第三十六师将通过渡过长江到浦口撤离外,其他部队将通过淳化、溧水、郎溪和宁国突破敌军防线进入皖南①。

会议结束后,局势开始失去了控制。路透社记者莱斯利·C. 史密斯(Leslie C. Smith)描述了他见到的情况:

> 星期天晚上,中国军队崩溃的迹象初现,整师的部队涌向挹江门。他们遭到枪击,并被阻止,但不久得知下达了9点全面撤退的命令。朝着通往下关江边的城门这唯一逃生出路的人流起初很有秩序,不久,中国军队在城南诸城门的防守显然已崩溃,日军正在穿越城市向北进军。傍晚时分,喧闹声达到顶点。与此同时,城市南端在熊熊燃烧。撤退变成溃逃。发现没有渡江的船只,中国军人慌恐之中把武器装备都遗弃了。狂乱中,许多人返回城内,有些人冲进安全区。②

虽然仍有几个团的中国军队继续在殊死的巷战中抗击日军,但许多士兵在匆忙和混乱的撤退中感到了恐慌。他们扔掉了武器,脱掉了军装,穿上便装。不久之后,中山路堆满了被丢弃的制服、步枪、手枪、机枪、野战炮、刺刀和背包③。当时天色已晚,无法进行有序的撤退。因此,一些指挥官回到他们的部队,传达撤离命令,而另一些指挥官则干脆自己设法过江,没有通知他们的下属,这些混乱的下属冲向挹江门,被拦截后遭到了枪击。那些设法通过城门、用绳索或绑腿布做的简易装置爬过城墙到达江边的人,发现没有任何船只可以载他们过江。只有第一五四师、第一五六师、第一五九师

---

① 谭道平:《南京卫戍战》,引自《南京保卫战》,第 27 页。
② "Terror in Nanking", *The Times* (London), December 18, 1937, p. 12.
③ F. Tillman Durdin, "Butchery Marked Capture of Nanking", *The New York Times*, December 18, 1937, pp. 1、10.

和第一六〇师，以及教导总队的一个旅，遵循命令，突破日军防线，撤往皖南。第四十一师和第四十八师由于控制着船只，虽然没有遵从命令，但也成功地渡过长江撤离。

在保证城防司令唐生智及其司令部在晚上9点左右乘坐汽船安全撤离后，第三十六师按照命令渡江。然而，当该师一半的部队安全抵达北岸，并为其余部队派出船只返回时，江边挤满了成千上万的士兵和平民难民，他们争先恐后地夺船逃生，抢夺走第三十六师的船只。第三十六师的部队大约有3000人被留在南岸，其中大多后来被屠杀[①]。

大量受挫、恐慌和混乱的部队，主要是第五十一师、第五十八师、第八十七师、第八十八师、第一〇三师、第一一二师和教导总队，以及许多难民，集中在下关、三汊河、燕子矶的江边，试图渡过长江。他们中的许多人设法用现有的任何能够在水上漂浮的材料制作临时木筏。许多人通过这种方式成功逃脱，而其他人要么被淹死，要么被轰炸或扫射江面上漂浮物体的日军飞机射杀。12月12日，日军飞机轰炸并击沉了在南京上游约28英里处的美国炮艇"巴纳号"和几艘美国商船。

12月13日清晨，日军第九师团第三十六联队攻入光华门，第三师团占领了通济门和武定门。第十六师团进入中山门和太平门，并在向下关江边地区进攻途中攻占了和平门和中央门。12月13日凌晨3点左右，第六师团占领了中华门和水西门，并在城墙以西的地区向北攻击，之后，第六师团占领了上新河镇、汉中门和汉西门。同时，第十三师团的山田支队占领了南京北部的乌龙山炮台和幕府山炮台，并向南推进到下关。下午2点，海军第十一支队到达南京水域，在下关水面封锁长江。下午4点左右，国崎支队占领了长江北岸的浦口。这样，南京完全落入日军之手。

---

① 宋希濂：《南京守城战》，引自《南京保卫战》，第239页。

第三章　日军攻陷南京后的残暴行径：大规模屠杀

抵达南京的那一刻，日军就在南京城内和周边地区犯下了暴行。五名美国和英国记者留在城内报道城市攻防战役及其预料中的陷落，他们在新闻电讯稿中及时提供了日军残暴行为的目击报告，向外界公布了南京大屠杀的消息，将这场臭名昭著，以其巨大的规模与残忍的程度震惊世人的大屠杀置于全球的瞩目之下。

《芝加哥每日新闻》的阿契鲍德·特洛简·斯提尔（Archibald Trojan Steele，1903—1992）发出了第一份新闻稿，该报道于 1937 年 12 月 15 日刊载在《芝加哥每日新闻》的头版。斯提尔在报道中提到，攻占南京后，"征服者的军队实施了恐怖统治，造成数千人死亡，其中许多都是无辜者。……屠杀犹如屠宰羔羊。很难估计有多少部队受困，遭屠杀，但可能在五千至两万之间"[1]。日军"用细齿梳子般的仔细在城内搜索中国军人和'便衣人员'。数以百计的人从难民营中被搜出遭屠杀。临刑就戮的人们被两三百人一群押往就近的屠场，用步枪、机枪扫射枪杀"[2]。

《纽约时报》记者弗兰克·提尔曼·杜丁（Frank Tillman Durdin,

---

[1] A. T. Steele, "Japanese Troops Kill Thousands", *Chicago Daily News*, December 15, 1937, p. 1.

[2] A. T. Steele, "Reporter Likens Slaughter of Panicky Nanking Chinese to Jackrabbit Drive in U. S.", *Chicago Daily News*, February 4, 1938, p. 2.

1907—1998)将日军在南京的暴行与人类历史上最糟糕的事件相提并论。"攻占南京的过程中,日军肆意屠杀,掳掠抢劫,野蛮残酷之极,达到中日开战以来前所未有的程度。日军毫无节制的残暴只能和欧洲黑暗时代的恣意毁坏行径或中世纪亚洲征服者的残酷暴行相匹敌。"① 在另一份报告中,杜丁告诉读者:

> 屠杀平民的现象极为普遍。星期三外国人在全城四处走了走,发现每条街上都有死难的平民。他们当中有上了年纪的老汉,有妇女,也有儿童。②

根据帕拉蒙新闻摄影社的亚瑟·冯·布里森·孟肯(Arthur von Briesen Menken, 1903—1973)的说法,"中国男子只要被发现有在军队服役的痕迹,即被押到一起,遭处决"③。路透社的莱斯利·C. 史密斯(Leslie C. Smith)观察到:"有可能是军人的青年男子和许多警察被成群地押在一起,集体屠杀,后来见到成堆倒下的尸体便是明证。街道上横陈着尸体,其中包括不会伤害他人的老汉"④。美联社的查尔斯·叶兹·麦克丹尼尔(Charles Yates McDaniel, 1906—1983)报告了他所目睹的情况,他"爬过残破的城门,穿行在布满中国军人尸体的街上。见到日军的恶作剧——被砍下的头颅平放在路障上,嘴里放了块饼干,另一个嘴里插了支长长的中国烟斗"。南京的可怕形象深深地印在他的脑海里。"我对南京最后的记忆是:死难的中

---

① F. Tillman Durdin, "Japanese Atrocities Marked Fall of Nanking After Chinese Command Fled", *New York Times*, January 9, 1938, p. 38.

② F. Tillman Durdin, "Butchery Marked Capture of Nanking", *New York Times*, December 18, 1937, p. 1.

③ Arthur Menken, "Witness Tells Nanking Horror as Chinese Flee", *Chicago Daily Tribune*, December 17, 1937, p. 4.

④ "Terror in Nanking", *The Times* (London), December 18, 1937, p. 12.

国人，死难的中国人，还是死难的中国人。"①

美国和英国的记者并不是唯一在南京的记者。《朝日新闻》的四名日本记者：足立和夫（Kazuo Adachi）、守山义雄（Yoshio Moriyama，1910—1964）、今井正刚（Masatake Imai）和中村正吾（Seigo Nakamura，1909—1976），记录了一场大规模处决，这次处决发生在大方巷附近的《朝日新闻》南京分社附近的空地上②。今井和中村还前往下关江边，目睹了可怕的屠杀场面：

> 我们注意到，码头上已是一座黑暗的、纠缠在一起的尸山。约50到100个人影在尸体间朦胧晃动，他们费力地把尸体拖出来，扔进江里。呻吟声，流淌的血液，抽搐的手足。然而，这一幕就像哑剧表演一样无声无息。
>
> 我们可以隐约看到对岸的情况。码头上有东西在闪闪发光，犹如月光下的泥浆。那是血。
>
> 最终，活干完了。苦力们沿着江岸被排成一行，然后我们听到了机枪射击的嘎嘎声。
>
> 这群人把头往后一甩，向后翻滚，看起来几乎就像在跳舞那样倒入水中。
>
> 一切都完结了。
>
> 更多的机枪子弹从停泊在下游的一艘汽船上扫射着江面。一排排的水花升起又落下。
>
> "大约有两万人。"一名军官说。③

---

① C. Yates M'Daniel, "Nanking Horror Described in Diary of War Reporter", *Chicago Daily Tribune*, December 18, 1937, p. 8.
② Katsuichi Honda, *The Nanjing Massacre*, pp. 184-187.
③ ［日］间今井正：『南京城内の大量殺人』，载『特集文藝春秋』1956年12月，第159页。

日本同盟社上海分社社长松本重治（Shigeharu Matsumoto, 1899—1989）采访了几位随日军进入陷落的南京城的记者同行。1975 年，松本重治在他的回忆录《上海时代》中写道：

> 最近在寻找参考资料时，我了解到以前的同事新井正义（Masayoshi Arai）、前田雄二（Yuji Maeda）和深泽干藏（Mikizo Fukazawa）描述的当时的情况，他们作为随军记者，在被占领的南京报道了几天新闻。尤其是深泽，他在部队期间一直都在写日记。我读了他的日记，有很高的参考价值。从 12 月 16 日到 12 月 17 日，三人首先在下关到草鞋峡的江边看到了很多被焚烧的尸体，有人估计约有 2000 人，也有人估计有两三千人。他们可能被机枪扫射，然后浇上汽油烧死。此外，可能还有成千上万的尸体从江边被扔进长江。在前军政部的大院里，年轻的军官们让新兵用刺刀杀死中国战俘，进行如他们所说的"新兵训练"。然后，尸体被扔进防空洞。前田目睹了 12 人或 13 人以这种方式被杀害。这让他感到恶心，开始呕吐，随即离开。他又在军官学校的校园里，目睹了用手枪处决战俘的场面。他看到两人被杀，不忍心继续看下去。①

上述记者之一的前田雄二（Yuji Maeda, 1911—1984）在其战争时期的回忆录《在战争的洪流中》（『戦争の流れの中に』）中详细叙述了他在不同地点目睹的大规模处决：

> 第二天（12 月 16 日），新井和摄影师袯川（Haraikawa）一起去了军官学校，我在那儿的"刑场"与他们见面。俘虏被关在校园的一个角落。一个军曹把他们一个个押到学校的操场上，并把他们再往前押到防空壕。然后，已经排成一行在那儿等待的士兵用刺刀捅刺他们。伴随着一声凄

---

① ［日］松本重治（Shigeharu Matsumoto）：『上海时代』，东京：中央公论社 1975 年版，第 251 页。

厉的惨叫，俘虏们掉进防空壕，士兵们则从壕沟上方用刺刀将他们捅死。在三个不同的地方以这种方式同时处决俘虏。

俘虏被推搡着往前押着走时，他们中有些人无所畏惧地反抗，有些人大喊大叫，但大多数人似乎失去了思考能力，朝着死亡壕沟走去。我询问一旁的军官，他说这是"新兵训练"。血淋淋的尸体堆积在壕沟里。

然后我盯着那些即将被处决的俘虏一张又一张的脸庞。他们的脸色都很苍白，毫无表情。这些人也有父母、兄弟、姐妹；现在他们没有被当作人来对待，而是被当作物品来处理。

那些轮流刺杀他们的士兵的脸色也很苍白。刺杀声中夹杂着痛苦的叫声，这是极其悲惨可悲的一幕。……

下午，走出分社办公室时，我听到枪声。我带着记者中村太郎（Tarou Okamura）去寻找枪声的来源。那是在交通银行后面的一个池塘边，也在进行"处决"。

执行死刑的人是手持步枪和手枪的士兵；他们让俘虏站在池塘边，从后面向他们开枪。那些被推入池塘但仍有呼吸的人被岸上的日本兵再次射杀。与上午的情况相比，这里的处决没有那么残酷。上午的处决确实是悲惨的。……

第二天早上，我和两三个同伴坐车出去。挹江门那儿的所有尸体都被清理了，我们不再有通过地狱之门的恐惧。我们在下关穿行。确如深泽所说，沿着长江边的道路，有大量中国军人的尸体，像一连串的小山一样堆积着。看上去到处都是被汽油烧过，尸体被焚烧。

"看来，他们是被机枪打死的。"被川说。

"即便如此，尸体也太多了！"

尸体有一千多具，也许多达两千多具。尸体的数量相当于一支部队的人数。我们无言以对。怎么会发生这样的事，我们真的无法理解。①

---

① ［日］前田雄二：『戦争の流れの中に』（在战争的洪流中），东京：善本社1982年版，第117—121页。

记者们所描述的只是大屠杀的初期阶段。在攻占南京的过程中，日军在南京城内外及周边地区围捕了大量的中国人，特别是在长江沿岸，在那儿成千上万的中国军人和难民试图渡过长江逃往安全地带。有不少中国军人向日军投降，还有许多被困在城内，丢弃了装备、武器和军服，换上了便装，在西方人设立的南京国际安全区，混入了当地的民众中。在城破后的几天里，日军围捕了成千上万的战俘和被怀疑当过兵的平民。他们用绳索捆绑这些俘虏，把他们押到附近的地方，用机枪扫射、斩首或用刺刀捅刺，大规模处决他们。[1]

同时，日军在南京全城进行了系统的、挨家挨户的搜查，以清理平民人口中的中国军人。他们围捕了达到征兵年龄的男性平民。每个人都要接受检查，以辨别是否是当兵的：头上是否有帽印，肩上是否有背包和枪托印，手掌上是否有老茧。那些被发现有任何上述标记的人都被迅速处决。因此，大量以木匠、农民、人力车夫、水手和其他劳役为职业的人被拘押后送往刑场。1937年12月，南京红卍字会副会长许传音留在南京，组织难民救济工作。1946年6月6日，他在远东国际军事法庭上作证：

> 日军进城时，他们见到平民就开枪射杀。中国平民只要在街上，就会被杀害。
>
> 士兵随后开始有系统地搜查民居，抢走他们找到的食物和其他物品，并抓走他们发现的任何适合从军年龄的男子，指控他们曾经当过兵，并将他们押走或当场枪杀。我得到可靠消息，大多数被押走的人后来在大规模屠杀中被枪杀或烧死。
>
> 他们强行搜查安全区，并抓走在那儿发现的很多人——我目睹了一次就抓走大约1500人。根据我得到的消息，他们被机枪打死，尸体被

---

[1] Suping Lu, "Nanjing Massacre", in *Encyclopedia of Human Rights*, Vol. IV, ed. by David P. Forsythe, London : Oxford University Press, 2009, p. 30.

扔进池塘，后来被红卍字会打捞出来掩埋。①

在一份关于南京状况的报告中，礼和洋行的德国商人克里斯卿·杰考伯·克罗格（Christian Jacob Kröger，1903—1993）讲述了城内发生的情况：

> 12月14日，日本人立即开始对这座城市，尤其是难民营进行严格的搜查，大量遗弃的军装向日本人显示还有许多军人藏匿在城里，尽管他们身着便服。然而，在这个信条下，可以允许任何残暴的行径，无数次毫无意义的枪杀便是日常的状况。完全不分青红皂白地对难民营搜查，并根据需要一而再再而三地搜查，因此在几天之内，没有任何军事法庭审判，尽管平民百姓没有放过一枪一弹，估计有五至六千人，大多在江边被枪杀，这样免去了掩埋尸体的麻烦。这个数字估计得太低，而不是太高。即使在今天，每个居民都必须登记之际，这种甄别检查仍在继续，尽管现在只是针对个人。②

大多数大规模的集体处决都发生在城外长江沿岸，如草鞋峡、燕子矶、鱼雷营、煤炭港、中山码头、下关、三汊河、江东门、上新河、汉中门等地。由于同时被处决的人数众多，大多数大规模的处决中都有人奇迹般地幸存，向世人讲述自己可怕的经历。美国圣公会的传教士约翰·吉利斯比·麦琪（John Gillespie Magee，1884—1953）在大屠杀期间留在城内尽力帮助中国难民，他拍摄的暴行影片的解说词记录了一个幸存者的证言：

---

① Chuan-Ying Hsu, Written Testimony, June 6, 1946, Document No. 1734, Exhibit No. 205, Microfilm Set T918, Roll 12, Court Papers, Journal, Exhibits, and Judgments of the International Military Tribunal for the Far East, RG238, National Archives II.

② Christian Jakob Kröger, "Nankings Schicksalstage : 12. Dezember 1937 - 13. Januar 1938"(《南京命运悲惨的日子，1937年12月12日至1938年1月13日》), Bundesarchiv Militärarchiv, Freiburg, Germany（德国联邦档案馆弗莱堡军事档案分馆）, MSG 160/8/, 第65页。

这名男子，下关模范村四所村的中国圣公会信徒刘光维（Liu Kwang-wei），在日本攻占城市之前与其他教友一道进入了难民区。12月16日，他和这个基督教团体中的另外13人被日本兵抓走，并与另一群（根据他的估计）1000人一起被押到下关江边，整齐排列在日本码头附近，用机关枪扫射。这是黄昏时分，但没有机会逃脱，因为身后是长江，他们三面被机枪包围。这个人在后排，紧挨着江水。当人们开始倒下时，他虽然没有受伤但却和他们一起倒了下去，落入浅水中，用身边的尸体遮盖住自己。他在那里待了三个小时，非常寒冷，当他爬出来时几乎无法行走。但他走到一个被遗弃的棚屋，在那里找到一些床单。他脱掉湿衣服，用床单裹住，在那里待的三天中没有东西可吃。最终饥饿迫使他离开棚屋去寻找吃的东西。他穿上仍然潮湿的衣服，走到祥泰木行①，这是他曾经受雇的英国人的公司，但在那里找不到任何人。就在这时，他遇到了三个日本兵，他们对他拳打脚踢，并把他带到下关宝善街②，在那里为他们做饭。几天后，他被释放，并获得一张盖有两个日本兵印章的便条。这使他能够通过城门，回到难民区的家人那儿。③

草鞋峡大屠杀

草鞋峡是幕府山以北的狭长的江滩，全长约四英里，大致在鱼雷营和燕子矶之间。在这里，长江两侧是八卦洲和幕府山，形成一条狭窄而湍急的激流，形状像一只鞋，因此被称为草鞋峡。对当地人来说，草鞋峡靠近上元门的那

---

① 祥泰木行（China Import & Export Lumber Company, Ltd.），又称中国木材进出口有限公司,1884年为德商控股，由法国商人创立，1914年英商在欧战爆发之际接管祥泰木行。该公司设在上海，并在汉口、南京、天津、福州等地设分公司。鼎盛时期，在木材市场称雄半个世纪。1941年太平洋战争爆发，日军进驻上海租界，祥泰木行决定停业解散。
② 此处原文为 Paohsing Street。下关只有宝善街。
③ John G. Magee, Case 3, Film 2, Folder 7, Box 263, RG8, Special Collection, Yale Divinity School Library.

个部位，也就是发生过几次大屠杀的地方，被称为大窝子、大洼子，或大湾子，它位于南京城以北约两英里。

1937年12月13日，大量的中国军人和平民难民聚集在下关附近的长江边，试图渡江到安全地带。日军在下午到达江边，在那里围捕了数以万计的人，并将他们押到草鞋峡屠杀。在大屠杀中幸存下来的中国第三十六师士兵石明作证说：

> 同年12月12日接到撤退命令后，我们跑到中山码头一带江边待渡。那时当官的早就跑了，我们把武器扔进长江里，部队一片混乱，有几万人挤在江边，等了一天也未能过江。下午日本兵来到江边，将几万人全都抓了俘虏，里面也有很多难民。12月13日，是我终生难忘的日子，日军把我们像赶猪一样，驱赶到草鞋峡一带，先用机枪扫射，再用刺刀补戳，还向人群中投掷手榴弹。当时，我的头部被机枪打开一个大豁子，有十多厘米长，但未伤到脑部，我昏倒在死人堆里，后来日本兵又在我身上用刺刀补戳，脸部、左臂膀和左小臂分别挨了一刀。到了夜间，我从死尸堆里爬出来，这时我听见有的人未死正在呻吟。[①]

12月13日，日军又俘虏了数以万计的中国军人，把他们抓到幕府山脚下，关在临时搭建的、以前被中国教导总队用作野外训练的营房里。几天后，日军将约两万人押到草鞋峡，用机枪扫射，然后用刺刀刺杀，再用汽油焚烧尸体。

中国教导总队的士兵唐光谱在这次大规模处决中幸存下来并讲述了他的经历。他和战友唐鹤程先被日军扣押在燕子矶：

> 后来，我俩随着这一大群人，被赶到幕府山原国民党教导总队野营训练的临时营房里。这所临时之营房共有七八排，全是竹泥结构的棚子，

[①] 《石明证言》，1992年4月7日刘相云根据其口述记录整理，《侵华日军南京大屠杀幸存者证言集》，朱成山主编，南京：南京大学出版社1994年版，第22页。

里面塞满了被抓来的人。我们在里面,连饭也不给吃,到了第三天,才给喝水。敌人稍不如意就开枪杀人。到了第五天,我们被饿得肚皮贴着脊背,都只剩一口气了。……

第六天早上,天还没有亮,敌人就把我们都赶到院子里,把所有的人臂弯对臂弯地用布条捆绑起来。等到全部人都绑完,已经是下午两点多了。然后,敌人用刺刀逼着这一大群人排成队,向老虎山方向走去。当时,人们已饿得一点气力也没有了。敌人在队伍两侧,看谁走慢了,就给谁一刺刀。走了十多里,天已经黑了,敌人改道把我们赶到上燕门离江滩不远的空场地。六天六夜没有进食,又走了许多路,一停脚步,大家就瘫坐在地上,再也站不起来了。一时间,场地上黑压压地坐了不知多少人。

虽然如此,求生的欲望使人们觉察到敌人要集体屠杀。我们相互用牙咬开伙伴的结头,准备逃命。人们还没有全部把结咬开,四面探照灯全亮了,漆黑的夜一下亮得使人头发昏。接着,江面上两艘轮船上的几挺机关枪和三面高地上的机关枪,一齐疯狂地向人群扫射过来。大屠杀开始了!

枪声一响,我和唐鹤程赶快趴在地上。……许多人纷纷中弹倒下,尸体把我们压在底层,他们的鲜血染透了我衣裳。我憋着气,动也不敢动。20多分钟过去,枪声停歇,我战战兢兢地摸着唐鹤程,拉拉他,低声问:"你怎么样,受伤没有?"他说:"没有,你呢?"话音未落,机枪声又响了起来,我吓得伏在死人堆里,一动也不敢动。等到第二次扫射停止,我发现唐鹤程一点动静也没有,就紧张起来。我用力摇他,他还是不动。当我摸到他头部时,才发觉他头上中了一弹,鲜血直往外涌,吓得我连忙缩进死人堆里。[①]

[①] 唐光谱:《我所经历的日军南京大屠杀》,出自《南京保卫战》,第288—289页。

与此同时，他意识到日本士兵正在四处走动，用刺刀刺杀那些受伤呻吟的人。他们来到唐光谱所在的区域，在他的腰侧刺了一刀，虽然伤口很浅，因为他躺在几具尸体的下面，然而在这一刻，他感到右肩疼痛。他是在第一轮机枪射击时被击中的。

> 不再听到呻吟声后，日本人就撤到了尸体堆的边缘，船上的探照灯也熄灭了。此时，这儿漆黑一片，唐光谱觉得，那些船只已经离开了。然而，士兵们仍在边上闹哄哄的，唐光谱可以闻到那个方向传来的汽油油烟味。然而，直到火焰在他周围蹿起，他才意识到汽油是用来做什么的。烟雾很浓，他感到呼吸困难。意识到如果留在原地他会被烧死，他开始往前爬，但他面前的尸体堆太高了，无法翻越，所以他开始向后向江边爬。士兵还没有离开，他们正在刺杀任何试图逃离火场的幸存者。为了不被发现，他从躺在地上的尸体之中和上面爬过去，一直往江边爬，直至爬到水边。最后，在逃离了浓烟和火焰之后，他一动不动地躺在地上，双腿架在尸体上，头部离水面只有几厘米，几乎是手撑着倒立的姿势。……
>
> 江边长满了芦苇，唐光谱用芦苇掩护，潜入水中。当水碰到他的刺刀伤口时，他才第一次感觉到那里的疼痛。在深及膝盖到腰部的水中他往下游走了几百米，但饥饿和疼痛使他难以持续，所以他在江边一个长满芦苇的地方爬出了水面。他沿着江边跌跌撞撞地走了四五里路，直至找到一座砖窑，进去躲起来。他本想打一会儿盹，但他已精疲力尽，陷入沉睡之中。[①]

第二天早上，唐光谱遇到了一位老农，老农将他藏在小船里，覆盖上稻草，把他送到了八卦洲。他的朋友唐鹤城没有在大屠杀中幸存。

该地区的大规模处决也可以从参与这些屠杀的日本军人的记叙中得到佐

---

① Katsuichi Honda, *The Nanjing Massacre*, p. 226.

证。日本记者本多胜一曾经采访过第十三师团的一名日本兵。由于一些之前站出来讲述大屠杀的军人受到了右翼分子和往日战友的骚扰和威胁，本多给这个人起了一个假名田中三郎（Saburo Tanaka）。他在山田旅团第六十五联队第十六大队第二中队服役。他的部队从上海沿长江向南京挺进，没有遇到抵抗。当他的部队到达南京北面的幕府山附近时，大批中国军人投降了。

> 每个中队都拼命地忙着，收缴中国军人的武器。俘虏们除了身上的衣服外，还允许留一条毯子。然后，他们被集中到中国军队用作营房的泥墙茅草屋顶的大房屋中。据田中回忆，这些建筑位于幕府山一个山头的南侧；也就是说，它们在山的另一侧，与长江相对。他在那个时期画的草图也与这一记忆相符。
>
> 被拘押后俘虏的日子非常悲惨。他们每天只能吃一小碗米饭。由于没有水供应，田中看到俘虏从环绕营房的排水沟中喝尿。
>
> 12月17日，即南京凯旋入城式的日子，日军下达了"干掉"俘虏的命令。早上，他们告诉俘虏："我们要把你们的拘留所转移到长洲（川中岛）上去。"但要整整一个大队出动才能做好将他们转移的准备工作。如此大规模的转移，行动不可能很快，日军把所有俘虏的手都绑住，大家都准备好上路时，已是下午。长长的四列纵队蜿蜒而行，先是向西行进，再沿着临江的山坡绕道而行。然后他们走了四五公里，或不超过6公里。在那段时间里，田中看到有两个人从俘虏人群中冲出来，跳进了水里，可能是因为他们已经感觉到了即将发生的事情，也可能是因为他们再也无法忍受干渴。他们一浮出水面，就被枪杀了。看到他们的脑袋被打开了花，鲜血染红水面后，没有其他俘虏再试图逃跑。……
>
> 大群俘虏集中在因江浪冲击平缓的长江岸边。可见隔着狭窄江流的川中岛，以及两艘小船。
>
> 队伍的前列抵达江边约三四个小时之后，俘虏们开始注意到他们的处境不对劲。他们看不到任何适合将如此大量的俘虏运送到川中岛的船

只，而且这一天已经接近尾声，没有任何准备运送俘虏的迹象。相反，椭圆形的战俘群被三面包围，除了面向水面的一面，其他每一面都被半圆形排列的日本兵和向内瞄准的机枪包围。田中位于日军队伍最东端附近。

当天开始断黑时，队伍另一端的一名少尉被反抗的俘虏杀死。队伍中依次传来警告："他是被自己的军刀杀死的。要小心。"田中猜测，尽管俘虏的双手被绑在背后，但他们并没有连接在一起，所以俘虏有可能用牙齿解开彼此的绑缚。意识到危险后，他们中的一些人一定拼命地试图进行最后的反抗，但人群中手仍然被绑着的其他人，无法加入他们。

就在此后不久，开火的命令下达了。

排列成半圆形的轻重机枪和步枪开始用集中的火力向战俘群喷射。在所有的枪支同时开火的轰鸣声和大批战俘发出的死亡呼喊声之间，江边的场景犹如地狱一般。田中继续用他的步枪射击，但在这一切进行之中，他看到了一个永远无法忘怀的景象：一个巨大的"人柱"，这是由于无处可逃的俘虏在最后的挣扎中相互争夺而形成的。田中不知道发生这种情况的真正原因，但他的猜测是，由于子弹从三面向他们横向倾泻，俘虏们当然无法躲在地下，所以他们本能地试图爬到更高的地方——甚至在双手被绑的情况下——越过那些已经死亡的人的尸体来逃避枪击。这根"人柱"不断地增长，直至倒塌，然后这个过程又重新开始，在枪击中重复了三次。大规模射击持续了一个小时，直至没有人再站着。这时，天色几乎完全黑了。

然而，无疑还有一些人在射杀中活了下来，有些人只是受了伤，有些人则是倒地装死。不能让任何人活着。如果有人逃脱，这场大屠杀就会为外界所知，引发一起国际事件。这就是为什么田中的大队花了一整夜的时间来干掉所有的俘虏。由于俘虏堆积起来有好几人深，把尸体堆扒开来，逐一检查太麻烦，所以他们决定放火。俘虏们都穿着冬天的棉衣，一旦着火，就不容易扑灭，此外，火焰还能提供干活需要的光亮。当然，如果一个人在装死，如果他的衣服开始燃烧，他肯定会移动。

士兵们在尸体堆中各处放火。如果他们仔细观察，可以看到所谓的尸体对热度的反应，并伸手去熄灭接近的火焰。任何移动的人都立即被刺刀捅死。士兵们拨开尸体堆，看到拍打着在火焰中移动的幸存者，就用刺刀送去致命的一击。他们的靴子和绑腿上沾满了受害者的血液和体液。他们喊着"我们杀的敌人越多，我们就能尽快赢得战争"，"这是为我们从上海以来的所有战友报仇"，"这是给遗属的告别礼物"，这表明了他们当时的心情。没有任何怀疑的余地。在他们刺杀幸存者时，除了"现在我们的战友可以安息了"和"我们不能留下任何能够逃走去证明所发生屠杀的人"之外，他们的脑海里没有任何别的念头。这也是战争策略的一部分，而且最重要的是，他们是在服从南京司令部的命令："所有俘虏都要迅速处理掉。"……

另一支部队被召来帮助处理死尸。如果他们只是将布满刀伤或弹孔的尸体推入江中，这些可能还能被辨认出来，因此，为了消除尸体的身份，他们用桶装汽油将他们焚烧。然而，他们没有足够的燃料将如此大量的尸体烧成像火葬那样的灰烬，只留下一堆烧焦的尸骸。将所有这些尸体扔进长江仍然是一项重大任务，他们无法在18日夜晚之前完成。他们用柳树枝做钩子，把沉重的尸体拖进江里，直到19日中午才完成。

"我可以非常肯定地说，没有人能够活着逃出那场大屠杀的现场，"田中说，"从之前和之后发生的情况来看，这是不可能的。"[①]

第十三师团下属的第六十五步兵联队或第十九炮兵联队的其他几名日本军人，即宫本省吾（Seigo Miyamoto）、远藤高明（Takaharu Endo）、近藤荣四郎（Eishirou Kondo）和目黑福治（Fukuharu Meguro），在他们的个人日记中记录了他们于12月16日至19日在该地大规模处决俘虏或

---

① Katsuichi Honda, *The Nanjing Massacre*, pp. 241-245.

处理受害者尸体。

除了幸存者的叙述和日本军人的记录外，当地农民也目睹了草鞋峡的大屠杀。史荣禄和他的哥哥史荣铭都是居住在该地区的本地农民，他们目睹了日军在那里屠杀了很多人。史荣禄的陈述如下：

> 1937年，日本侵略南京时，我逃往江北避难。后因没有米吃，又过江来取米。谁知过来后，日本兵就封了江，无法再到江北去，我只好躲在家中。12月的一天，我亲眼看到日本兵把很多"中央军"和平民百姓从下游笆斗山赶到老虎山下的大窝子集中起来。那里的两百亩江滩，都站满了解除武装的"中央军"和无辜的百姓。这时日本兵把外围的"中央军"的绑腿带解下来，把绑腿带连接起来，防止跑掉。然后，他们以升日本旗为号，三挺机枪，交叉进行扫射，把手无寸铁的"中央军"和无辜者全部射死。有没死的，日本兵就用刺刀捅。第二天日本兵又继续赶，把中国人赶到大窝子后，叫他们把头一天杀死的尸体抬去丢在大江里，然后又把这些中国人扫射死。这样连续屠杀了三天，被枪杀的"中央军"和无辜者约二万余人。[1]

刚从法国回国的中国军官纽先铭是工兵营营长，他也无法渡过长江，于是乔装成一个和尚，躲在草鞋峡以南约一公里处的永清寺。他1973年于台湾出版的自传《还俗记》中指出，1937年12月中旬的一个晚上，他听到一大群人经过寺庙嘈杂的脚步声。一两个小时后，就听到了激烈的、连续不断的机枪射击声。大约在那晚之后的第十天，寺庙里的人们才知道，大约有两万名中国军人被机枪扫射杀害。一位僧人冒险前往该地，看到江滩上散落着大堆的尸体。一个多月后，纽先铭亲自看到了刑场上的恐怖场景：

---

[1] 《史荣禄证言》，刘虎、姜秀华调查记录，收录于《1937.12.13——侵华日军南京大屠杀史料》，第408页。

一天中午时分，来了一群士兵，他们带来几个戴着红卍字会臂章的中国人。他们来到寺庙大殿，指定我们两个人和他们一起去，要我们处理大屠杀受害者的尸体。……

永庆寺和大湾子之间的距离大约是一公里。……

我们走到离大湾子还有一半路程，就被腐烂尸体的气味熏倒了。日本兵和与他们一道的中国人都戴了口罩，但我和二通连手帕都没有。当时已经是一年中最冷的时候，空气非常干燥，所以躺在我们寺庙附近的尸体相当于处在一个天然的冰箱内，他们并没有腐烂。然而，躺在大湾子这里的尸体则不同。有些尸体部分被淹没在水中，而沙洲上的尸体也被潮水冲刷过，所以他们已经腐烂。……

我们接近大湾子时，令人不安的不仅仅是臭味。令人惊叹的景象是如山的尸体堆积在那地方的一个区域上，他们的头朝四面八方各个方向。由于他们仍穿着残破的军装，我无法完全看清他们的肉体状况，但看着他们的脸，可以看出他们的鼻子已经不见了，鼻子和嘴的部位已经开始腐烂到骨头。

我无法想象现实中的大屠杀！无论用多少挺机枪，都不可能在这么小的地方一下子杀死两万人。一定是把他们分成了几组。我纳闷为什么我们没有听到他们的喊叫声。也许是被机枪声淹没了，没有传到我所在的寺庙里。

那天，红卍字会所做的只是进行初步的调查，并研究了掩埋尸体的方法。实际的清理工作随后开始，在一个月的时间内每一次处理很少一部分。[①]

还有一些目击者在1938年春天偶然经过该地区，看到那里有大量的尸体。夏万顺的家在下关，但在日军攻占南京时，他受雇在八卦洲种田。由于战争环

---

① Katsuichi Honda, *The Nanjing Massacre*, pp. 247-248.

境危险，他于 1938 年春天才回到南京。他说，在他回家的路上，"一路上从大窝子（现金陵造船厂那边）到宝塔桥有五六里路远，沿途都是死人。想绕路都没法绕，只有从死人身上跨过，遍地都是死尸"①。崔金贵表示："我做小生意时，到下关看到过草鞋峡那里尸首最多，尸首都被波浪冲到沙滩上。"②

燕子矶大屠杀

燕子矶位于南京城以北约五英里的长江南岸，是一个东北面、北面和西北面都被长江环绕的岩石峭壁。其悬崖突出于江面，海拔仅 36 米，因形似燕子欲飞越长江而得名。它在南部与江岸相连。自公元 300 年以来，悬崖脚下的江滩一直是渡口，可供渡船穿越长江到八卦洲。

就在南京沦陷之前，大量的难民聚集在那里，希望能渡江到北岸的安全地带。1937 年 12 月 12 日和 13 日，数以千计的中国军人加入了他们的行列。然而，由于缺乏船只，在此过江几乎不可能。许多人设法用可能保持漂浮的材料制作简易木筏。有些人成功了，但更多的人失败了。

12 月 13 日，日军到达该地区后，围捕了中国军人和平民难民，在江滩上处决他们。中国第八十八师的士兵郭国强逃到燕子矶地区，目睹了那里的大规模处决：

> 1937 年 12 月，我和二三百名"中央军"穿着便衣，逃到南京燕子矶三台洞附近。亲眼看到日军在燕子矶江滩进行大屠杀的情景。当时日军用机枪扫射了一天一夜，有两万多名已经解除武装的"中央军"丧了命。我们躲在三台洞里，后来被日军发现，我们佯说是开山的农民，并拿出

---

① 《夏万顺证言》，陈平稳据其口述整理，收录于《侵华日军南京大屠杀幸存者证言集》，第 350 页。
② 《崔金贵证言》，战国利、杨正元调查记录，收录于《1937.12.13——侵华日军南京大屠杀史料》，第 474 页。

开山工具才免于一死。之后，我寻机逃到八卦洲下坝村，在这里定居了下来。①

居住在燕子矶地区许家村的当地农民葛仕坤，在他家附近的一座山上目睹了另一次规模相对较小的集体处决：

> 我叫葛仕坤，今年74岁，日本兵打到南京前夕，我们全家从燕子矶许家村搬到江北去了。但我时常回燕子矶许家村。记得1937年12月的一天，我亲眼看见在许家村月亮山上日本人捆绑中央军，中央军有400多人，日本人硬叫他们跪在地上，然后用机枪把他们全部射杀死。当时，从乌龙山到许家村沿路全是死尸，过路人都要从死尸身上踩过去。我们村的村长周明旭带人沿路挖坑，把死人就地掩埋起来。②

另一位当地居民张静芝描述了在她家附近发生的情况，以及她童年时亲眼看到的屠杀：

> 1937年，我7岁，家住燕子矶三台洞渡师石村。12月13日，日本兵攻陷南京城。我家附近，不少国民党士兵及老百姓从那儿渡江逃命，夜间，江边不断传来老百姓喊救命的声音。我亲眼看见日本兵把中国老百姓按两人一排用机枪集体扫死。在上元门大窝子附近遍地死尸，走路时脚都能碰到，当时，大窝子附近做了五条死尸埂。③

金陵女子文理学院的美国传教士明妮·魏特琳（Minnie Vautrin,

---

① 《郭国强证言》，李春明、陶俊调查记录，收录于《1937.12.13——侵华日军南京大屠杀史料》，第402页。
② 《葛仕坤证言》，陶俊、李春明调查记录，收录于《侵华日军南京大屠杀幸存者证言集》，第18—19页。
③ 《张静芝证言》，曹望鸿调查记录，收录于《侵华日军南京大屠杀幸存者证言集》，第300页。

1886—1941）整个大屠杀期间都在南京，她在 1938 年 2 月 15 日的日记中记录道："今天上午我收到报告，红卍字会估计，在下关一带有 30000 人被杀害；今天下午，我听说成千上万的人被困在燕子矶 ——没有船只渡他们过江。可怜的人们！"①2 月 16 日，她在日记里提到一位严先生来访，告诉她"日军占领的最初几天，三汊河那儿有 10000 人被杀害。20000—30000 人在燕子矶遭屠杀，大约有 10000 人在下关遇难。他敢肯定，很多人的丈夫和儿子再也不会回来了"②。许多尸体直到 1938 年春天仍未掩埋。1938 年 4 月 22 日，金陵大学教授马文焕来拜访魏特林，向她证实"沿江仍有许许多多尚未掩埋、状况可怕的尸体，大批尸体漂浮在江面上，其中大多数尸体的双手还被金属丝捆在身后"③。

1938 年初，张连才偶然经过该地区，他说："1938 年正月十三日，我从燕子矶到中山门，沿途看到尸体有好几千具，都是被日军杀死的中国人，其中苗圃尸体很多。"④沈文君住在下关的宝塔桥地区，她回忆说：

> 1937 年我家住在下关宝塔桥。日本兵进南京城后，就把我父亲抓到下关煤炭港和草鞋峡去抬死人。抬了一个多月，父亲说死难者尸体从草鞋峡一直堆到燕子矶。开始先用手抬，后来因为尸体不能抓了，就用钩子钩。⑤

---

① Minnie Vautrin, Diaries, February 15, 1938, Minnie Vautrin Papers, Disciples of Christ Historical Society Library, Nashville, TN.
② Minnie Vautrin, Diaries, February 16, 1938, Minnie Vautrin Papers, Disciples of Christ Historical Society Library, Nashville, TN.
③ Minnie Vautrin, Diaries, April 22, 1938, Minnie Vautrin Papers, Disciples of Christ Historical Society Library.
④ 《张连才证言》，金登林、杨云、夏龙生调查记录，收录于《侵华日军南京大屠杀幸存者证言集》，第 123 页。
⑤ 《沈文君证言》，陈平稳据其口述整理，收录于《侵华日军南京大屠杀幸存者证言集》，第 351 页。

鱼雷营与宝塔桥一带的大屠杀

鱼雷营于1937年建立，位于煤炭码头下游的老虎山脚下，在下关的长江边有码头设施，是中国海军一个鱼雷中队的基地。因此，此地被当地人称为鱼雷营。宝塔桥东面是鱼雷营，西面是英国洋行——和记洋行。该桥建于1875年，在靠近长江的河口横跨长江的小支流金川河，原名伏沉桥。后来在金川河西岸的桥附近建了一座佛塔。因此，该桥被重新命名为宝塔桥。

1937年12月13日以来，日军围捕解除武装的中国军人和可能从军的适龄青年后，于12月15日将大批俘虏赶到江边的鱼雷营，然后用机枪扫射杀害。殷有余在乌龙山炮台做厨师，与300名中国士兵一起在上元门一带被日军俘虏，他是12月15日鱼雷营大屠杀中幸存的九人之一。1946年10月19日，他作为控方证人在南京军事法庭对谷寿夫的审判中出庭。他在盘问中说，包括他父亲殷恒裕在内的约9000人被屠杀。

问：你们当时被俘虏的有多少人？

答：我们炮台上官兵约300多人一齐被俘虏。

问：那一天共被俘虏有多少人？

答：这一天连官兵带老百姓一共被俘约9000多人。

问：这些人被他带到什么地方？

答：一齐带到鱼雷营。

问：带到鱼雷营以后怎么办法呢？

答：日本兵用四挺机关枪扫射，只漏下九个人没有打死，我也是漏下来的一人。

问：你那时受伤了没有？

答：我因为压在其他的死尸底下，所以没有受伤。

问：你后来是什么时候逃出来的呢？

答：在当天晚上10时以后鬼子就去了，有一个三十六师的陈班长也是漏下来的没有死，他就把我的绳子解去，一同逃走。那时一同逃出来的其他七个人都受了很多的伤。①

1946年1月8日，下关警察局在给南京首都地方法院检察处的公函中指出：

> 据宝塔桥浴室老板陈汉森和金固乡梁思诚乡长等声称，彼等所见及之敌人在下关之暴行如下：
> 鱼雷营——此处被机枪扫毙经掩埋之尸体为二千五百〇八具。②

2508具可能是当地民众和组织埋葬的尸体数量。根据南京红卍字会的掩埋记录，1938年2月19日，红卍字会的掩埋队在鱼雷营旁发现了524具男尸，由于尸体已经腐烂，因此被就地掩埋。1938年2月21日至22日，该掩埋队在鱼雷营码头发现了5300具男性尸体，并将他们埋在那里③。南京红十字会也记录了他们在鱼雷营地区的掩埋工作。从1938年3月18日至20日，红十字会第一掩埋队在三天内埋葬了320具尸体④。

许多人被日军押到宝塔桥杀害。1937年住在宝塔桥东侧的何守江记得，日军攻占南京时，那一带有四五千名难民无法逃到安全地带。"日本兵到下关的第二天，把七百多个中国人，陆续不断地赶到宝塔桥上，强逼他们往下

---

① 《查讯证人殷有余笔录（1946年10月19日）》，收录于《日本帝国主义侵华档案资料选编：南京大屠杀》，中央档案馆、中国第二历史档案馆、吉林社会科学院合编，北京：中华书局1995年版，第634—636页。

② 《下关警察局调查日军在鱼雷营集体屠杀军民致首都地方法院检察处公函(1946年1月8日)》，收录于《1937.12.13——侵华日军南京大屠杀档案》，中国第二历史档案馆、南京市档案馆编辑，南京：江苏古籍出版社1997年版，第141页。

③ 《世界红卍字会南京分会救济队掩埋组掩埋尸体具数统计表》，收录于《1937.12.13——侵华日军南京大屠杀档案》，第457页。

④ 《中国红十字会南京分会掩埋队第一队按月统计表》，收录于《1937.12.13——侵华日军南京大屠杀档案》，第467页。

跳，桥那么高，先跳下桥的人，大部分都摔死了。后跳下桥的人，没有摔死的，日本兵就用机枪扫射，无一人幸存。"①

日本人还从城市的其他地区抓来人，把他们押到宝塔桥一带，集体处决。张陈氏作证说，"余为身死者之妻，于南京事变时，不及遁逃，遂避身难民区，不幸于14日，日军藉词搜查国军，遂将我夫及大批壮丁逮捕，并解至宝塔桥由日军机枪扫射身死，其悲惨状目不忍睹"②。

另一位妇女黄张氏，讲述了她在宝塔桥边经历屠杀、得以幸存的过程：

> 我家1937年住在下关宝塔桥的城墙根下。那年日本兵进城前，我们村附近的人，在宋家埂挖了一个地洞。日本兵进城后，我们一共有40多人藏到地洞里。当我们刚进去不久，就被一群日本兵发现，日军叫喊要大家出来。这时，我就先跑出来，跪在地上求饶后，赶紧逃跑。没跑多远，就听到枪声，没跑出来的人，全被日军用机枪扫射死了。后来，我在逃跑的路上，又被日本兵抓到，和其他被抓的人一道，被押往宝塔桥枪杀。一路上我看见遍地都是被日军打死的尸体。当我们被押到宝塔桥和记洋行（现下关肉联厂）门口的河边时，那里已有成千被抓来的人。这时，日本兵已在河边架起机枪，向人群扫射，顿时我们都倒下了。当时我被尸体压着，没有受伤。等日本兵走后，我从死尸堆里爬出来，逃到一个熟人家里躲避，才得以幸存下来。③

宝塔桥是主要的屠杀地点之一，数量众多的中国人在那里被处决。1937年12月底的一天，国军第五十八师的士兵张士荣被俘并被迫为日军干活，他被日本兵押送到和记洋行拉轮船用的踏板。他看到两三千名中国军人和平

---

① 《何守江证言》，李文奎、刘雯等调查记录，收录于《1937.12.13——侵华日军南京大屠杀史料》，第411—412页。
② 张陈氏：《张陈氏陈述其夫张家志在宝塔桥被日军枪杀的结文（1945年1月26日）》，收录于《1937.12.13——侵华日军南京大屠杀档案》，第139页。
③ 《黄张氏证言》，陈平稳据其口述整理，收录于《侵华日军南京大屠杀幸存者证言集》，第51页。

民被日军杀死在宝塔桥的河岸上①。1938年初,当赖立清走过这座桥时,他看到桥下的河水中漂浮着很多被枪杀者的尸体②。

煤炭港附近的大屠杀

煤炭港位于长江岸边,于1875年左右建成,距宝塔桥和和记洋行约500米至600米,是一个专门装卸煤炭的码头设施,它的名字就是由此而来。当南京被围攻时,该码头暂停了正常运营。日本人到达江边后,把它变成了一处大规模屠杀的场所。

得知日本人要来,大批难民及丢弃武器、换上便衣的中国军人进入英国人经营的和记洋行寻求庇护,他们认为那里的英国国旗能够保护他们。然而,1937年12月14日,大约200名日本兵来到这家英国商行,搜查在那里避难的人,从难民中挑出大约2800人,把这些人赶到煤炭港,关在那里的一个大仓库里,在第二天集体处决了他们。陈德贵当时20岁,他在煤炭港的屠杀中幸存了下来,并在后来讲述了这些人的命运:

> 1937年12月12日,我跑到下关"和记洋行"避难。13日,日军到了下关,发现了我们这一批难民。第二天早晨,来了二百来个日本兵,从几千难民中抓出2800多个年轻人。日军要大家排成四人一排的队伍,并要大家交出手表和银圆等贵重物品,并进行搜身。下午,把我们从和记洋行押到煤炭港一间仓库关起来。第三天清晨,日军打开仓库的门,说:"现在到工地去干活,每十个人一组出去。"站在门口附近的十个人马上被推了出去,不久,听到一阵枪响。不一会儿,门又打开了,再推出去十个人,又是一阵枪响。我心里明白,出去的人都被枪杀了。当

---

① 《张士荣证言》,段月萍据1986年11月来函整理,收录于《侵华日军南京大屠杀幸存者证言集》,第55页。

② 《赖立清证言》,李帼义调查记录,收录于《侵华日军南京大屠杀幸存者证言集》,第402页。

日军要第三批人出去时，我就出去了。这时约在上午八点多钟，一走出仓库，就看到日本兵列队两旁，斜举着刺刀，后边的日本兵押着我们。当走到长江边时，我看到仓库背后的河堤上排列着三十多个举枪的日本兵，我马上意识到屠杀就要开始了。当我站到水里，就在日军举枪射击时，我一个猛子栽到河里，潜游到对面，藏在一个倒在河里的火车肚子里，亲眼看见十人一批、十人一批被日本兵枪杀。从早晨杀到傍晚，还有六七百个人未被枪杀，日本兵就把他们一起赶到河口，用机枪向他们狂射。天黑以后，日军走了，我摸到岸边，偷偷爬上岸来。因在水里躲了一天，冷得直打哆嗦，从地上拣起一条破毯子裹在身上，睡在尸体中间。第二天几个日本兵从栈桥头经过，发现我在抖动，朝我打了一枪，子弹从我大腿穿过，左手无名指也被打伤，至今还留下伤疤。日本兵以为我死了，就走了。到第三天，掩埋尸体的人见我还活着，把我救上来，才幸免一死。[①]

从和记洋行被押到煤炭港的人中，有40多名南京发电厂的员工。在南京的美国基督教青年会干事乔治·爱希默·菲齐（George Ashmore Fitch, 1883—1979）在他1937年12月22日的日记中记录了这一情节：

下关发电厂的工程师吴先生带来一个惊人的消息。发电厂的54名职工曾英勇地坚守岗位到最后一天，最终不得不到江边的英国商行和记洋行避难。54名员工中，有43名被抓走枪毙，理由是电厂是政府开办的。其实根本不是那么回事。日本官员天天在我办公室，就想找到这些人，为他们开机发电。告诉他们就是日军自己将大部分员工杀害也起不了什

[①] 《陈德贵证言》，李文奎、刘雯、冯中美调查记录，收录于《1937.12.13——侵华日军南京大屠杀史料》，第405—406页。

么安慰作用。①

1945年10月25日,南京发电厂总工程师兼代理经理陆法曾(1892—1970)提交了一份宣誓证书,其中包含一份关于在煤炭港被杀害的员工的完整报告。直至1937年12月13日日军进入南京,副工程师徐士英都带领着51名员工留下来维持发电厂的运转。根据之前的安排,51名员工都去了英国人的和记洋行避难。到达下关后,日军在和记检查了这些难民。这些员工安全地通过了检查。然而,日军在得到密告后,又返回来进行第二轮检查。

故二次检查时特别严厉,除有文件证明确为和记公司雇员外,余均被拘捕围禁于煤码头下游之江边。是处被拘禁者约有三千之众,发电所员工五十一人,除有二人中途散失未曾到达和记厂内外,余均被禁。在拘禁之时,副工程师徐士英得和记厂友人之介绍,为敌军配制汽车电钥而得免难。另有铁匠赵阿荣,因曾在沪敌纱厂内工作,稍能作敌语,得与敌兵谈话而被释出,为敌军煮饭。另有工人二名,又因赵阿荣之要求助理工作而被释。该被释二人,正在设法营救其同仁之时,江边围禁多人忽被全部杀害,其初以机枪扫射,继即将各被害人驱入邻近茅屋内禁闭,再集薪油之类堆积茅屋四周放火燃烧,致被害人一部分系被烧死者。在枪杀群内,有电厂木工二人,虽已中枪而未致命,待敌兵离去,仍得逃回和记厂内,而得更生。至电厂退出中途失散之二人,其中一人避在友人之家未被害,尚有一人则独自向下游行走,在老虎山江边遇敌兵亦被枪杀。故发电厂全部员工五十一人中,除工人六人及副工程师一人得

---

① George A. Fitch, diaries, p. 16, Folder 202, Box 9, RG 11, Special Collection, Yale Divinity School Library. A similar description with more details was mentioned in American Vice Consul James Espy in his report "The Conditions at Nanking, January 1938", January 25, 1938, pp. 6-7, Department of State File No. 793.94/12674, Microfilm set M976, Roll 51, General Records of the Department of State, Record Group 59, the National Archives II.

免于难外，其余许江生等四十四人全体殉难于是役。①

日军还在城市其他地区抓捕了很多人，将他们押往煤炭港处决。1945年10月9日，汤有才在给南京市政府的呈文中说，1937年，他的儿子汤良江25岁，是一名邮局职员，12月14日那天，他被日本人用卡车从双龙巷邮局运到煤炭港，与许多中国军人和平民在那里被机枪扫射杀害②。

1937年，潘开明是一个20岁的体力劳动者，白天做理发师，晚上拉人力车。在日本人进入南京之前，他和弟弟与姑妈一起搬到了难民区附近的一个住所。

>就在日军进城的第二天，他们闯进我家，不问三七二十一，把我抓走，拖到华侨招待所，关了一天。到第三天下午两点多钟，他们用绳子把我捆起来，和三百多个人一起，押到下关煤炭港。押走时，为了防止我们逃跑，叫我们走在马路中间，日军在两旁监押，相隔约一米左右。大约快到四点时，到了煤炭港，他们把人集中起来，用机枪扫射。在日军扫射的时候，我眼冒金花，突然昏过去了。后来，死尸把我压在底下，直到晚上九十点钟时，我才醒过来。③

此后他发现还有几个人在屠杀中幸存下来。这些幸存者帮他解开绳子，他才得以回到姑妈和弟弟的身旁。

刘喜权住在宝塔桥附近东家巷493号，他回忆起他在父亲遇害的煤炭港附近看到的情景：

---

① 《陆法曾陈述日军集体屠杀首都电厂职工的结文（1945年10月25日）》，收录于《1937.12.13——侵华日军南京大屠杀档案》，第123页。
② 汤有才：《汤有才为其子汤良江等在煤炭港被日军集体屠杀致南京市政府呈文（1945年10月9日）》，收录于《1937.12.13——侵华日军南京大屠杀档案》，第121页。
③ 《潘开明证言》，蒋琳调查记录，收录于《1937.12.13——侵华日军南京大屠杀史料》，第407页。

我记得在1938年元月底或2月初左右的一天上午，大约在十点钟左右，当时天气很冷，正下着小雪，我和奶奶刘姚氏在家听到外面有机枪声音。枪声停了以后，我奶奶带着我到外面去找我父亲。因前几天我父亲刘城坤，被日本兵抓走，我和奶奶到处找也没有找到。在下关煤炭港，我亲眼看到煤炭港到处都是死人，满地都是血。就在当天上午十点多钟到下午这段时间里，我看到有手臂套红卍字会袖章的不少人在收尸，四个人抬一个尸体，往大坑里堆。坑是卍字会收尸的人挖的。

我父亲被日本兵抓去后，在南京下关煤炭港一带被日本兵杀死，是我叔叔亲眼看到的。我叔叔逃回来后对我奶奶讲时，我在场听到了这一噩耗。①

据估计，在煤炭港周围有3000多人被屠杀。

中山码头附近的大屠杀

中山码头是南京主要的客运码头，位于中山北路西端、煤炭港上游一英里多的地方。在江边修建码头设施的历史可以追溯到1700多年前的西晋。中山码头所在地的轮渡设施于1910年建成，当时津浦铁路建成后，需要一个横跨长江的铁路轮渡来连接津浦铁路和南京至上海的铁路。1925年3月12日，孙中山在北京逝世，他生前希望安葬在南京紫金山麓。为了举行国葬，建造了一座新码头，并于1928年8月8日竣工。1929年5月28日，孙中山的灵柩由渡轮抵达码头，穿过南京城，前往位于东郊紫金山的陵墓。灵车经过的码头、街道和东城门因此更名为中山码头、中山北路、中山路、中山东路和中山门，但码头直到1936年3月15日才正式更名。然而，在南京沦陷后，日本人将中山码头及其附近地区变成了另一个大规模的屠杀场所。

---

① 《刘喜权证言》，吴大兴、章步锦、朱玉静调查记录，收录于《侵华日军南京大屠杀幸存者证言集》，第25—26页。

1937年12月，36岁的梁廷芳和26岁的白增荣都在中国军队的第三收容所中服役，地点在南京南部的中华门内。梁是担架队队长，白是护士长。1946年10月7日，他们向国防部军事法庭作证，详细讲述了他们作为中山码头大屠杀幸存者的经历。

当日本军队即将进城时，两人协助将50多名中国伤兵转移到外交部，那里有一家由美国传教士建立的红十字会医院。随后，两人和其他三名战友换上便装，藏身于难民区内鼓楼五条巷5号的一处住宅。12月16日，临近中午时分，七八个全副武装的日本兵突然来到该住宅，并示意那里的五个人出来跟着他们走。他们被赶到华侨招待所后面的一块大空地上，见到已有几百人坐在那里，日本兵让他们在人群旁边坐下。

> 继之陆续由日军从各方驱来平民多名，大空场人已满，复送入对面两大空院中时，人多容纳不下，即由日军带走一部，去向不知。计由余等到时约十二点钟起至日落后约五时止，捕捉人数除带走之外，以所占面积计约在五千人以上。被［彼］时天已渐黑，即由日军指令，以四人一列依次向下关方向而行。到达下关已六时多，即将余等置于中山码头沿江人行道上，被（彼）时凡以为渡江做工，初不料其施行，此空前绝后惨无人道之大屠杀也。少顷，即有大卡车二辆满载麻绳驰至，复有新式汽车一辆到达，下车似一高级长官，即有多数带刀者趋向前向其敬礼，聆训语毕，该带刀之人即令其士兵分取麻绳一同向东西分散，同时在路当中每数十步放置机枪一挺。约十分钟后即听到步枪声响时，在午后七时光景大屠杀开始矣。枪声离余等坐处约一千公尺，东西连续放射各五枪，则停一二分钟继之又响。但机枪则未用，因天黑看不见机枪，恐枪杀不彻底也。屠杀至三小时，东边余等看清有十余日军正在捆人，五人执行屠杀，状至极惨。（时为旧历十一月十四日，月亮上升，故能看一二百码远。）增荣语云："如其令被［彼］等屠杀，曷若投江一死。"廷芳则以为总是一死，两个即携手投入江中，自料必毙身鱼腹，乃江边

水浅，深及大腿，一跳不死，则不愿再往深处。万恶的日军见余等投入江中尚不肯饶，即以机枪向江中扫射，唯恐留下活口作今日对证也。廷芳伏水中忽由右侧射来一弹，由后肩窝穿入前肩窝而出，增荣幸未伤及。①

日军离开后，两人于12月23日回到了他们在鼓楼五条巷的住所，没有经历更多危险与艰辛。

刘永兴，一个24岁的裁缝，和军队没有任何联系，与梁廷芳和白增荣一样，在中山码头的大规模处决中幸存。1937年12月12日，刘永兴一家五口搬到难民区。12月16日下午3点左右，日本兵闯入他在大方巷14号的住所，向他和他的弟弟挥手，示意他们跟上。出门后，一名翻译告诉他们，要去中山码头，帮助搬运从东京运来的货物。他们发现，在同一时间，他们附近的30多个居民也被叫出来。他们先被带到一个大的空地上，那里坐满了人。黄昏时分，日本兵要求他们排成6至8人纵队，向中山码头行进。

> 我和弟弟走在平民队伍的前头，看到一小队拿着枪的日军走在最前面，接着是三十多个被俘的国民党军警，后面才是被抓来的平民百姓。队伍的两旁有日军押着，还用马驮着三十几挺机枪，队伍的最后是骑马的日军军官。一路上，我们看到路两旁有不少的男女尸体，大部分是平民百姓，也有一部分是中央军。
>
> 到了下关中山码头江边，我发现日军共抓了好几千人。日军叫我们坐在江边，周围架起了机枪。我感到情况不妙，可能要搞屠杀。我心想，与其被日军打死，还不如跳江寻死，就和旁边的人商量一起跳江。日军在后边绑人以后，就用机枪开始扫射。这时，天已黑了，月亮也出来了，许多人纷纷往江里跳，我和弟弟也跳到了江里。日军急了，除继续用机枪扫射外，又往江里投手榴弹。跳江的人，有的被炸死了，有的被炸得

---

① 梁廷芳、白增荣：《日军进占南京时大屠杀之实际情形证明书（1946年10月7日）》，收录于《1937.12.13——侵华日军南京大屠杀档案》，第107—108页。

遍体鳞伤，惨叫声、呼号声，响成一片。一阵混乱之后，我和弟弟散失了，以后再也没有找到。我随水漂流到军舰边，后来又被波浪冲回到岸边。我伏在尸体上，吓得不敢动弹。突然，一颗子弹从我背上飞过，擦破了我的棉袍。猛烈的机枪声，把我耳朵震聋了，至今还没有好。机枪扫射以后，日军又向尸体上浇上汽油，纵火焚烧，企图毁尸灭迹。夜里，日军在江边守夜，看见江边漂浮的尸体就用刺刀乱戳。我离岸较远，刺刀够不着，才免一死。

天快亮时，我从江里爬上岸来，看到侥幸活下来的人不足十人，岸边的人，一个个被烧得焦头烂额，惨不忍睹。①

另一位居民徐进在1946年1月26日的请愿书中描述了他在中山码头附近的幸存经历，但与刘永兴经历的大屠杀不尽相同：

为报告身经南京日寇大屠杀事：窃民前居住难民区内鼓楼三条巷三号楼上，二十六年十二月十六日下午约二时左右，有持枪日军数名侵入室内，令窃民及全屋居民凡男子均须到大门外站队，挑剔年轻者另站入青年大队。该队系由居住鼓楼、大方巷、五条巷、挹华里、四条巷、聚槐村、三条巷、合兴里等处青年顺序组成，共千余人。由持枪日军二十余人监督前进，经过聚槐村、云南路、阴阳营、宁海路、山西路，沿中山北路出挹江门，过中山桥到中山码头，向右转弯沿江边马路约距中山码头五百公尺处，突令站住，由押队日军二十余人，将事前准备的草绳，将全体同胞两手背绑。是时午后五时左右，队前部忽然一片悲哀凄惨的哭声震起，接着机关枪、步枪一阵紧似一阵，这时日寇逼迫每四人为一组向江中跳。……窃民排在队尾，下江时天已大黑，江边已填满，只好伏在尸堆上，枪弹如雨点般落在无辜同胞的身上，射击究竟有多少时候

---

① 《刘永兴证言》，陈小敏、汤云龙调查记录，收录于《1937.12.13——侵华日军南京大屠杀史料》，第409—410页。

已不知道。其时已骇晕了,惟心中尚明白身上未曾中弹,直至火笠帽(汽油烧在军人遗下的笠帽上)投到身上,才惊醒过来,赶快钻入尸堆中。此时全身皆浸蚀在水中,寒风吹来冷彻骨髓,突闻岸上枪声连发数响,系未死者上岸,被看守日寇打死。此时离窃民不远,有二三人低声讲话,窃民爬去替他们将绳子解开,始知有一人未中枪,一姓窦者住聚槐村六号中三枪,另一人中一枪,然皆未中要害,仍伏在尸上。直至次日(十七日)天色将晓,大雾弥江,日寇见一夜无事,早跑开原防[地]烧火取暖。四人乘此良机上岸,爬过马路,经过一块空地,跑入英人房屋,与看房子中国老者相商,暂时留住。次日(十八日)窃民与另一未中枪者进城,刚到热河路口,被日寇拉夫,挑东西送到海军部,被拉夫者除二人外,尚有夫子四人,皆系乡村人模样,送进海军部,其余五人即被枪毙,仅留窃民一人服劳役,约一星期后装病被放回。①

尚德义,23 岁,1937 年在南京做零售生意,是中山码头大屠杀的另一位幸存者。战后,他于 1946 年 4 月 7 日为远东国际军事法庭提供了一份书面证词。内容如下:

> 1937 年,我住在上海路华新巷 1 号(在难民区)。同年 12 月 16 日上午 11 点左右,我被(估计是中岛部队的)日本兵抓捕。同时被抓的还有我原来在嘉善机场站任秘书的哥哥德仁,原本从事丝绸贸易的我的堂弟德金,以及另外五个我不知道姓名的邻居。我们每两个人的手被一根绳子紧紧绑在一起,然后被送到长江边的下关。那里有 1000 多名男性平民,被命令坐下来,面对着我们面前约 40 或 50 码的十多挺机枪。我们在那里坐了一个多小时。大约 4 点钟,一个日军军官乘汽车来,命令日本兵开始用机枪扫射我们。

---

① 徐进:《徐进为日军在中山码头集体屠杀青年致蒋介石呈文(1946 年 1 月 26 日)》,收录于《1937.12.13——侵华日军南京大屠杀档案》,第 104—105 页。

开枪前，命令我们站起来。就在射击开始之前，我瘫倒在地上，马上就被尸体覆盖，晕了过去。

大约晚上9点以后，我从尸体堆里爬出来，设法逃出来，回到自己家。①

下关地区的大屠杀

下关是南京市城墙外西北部的滨江地区。"下关"一词的字面意思是"下海关"。1368年，明朝在龙江桥和鲜鱼巷设立了一个当时被称为龙江关的机构，对货物和船只征税。1429年，又在龙江关上游约五英里处的上新河江边设立了另一个海关。在清朝，当地人称上新河关为"上海关"或"上关"，称龙江关为"下海关"或"下关"，此叫法是由于它们的相对位置，也是该地称为"下关"的由来。

在日军攻占南京后的几个星期，下关地区发生了多起大屠杀事件。事实上，大多数大规模屠杀都发生在这里。然而，除了前几节讨论的大规模处决外，日军还在下关进行了多次小规模的屠杀。

1937年，郭学根36岁，他是当地的居民，他的家人自1900年以来一直住在石梁柱的江边。1937年12月15日，他被日本人抓走，日本人要他弄草喂马。当天，他在日本兵的押送下，从石梁柱到中山码头，看到沿途石梁柱、唐山路、南通路一带都遍布着尸体。12月16日上午，他在中山码头对面的发电厂喂马，见到"日军用卡车运来六车被俘军民。日军将这几百人分四路纵队一字沿江边排好，日军头目一声令下，步枪、机枪一齐开火，靠近江边同胞纷纷中弹倒入江中，有的还在江中挣扎呼喊，日军又朝江中扔手榴弹，顿时江水血红，江面上漂浮许多尸体。日军扫射停止后，又用刺刀对

---

① Shang Teh Yi, "Written Testimony", April 7, 1946, Document No. 1735, Exhibit No. 206, Microfilm Set T918, Roll 12, Court Papers, Journal, Exhibit, and Judgment of the International Military Tribunal for the Far East, Record Group 238, National Archives II.

着没倒入江中的尸体乱刺"①。

郭学根的描述得到了其他人的证实。张世荣在证言中说:

> 12月18日上午八时,日军又押着我们到四号码头干活。当时我看到运来五六车被日军捆绑着的中国人,每部汽车上大约百人左右。日本兵叫他们六人一排站在江边,然后用机枪和步枪射杀,尸体全部扔进江中。
>
> 12月19日,在四号码头干活时,我们又看到装来五六车中国人,日军叫他们站在码头上,然后用刀杀一个,推一个到江里。当中国人被推到江里,等人冒出水面时,日军就开枪射击,这样的惨情连续了近半个月,这些都是我亲眼所见的。②

1937年9月,为了躲避战乱,施赓云的家人从上海搬到了南京,但战争却紧紧地跟随着这个家庭。12月15日,在安全区避难时,他的父亲、弟弟和他本人与其他一些人一起被日本人抓捕。他们被装上卡车,送到下关江边。他的父亲和弟弟在集体处决中被杀害,而他在忍受了两天的寒冷和饥饿后,在大屠杀中幸存了下来③。1945年12月11日,戴张氏在一份证词中说:"于民国二十六年农历十一月十四日,即国历十二月十六日,有敌寇在鼓楼二条巷难民区内,硬将民夫戴光玮拉去,押上卡车送至下关,无故用机关枪扫射害毙。"④

1937年,殷南冈49岁,是红十字会的工作人员。日军进入南京后,他在南京城内及周边地区四处奔波,收敛尸体埋葬。他在1945年11月25日

---

① 《郭学根证言》,郭永柱调查记录,收录于《侵华日军南京大屠杀幸存者证言集》,第52—53页。
② 《张世荣证言》,收录于《侵华日军南京大屠杀幸存者证言集》,第55页。
③ 施赓云:《施赓云为亲属被日军屠杀致国民政府委员钮永健呈文(1946年2月14日)》,收录于《1937.12.13——侵华日军南京大屠杀档案》,第113页。
④ 戴张氏:《戴张氏陈述其夫戴光玮在下关被日军枪杀的结文(1945年12月11日)》,收录于《1937.12.13——侵华日军南京大屠杀档案》,第111页。

签署的宣誓书中说:"余二十六年服务世界红卍字会,十一月十七日由山西路赴下关宝塔桥,于龙江桥口,窥见敌寇将我未曾渡江之军人及当地居民,集中马路空地,绑扎后推于空地之上,首先以机枪射杀,更纵火烧毙,未死者又以刺刀刺杀连续刺毙。"[1]

1937年,胡春庭已七十高龄。在1945年12月1日的一份宣誓书中,他描述了在离下关江边不远的南通路以北的麦田里看到的情景:

于民国二十六年十一月十六日,亲见日本军人将我国军人及难民等约三百余名,集合在南通路之北麦地内,用机枪射杀,无一生还,将死尸抛弃麦地内。余联合有力难民,就地掘土埋葬后,有日本人挑土填垫海运码头,致将所埋尸骨痕迹毁灭无余。[2]

1937年,时年63岁的红十字会工作人员姜鑫顺参与了在下关地区收敛掩埋尸体的工作。他在一份宣誓书中作证说,从1937年12月15日至18日的四天内,他们在下关九甲圩江边收殓了500多具尸体。其中大部分是中国军人的尸体,这些尸体被运到仁丹山和姜家园的南面埋葬[3]。

柏鸿恩是下关一次较小规模的集体处决的幸存者。1937年,他是工人,在下关码头附近打零工。日军到达下关后,他和其他150个人一起,被日本兵抓到英国人经营的扬子饭店对面。他们被强行排成一行,然后日本兵用机枪扫射,用刺刀捅。在左耳被一颗子弹击中后,柏鸿恩伴装死去,借此幸存了下来,尽管他的那只耳朵永远失去了听力[4]。

---

[1] 殷南冈:《殷南冈陈述日军在龙江桥江口集体屠杀军民的结文(1945年11月25日)》,收录于《1937.12.13——侵华日军南京大屠杀档案》,第142—143页。

[2] 胡春庭:《胡春庭陈述日军在下关南通路集体屠杀难民的结文(1945年12月1日)》,收录于《1937.12.13——侵华日军南京大屠杀档案》,第149页。

[3] 姜鑫顺:《姜鑫顺陈述日军在下关九甲圩江边集体屠杀的结文(1945年12月1日)》,收录于《1937.12.13——侵华日军南京大屠杀档案》,第143页。

[4] 《南京市临时参议会关于南京大屠杀调查的报告(1946年)》,收录于《1937.12.13——侵华日军南京大屠杀档案》,第581页。

1937年，24岁的张秀英是下关地区的居民，住在宝善街。她作证说：

> 1937年12月，我家住在宝善街中段。日本兵进南京城以后的一天早晨，我看见日军将几百名被俘的中国士兵赶到下关中山桥下面的一段路边上，逼他们跪在地上，然后日军用机枪向他们扫射。当时许多被俘士兵喊叫声一片，结果都被射死。后这些被害者尸体由慈善团体送至下关九家圩空地上挖坑掩埋了。[①]

美国传教士约翰·吉利斯比·麦琪（John Gillespie Magee, 1884—1953）拍摄了不少暴行案例，其中也包括幸存者的经历。他在影片第十部分的第一个案例中，通过一位幸存者的叙述，再现了下关地区发生的情况：

> 这段影片显示，南京湖北路60号一家小店的店主名叫陈清河（Ch'en Ching-ho），42岁，与16岁姓刘的男孩站在一起，1937年12月14日，他与刘一起从行刑队的枪弹下逃脱出来。（关于这个男孩的经历，见影片第八部分第三个案例）
>
> 12月11日，陈和妻子与6个孩子一道去了安全区，住在宁海路7号。12月14日下午4点，他被日本兵从这所房屋里抓走，并被迫与103名中国人一起去下关。他注意到途中的其他几批俘虏。在他的队伍中，有三名佛教徒，7到8个孩子，以及一些60岁以上的男子。在他前面的一批有30多名南京的警察，6名身穿绿色制服的邮政人员。在下关转入热河路之前，他注意到中山桥附近有300多名中国人，他们的手被绑在身后。他这批人被押送到和记洋行附近，接着又被押回到上海—南京铁路附近的劳工阶层居住区四所村。他们被分成两队，面朝不同方向。第一个被杀的是离他很近的一个高个子，他的双手被自己的腰带绑住，然后被推

[①] 《张秀英证言》，陈平稳据其口述整理，收录于《侵华日军南京大屠杀幸存者证言集》，第351页。

倒，用一把大刀斩首，这把刀一边是锋利的刀刃，另一边是锯齿。陈看到这个人被杀，在没有被察觉的情况下溜到另一队，这个队的成员已经被绑住了胳膊；因此陈逃脱了被绑的命运。他站在男孩刘的后面几排。在此期间，男孩一直在用牙齿咬他手腕上的绳结，最后终于把他的双手松开。当他们前面的人被手枪和步枪逐一枪杀之际，这两个人成功地溜进了铁路堤坝上的一个小防空洞。此刻9点钟，是个多云的夜晚，所以月亮不是很亮；否则他们不可能逃出来。①

赵世发，国军第八十八师的一名25岁的士兵，在下关的长江边险些被屠杀。他和战友们躲在宝塔桥附近的一个茅草屋里，并在日本人到来时设法换上了便衣。1937年12月15日上午，当红卍字会建议附近的人们出来"迎接"日军时，七八个日本兵在人群中转悠，挑出20多岁的人，然后将500多名被挑出的解除武装的中国士兵和平民排成四列纵队，向江边行进。由于怀疑日军会杀他们，赵世发抓住机会，悄悄溜进一条小巷，再跑到离行进的队伍30米、离江边400米的一间破旧的泥土房屋里躲藏起来。他可以从泥墙的缝隙中看到行进队伍的情况。队伍走后五分钟，重机枪开始扫射。第二天早上，红卍字会将他招募为掩埋队的成员②。

他发现，队伍途经的江边上到处都是尸体。在下游河口的岸边，躺着大约500名被机枪打死的受害者的尸体。成堆的尸体一直延伸到水边，有些尸体已经被冲走。他把眼前的景象与他所听到的机枪声结合起来，推测一定另有一支日军部队架着重机枪做好准备在那里等候，并且一定在第一批中国人刚到就将他们射杀。他想知道跟在后面的受害者是否被人用刺刀逼迫着到前面的人倒下的地方。

---

① John G. Magee, Case 1, Film 10, Folder 7, Box 263, Record Group 8, Special Collection, Yale Divinity School Library.

② Katsuichi Honda, *The Nanjing Massacre*, p. 226.

大屠杀现场附近到处都有实际上是当地居民修建的防空洞，防空洞里也堆满了尸体，有成人也有孩子，但他们是被刺刀捅死的，而不是被机枪杀害的。在某些情况下，木板或泥土被扔在他们身上。

赵和组成临时掩埋队的十多个人决定挖一条壕沟，把所有的尸体埋在里面。壕沟与长江平行，约1米宽，1.5米深，100米长。掩埋所有人花了一整天。

第二天，赵和另外三个人继续在屠杀现场附近收殓散落的尸体，并把它们拉去埋葬[①]。

从赵的描述来看，他逃脱的大屠杀似乎与本节之前介绍的大规模处决都不同。这也说明，日军入城后立即放纵部队大规模屠杀，下关地区的生命损失是巨大的。

根据几个慈善组织所做的掩埋统计，南京市政府于1985年8月在挹江门附近竖起了一座纪念碑，以纪念在挹江门附近被杀害的几千名遇难者。纪念碑上的碑文部分内容如下："挹江门附近是侵华日军南京大屠杀中我遇难同胞尸骨丛葬地之一。从一九三七年十二月至一九三八年五月，南京崇善堂红卍字会等慈善团体先后六批，共收死难者遗骸五千一百多具，埋葬于挹江门东城根及其附近之姜家园石榴园等地。"[②]

三汊河周围的大屠杀

三汊河地区位于下关以南、中山码头上游约1.5英里处，是秦淮河和清江河汇入长江的地方。因位于三河汇聚之处，因此被称为"三汊河"。在明朝初期，龙江宝船厂就坐落在这个地区。1405年至1433年，郑和在这里建造了巨大的远洋船，他曾七次出海，最远到达非洲的西海岸。

[①] Katsuichi Honda, *The Nanjing Massacre*, pp.178-179.
[②] 段月萍：《侵华日军南京大屠杀遗址纪念碑》，引自《抗日战争研究》第四卷（1994），第93页。

南京沦陷后，日军步步紧逼，大批中国军人来到三汊河及其附近地区，他们有的希望找到船只渡江北上，有的试图逃往西南方向。1937年12月13日上午，日军到达那里，围捕了数以千计的中国军人，并大规模地处决了他们。

骆中洋，生于1920年，广东惠州人，1936年参军，在第一五六师四四六旅第九三一团服役。1937年8月，战争在上海爆发后，他所在的第一五六师从广州调往上海，参战两个多月，11月中旬西撤保卫南京。他的部队在南京以东的麒麟门占领阵地作战，然后于12月8日撤入南京城。12月12日晚，南京沦陷在即，他和战友们在南京西北城门兴中门借助消防车的水管翻越城墙，来到下关江边。他们在江边徘徊，试图在不同的地点，包括宝塔桥和燕子矶渡江，但没有找到送他们的船只。每个地方都挤满了绝望的军人和平民难民。他们转而向南，朝上新河走，寻找逃生通道，但也没有成功。于是他们向水西门地区走去，到了以后却发现约1000名投降的中国士兵跪在那里，被日本兵包围着。他们躲在附近的一所房屋中，观察这群人的情况，他们觉得日军没有杀人意图后便出来投降。和其他人一样，他们被逼着跪下，越来越多投降的士兵和其他被拘押的人加入他们的行列，最后人数达到了七八千[①]。

最后，他们得到命令离开。他们在日本兵的包围下前进，但没有被捆绑，也没有受到其他限制。经过30至60分钟的步行，他们到达了三汊河，这是秦淮河注入长江的部分的名称。因为是冬天，河里没有多少水，虽然长江有100米宽，但三汊河还不到一半。岸边有一大片空地，一边是河，另一边是一排泥砖房。当俘虏们在那里集合时，骆中洋可以看到很多日本兵和中岛部队的旗帜。

[①] Katsuichi Honda, *The Nanjing Massacre*, pp. 227-229；《骆中洋证言》，段月萍据1987年骆中洋来信整理，收录于《侵华日军南京大屠杀幸存者证言集》，第37—38页。

另有一千人从其他地方被带过来，使俘虏总数超过一万人。①

这时大约是12月13日早上8点或9点。一个日本兵通过翻译问俘虏们为什么要抵抗皇军，以及他们希望如何被杀死。燃烧弹？汽油？机关枪？还是刺刀？

然而，日本人似乎已经决定用刺刀杀死他们。他们使用国军制服一部分的绑腿布，将俘虏的双手绑在背后，十人一组以"珠链式"连接在一起。由于没有足够的日本兵来处理这么一大群人，中国俘虏被迫互相捆绑。可以听到"救命"的呼喊伴随着抽泣和喊叫声。有几个人试图逃跑，但他们被立即枪杀。

……最初的十个人被带到前面，要他们站在堤坝上，仍然连接在一起。突然，一排日本士兵冲上前去，在他们的背后捅了一刀。由于俘虏被绑在一起，他们全体一下子向前倒下，士兵们在把他们扔进水里之前又捅了他们一刀。

然而，日本人已经意识到，把一万个人绑在一起太麻烦了，所以只有前几组被绑在一起，而其他的人只是被押到离水边越来越近的地方。一次押10组，每组10人，即100人，到前面，在岸边排成一行，由同样数量的日本兵从后面捅刺靠近心脏的部位。然后，他们向前翻滚落入水中。

人群中几乎每个人都在抽泣或喊叫，但骆中洋冷静地观察着周围的环境，想知道是否有什么办法可以逃脱。由于他离水边很近，很快就会轮到他，所以他的首要任务是一点一点地往后挪。在这个阶段，有几个人曾试图跑出那个空地或爬上其中一座房屋的屋顶，但他们都被枪杀了。

这的确是"流水线式的谋杀"，但由于人数众多，持续的时间很长，一队接着一队的日本兵轮流用刺刀捅。在这段时间里，骆中洋设法往后面

---

① Honda Katsuichi, *The Nanjing Massacre*: *A Japanese Journalist Confronting Japan's National Shame*, p. 229.

溜到那排泥砖房附近。他和另外两个碰巧离他很近的中国人合作，在其中一间房子的墙上打了一个洞，在芦苇上覆盖泥巴建起的墙壁上打洞，这并不是件难事。把洞口拓宽到勉强能让一个人通过之后，他们一个一个地爬了进去，骆中洋殿后。他们周围的其他当过兵的人是如此心烦意乱和困惑，也紧紧地挤在一起，显然他们都没有注意到。此刻已是下午两三点了。①

大屠杀在天黑后结束，骆中洋设法溜了出来，并从一个红卍字会的工作人员那里获得了一张难民证，进入了难民区。然而，他的危险并没有结束：

> 即使在难民区，没有难民证的年轻人也不断被抓走杀害。沦陷后约两个月，在中山桥附近，骆中洋被拦住检查。这一次，日本人不相信他的难民证，他们把他和其他几百个身份可疑的人关在一起。他们在广场上放了一张桌子，让每个人都站在上面，并问人群："这里有这个人的家人或亲戚吗？"这是一种示众辨认身份，当然，来自广东的骆中洋在南京没有亲属。
>
> 但是，轮到他站在桌子上时，有两个年约六十的人站出来。他们说："他是我们家的。"有两个完全陌生的人为他说话，就像被佛祖从地狱里拯救出来一样。②

与骆中洋的情况不同，徐吉庆是南京本地人，1937年时，他24岁，住在山西路。当日军进城时，他们一家人与其他2000多人一起，在位于大方巷与中山北路交汇处的华侨招待所的难民营避难。1937年12月中旬的一天，难民营来了几个日军官兵，通过翻译告诉他们："现在皇军用卡车送你们回

---

① Honda Katsuichi, *The Nanjing Massacre: A Japanese Journalist Confronting Japan's National Shame*, pp. 230-232.

② Honda Katsuichi, *The Nanjing Massacre: A Japanese Journalist Confronting Japan's National Shame*, pp. 235-236.

家！"后来他们用 20 辆卡车把人运走，每辆卡车上大约有 40 人。后来得知，他们被带到下关的三汊河畔枪杀。第二天早上，同一批日本人又来了，把剩下的人装进 20 辆卡车，每辆卡车上面都有一挺机枪。徐吉庆在第四辆卡车上。他们被送到新街口中央银行的一座大院里。日本人问他们是否愿意为日军干活，如果愿意，他们可以留下来；如果不愿意，就送他们回难民营，第二天日军回来找他们谈话。没有人愿意留下来，因此他们被送回难民营[1]。

> 第三天早上，大约才七点钟，他们真的又来了，把我们一千多人，分别用绳子捆好，六个人拴在一起，押上二十辆汽车，车上仍架着机关枪，一直开到三汊河才停下来。我一看不好，四周全是机关枪。我们六个人一排站着。当时我站在后边，又靠河边。机枪一响，我就倒了下来，其实我没中弹。夜里十二点，日军还没走，他们怕有活着的，又用刺刀给每人补刀。我是在尸体下面，没被刺到。夜里一点多钟，我听日本兵说："统统死啦死啦的！"他们走了，我慢慢地抬起头来，同时尸体里也有三个人抬起头来。我们一同爬出尸体堆，浑身上下全是血，我的鼻子也流血了，大概是由于紧张害怕的缘故。我们爬到河边洗掉血，很艰难地逃了出来。[2]

1937 年时，龚玉昆 17 岁，在位于三汊河地区的长江面粉厂看大门，目睹了日军在那里的暴行，他说从三汊河到水西门，到处都散落着尸体。"日本兵进城第三天，我亲眼看见日军在三汊河抓到早已解除武装的中国兵一百多人，叫他们排成一字队形，被日本兵一个个地捅死，真是惨不忍睹。"[3]

张世荣表示，1937 年 12 月 25 日，他在日本兵的押送下，运送木材，经过该地区时，看到"三汊河到汉中门沿河两岸有尸体八九千人，一个多月

---

[1] 《徐吉庆证言》，沈珍昌等调查记录，《1937.12.13——侵华日军南京大屠杀史料》，第412—413页。

[2] 《徐吉庆证言》，沈珍昌等调查记录，收录于《1937.12.13——侵华日军南京大屠杀史料》，第413页。

[3] 《龚玉昆证言》，李文奎、刘雯、冯中美调查记录，收录于《1937.12.13——侵华日军南京大屠杀史料》，第431页。

后,才挖了一个大坑将尸体掩埋"①。毕正清在 1945 年 11 月 29 日签署的一份宣誓书中说,他在三汊河"目睹河岸死尸约四五百名"②,他还组织难民从三汊河和附近的空房子里收敛了 400 多具尸体,并于 1937 年 12 月 26 日将它们埋葬③。此外,南京红十字会和红卍字会都记录了他们在三汊河地区的掩埋活动,从 1938 年 1 月 30 日至 4 月 19 日,这两个慈善组织共掩埋了 1830 具尸体④。

上新河地区的大屠杀

在南京上游约 8 英里处,名为梅子洲(现名江心洲)的岛屿将长江分成两条水道:一条为主航道,另一条为狭窄的水道。上新河镇,距三汊河上游约 3 英里,距水西门以西约 2.5 英里,坐落在那条狭窄的水道畔。1368 年,明王朝在南京建都。由于建设都城需要大量木材,来自湖北、安徽等上游省份的木材商人将木材漂流至此。为了方便进一步将木材运入南京,从江边向江东门方向开凿了一条长约 9 公里的运河。后来又在它的下游或北面开挖了两条运河。其中第一运河,由于其相对上游的位置,遂称上新河。木材生意吸引了大量的商人,他们将这个地区发展成一座颇具规模的繁华小镇。它的繁荣一直持续到 20 世纪初,其时铁路网的发展使木材经铁路运输更加便捷。

在南京保卫战的最后阶段,中国第五十一师和第五十八师在江边至水西门一带布防守卫阵地,展开了激烈的战斗。12 月 11 日,日军越过狭窄的水道,占领了上新河镇。当天下午,在日军第六师团从南面进攻过来的情况下,

---

① 《张世荣证言》,收录于《侵华日军南京大屠杀幸存者证言集》,第 55 页。
② 毕正清:《毕正清陈述日军在放生寺附近集体屠杀的结文(1945 年 11 月 29 日)》,收录于《1937.12.13——侵华日军南京大屠杀档案》,第 158 页。
③ 孙宅巍:《南京大屠杀》,北京:北京出版社 1997 年版,第 432 页。
④ 《世界红卍字会南京分会救济队掩埋组掩埋尸体具数统计表》,收录于《1937.12.13——侵华日军南京大屠杀档案》,第 458 页;《中国红十字会南京分会掩埋队第一队按月统计表》,收录于《1937.12.13——侵华日军南京大屠杀档案》,第 465—467 页。

中国的防线崩溃，大量未能通过中华门撤退的中国军人从雨花台逃到了这里。由于下关没有船只载撤退的军人渡江北上，而日军第十六师团也从北面压来，因此又有大量的中国军人逃到上新河地区。数以万计的中国军人被困在这里，遭日军屠戮。

1937年12月，杨勤洲14岁，他目睹了1000多名中国军人投降后被关在靠近狭窄水道的一座大仓库里：

> 1937年冬，日军来了。当时有一千左右的国民党败兵，打着白旗，被日军押到我们小江边的一个大仓库里。日军将这些人整好队后，对他们进行搜身，刺死了两人。把价值贵重的东西全部收去，搜身完毕后，又枪杀了八人。这时又来了几个日军，将那些败兵全部赶到棉花堤，架起两挺机枪，进行扫射，最后还架了很多干柴，并倒上汽油，将未被打死的人，全部点火烧死。①

相当数量的平民百姓被日本兵杀害。胡炳森于1945年12月12日提交了一份宣誓证书，其中写道，他62岁的祖父胡春华是一名木材商人，1937年12月13日下午2点左右，因为拒绝为日本兵找女人，其祖父在上新河镇的一条街道上被日本兵枪杀②。1937年12月11日下午，32岁的李学洪被上新河镇的日本兵从一家布料店中抓出来，与其他四五个人一起在路边被枪杀③。陈哲文在1946年2月11日的请愿书中描述了他父亲被日军刺伤的过程："民之亲父陈造瑞现年五十一岁，京混乱之际避居汉中门外上新河，民国二十六年冬被日军强送食米返后，集体以刺刀刺杀，幸当时未中要害，人苏醒后幸免于难，背后伤疤可证，其他十余同胞陈尸上新河路旁，惨不

---

① 《杨勤洲证言》，罗自成调查记录，收录于《侵华日军南京大屠杀幸存者证言集》，第17页。
② 胡炳森：《胡炳森陈述胡春华在上新河地区被日军枪杀的结文（1945年12月6日）》，收录于《1937.12.13——侵华日军南京大屠杀档案》，第131页。
③ 《李学洪被日军枪杀的调查表节录（1945年12月1日）》，收录于《1937.12.13——侵华日军南京大屠杀档案》，第132页。

忍睹。"①

1937年12月初，秦杰跟随家人到上新河避难，当时他还是个12岁的小学生。南京沦陷在即，日军逼近，一家人来到三汊河地区，希望能够渡江。因为有大量绝望的难民，但没有船只可用，所以当日军到达三汊河地区时，他们一家人在放生寺躲了一两天。在得知试图渡过长江的难民都被日本人枪杀后，他们一家人跟随其他难民返回了上新河。

> 这时，已非来时景象，沿途到处都是被日军杀害的尸体，有时我们还要从尸体上跨过。我们来时，因走不动，曾请求沿途人家留我们住下，未被允许。这时，这些人家的老小已陈尸满院。一路上，日军的刺刀直逼着我们这群难民，看到青壮年就随意开枪打死，或从难民中拖出来，用刺刀戳死。沿途还看到已被日军烧成焦黑色跪地姿势的尸体。江东桥已断，河水很浅，河底用尸体垫成一条路，上铺门板，我们都是从这上面走过的。门板两边，一边看到的是头，另一边看到的是脚。在江东门河边，还看到一具女尸，光着全身，已被河水泡得浮肿起来，乌鸦就停在尸体的脸上啄食眼球。一路景象惨不忍睹，我的祖母已是昏昏沉沉，从此得了精神病，几年后死去。
>
> 回到上新河镇，原来留在镇上看家护镇的四位留着白发的老人，都已被打死，倒在街头，我的父亲被一日本兵用枪抵着头，幸有同行难民和我母亲苦苦哀求，未被打死。跟我们同行的堂嫂，在众目睽睽之下被拖进屋内强奸。在上新河镇临时难民区，经常看到青年妇女被拖出强奸，并听到她们的悲惨呼救声②。

南京沦陷时，时年12岁的何玉峰正在上新河地区对面的沙洲圩避难，

---

① 陈哲文：《陈哲文为日军在上新河集体屠杀致石美瑜呈文（1946年2月11日）》，收录于《1937.12.13——侵华日军南京大屠杀档案》，第134页。

② 《秦杰证言》，刘相云根据其1993年10月来信整理，收录于《侵华日军南京大屠杀幸存者证言集》，第296页。

"目睹在长达五六千米的水西门至上新河这一段道路上，被日军杀害的人，真是尸横遍野"。他"记得经过'红卍字会'掩埋，在这一条道路上，每隔二三十公尺，就有一丘尸体堆"[1]。他的描述得到了金陵女子文理学院魏特琳的证实。1938年4月15日，魏特琳访问了红十字会的总部，获悉他们正在出于慈善目的，进行掩埋工作。她得知，在下关和上新河地区，生命的损失是巨大的[2]。红卍字会记录了其掩埋队在上新河地区收殓埋葬的尸体数量，进一步证实该地区惨重的生命损失：

上新河地区掩埋尸体数量一览表

掩埋地点	男	女	总数	日期	发现尸体地点
上新河黑桥	996	2	998	1938年1月10日	上新河地区
上新河太阳宫	457		457	2月8日	太阳宫周围
上新河二埂	850		850	2月9日	上新河二埂
上新河江东桥	1850		1850	2月9日	江东桥周围
上新河棉花堤	1860		1860	2月9日	上新河棉花堤
上新河中央监狱	328		328	2月14日	中央监狱内
上新河观音庵	81		81	2月15日	上新河观音庵
上新河凤凰街	244		244	2月16日	凤凰西街
上新河北河口	380		380	2月18日	北河口附近
上新河五福村	217		217	2月21日	五福村广播电台
上新河甘露寺	83		83	3月15日	上新河甘露寺
上新河贾家桑园	700		700	4月16日	上新河地区
上新河黑桥	57		57	5月20日	上新河河岸[3]

---

[1] 《何玉峰证言》，习守清、吴建野调查记录，收录于《侵华日军南京大屠杀幸存者证言集》，第17页。

[2] Minnie Vautrin, Diaries, April 15, 1938, Minnie Vautrin Papers, Disciples of Christ Historical Society Library.

[3] 该表格根据《世界红卍字会南京分会救济队掩埋组掩埋尸体具数统计表》，收录于《1937.12.13——侵华日军南京大屠杀档案》，第456—459中的数据整理。

从 1938 年 1 月 10 日至 5 月 20 日，仅红卍字会就在上新河地区收敛埋葬了 8457 具尸体，崇善堂声称在水西门至上新河河一带收敛掩埋了 18429 具尸体[①]。这使得总数达到 26886 人。

江东门与水西门周围的大屠杀

江东门位于上新河地区以东，在南京西南门水西门以西约两英里处，是南京外城的城门之一，建于明朝初年。由于该城门位于长江以东，因此被命名为"江东门"，字面意思是"江东之门"，20 世纪 30 年代，该城门已不复存在，只剩下一些遗迹，在其遗址上有一个被称为江东村的村庄。1930 年，国民政府在这里修建了中央陆军监狱。1937 年 12 月，日军攻占南京后，立即在监狱内及周边地区屠杀了大批被解除武装的中国军人和难民，受害者被埋在巨大的万人坑里。1985 年，南京大屠杀纪念馆在此建立，其中一个万人坑被挖掘出来，受害者的骨骸仍清晰可见，为该馆展览的一部分。

日本人在陆军监狱中关押了大量被俘的中国军人。1937 年 12 月 15 日下午，日本人在监狱外屠杀了他们。当年，刘修荣 16 岁，是住在监狱附近的农民。12 月 13 日天亮前，几个日本兵闯入他的住所，用刺刀刺进他睡的床，由于被子很厚，他的下腹部被划了两道浅浅的口子。当他痛苦地喊叫时，他的哥哥赶忙过来救他。日本兵抓住他哥哥，把他带到房屋的大门口，然后用刺刀把他捅死。几天后，"我看见日本兵把国民党军俘虏集中在陆军监狱（就在我家附近）到大茶亭之间约二里长的距离内，用刺刀捅，用机枪扫，整整杀了一天，尸体成堆，只有极少数人死里逃生。我还看见曾被日本飞机炸断的江东门旧桥，已被日军用中国平民的尸体堆结起来，上铺木板，当桥

---

① 《南京市崇善堂掩埋工作一览表》，收录于《1937.12.13——侵华日军南京大屠杀档案》，第 447 页。

行走"①。

当时23岁的农民邱荣贵的叙述进一步证实了刘修荣的证词。12月15日，日本人强迫邱荣贵和一个和尚剥掉在附近村庄劫杀的两头猪的皮。由于和尚的袈裟袖子又大又宽松，不方便剥皮，一名日本兵就向他开枪，把他扔进池塘淹死。邱荣贵独自剥好两头猪的皮后，日本人让他把猪抬到江东门。到了江东门，他"看见有一千多名难民被日军从监狱里绑出来，从江东桥头一直排到凤凰街，每隔几步就有一个日军，他们手持刀枪，只听日军军官一声嚎叫，日军就用刺刀往这些无辜的中国难民身上乱刺，上千名中国人倒在血泊之中。随后这些人都被拉到江东门河中去铺一个由死人垒起的'桥'"②。

1937年，刘世海26岁，是中国第八十七师的一名士兵，他在江东门军事监狱的一次较小规模的屠杀中幸存。在南京保卫战的最后阶段，他的部队在南京南门——中华门外的雨花台防守。接到撤退命令后，部队崩溃，接着是混乱的逃亡，刘世海跟着人群向下关走去，那里没有船只可供渡江。然后他试图通过三汊河地区向南，往芜湖方向走，因为他原本是安徽人③。

> 刘与其他四五十个到安徽去的人会合。他们沿着三汊河走到江东门，打算去芜湖。一路上，他们看到大量的尸体，不仅有士兵，还有老人和儿童。有一次，他们看到七具尸体，包括两名妇女，被用铁丝穿透锁骨绑在一起，一具尸体的两个鼻孔里都塞着一颗没有用过的子弹。所有这些人似乎都是被刺刀捅死的。
>
> 当他们到达江东门时，他们在监狱看守级别最低的牢房前遇到了几个日本兵。刘和其他被释放的俘虏按照在下关时的指示，出示了他们的

---

① 《刘修荣证言》，吴传铭、刘兴林、何炼生等调查记录，收录于《1937.12.13——侵华日军南京大屠杀史料》，第421页。

② 《邱荣贵证言》，滕桂珍、滕桂芝、钟金华、朱春香调查记录，收录于《侵华日军南京大屠杀幸存者证言集》，第15页。

③ 《刘世海证言》，段月萍调查记录，收录于《1937.12.13——侵华日军南京大屠杀史料》，第401—402页。

白旗，并说："我们是投降的士兵，被释放了。"

  但这些日本兵毫不客气地把每个人都抓起来，并立即将他们押到监狱东边的一块菜地。要俘虏站成——而不是跪着——一行，被五六十个日本兵包围。其中10个或更多的人有军刀，其余的人有刺刀。刘记得没有听到任何听起来像命令的声音，但突然间士兵们一下子冲了过来，他们的军刀和刺刀都准备好了。刘记得的最后一幕是一个日本兵向他跑来，双手握着军刀，举起要砍的可怕情景。

  他苏醒时，天色已黑。两具尸体堆积在他身上……他的脖子后面被割了一刀，但幸运的是，不是很深，而且血几乎已经止住。他决定趁着天黑离开这个地方，走了大约半里路，直至找到一个防空洞。①

张从贵是农民，当年32岁。1937年12月的一天，他和其他八个人一起出行，他与这些人并不相识。当他们到达江东桥时，遇到几个全副武装的日本兵，将他们扣押，让他们做杂事。天黑后，日本兵强迫他们跪下来，然后用刺刀捅死他们。

  两旁各站着一名日军，以防我们跑掉。另有九个日军，各持一支上了刺刀的枪，朝我们身上刺。第一刀正刺在我的腰部，因天气很冷，我穿着棉衣，这一刀没有刺着我的肉。第二刀正刺到我的颈部，顿时鲜血直流。没一会工夫，由于流血过多，我昏倒在地，就什么也不知道了，日军也就以为我死了。到了深夜，我苏醒过来了，借着月光，我看到其他八个人都横七竖八地躺在地下，周围一片血迹。②

1937年，11岁的男孩孙殿炎住在凤凰街，他目睹了肆意猖獗的杀戮，

---

  ① Katsuichi Honda, *The Nanjing Massacre*, pp. 173-174.
  ②《张从贵证言》，肖仲煌、尹长风调查记录，收录于《侵华日军南京大屠杀幸存者证言集》，第10—11页。

成堆的尸体，以及受害者被掩埋。有一次他路过陆军监狱，"看到的死尸非常多"，"日军进城二十天以后，红十字会才组织收尸，尸体送往军人监狱对面一条长达两百多米，宽一米，深一点五米的战壕和两个砖砌茅厕内，层层叠叠，这也就是今天所说的'万人坑'"①。

水西门位于城市的西南角，是明朝初期建造的十三座城门之一。它是唯一一座可以通过水路——秦淮河进入南京的城门。在南京保卫战的最后阶段，城门周围发生了激烈的战斗。南京沦陷后，日军也在城门周围和外面进行了大规模的屠杀。杨素华表示，1937年12月，她的哥哥和其他许多人被日军抓到水西门外处决，这是那次屠杀的幸存者杨常富回来告诉她的②。1937年时27岁的当地妇女王桂珍说："我亲眼看见在水西门城门口地上，有被日军打死的一大堆老百姓尸体。"③

苗学标是另一个屠杀幸存者。1937年12月14日，时年31岁的苗学标被日本兵押解到水西门外莫愁湖对面的一个地方。

> 我一看空地上已有好几百人被抓来，几个日本兵端着枪看守着。后来又来了些日军，一个一个地摸被抓的人的头、肩、手、腿各部。他们叽叽咕咕地说着话，把摸过的人分为两边站。一直折腾到下午四点多钟，将拣出来的三百多人说成是中国兵，用机枪扫射杀死。射杀以后，叫我们这一边的人把死尸扔进塘里。我们扔着扔着，也就一个个偷偷溜跑了。
>
> 第二次被抓：是被抓到莫愁湖，还是专门派我和其他被抓的人一起抬死尸往塘里扔。我抬了三四十具以后，又趁夜晚天黑偷跑了。记得，我在回家的路上，从水西门外到升州路一带，遍地都是死尸。我回到山

---

① 《孙殿炎证言》，收录于《侵华日军南京大屠杀幸存者证言集》，第14页。
② 《杨素华证言》，黄志安、王培义调查记录，收录于《侵华日军南京大屠杀幸存者证言集》，第265—266页。
③ 《王桂珍证言》，尚文兰、孙秀兰、夏龙生调查记录，收录于《侵华日军南京大屠杀幸存者证言集》，第278页。

东会馆，多半是从死人身上踏过的。①

汉中门与汉西门附近的大屠杀

水西门以北约一英里处是汉西门，该城门建于明朝初年，是最初的城门之一，该城门的部分至今尚存。1933年，为了适应城市建设的需要，几乎是紧邻着汉西门，在其北面约200米处开设了一个新的城门，因为从新街口到新城门所在地修建了一条被称为汉中路的新大道。因此，有必要在城墙上开一个口子，将大道延伸到城墙之外，城门就以这条街道命名为汉中门。具有讽刺意味的是，该城门是由于修建大道而开设的，而由于大道的交通流量不断增加，该城门在1958年被拆除。由于两座城门之间的距离很近，即使是当地人有时也会把两者搞混，不过他们所指的方位不大可能出错。

紧挨着这两座城门的地区是日军攻占城市后的另一个主要屠杀场所。他们在那里进行了数次大规模处决。由于许多受害者和幸存者是当地居民，而且幸存者和受害者家属在战后提交了证词和请愿书，因此关于这个地方的大屠杀有很多文字记载。早在1938年2月27日，南京居民石少卿就他的弟弟——警长石学彭的下落向南京"自治委员会"代理会长孙叔荣和副会长程朗波提交了一份请愿书。1937年12月15日，石学彭与50多名警察和400多名难民一起从司法部大院的难民营中被抓走②。这批难民和警察，后来又有其他被抓来的人加入其行列，被日军押送到汉中门处决。当时29岁的警察伍长德在那次屠杀中幸存下来，讲述了这些人的命运。

1937年12月15日上午8点左右，几十名日本兵来到司法部大楼，把身强力壮的人赶出来。到了街上后，他们看到更多的人被赶出了其他建筑。

---

① 《苗学标证言》，马中炎、马管良调查记录，收录于《1937.12.13——侵华日军南京大屠杀史料》，第440—441页。

② 石少卿：《石少卿为要求释放被日军掳去的家人致南京自治委员会呈文（1938年2月27日）》，收录于《1937.12.13——侵华日军南京大屠杀档案》，第93页。

渐渐地，被赶出来的人数超过了2000。当他们走到中山路的首都剧场时，队伍停了下来，日军要大家坐下。很快，几辆满载着日本兵的卡车停下。士兵们纷纷从卡车上下来，卡车上有四挺重机枪。当他们再次出发时，这些卡车在队伍前面开道①。

他们在下午1点左右到达汉中门，两千多人被拦在城门内，要他们坐下。从卡车上卸下机枪——先是枪管，然后是枪座——搬到城门外。

约20分钟后，队伍前面的两个日本兵走过来，每人拿着一根绳子的一端。他们走进中国人的人群中，把一小群大约100人的人划出来。然后，这一小群人被带出城门，四面被日本兵包围着。……

又过了20分钟，他们听到所有的机枪都同时开火发出的震耳欲聋的声音。……

就这样，持续不断有一两百人的队伍被用绳索从人群中划出，被领到城门外。偶尔有人因恐惧而倒下，无法动弹，但这种人当场就被刺刀捅死。

当轮到伍长德这群人时，已经是5点了。他们这100人被两名士兵用绳索从人群中划出，刺刀在身后逼着他们前行。有些人默默地走着，有些人哭了，有些人哭得很厉害。留在后面的人足以再组成两到三个队伍。

拿着绳子的士兵拉着他们，把他们带到护城河边的堤岸上。四挺机枪分两组架在堤坝上，伍长德和其他人被驱赶到机枪之间的堤坝上。

看到堆积在他面前的尸体的瞬间，伍长德跑了两三步，故意向前飞跃着扑倒。几乎就在同一时刻，机枪开始扫射这个地方。……在机枪停止射击后，伍长德听到了步枪射击的声音。他以为士兵们是在瞄准特定的人。

---

① Katsuichi Honda, *The Nanjing Massacre*, pp. 214-215；《伍长德证言》，朱文英、汪道明调查记录，收录于《1937.12.13——侵华日军南京大屠杀史料》，第399—400页。

步枪射击停止后，伍长德感觉到有人在尸体上面走动。他脸朝下躺着，双手环抱着头，他能感觉到压在他身上的尸体的压力。就在他认为那个人已经走过去的时候，他感到背部突然一阵剧痛。一个士兵拿着刺刀走来走去，要杀掉任何幸存者，他刺到上面的人，刺刀穿透那具尸体，刺到了伍长德。……

不久之后，伍长德听到有人向他的方向扔木头，然后他闻到了汽油味。当他能想到"我将被烧死"时，火已经点燃。火焰迅速蔓延。当他的衣服着火时，他茫然地意识到这是他生死存亡之际。他的背上有严重的刀伤，他当机立断地决定，与其被烧死，不如跳进护城河，死在那里。他撕扯掉燃烧的衣服，在尸体中间疯狂地爬行，跳进了护城河。①

伍长德会游泳，在黑暗的掩护下爬上了岸，因此，他在大屠杀中幸存了下来。1946年，他在东京的远东国际军事法庭上作为检方证人作证。

汤正有在汉中门外护城河的另一场屠杀中幸存下来：

民国二十六年冬，我家住在鼓楼三条巷一号。在日军占领南京不久的一天，突然开来了一辆日本军车，从车上跳下几名日本兵，在我家住的那一带抓走了三四十名青壮年，我也是其中之一。上车后，汽车开到汉中门外河边，日军逼我们下了车，赶我们到河的中间。因为是冬天，河里水不太多。只见河两岸站了几十名端着枪的日本兵，我们被夹在当中。河里站着的中国同胞至少有四五百人。不一会儿，日本兵的哨声响了，机枪开始吼叫，惨绝人寰的大屠杀开始了，手无寸铁的平民百姓悲惨地倒在血泊中，喊叫声、呻吟声、怒骂声响成一片。我却因被跌倒的人群绊倒在地，幸而没被机枪打中。日本兵走后，我挪了挪身子，发现自己还活着，全身都被死难同胞的鲜血染红了，也沾满了泥巴。我壮着胆子，

---

① Katsuichi Honda, *The Nanjing Massacre*, pp. 215-217.

从死难同胞的尸体中爬出来，看看四周，迅速离开了杀人现场，沿着汉中门、龙蟠里、清凉山，提心吊胆，躲过日军的盘查。傍晚时分，终于回到了自己的家。这时，我已精疲力尽，好像再世做人。我回想起当年日军杀人的惨景以及我本人这种九死一生的遭遇，至今记忆犹新，也是永远难忘的。[①]

1937年，高秀琴是个17岁的姑娘，和父亲居住在汉中门外。她回忆说，有一天，她看到八九辆卡车的人被送到汉中门外，然后就听到了激烈的枪声，从上午10点到下午2点，枪声停止后，她跟着其他人来到现场，亲眼看到一堆又一堆的尸体，那场面惨不忍睹[②]。

1937年12月26日，有300多人在金陵大学的登记过程中被抓走，这300多人中有一部分被押送到汉中门，用机枪扫射杀害。金陵大学的美国教授马内·舍尔·贝茨（Miner Searle Bates，1897—1978）和这次大屠杀的两位幸存者见面，并询问屠杀的情况：

> 他们宣称，大学的200至300人被分成了不同的小组。他们自己先被带到五台山，然后被带到汉西门外的运河岸边，在那里有一挺机枪对准他们。他们倒下了，其中一人受伤，倒在死人堆里，身上沾满了死人的血。……三十多个人被押到汉中门，过了运河，在黄昏时分或黑暗之中，有四五个人绝望中从队伍中挣脱出来，利用保护墙，找到藏身之处。这个人通过月亮推测，当他听到北面不远处绝望的哭声时，大约是一点钟。天亮后，他朝那个方向走了一会儿，看到一排排的尸体，被刺刀捅刺。虽然非常害怕，但他还是设法安全通过了城门，溜回了安全区。

[①]《汤正有证言》，廖美庆调查记录，收录于《1937.12.13——侵华日军南京大屠杀史料》，第400—401页。

[②]《高秀琴证言》，陆家骅调查记录，收录于《1937.12.13——侵华日军南京大屠杀史料》，第442—443页。

对于这个人的叙述和他的证词，必须补充两点。中国红十字会的一位负责任的工作人员要求我们到汉中门外去查看那里的大量尸体。国际委员会的克罗格先生告诉我，他早先冒险到这座城门外面去，曾亲自看到这些尸体，但从城墙上看不到这些尸体。城门目前已经关闭。①

前文提到的德国商人克里斯卿·克罗格的描述可以从梁玉山的证词中得到佐证。1938年2月5日，即农历1938年一月六日，当时35岁的梁玉山去德士古石油公司看望表弟。当他经过汉中门时，映入眼帘的是汉中门石桥下河里的三堆尸体。他估计，尸体的数量为3000具②。明妮·魏特琳在1938年1月20日日记中的记录证实了梁的说法：

红十字会的郭××先生说，1月17日他出城运米时，看到汉中路外有一大堆尸体。附近的人说，他们是在12月26日左右被押到那里，被机枪打死的。可能是那些在登记时承认自己曾经当过兵的人，曾向他们许诺如果承认就能得到工作和报酬。③

---

① M. S. Bates, "Note on Aftermath of Registration at the University", in *The War Conduct of the Japanese*, ed. by Shuhsi Hsu, Shanghai: Kelly & Walsh, 1938, pp. 142-144.

② 《梁玉山证言》，井升安、丁亚庆调查记录，收录于《侵华日军南京大屠杀幸存者证言集》，第8—9页。

③ Minnie Vautrin, Diaries, January 20, 1938, Minnie Vautrin Papers, Disciples of Christ Historical Society Library.

第四章　小规模屠杀与零星的杀戮

大规模的屠杀主要发生在长江沿岸与城外的一些地区。在城内的许多地方，以及东部和南部的郊区，包括清凉山、古林寺、三牌楼、山西路、大方巷、鼓楼、阴阳营、五台山、上海路和普德寺附近等地，日军进行了规模相对小一些的屠杀。

清凉山与古林寺附近的屠杀

汉中门以北约一公里是一个被称为清凉山的丘陵地带，公元212年，南京地区的第一座城池——石头城就建在这里。几百年后，为南唐皇帝李煜在此建造了一座避暑夏宫。这座宫殿后来改为寺庙，定名清凉寺。这片丘陵地区以该寺命名。南京沦陷后不久，日军在这个地区屠杀军民。

1937年，王鹏清是一个25岁的铁匠，他同家人搬到难民区牯岭路18号避难。日军进城两个星期后的一天上午，几个日本兵来挨家挨户搜查，把年轻力壮的人抓到宁海路上，检查他们手上的老茧和头上的帽印。下午一两点，王鹏清被抓走[①]。

[①] 《王鹏清证言》，秦景峰、曹义富、段苏宁调查记录，收录于《1937.12.13——侵华日军南京大屠杀史料》，第414—415页。

日本兵把我带到宁海路,那里已经有二百多个被抓来的人,他们都是平民百姓。日本兵用绳捆住每个人的手腕,四个人一排捆在一起,日本兵在两旁押着,把我们赶到虎踞关。到了虎踞关,我们被赶到一个凹地上,旁边有一个水塘,日本兵在四周居高临下架起机枪,几十个日本兵将我们围在中间。这时已经是下午三四点钟了,日军军官一声令下,机枪、步枪一齐向我们射击,一颗子弹从我头上擦过,鲜血直流,我只觉得头上像挨了一闷棍,顿时倒了下去。停止射击后,我隐约听到用脚踢尸体的声音。当踢到我时,我没有动,后来就昏过去了。当我醒来时,已是深夜,日本兵早已走了。我从死尸堆里慢慢爬出来,满身是血污。我顺着原路摸回家,路上一个人也没有。到家后我敲门,母亲起来开门,她见我回来,又惊又喜,赶紧把我头上的血洗干净,敷上香灰。这次总算死里逃生,侥幸活下来了。①

金家仁与王鹏程一样在屠杀中幸存下来。金家仁是个 24 岁的厨师,当时住在宁海路附近的福英里 1 号。有一天,日本人在他家附近进行了大范围的搜查,把人们赶到街上。当发现他手上有老茧时,日本兵即刻把他绑起来,宣称他是一名中国士兵。他和其他被拘捕的人被押到清凉山,用机枪扫射,但他没有被打死,从死尸堆里爬出来后,别人给他松了绑②。

1937 年,陈克亭 23 岁。他得知他的哥哥陈健伯被日本人押到清凉山华兴巷的一个大池塘边,遭到机枪扫射。后来,他去了那个池塘,看到池塘边有几百具受害者的尸体。当时,红卍字会正在掩埋尸体,但他没有找到他哥

---

① 《王鹏清证言》,秦景峰、曹义富、段苏宁调查记录,收录于《1937.12.13——侵华日军南京大屠杀史料》,第 415 页。

② 《金家仁证言》,沈兆琴、阎家林调查记录,收录于《1937.12.13——侵华日军南京大屠杀史料》,第 462—463 页。

哥的尸体①。何王氏的家人在清凉山地区世代务农。她说，那里到处都是尸体，1938年春天，她在自己的田里看到一具尸体②。她的说法得到了明妮·魏特琳的证实。1938年1月25日，她曾到一个小山谷散步，一对当地夫妇带着她到散落着尸体的池塘边。

> 我们找到了那个池塘。池塘边有几十具焦黑的尸首。尸体中间还有两个空的煤油或汽油罐子。这些人的手被铁丝绑在身后。有多少具尸体，他们是不是先被机枪扫射，再遭焚烧，我不得而知，但希望是如此。在西边小一些的池塘里还有约20到40具尸首。我看到有几个人穿的像是平民的鞋，而不是军人的鞋子。山丘上到处都是没有掩埋的尸体。③

1938年3月25日，她和一位她不愿透露姓名的先生重返那座池塘。

> 上午11点，XXX先生来找我，让我带他到12月26日发生可怕悲剧的山谷去。我们有幸找到住在附近的几个人，他们很乐意陪我们去。在大池塘边，96个人极其残忍地被处死；在另一个池塘边大约有43个人，附近的农舍里约有4人。那些农民收集到足够的证据来证明先用煤油和汽油浇在身上，然后点火燃烧。逃跑的人被机枪射倒，有4个人在痛苦中挣扎着跑到房子里躲避，房子遭焚烧。我们站在小池塘边，看到像是人头顶的一块东西。我们用竹竿和木钩将一具尸体慢慢推到岸边，他穿着老百姓的便装。这些人肯定忍受了巨大的痛苦。④

---

① 《陈克亭证言》，廖萍、王昌林、贾仕英、达碧霞调查记录，收录于《侵华日军南京大屠杀幸存者证言集》，第263页。

② 《何王氏证言》，唐青云调查记录，收录于《侵华日军南京大屠杀幸存者证言集》，第232页。

③ Minnie Vautrin, Diaries, January 26, 1938, Minnie Vautrin Papers, Disciples of Christ Historical Society Library, Nashville, TN.

④ Minnie Vautrin, Diaries, March 25, 1938, Minnie Vautrin Papers, Disciples of Christ Historical Society Library, Nashville, TN.

清凉山的西面是面临秦淮河的一长列石崖。从河面上看，石崖就像一张魔鬼的脸，加上它起着一段城墙的作用，因此被称为"鬼脸城"。周桂芳家的住房在日本人到来后被烧毁，所以他们在河边的悬崖下建了一个临时的棚子，作为居栖之所。周桂芳作证说，日本人在那里杀了很多人。有一天，她亲眼看到日本兵把十几个中国难民押到鬼脸城墙的斜坡上枪杀[1]。她的说法得到了掩埋记录的证实。1938年3月9日，南京红十字会第二掩埋队在鬼脸城墙上收殓埋葬了86具尸体[2]。

古林寺，最初建于南梁时期，位于清凉山以北约一英里处。寺庙周围发生了几起规模较小的集体屠杀。有几个被严重烧伤的幸存者设法来到美国教会医院——鼓楼医院，在他们短暂存活的时光中讲述了自己的经历和那群人的命运。美国传教士詹姆斯·亨利·麦考伦（James Henry McCallum，1893—1984）是当时医院的总务主任，他在1937年12月29日给妻子伊娃·安德森·麦考伦（Eva Anderson McCallum，1895—1963）的信中记录了这一情节：

> 听信日军不杀许诺而听任摆布的人们，只有极少数活着回到安全区，回来的人情况也很惨。有个人说他们被当作练刺刀的靶子，他的身躯看上去的确被刺过。还有一批人被押到古林寺旁，其中有个人回来，奄奄一息地讲述了那群人的命运。汽油浇在他们的头部，再点火焚烧。他身上除了烧伤没有别的伤。头部、颈脖部已被烧得不成人形。同一天，另一个人被送到医院，他的身体大部被烧伤，还被枪弹击中。这批人很可能被机枪扫射，他们的尸体被架起来焚烧。我们无法得知详情，但显然，这个人设法爬出来，到医院求救。这两个人都死了。我可以讲出许多这

---

[1]《周桂芳证言》，张连英、林金洲、夏龙生调查记录，收录于《侵华日军南京大屠杀幸存者证言集》，第362—363页。

[2]《中国红十字会南京分会掩埋队第二队按月统计表》，收录于《1937.12.13——侵华日军南京大屠杀档案》，第473页。

样让你倒几天胃口的恐怖故事。难以置信的是数以千计的人就这样被残酷屠杀了。到底有多少人被杀，很难说出准数，有人认为已经上万了。[①]

参与古林寺屠杀的日本第九师团一等兵井家又一在1937年12月22日的日记中详细描述了屠杀的情况：

> 下午5点，天快断黑的时候，我去大队部集合，得知我们要去杀败兵。我过去看了看，看到161名中国人规规矩矩地在大队部院子里。他们注视着我们的举动，全然不知死亡即将临在他们身上。一路打骂，我们把这160多人拉出了外国人住宅区，到古林寺附近，那里建了有碉堡的防御堡垒。
>
> 落日时分，只能分辨出人影的晃动。那里只有几处民宅。我们把他们关在一个池塘边一座单独的房屋里，然后5人一组地将他们押出，用刺刀捅死。有些人喊叫，有些人喃喃自语，有些人哭泣，有些人知道死亡迫在眉睫，失去了理智。
>
> 战败士兵的最终命运就是被日军杀掉。
>
> 我们用铁丝把他们的手腕绑起来，扣到脖子上，一边拖着他们，一边用棍子打他们。在这些人中，有勇敢的士兵，他们边走边唱着歌。有的人佯装被刺刀刺死了，有的人跳进水里，在泛起的水泡中挣扎，还有一些士兵为了逃命，紧紧抱住屋梁隐藏自己，无论怎么叫他们都不肯下来。然后我们浇上汽油烧房子。两三个着了火的身影刚跑出房子就被刺刀捅死。
>
> 在黑暗中，我们一边用刺刀捅死那些企图逃跑的人，一边大声喊叫，或者用步枪射杀他们。瞬间，这个地方成了人间地狱。结束后，我们把汽油倒在尸体上点燃，见到火焰中仍在移动的人就杀死。后面的房子在

[①] James H. McCallum, December 29, 1937, diary letter to wife Eva, Correspondence of James Henry & Eva Anderson McCallum, Disciples of Christ Historical Society Library, Nashville, TN.

火焰中燃烧，屋顶上的瓦片掉下来，火花四溅。①

明妮·魏特琳在她 1937 年 12 月 23 日的日记中也记录了在金陵寺南边的一次处决，金陵寺在古林寺北边大约半英里。"原住在虎踞关的那位姓孙的邻居现住在东院宿舍，他说昨晚有 60 到 100 个人，多半是年轻小伙子，被卡车运到金陵寺南面的小山谷，用机枪扫射，然后扔进一间屋子，整个点燃。我一直在怀疑夜晚看到的许多大火是为了遮盖抢劫，或是掩盖屠杀。"②

1937 年，16 岁的刘金祥在古林寺附近的另一场屠杀中死里逃生。日军攻占城市后，他的六口之家搬到了难民区，住在上海路附近的东瓜市。几天后的早晨，几个日本兵来到他家，用绳子把他和他弟弟捆绑起来，与其他 30 到 40 个被拘捕的人一起押到古林寺旁的竹林里。十几个日本兵过来用枪托打他们，逐一检查他们的手和脚。之后，日本兵将他们分成两组：一组 20 人在坡顶，另一组 15 人或 16 人在坡尾。接下来，日本人解开了坡尾组的绳子，把他们进一步赶下坡去。几分钟后，手榴弹的爆炸声传来。这十五六个人就这样被杀害了，这把刘金祥和他的弟弟都吓坏了③。

三牌楼附近与城西北区的屠杀

三牌楼位于中山北路以北与福建路交汇处，在古林寺以北约两英里。该地区之所以被命名为"三牌楼"，是因为那里曾经有三个具有纪念性质的牌楼。尽管在福建路和模范马路之间有一条与中山北路平行的、名为三牌楼的街道，但对当地居民来说，"三牌楼"通常指这一地区。根据幸存者的证词，屠杀

---

① [日]井家又一(Matachi Ike)：『井家又一日記』，收录于『南京戦史資料集』，南京战史编辑委员会编纂，东京：偕行社 1989 年版，第 479 页。

② Minnie Vautrin, Diaries, December 23, 1937, Minnie Vautrin Papers, Disciples of Christ Historical Society Library, Nashville, TN.

③ 《刘金祥证言》，王瑞屏、魏福仲调查记录，收录于《侵华日军南京大屠杀幸存者证言集》，第 69 页。

就发生在这儿及其附近地区。

唐顺山是南京城南达源顺皮鞋店的一名鞋匠。当南京城被围困时，他在城北三牌楼的一个朋友家避难。日军进城后的一天，唐顺山冒险出去打探情况。在街上，他看到一队投降的中国军人在日本人的押解下向下关方向行进。这时，另一队中国人在日本兵的押解下向他的方向走来。他和另一个人藏在一个垃圾桶里。那个人非常害怕，浑身颤抖，发出的声音引起了附近日本兵的注意。一个日本兵过来拉住他的长发，用军刀砍下他的头。唐顺山震惊异常。这时，那个日本兵做了个手势，用日语向他喊话。一名翻译来告诉他加入中国人的队伍。这群人中有几名妇女，6个日本兵与两名汉奸押送他们来到约500米外的一家军用服装厂，那里已经挖好了一个坑，他们到达时坑里已经有一两百具尸体。在日本人开始斩首之前，他们被分成四个小组，然后在坑的两侧各站成三排[①]。

> 四个士兵来回走动，将指派给他们的小组里人们的头颅砍下来。而另外四名士兵，包括汉奸，则捡起被砍下的人头，并把它们排成一行。换句话说，这四个小组正在进行斩首比赛。
>
> 三排受害者被要求面向坑外跪下。唐在他那组的最后一排，也就是最靠近坑的那排。日本兵开始在前排的东端砍头。一些人在哭泣和尖叫，而另一些人则被吓得不敢动弹。当每个人的头被砍下时，鲜血喷涌而出，尸体倒了下去。头颅在后面被排成一行……
>
> 第八个人是第二排西头的一个人，或者说是唐的正前方。他的头被砍下的那一刻，他的身体向后倒去，像多米诺骨牌一样把唐撞进坑里。他隐约记得自己的头被无头尸体的衣服盖住了，但他在那一刻失去了知觉。他现在认为，他肯定完全是由于恐惧而吓昏过去了。
>
> 当他苏醒时，他在防空洞中，由一个朋友照顾着。这位朋友在服装

---

① 《唐顺山证言》，许亚洲调查记录，收录于《侵华日军南京大屠杀幸存者证言集》，第71—72页，and Honda Katsuichi, *The Nanjing Massacre*, pp. 161-164.

厂的一间房子里看到了极其恐怖的整个场景,他解释说,屠杀结束后,日本人把尸体扔进坑里,同时走来走去,用刺刀刺杀他们认为有生命迹象的尸体。昏迷中,唐顺山被刺了五处——背部、左臂、左腿的两处和左大腿——但他没有任何感觉。日本人离开后,这位朋友去看了一下。就在这时,唐顺山稍微动了一下。他被拖出坑时浑身是血,他的朋友把血迹洗干净后才认出他。①

1937年12月19日,乔治·菲齐提交了一份关于一个美国外交官住宅的报告,其中一名中国雇员被闯入住宅抢劫的日本兵杀害。这份报告作为第66号案件被列入南京安全区的文件中:

> 昨天报告给我,美国使馆三等秘书小道格拉斯·简金斯的住宅被洗劫,在那儿的一名仆役被杀害。今天中午,我去马台街29号察看那地方,情况属实。整个房屋一片狼藉,仆人的尸体横陈在佣人的房间中。其他仆人已逃走,现在那儿无人看管。12月19日②。(菲齐)

事实上,在简金斯的住所内,不止一人被杀。1937年12月21日,明妮·魏特琳查访了该住宅,后来,一名被杀仆人的妻子向她求助,要求从美国大使馆获得资助。魏特琳在1939年3月13日的日记中做了详细的描述:

> 简金斯佣人的妻子也来见我,请我到美国大使馆帮她说情。她的丈夫为大使馆的几位工作人员工作了9年。日军攻入南京之前,他和另外两名佣人决定留在简金斯的房子里照看他的东西。他们确信自己是安全的——美国国旗与特别的布告保护着房屋,他们本人也佩戴着特制的袖

---

① Katsuichi Honda, *The Nanjing Massacre*, pp. 164-165.
② Case 66, January 9, 1938, in *Documents of Nanking Safety Zone*, ed. by Shuhsi Hsu, Shanghai: Kelly and Walsh, Limited, 1939, p. 37.

章。1937年12月14日，日本人进南京城后的一天，领头的佣人叫这个佣人和花匠到大使馆去看看情况。他们去了，并在那儿过了夜，第二天早晨8点回到简金斯的房子，因为觉得他们那时应该回到领头的佣人那儿去，他们有袖章，当然是安全的。他们显然是刚刚进简金斯家的大门便被杀了。后来领头的佣人把他们的尸体拖进防空洞藏起来。同一天晚一些时候，为了避难也在简金斯房屋内的这个佣人的岳父被杀害，他的岳母被刺刀刺死，姓胡的领头佣人也被杀死。我见到后者……①

1945年，有几个人就他们的家人在三牌楼地区被日军杀害提交了请愿书或宣誓书。顾全鑫在1945年11月8日提交的请愿书中说，1937年12月14日下午3点，几个日本兵闯入他家在上海路附近的北秀村4号的住所。他们先是进行抢劫，然后把他的弟弟顾全奎（当时38岁）带到三牌楼的一个路边枪杀②。严金氏在1945年12月16日提交的宣誓书中证实，她的丈夫严正标于1937年12月20日在三牌楼附近的斜桥街被枪杀。所有的财产，包括家具，都被洗劫一空③。

阎金氏在1946年4月20日提交了一份宣誓书，涉及她的丈夫阎振标，61岁，于1937年2月14日上午9点左右在三牌楼街2号前被一名日本兵用刺刀捅死。在调查表中，她写到，其夫"在家看守门户，被敌人叫出，用刺刀将胸前及斜肋穿了两下，倒卧在马路上，俟尸首置簿（薄）材内，又被敌人倒出，尸露化日之下，不敢收拾，七八天后敌焰稍熄，始置棺内而埋葬

---

① Minnie Vautrin, Diaries, March 13, 1939, Folder 2876, Box 145, Record Group 11, Special Collection, Yale Divinity School Library.

② 顾全鑫：《顾全鑫为其弟被日军杀死致南京市政府呈文（1945年11月8日）》，收录于《1937.12.13——侵华日军南京大屠杀档案》，第204页。

③ 严金氏：《严金氏陈述其夫严正标被日军枪杀的结文（1945年12月16日）》，收录于《1937.12.13——侵华日军南京大屠杀档案》，第242页。

义地"。①

徐吉顺和他的家人在日军进城前就搬到了大方巷的难民营。1937年12月13日，他和他的两个兄弟被迫出来在街上"欢迎"日本军队。日本兵似乎并不需要他们的欢迎，而是需要这三兄弟为他们干活，帮他们抬电线。当他们到达三牌楼时，一个穿着学生制服的中国青年出现在他们眼前，一个日本兵毫不迟疑地将他击毙；在萨家湾，他们看到两三百个穿着白衬衫的中国人被绑起来，跪在路边。第二天，他们得知这些人已经被枪杀了②。

美国传教士威尔逊·波鲁默·米尔斯（Wilson Plumer Mills，1883—1959）请金陵大学的工作人员毛德林到城里各处的各教会房产设施进行巡视。1937年12月15日至18日，他乘坐汽车进行了视察。他回忆说，当他经过三牌楼地区时，看到铁道部对面的一条水沟里有成堆的尸体，道路两旁的人行道上也散落着尸体。有些死者是士兵，还有些是50岁以上的平民，但也有青年和青少年，男女都有③。

山西路与大方巷地区的屠杀

山西路位于三牌楼向东南约一英里处，该路修建于1931年，从东北到西南约460米长，连接宁海路和中山北路。日军在这一带进行了小规模的屠杀。

在离山西路不远的西桥，陈福宝在池塘边的一次集体处决中幸存下来。日军进入南京时，陈福宝18岁，在难民区避难。1937年12月13日，五个日本兵抓走了包括他在内的39人，将他们押解到西桥的一座池塘边逐一检查。结果，除了另外一个人和他自己，其他37人都被杀害。然后日本人强迫他

---

① 阎金氏：《敌人罪行调查表中关于阎振标尸体由亲属自行收埋的记录（1946年4月20日）》，收录于《南京大屠杀史料集5：遇难者的尸体掩埋》，孙宅巍编：南京：江苏人民出版社2005年版，第226—227页。
② 《徐吉顺证言》，孙安舫、刘静雯、宛仲秀调查记录，收录于《侵华日军南京大屠杀幸存者证言集》，第116页。
③ 《毛德林证言》，高兴祖调查记录，收录于《侵华日军南京大屠杀幸存者证言集》，第321页。

和另一个人把尸体扔进池塘里①。

1937年12月，17岁的赵兴隆和家人在靠近山西路的一处住所避难。日军来到他家附近，搜寻中国士兵和身强力壮的年轻人，包括他在内的30多人被赶到山西路广场，在那里排队，要求家人来认领。只有三个人被认领，他是其中之一。其余的30多人被押送到西桥，用机枪扫射。他后来去了那个地方，发现尸体散落四处，惨不忍睹②。

陈福宝和赵兴隆所描述的情况得到了其他目击者的证实。1937年12月14日晚，吴连城正好在西桥，他发现那里的池塘里有数百个中国人的尸体。"一个从这里死里逃生的人对我说，日军把我们中国人往河里赶，不下去就用刺刀戳，赶下去以后，日本兵就在四周架起机枪扫射。于是，好几百人立即死在水里，水都被血染红了。"③袁从荣也提供了类似的证词，他表示："民国二十六年冬月十九日，我看到江苏路西桥，当时那里是一片坟地，在一个水塘里堆满了被日军杀害的尸体，我看到遍地都是尸首。"④

1937年12月，陈金和一家四口从下关搬到山西路小学避难。有一天，一队日本兵闯入学校，把学校里的五六百名难民赶到操场上，分成男女两组。她的哥哥被怀疑是中国士兵，但她的母亲认领了他，使他获释。那些没有人认领的青年被当作中国士兵，用六七辆卡车送到山西路附近的树林里，用机枪扫射，或刺杀。第二天，她去洗菜时，看到上述树林里到处散落着死尸⑤。

日军进攻南京时，高兰英一家搬到了难民区中上海路附近的广东新村，当时她22岁。日本兵进城后，常到她家附近来抓人。1937年12月26日中午，她的丈夫谷同祥在住所门口被抓走，但两小时后他又回来了。当天下午2点

---

① 《陈福宝陈述日军在城内屠杀市民记录（1947年2月8日）》，收录于《1937.12.13——侵华日军南京大屠杀档案》，第289页。
② 《赵兴隆证言》，王瑞屏、魏福仲调查记录，收录于《侵华日军南京大屠杀幸存者证言集》，第121—122页。
③ 《吴连城证言》，陈家荣调查记录，收录于《侵华日军南京大屠杀幸存者证言集》，第58页。
④ 《袁从荣证言》，谢秀瑾调查记录，收录于《侵华日军南京大屠杀幸存者证言集》，第433页。
⑤ 《陈金和证言》，陈平稳据口述整理，收录于《侵华日军南京大屠杀幸存者证言集》，第74—75页。

左右，她的小叔子谷同森被四个日本兵抓走。黄昏时分，在山西路附近的一个大菜园子里的池塘边，许多人被机枪扫射而亡。1938年3月，她的公公谷亭元得知从那个菜园的池塘里拖拽出不少腐烂的尸体后，叫她和丈夫陪同去那里，希望能找到她小叔子的尸体，但他们并没有找到①。

德国商人克里斯卿·克罗格和奥地利公民鲁波特·海兹（Rupert Hatz）目睹了在山西路附近的一个池塘中的处决。他们的报告作为案例185列入南京安全区国际委员会的文件：

> 1月9日上午，克罗格先生和哈兹先生见到日本军官和一个日本兵在中英文化大楼东边，安全区内山西路上的小池塘里处决一名身着平民服装的可怜的人。这个人站在齐腰深的池塘水中，水面上刚破的冰在四处浮动，这时克罗格先生和海兹先生赶到。日本军官发出命令，趴在沙袋后面的士兵向这个人开枪，击中他的肩膀。他又打一枪，没有击中。第三枪击毙了他。（克罗格、哈兹）②

1938年1月13日，一位德国目击者报告说："到12月26日，被绑缚遭枪杀的30名苦力的尸体仍横陈在交通部附近的路旁。在山西路附近的一个池塘里，大约有50具尸体，一座寺庙中有20具尸体。到1938年1月13日，在江苏路的尽头周围，还横陈着20具尸体。"③

大方巷全长约600米，自西向东，西端与江苏路相接，距山西路约150米，东端与云南路和中山北路相连。坐落在大方巷东端的华侨招待所，是难民营，

---

① 《高兰英证言》，刘君调查记录，收录于《侵华日军南京大屠杀幸存者证言集》，第254页。

② Case 185, January 9, 1938, in *Documents of Nanking Safety Zone*, edited by Shuhsi Hsu, Shanghai：Kelly and Walsh, Limited, 1939, p. 78.

③ "Report of a German eyewitness concerning the happenings in Nanking from 8 December 1937 to 13 January 1938", Appendix to report No. 113 of the German Embassy in Hankou of 10 February 1938, Document No. 4039, Exhibit No. 329, p.7, Microfilm Set T918, Roll 12, Court Papers, Journal, Exhibits, and Judgments of the International Military Tribunal for the Far East, Record Group 238, National Archives II.

收容了成千上万的难民。1937年，大方巷一带有大片空地和几个大池塘。根据不同人的证词、请愿书和宣誓书的描述，日本军队在该地区集体处决了大批人。

当时37岁的程金海是其中一次大屠杀的幸存者。1984年，他提供了证词：

> 日军在南京大屠杀时，我是一个幸存者。那时，我住琅玡路11号。1937年阴历冬月的一天，我和邻居三人上街看看，恰巧被日军发现，将我们三人检查了一番。他们见我长得像当兵模样，就把我双手倒背用绳子绑起来，带到大方巷口难民区，将其他两个人放了回去。从早上九点起，凡被抓的人，都送到这里集中，到下午四点以后，被抓来的人就有好几百。我从早上九点被抓来以后，双手一直被绑着，大小便只好解在裤子里。四点以后，日军用机枪向我们进行疯狂的扫射。我因在后面，又被前面的死者压在底下，所以没有中弹。我还听到，机枪扫射以后，又用步枪对没死的人进行补枪，我躺着不动，日本兵以为我死了。日军走后，我爬起来走出不多远，遇到姓黄的邻居，他帮我把绳子解开，我回到了家里，就这样幸存下来了。[①]

年龄同样为37岁的李其宏也在大方巷的一次屠杀中侥幸逃脱。日本人进城后，他在汉口路的一个难民营里避难。一天上午9点左右，日本兵把难民们排成10列，并把他们押到鼓楼附近的大钟亭。那里聚集了大约700人，日本兵对他们逐一检查。检查完毕后，李和其他12人被释放，其余的人被赶到大方巷土地庙旁的空地上屠杀[②]。

1945年10月14日，徐嘉禄向南京市政府提交了一份关于其子徐静森的请愿书，徐静森和其他数百人一起在大方巷地区被杀害。1937年12月16

[①] 《程金海证言》，王天柱、黄广斌、达式宏等调查记录，收录于《1937.12.13——侵华日军南京大屠杀史料》，第413—414页。

[②] 《李其宏证言》，刘君调查记录，收录于《侵华日军南京大屠杀幸存者证言集》，第59页。

日上午，四名日本兵闯入鼓楼五条巷 4 号的住宅，搜捕了十几个年轻人，包括他的儿子。日本人在屋外对这些年轻人逐一进行检查，然后将他们押走。徐嘉禄跟踪了这批人，发现他们被押到大方巷的一块空地上。黄昏时分，日本人把数千名年轻人抓到那儿，从中挑出四五百人，到附近的池塘边用机枪扫射杀害，其余的人被押走①。

徐嘉禄的描述得到了其他人的证词证实。王苏氏和徐琦在证词中表示，在鼓楼五条巷 4 号的同一住所，他们认识的四个人，即 39 岁的石岩、31 岁的陈肇委、30 岁的胡瑞卿和 23 岁的王克村都被抓走，押到大方巷的空地上，再也没有回来②。1946 年 3 月 29 日，俞仲铎和俞朱氏就他们 17 岁的儿子俞顺贵被日军抓到大方巷呈递请愿书。当时，俞家在云南路的一个难民中心避难，12 月 16 日上午，日本兵闯入住宅，将他们的儿子抓到大方巷的一个空地上。日本兵在那里拘捕了成千上万的年轻人，其中一部人被机枪扫射杀害。此后，俞氏夫妇再也没有儿子的消息③。

谢宝金在 1946 年 1 月 8 日提交的一份宣誓书中说，1937 年 12 月 16 日下午 2 点左右，两名日本兵突然闯入他位于傅佐路 12 号的房屋，抓走了正在家中看书的谢来福和正在睡觉的李小二。当天下午 4 点，他看到日本兵抓走了五个被捆绑在一起的平民，然后听到了几声枪响。下午 6 点，他见到 200 多人被枪杀扔进池塘。当时，他没有勇气去仔细观察。40 多天后，他回到了那个池塘。那 200 多具尸体已肿胀腐烂，无法辨认。那两个人再也没有回来④。

邓明霞和刘凤英在 1984 年提供了类似的证词。邓明霞说，1937 年 12

---

① 徐嘉禄：《徐嘉禄为日军在大方巷广场屠杀事致南京市政府呈文（1945 年 10 月 14 日）》，收录于《1937.12.13——侵华日军南京大屠杀档案》，第 117 页。

② 《石岩等在大方巷池塘被日军集体屠杀的调查表节录（1945 年 12 月 5 日）》，收录于《1937.12.13——侵华日军南京大屠杀档案》，第 144—145 页。

③ 俞仲铎、俞朱氏：《俞仲铎、俞朱氏为其子在大方巷被集体屠杀致首都地方法院呈文（1946 年 3 月 29 日）》，收录于《1937.12.13——侵华日军南京大屠杀档案》，第 119 页。

④ 谢宝金：《谢宝金陈述谢来福等在大方巷塘边被日军集体屠杀的结文（1946 年 1 月 8 日）》，收录于《1937.12.13——侵华日军南京大屠杀档案》，第 145—146 页。

月 27 日，几百名青年男子在大方巷的一个池塘边被枪杀，池塘水被血染红。她 35 岁的丈夫邓荣贵是遇难者之一[①]。刘凤英的两个哥哥，21 岁的刘光荣和 19 岁的刘光华，都被日本人抓到了大方巷。后来得知，所有被抓捕的人都在那里的三个大池塘边被枪杀了。1938 年春天，当慈善组织掩埋尸体时，她的祖母带她去了那三个池塘，但尸体都已无法辨认[②]。

1937 年 12 月 17 日，美国传教士约翰·G. 麦琪报告了大方巷的一起谋杀案：

> 12 月 17 日。今天下午约 4 时，在 E. H. 福斯特牧师、波德希伏洛夫先生[③]、扎尔先生[④] 和我 4 个外国人居住的大方巷的住宅附近，三四个日本兵枪杀了一个老百姓。（麦琪）[⑤]

与麦琪住在一起的传教士同事欧内斯特·赫曼·福斯特（Ernest Herman Forster，1896—1971）1938 年 1 月 28 日在给家人的信中写道：

> 从我们居住的街道尽头的一处池塘里，前天捞出来 100 多具男人的尸体，12 月 16 日被日本兵指控为中国军人被枪杀并扔进水里后就一直泡在水中。他们中的许多人就是从我们周围的房屋里被抓出去的，我们知道他们不是军人。但是嗜血与复仇的渴望太强烈，致使他们成为牺牲

[①] 《邓明霞证言》，殷红英、曹义富、陈小敏调查记录，收录于《1937.12.13——侵华日军南京大屠杀史料》，第 414 页。

[②] 《刘凤英证言》，许亚洲调查记录，收录于《侵华日军南京大屠杀幸存者证言集》，第 73—74 页。

[③] 桑德格林电器商店（Sandgren's Electrical Shop）的尼古拉·波德希伏洛夫（Nicolai Podshivoloff），中文名高良，1912 年 2 月 1 日出生于俄国赤塔，1928 年 7 月来到哈尔滨，1930 年高中毕业后随亲戚至上海，1936 年 12 月到南京。他是大屠杀期间留在南京的 22 名西方籍人士之一，并为保护中国难民做了大量的工作。

[④] 另一名白俄人 A. 扎尔（A. Zial）为安全区的机修工，他是大屠杀期间留在南京的 22 名西方籍人士之一。

[⑤] Case 36, December 17, 1937, in *Documents of Nanking Safety Zone*, p. 31.

品。在许多情况下，他们是家庭的养家糊口者，这些家庭现在一贫如洗。[1]

鼓楼与阴阳营附近的屠杀

在古代，民众没有计时工具。几乎每个中国城市的中心都有一座鼓楼，每到一个时辰（现在每两个小时）都会敲响大鼓，以告知居民时间。南京鼓楼始建于1382年，位于山西路东南约一英里处，是南京市北部的中心。1937年，北面的中央路、西北面的中山北路、南面的中山路、西面的鼓楼一条巷和东面的保泰街都在鼓楼脚下交汇。

南京大屠杀期间，在鼓楼周围地区，特别是鼓楼的西部和南部，发生了一些小规模的屠杀。当时24岁的郝立明和家人进入了金陵大学的难民营避难。几天后，20多名日本兵来把这里的一些难民抓走，驱赶到鼓楼附近，现在的口腔医院对面的地方。

> 有一个长着满脸胡子的日本兵，逐个检查难民手上有无老茧，头上有无帽印，如果有，就被怀疑为中央军而留下来。我哥哥郝明友和弟弟郝立康被怀疑留下来，我想等哥哥、弟弟一起回去，就躲在一边等。过了一会，一位日本兵朝着我走来，我吓得赶快跑回家。老父亲郝子杰眼睛不好，见我一人回来，便问我："哥哥、弟弟怎么样，为什么没有回来？"我便把白天的情景跟他说了，晚上就听到那里响起了机关枪声。过了两天，由于父亲盼子心切，叫我到那里去找哥哥和弟弟。我看到那里附近地上和塘里全是尸体，日军为了掩盖他们的罪恶，用石灰撒在尸体上，使人认不出来。因此，我没有找到哥哥和弟弟，从此他俩再也没回来。

---

[1] Ernest H. Forster, A letter to family, January 28, 1938, Folder 6, Box 263, Record Group 8, Special Collection, Yale Divinity School Library, New Haven, CT.

这次被日军赶出来一千多个难民，只活着回来二三十人。①

1937年，赵长荣23岁，他和家人在难民区内的阴阳营寻求庇护。12月15日上午，他在住所被日本兵抓走。同时被抓捕的还有他20岁的小舅子、一个为他父亲干活的40多岁的杨姓泥瓦匠、一个从别的地方抓来的人。从早上到下午3点，共拘捕了208人，这时一个日本军官和翻译来清点人数，并将他们集中在鼓楼四条巷的路边②。

> 日军军官叫翻译问："你们都是当兵的吗？"当时大家回答说："我们不是当兵的。"又问："你们知道哪里有马草？哪里有白糖、红糖？南京的蒋驴子家在那[哪]里？"当时路边停放两辆卡车，有二十多人说知道，就上车开走，这二十多人死活不知道。剩下的181人，有家属认儿子的，有认丈夫的，都可带回去。我的大舅子给我的岳母认回去。快到五点时，我站在第一排，我五岁的儿子赵治国不知道怎么会来的，走来双手朝我一抱，我也把儿子抱起来。日军军官走过来问："你的小孩？"我说："是的"。他就叫我开路开路。之后把其他的180人押到三条巷河边一起推到河中，然后用机枪全部扫死。其中有姓杨的瓦工和邻居张洪生父子两人，和同学张世清等。③

江凤生当时在金陵大学附中避难。日本人来登记时，把年轻人拘捕起来，要家属认领。没有人认领的人被装进六辆卡车，送到鼓楼三条巷的一处大池

---

① 《郝立明证言》，季云秀、赵玉珂、高方简调查记录，收录于《侵华日军南京大屠杀幸存者证言集》，第60页。
② 《赵长荣证言》，秦景泽、丁亚庆调查记录，收录于《侵华日军南京大屠杀幸存者证言集》，第144页。
③ 《赵长荣证言》，秦景泽、丁亚庆调查记录，收录于《侵华日军南京大屠杀幸存者证言集》，第144页。

塘边，用机枪扫射杀害①。

马素珍的母亲和她的六个兄弟姐妹于 1937 年 12 月搬到阴阳营居住。有一天中午，日本兵来抓走她母亲的长兄后，他再也没有回来。她的母亲多次打听，并四处寻找。当马素珍陪着母亲在鼓楼三条巷寻找时，他们看到那里到处散落着被铁丝捆绑的尸体，那些尸体相互连接，堆积如山，但他们没有找到母亲哥哥的尸体②。

在南京安全区国际委员会的文件中，案例 1 是一起谋杀案，在鼓楼附近有六名打扫街道的工人被杀害：

> 12 月 15 日，安全区卫生委员会第二分队的 6 名街道清扫工在他们位于鼓楼的屋子里被日本兵杀害，一名被刺刀刺成重伤。根本没有明显的缘由。这些人是我们的雇员。日本兵闯入这座屋子。（后来，第七个人来到鼓楼医院，颈部被刺伤。）③

1946 年，张汪氏和吕刘氏就其家人在鼓楼四条巷池塘附近被杀害提交了书面证词。张汪氏说，她的儿子张德亮于 1937 年 12 月 16 日上午 10 点在中山北路的司法训练所被日本兵抓走，当时她和儿子正在那里避难。她求饶，但日本兵用木棍殴打她。她的侄子张德才也被抓捕，他回来说她的儿子和其他人在鼓楼四条巷的一处池塘边被集体屠杀④。吕刘氏的描述与张的陈述相似。她的丈夫吕发林和儿子吕启云在同一时间、同一地点被抓走。也是张德

---

① 《江凤生证言》，江河洲调查记录，收录于《侵华日军南京大屠杀幸存者证言集》，第 401 页。

② 《马素珍证言》，唐俊英、吴义梅调查记录，收录于《侵华日军南京大屠杀幸存者证言集》，第 260 页。

③ Case 1, Documents of Nanking Safety Zone, Sub-enclosure to Enclosure 1, p.1, of "The Conditions at Nanking, January 1938", January 25, 1938, (Department of State File No. 793.94/12674), Microfilm Set M976, Roll 51, Record Group 59, National Archives II.

④ 张汪氏：《张汪氏陈述其子张德亮等被日军集体枪杀的结文（1946 年 4 月）》，收录于《1937.12.13——侵华日军南京大屠杀档案》，第 146—147 页。

才告诉她，他们与张汪氏的儿子在同一地点被集体处决①。

当南京被围困时，孙贾氏一家搬到了安全区，住在了鼓楼三条巷8号。1937年12月13日上午，日本兵闯入了她的住所，因为她78岁的父亲没能为日本兵找到年轻姑娘，被殴打致死。当天上午11点左右，她目睹了被绳索捆绑着的约270名中国人在云南路上被机枪扫射杀害。她在屠杀中失去了五名家庭成员，即丈夫、姐夫、姨侄和妹妹的两个小叔子②。

1937年，卞立芬还是个9岁的小女孩，她的家人在汉口路的难民营避难。她记得，"有一次，我们从张家菜园走过，看到巷口有很多尸体，有的被杀的人血往外冒，血流遍地，日军杀中国人比杀鸡杀鸭还容易"。她还回忆说："金陵大学附近有一个塘，日军把怀疑的男青年，用麻绳把每个人的手拴起来，排队押到塘边跪着，然后用机枪扫射，那些跪的人全部倒在塘里，血染红了塘水。"③毛德林表示，金陵大学校园内有两个万人坑：一个在观礼台西侧，长10米，宽3米，上面覆盖着一层2米高的黄土；另一个在鼓楼一条巷南侧，在后来成为大学木工车间的东端，是一个直径5米的坑，上面覆盖着一层3米厚的土④。

当邱金夫在金银街避难时，他帮助埋葬了在他们房屋里被日军枪杀的和他们同住的一个难民。他们把一个木箱改成了棺材，然后把他埋在房子北面的斜坡上，他发现那里散落着其他18具尸体⑤。李文国在他的证词中也提及，鼓楼三条巷和四条巷到处都有尸体⑥。

1937年时20岁的余杨金华作证说："大约在日军进城后四周左右，有一次，我在鼓楼医院两边的巷内，亲眼看见美国人指挥中国民工，把被日军

---

① 吕刘氏：《吕刘氏陈述其夫吕发林等被日军集体枪杀的结文（1946年4月）》，收录于《1937.12.13——侵华日军南京大屠杀档案》，第147页。
② 《孙贾氏证言》，廖美庆调查记录，收录于《侵华日军南京大屠杀幸存者证言集》，第230页。
③ 《卞立芬证言》，收录于《侵华日军南京大屠杀幸存者证言集》，第335—336页。
④ 《毛德林证言》，高兴祖调查记录，收录于《侵华日军南京大屠杀幸存者证言集》，第321页。
⑤ 《邱金夫证言》，收录于《侵华日军南京大屠杀幸存者证言集》，第142页。
⑥ 《李文国证言》，段月萍、刘柏云调查记录，收录于《侵华日军南京大屠杀幸存者证言集》，第310页。

杀害的一百多个中国人的尸体拖到防空洞里埋了。"① 她的证词可以从詹姆斯·H. 麦考伦写的一封信中得到证实，他是金陵大学医院（当地人俗称鼓楼医院）的总务主任。在 1938 年 1 月 7 日的信中，麦考伦告诉他的朋友：

> 一直无法获得掩埋尸体的许可。我已在医院的防空洞里埋葬了超过 38 人，并在附近的街道上收殓几具，其中大部分是军人，在没有许可的情况下埋葬了他们。生命的损失令人震惊。各个年龄段的男人、女人、儿童，在最轻微或没有明显原因的情况下，被枪杀或用刺刀刺杀。我们看到他们被成百上千地押走，后来机枪声和其他证据向我们宣布了他们的命运。当然，许多人是换上平民服装的前中国军人，但很大一部分人不是，他们的职业、亲属可以证明。但是无法应对日本军队的处理方式，当个别士兵成为指控者、审判者和行刑者时，就丝毫没有办法了。我们只是在事后听说，并从幸存者那里得到情况。②

在 1937 年，阴阳营是宁海路和上海路之间的一条街道，在大方巷以南约 700 米，与大方巷平行。它西接北平路，东接鼓楼一条巷。20 世纪 50 年代初，阴阳营和鼓楼一条巷被拓宽，与北平路一起变成了一条大道，即北京西路。以前的阴阳营是现在北京西路的中间部分。日军攻占南京后，立即在阴阳营地区的池塘边进行了小规模的屠杀。

1945 年 11 月 11 日，于敏恭提交了一份请愿书，称其侄子于明德在阴阳营与许多人一起被枪杀。1937 年秋天，日本飞机轰炸了南京。一枚炸弹落在了大纱帽巷的住宅区，在于家隔壁的房子里爆炸。于家随后搬到阴阳营避难。1937 年 12 月 14 日，日本兵指控时年 18 岁的于明德是中国军人，并在

---

① 《余杨金华证言》，秦景泽、陈玉莲调查记录，收录于《侵华日军南京大屠杀幸存者证言集》，第 67 页。

② James H. McCallum, A letter to friends, January 7, 1938, Correspondence of James Henry & Eva Anderson McCallum, Disciples of Christ Historical Society Library.

阴阳营南面的一个池塘边将他和其他数百人一起枪杀①。

1937年12月，23岁的已婚妇女周凤英和她的10名家庭成员在鼓楼二条巷避难。12月16日，她的5名家人：叔公周必富，51岁；夫兄周永春、36岁，周永寿、33岁，周永财、30岁，周永林、27岁，被指称为中国军人而枪杀②。

> 就在日本兵进城大屠杀的第三天，即冬月十四日，早上八点多钟，有七八个日本兵将我们院子里的难民约一百多人都赶出来，用铁丝网围着，一个一个进行检查，看头上有帽箍的，手上、肩头上有老茧的就拉出来，讲是"中央兵"，叫另站一旁。我家男人们是在止马营种菜的，他们弟兄和叔公手上抓钉耙，肩上挑担子，当然老茧是很厚的。日本兵叫我叔公周必富，夫兄永春、永寿、永财、永林等五人都站出来，说他们是中央兵，"死了死了的"。太阳快落山时，七八个日军将拉出来的百十个人都赶到阴阳营一个池塘边，用机枪扫射死了。几天以后都无人敢收尸。十多天后才由红卍字会将死尸掩埋了。③

婆婆周洪氏在一天之内失去了四个儿子和一个小叔子，这对她来说犹如晴天霹雳，她非常害怕，于是把小儿子周永其和两个孙子藏在天花板里，并把儿媳妇送到专供妇女避难的难民营——金陵女子文理学院。④

法风高的哥哥法风起，26岁，因为手上有老茧而被枪杀。1937年12月，年仅10岁的法风高与他的哥哥姐姐一起到难民区内的青岛路避难。有一天，

---

① 于敏恭：《于敏恭为其侄于明德等被日军枪杀致南京市政府呈文（1945年11月11日）》，收录于《1937.12.13——侵华日军南京大屠杀档案》，第152—153页。
② 《周凤英证言》，马管良、陈裕民调查记录，收录于《侵华日军南京大屠杀幸存者证言集》，第63页。
③ 《周凤英证言》，马管良、陈裕民调查记录，收录于《侵华日军南京大屠杀幸存者证言集》，第63页。
④ 《周凤英证言》，马管良、陈裕民调查记录，收录于《侵华日军南京大屠杀幸存者证言集》，第64页。

日本士兵闯入他们的难民营，将难民分为男、女、老、幼几组，然后将身体强壮的年轻人集中在一起，并将那些头上有帽印、手上有老茧的人抓走。他的哥哥是赶马车的，手上有老茧。就这样，他和200多名青年被捆绑起来，押送到阴阳营附近枪杀。[①]

1937年12月，黄碧如和家人在难民区内的莫干路避难，当时她25岁。有一天，大约上午9点多，她看到在阴阳营街的路口处，有一两百名中国青年被捆绑起来，用绳子连在一起，排成几列，然后日本兵用机枪扫射他们。后来，红十字会的人把他们埋在鼓楼二条巷附近。她的叔叔30多岁，是开饺面馆的，手上有老茧，还剃了光头，因此日本人将他抓走，指控他是中国军人，并在那场阴阳营街屠杀中将其杀害[②]。

葛秀华的家人搬到了阴阳营难民营，在西桥5号避难。大约在上午8点到9点，日本兵来到西桥5号进行搜查。在搜查过程中发现了五支枪，日本兵立即拘捕了屋内的居民，其中大部分是年轻人。她的二哥葛长荣（25岁）也在被拘捕之列[③]。

> 日本兵共抓走了三百多人，把他们一起赶到二条巷、西桥和阴阳营附近水塘的边上。我当时十八岁，已结婚，住池塘附近的宁海路五十八号老婆婆家，他们把我藏在假二楼上。假二楼里能看到外面，外面看不到里面。大约在下午三四点钟，当时天气多云，亲眼看见日军架起机枪，用机枪扫射抓来的三百多人，这些人全部被打死。日军把尸体往池塘里推，池塘里的水染得通红。在这次屠杀中，原住石鼓路的汪家七个叔伯弟兄同时被害，还有我娘家的邻居赵大线家的三个儿子也被杀。[④]

[①]《法风高证言》，蒋琳调查记录，收录于《侵华日军南京大屠杀幸存者证言集》，第267页。
[②]《黄碧如证言》，陈平稳据其口述整理，收录于《侵华日军南京大屠杀幸存者证言集》，第74页。
[③]《葛秀华证言》，秦景泽、陈玉莲调查记录，收录于《侵华日军南京大屠杀幸存者证言集》，第66—67页。
[④]《葛秀华证言》，秦景泽、陈玉莲调查记录，收录于《侵华日军南京大屠杀幸存者证言集》，第67页。

马全忠，当时 30 岁，住在阴阳营附近的金银街。1937 年 12 月 30 日左右，他在他家二楼的窗户看到，日本兵把十几个中国人用绳索连在一起，赶到他家后面的山上。日本兵用刺刀捅死了这十几个人，然后扬长而去①。

王琰当时只有 16 岁，他参与了掩埋遇难者尸体的工作。他说："有一天到阴阳营，看到路北水塘内几乎被尸体填满了，掩埋队就用挠钩拖尸体，拖上来全部埋在阴阳营路南高坡上，数百人埋在一个坑内。"②

五台山与上海路周围的屠杀

五台山位于清凉山以东约 1 英里处，在鼓楼西南 1.5 英里处，是一片丘陵，它的东边有一座佛寺——永庆寺，其历史可以追溯到公元 500 年，该寺曾是五台山难民营的总部。1914 年，在南京的美国居民在五台山上建立了一所美国学校，并称其为山顶上的学校（Hillcrest School），该学校于 1933 年更名为五台山小学。在大屠杀期间，该学校收容了难民。与该市的许多地点一样，日军在五台山及其附近地区大规模处决、任意杀戮。很多人提供了相关这些屠杀的证词与目击者的叙述。

1937 年 12 月，林秀珍随父母迁入金陵大学难民营，当时她只有 9 岁。日军进城后不久，20 至 30 名日本兵突然出现在难民营，将数百名难民赶到院子里。男青年被拉出来，用绳子绑住，排成三行，然后一批一批地，每次 40 到 50 人，押往五台山。总共有一百多个年轻人被押往五台山，用机枪扫射。看到日本兵把难民绑起来，她吓得浑身发抖③。

M. 舍尔·贝茨就 1937 年 12 月 26 日在金陵大学校园发生的情况提供了

---

① 《马全忠证言》，郭立言调查记录，收录于《侵华日军南京大屠杀幸存者证言集》，第 336—337 页。
② 《王琰证言》，收录于《侵华日军南京大屠杀幸存者证言集》，第 299 页。
③ 《林秀珍证言》，刘铭慧调查记录，收录于《侵华日军南京大屠杀幸存者证言集》，第 70 页。

更为详细的信息：

> 登记在主要由妇女居住的中心院落开始。那里男人的数量相对较少，军事当局增加了从新图书馆弄来的2000多人。在科学馆（Swasey Hall）下面的网球场上，聚集着大约3000名男人，其中有200到300人站出来回应讲了半小时的长篇大论，讲话的大意为："所有当过兵或做过劳役的人都到后面去。如果你们自愿出来，会保全你们的生命，会有工作。如果你们不这样做，而在检查时被发现，将被枪毙。"在日本军官的指令下，中国人多次重复简短的讲话。他们是中国人，希望尽可能多地拯救他们的人民，使其免遭其他人作为退役士兵或被错误地指控为退役士兵的命运。H. L. 索尼先生、查尔斯·H. 里格斯先生和我，以及大学的许多中国工作人员都清楚而完完全全地听到了这些讲话。[1]

下午5点左右，这二三百人被日本兵分成两组押走。一组押到汉中门，另一组被押往五台山。1938年1月3日，贝茨采访了两名大屠杀幸存者。在五台山大屠杀中幸存下来的那个人"估计在他的队伍中，有80人被杀，40到50人逃脱；其中一个人被刺刀刺伤，住在图书馆里，可以带他来报告相同的事实"[2]。

约翰·G. 麦琪在鼓楼医院拍摄了五台山大屠杀的另一位幸存者，这位受伤的幸存者正在那里接受治疗。以下是麦琪为这段影像所作的说明：

> 南京被攻占后，日军当局进行登记时承诺如果有人承认当过兵可饶他们不死，因此，进行登记的4000人中有200人挺身站出来。与此同时，

---

[1] M. S. Bates, "Note on Aftermath of Registration at the University", in *The War Conduct of the Japanese*, edited by Shuhsi Hsu, Shanghai: Kelly and Walsh, Limited, 1938, pp. 139-140.

[2] M. S. Bates, "Note on Aftermath of Registration at the University", in *The War Conduct of the Japanese*, edited by Shuhsi Hsu, Shanghai: Kelly and Walsh, Limited, 1938, p. 139-143.

日军还另外抓捕了许多人，尽管他们没有当过兵，直至这群人有300到500人之众。他们被押到五台山附近的一座房屋中，分成10组，用铁丝将双手绑在背后，然后被押出去处决。他听说他们被押解到水西门外面。轮到这个人被押走之前，他和另外3个人设法躲在房屋内的一大堆垫子下面，但是一个人咳嗽，他们被发现了。然后他们被拖到外面，与一群大约20人站在一起，被刺刀捅刺。被捅了最初的几刀后，他晕倒了，但后来恢复了意识，并且连滚带爬到美国学校的房屋那儿，一个中国人解开了他手腕上的铁丝，他躲藏在那儿的排水管中。他最终来到教会医院，发现他有9处刺刀伤口以及手腕上铁丝造成的伤口。他会康复[①]。

朱周氏的证词在一定程度上证实了林秀珍、贝茨和麦琪的上述描述。当日本人到来时，她和丈夫朱才荣（当时28岁）带着两个女儿到离山西路不远的四卫头难民营寻求庇护。就在日军进城后的第三天，日本兵来到难民营，搜捕年轻人。她的丈夫是一名人力车夫，还剃了光头。日本人指称他是中国军人，把他抓走。在得知五台山附近的一个池塘边有不少年轻人被日本兵用机枪杀害后，她去那个池塘边寻找她的丈夫。在池塘里，她看到许多年轻人的尸体，有些人的手还被绑着。她没有找到丈夫，但他再也没有回来[②]。

除了大规模处决之外，一些目击者声称，在五台山地区，个别杀戮的事件就发生在他们眼前。金宏寿的母亲担心她的家，于是离开难民营去查看家里的房子。她很长时间都没有回到难民营。金宏寿想知道发生了什么情况，有人告诉他，他的母亲在五台山的一个防空洞里被日本人杀害了。他去了那个防空洞，发现那里有很多人被杀，他不得不从尸体上踩过去，才找到母亲

[①] John G. Magee, "Introduction to the films", Case 6, Film 4, Folder 7, Box 263, Record Group 8, Special Collection, Yale University Divinity School Library.

[②] 《朱周氏证言》，刘铭慧调查记录，收录于《侵华日军南京大屠杀幸存者证言集》，第228—229页。

的尸体①。1937年12月，李守义和其他几个人躲在五台山的防空洞里。有一天，三个穿军装的中国士兵从那里跑过。没过多久，几名日本兵在追赶中来到了防空洞。由于他们没有追上中国士兵，就直接把三个青年从防空洞里拉出来，用刺刀捅，当晚他们都死了②。苏桂珍，一个18岁的姑娘，在五台山难民营避难。日军进城后的第三天或第四天，她在池塘边捡柴禾时，看到两个马车夫在池塘边的踏板上淘米。两名日本兵路过这里，开枪打死了这两个人，他们的尸体躺在踏板上，头和脚都浸在水里。她在五台山的一个小池塘边目睹了另一场杀戮，一个30多岁的中国人被一个日本兵用刺刀刺中胸部，当场死亡③。日军来时，吴谢氏和丈夫带着三个孩子到五台山难民营避难，她每天都要上山到难民营的粥棚领取食物。

> 日军侵占南京时，我和爱人带三个孩子住五台山难民区内，每天到山上去打粥。1937年12月下旬的一天，那天天气很冷，我出门遇到两个老人，一个是小脚老太，另一个约五十岁的老太。我们一道去打粥，刚走到山坡，迎面来了两个日本兵，拿出光亮亮的刺刀，一个日军扛着锹，见到我们用刺刀把前面一个老太戳死，那个日军就用锹把她掀下坡去，接着又戳另一个老太，又用锹把她掀下去，地上满是血，我穿的衣服上也染了血。当时我吓得半死，两个日军伸头看那两个老太死没死时，我强打精神，一步一步，从日军身后溜走，走没几步就昏死在地上，后来多亏其他难民救了我。④

---

① 《金宏寿证言》，金长贵、马管良调查记录，收录于《侵华日军南京大屠杀幸存者证言集》，第173页。
② 《李守义证言》，毛文蕙、郑倩萍调查记录，收录于《侵华日军南京大屠杀幸存者证言集》，第202页。
③ 《苏桂珍证言》，张志龙调查记录，收录于《侵华日军南京大屠杀幸存者证言集》，第327页。
④ 《吴谢氏证言》，潘秀明、张志、敖祖祯调查记录，收录于《侵华日军南京大屠杀幸存者证言集》，第336页。

1937年12月，毛德林乘车在市内巡查时，看到五台山的一所房屋旁有两米高的尸体堆①。1938年初，沈锡恩参加了一个穆斯林的掩埋队，他作证说，在五台山，他和他的队友们埋葬了他们在附近收殓的尸体②。

五台山以北、横跨广州路的地区在1937年并不像现在这样人口稠密，上海路两边有池塘和树林。美国大使馆的两个院落就位于该地区。日军攻占城市后，包括一位美国外交官在内的目击者证明，这里曾进行了小规模的屠杀。

王锦龙当时18岁，他和家人在难民区内的阴阳营避难。1937年12月底的一个早晨，他独自走到上海路，看到日本兵用绳索捆绑了40多个人。他被这一幕吓坏了，于是躲了起来，大约10分钟后，他听到了一阵枪声。这40多人就这样被机枪打死了③。

日军进城后的第三天，四名日本兵带着步枪、军刀和绳索闯入马鸿有家避难的华新巷6号。他们首先把当时16岁的马鸿有拉出来，让他站在门外。然而，当他们回屋时，他趁机逃跑并躲在一个公共厕所里，在那里他看到士兵把他23岁的大哥马鸿元和20岁的二哥马鸿宝从房屋中抓出来，捆绑起来并押走。他们走后，他立即跑回家通知他父亲。下午1点左右，远处传来机枪声。枪声停后，他和父亲立即前往靠近上海路的山坡上，他们看到周围躺着数百具尸体，但他们没有找到那两兄弟，两兄弟也再没有回来④。

与马鸿有一样，王大铭也在日军的暴行中失去了兄弟。1937年12月14日上午8点左右，日本兵来到王大铭一家在上海路避难的房屋里。他们指称他的弟弟是中国士兵，并将他抓走。12月15日傍晚，日本兵在上海路附近

---

① 《毛德林证言》，高兴祖调查记录，收录于《侵华日军南京大屠杀幸存者证言集》，第321页。
② 《沈锡恩证言》，井升安、刘兴林调查记录，收录于《1937.12.13——侵华日军南京大屠杀史料》，第475页。
③ 《王锦龙证言》，姚彦花调查记录，收录于《侵华日军南京大屠杀幸存者证言集》，第68页。
④ 《马鸿有证言》，井升安、丁亚庆调查记录，收录于《侵华日军南京大屠杀幸存者证言集》，第275页。

用机枪扫射他们拘捕的人①。王大铭的证词在张德发的陈述中得到了印证，他在从难民区回家拿米的路上沿着上海路走，看到了四处散落的尸体②。

朱传安1937年时19岁，是一名铁匠学徒。1937年12月中旬，他看到他师傅的三个儿子、另一位学徒和一名邻居被日本兵拘捕。当天下午5点左右，这五个人在上海路附近被日本人枪杀，尸体被扔进一座池塘。那里的两个池塘里有大约200具尸体③。王瑞屏的丈夫吴必鑫也声称，途经上海路附近的东瓜市池塘时，他"看到许多尸体泡在水里，塘水被血染红了"④。

在美国马里兰州学院公园的国家第二档案馆中收藏的一份美国外文文件在某种程度上可以证实他们的说法。1937年，美国大使馆坐落在上海路82号。1938年1月6日，三名美国外交官返回南京，重新开设大使馆。1938年1月25日，副领事詹姆斯·爱斯比在给国务卿考德尔·赫尔（Cordell Hull, 1871—1955）的一份报告中写道：

> 我们抵达南京的那天，日本人告诉我们不得不在前一天清理掉很多尸体。然而，仍然可以在房屋内、池塘里和偏僻些的街道旁见到尸体。一位美国公民告诉我们，日本兵闯进城南一处住有14口中国人的房舍。他说见到11具尸体，其中妇女据说被先奸后杀。仅有两个小孩和另一个人幸存。前些日子，在使馆附近的小池塘里打捞尸体。捞上来二三十具身着平民服装的中国人的尸体。⑤

---

① 《王大铭证言》，曹义富、陈小敏调查记录，收录于《侵华日军南京大屠杀幸存者证言集》，第283页。

② 《张德发证言》，陈裕民、马管良调查记录，收录于《侵华日军南京大屠杀幸存者证言集》，第285页。

③ 《朱传安证言》，吴大兴、章步锦调查记录，收录于《侵华日军南京大屠杀幸存者证言集》，第310—311页。

④ 《王瑞屏证言》，魏福仲调查记录，收录于《侵华日军南京大屠杀幸存者证言集》，第393页。

⑤ James Espy, "The Conditions at Nanking, January 1938", January 25, 1938, p 9.

在东郊的屠杀

攻打南京城时，日军部队主要从南面、东面与东北面进攻。从南面来的日军攻击的目标为中华门、通济门和光华门，从东北面和东面来的，攻击中国军队在紫金山、中山门和太平门的阵地，以及城北地区。日军山田支队主要由第十三师团第一〇三旅团组成，由山田栴二少将率领，于1937年12月8日从东北方向进攻栖霞山。他们通过栖霞山地区后，便迅速向燕子矶、尧化门推进，最终占领了幕府山和乌龙山。12月7日，第十六师团从东面到达汤山。他们在这里进行了激烈的战斗，然后向麒麟门、马群和仙鹤门进发，在紫金山遭遇到更顽强的抵抗后，到达中山门和太平门。

正如当地居民和农民提供的证词那样，日军在所到之处及所占领的地区都犯下暴行，屠杀身强力壮的男性平民和军人。尽管日本人禁止外国人出城，但德国商人克里斯卿·克罗格于1937年12月28日开车出城，前往南京东北约11英里的栖霞山，并用文字记录了他在旅途中见到的情况：

> 12月28日第一次去栖霞山的旅途令我震惊。尽管我们被严格禁止出城，但由于我急需食物，所以无论如何我也要开车出去。中国军队撤离时已经烧毁了房屋和村庄。然而，日军也不甘示弱，继续大规模放火，不分青红皂白地枪杀田间地头的农民、妇女、儿童，这一切都是在"找出邪恶的中国军人"的口号下进行的。在田野里和马路上横陈着很多被狗、乌鸦和喜鹊咬啮的水牛、马和骡子的死尸。白天，农民们携带着行李逃到山上，只有老年妇女和老汉留下，但即使这些老人也受到威胁。开了一个小时的车，我甚至没有见到一个人，即使在大的村庄也是如此。所有的一切均被烧毁，打死，或在汽车接近时，早已逃离。在千佛岩上建立起一座由一万多周围地区的农民组成的大型难民营。

> 然而，日本兵在此也没有歇手。他们在这里不加区别地将年轻人抓

走枪杀，强奸姑娘，尤其在没有医疗条件的地方，醉醺醺的日本兵用刺刀刺杀或捅刺任何看着不顺眼的人，以此取乐。①

美国传教士约翰·麦琪在1938年2月中旬对栖霞山进行了一次类似的查访，当地的"一位代表说在10到20里方圆的范围内，他计算有700到800名平民被杀害，其他人也同意这样的估计。那么让我们称这为5英里见方，或25平方英里。他们说30到40岁的妇女被强奸的案子不计其数，也听说10岁的女孩被强奸的"②。

当地幸存者和目击者提供的证词对个别案件做了更详细和具体的描述。张吴氏，34岁，住在栖霞山地区一个叫保太街的村子里。她被日军扣押，为他们喂马。1937年12月中旬，她看到日军俘虏了16名中国士兵，并将他们枪杀。后来她回到自己的村庄，发现日军正在那儿"清剿"。她设法躲到别的地方去。日本人离开后，她回到村里，看到村子里到处都是尸体，大约有100人被杀③。

1937年冬天，日本人来时，15岁的李德标随父亲搬到了栖霞寺的难民营。有一天，他在寺外看到日本兵押着27名身体强壮的年轻男子。后来，他得知，这些人被发现头上有帽印，手上有老茧，因此被指控为中国军人，并被押送到长江边，用机枪扫射杀害④。

1937年时，栖霞山地区岗下村的农民徐周氏31岁，她讲述了一生最糟糕的经历。她在日军的暴行中失去了丈夫王立顺。她的丈夫是在南京工作的鞋匠，当日本人逼近时，他回到了自己的妻子身边。1937年12月16日，

---

① Christian Jakob Kröger, "A report by Christian Kröger, treasurer of the Zone Committee", January 13, 1938, in *The Good Man of Nanking: The Diaries of John Rabe*, pp. 144-145.

② John G. Magee, "Report of a Trip to Tsih Hsia Shan by John G. Magee", February 16-17, 1938, Box 102, Record Group 10, Special Collection, Yale University Divinity School Library.

③ 《张吴氏证言》，贺家宝、沈珍昌调查记录，收录于《侵华日军南京大屠杀幸存者证言集》，第418页。

④ 《李德标证言》，周士发调查记录，收录于《侵华日军南京大屠杀幸存者证言集》，第300—301页。

日军来到他们的家乡进行"扫荡"。得知日本人要来，村民们纷纷逃到村外躲藏。徐氏夫妇已经逃出了村子，但由于她丈夫照顾的两个10岁和4岁的孤儿表妹跑不快，他们被日本人挡了回来①。

> 我们回到村头，看见场上架着机枪，田里跪着七八十号人。我们也被押到这群人里面去了。日军持枪挥刀，叽里呱啦喊叫，撕人衣襟，摘人礼帽，要找"中央军"。他们用刀背在我颈子上拖，吓得我直哆嗦。又把立顺从人群中拉了出去进行检查。立顺是做鞋匠的，成天修绱鞋，手上当然有老茧，又是"白面书生"，块头又大，日军怀疑他。我再怎么求情，日军也不理睬，他们将我丈夫和二十多个年轻人带走，在陈家窑村前用机枪扫射死了。
>
> 立顺当时才32岁，多年轻啊！晚上，我用竹床把尸体抬回。惨啊，他浑身是血，腋下被打穿了，手臂被砍了两刀，手指被砍掉三个。我抱着立顺哭得死去活来！②

陈国兴的证词证实了徐周氏的说法。他说，1937年12月，日军押着大批他们拘捕的人经过他的村庄——陈家窑村。随后，日本人在村前架起了机枪，将这些被拘捕的人扫射杀害。附近村庄的受害者亲属悄悄地收回了尸体，但过了相当长的一段时间，仍有30多具尸体没有人认领。随后，陈国兴与其他三人一起做了一项慈善工作，掩埋了这些尸体。一大片田地上布满了尸体，都是20至30岁身强力壮的年轻人，到处都是血渍。陈国兴等人挖了一个大坑，用绳子绑住他们的脚，把他们拖进坑里，然后再按顺序一层一层地放好，再盖上土做个大土堆③。

---

① 《徐周氏证言》，李家坤调查记录，收录于《1937.12.13——侵华日军南京大屠杀史料》，第458页。

② 《徐周氏证言》，李家坤调查记录，收录于《1937.12.13——侵华日军南京大屠杀史料》，第458页。

③ 《陈国兴证言》，李家坤调查记录，收录于《侵华日军南京大屠杀幸存者证言集》，第430页。

汤山镇位于栖霞山东南约 9 英里、南京以东 15 英里处，是防守或进攻南京的战略要地。因此，这里发生了激烈的战斗，周围也发生了大规模屠杀。根据彭问松 1946 年 5 月 15 日提交的书面证词，从 1937 年 12 月到 1938 年 2 月，有 230 多名汤山居民被日军杀害[①]。

附近的村庄也发生了屠杀。许巷村是陈光秀的出生地，该村位于汤山附近的公路旁，约有 200 户人家。1937 年 12 月 10 日，几个日本兵在公路沿线收电话线，遇到了陈光秀的父亲陈智松，当时他正在去打谷场运干草准备回家喂牛的路上。日本人当场将他击毙。12 月 16 日，大批日军出现在村子里，在村西头拘捕了大约 100 名年轻人，其中包括陈光秀 16 岁的弟弟陈光东[②]。

> 这些大约一百名青年被押往路边属于陈家的 0.8 亩（50 平方米）稻田。……
>
> 由于稻田太小，部分稻田在土岭的拐角处呈 L 型倾斜。青年们被逼着面对面跪成两排。士兵们包围了他们，突然开始用刺刀杀死他们。一些年轻人没有被当场杀死，而是在哭喊求救时被刺了好几刀。
>
> 只有一个年轻人在这场大屠杀中毫发无损，他是一个名叫崔义财的煤矿工人。日本兵恰好没有刺伤他，但他和其他人一起倒下，装死，其他受害者的血溅到他身上，没有人注意到。另外两个年轻人，刘应谄和时先，身上的伤口没有伤到要害器官，他们后来得到治疗而得救。在大约一百个年轻人中，只有这三个人幸存。[③]

显然，日本军队所到之处，即使是在偏远的乡村，都大肆杀戮。1937 年，高平 25 岁，住在南京以东约 11 英里的青龙山附近的一个村庄。她作证说，

---

① 彭问松：《彭问松关于日军在汤山屠杀暴行的陈述书（1946 年 5 月 15 日）》，收录于《1937.12.13——侵华日军南京大屠杀档案》，第 269—270 页。

② 《陈光秀证言》，郭立言调查记录，收录于《1937.12.13——侵华日军南京大屠杀史料》，第 446 页。

③ Katsuichi Honda, *The Nanjing Massacre*, pp. 202-203.

日本军队来到她的村子后，她看到他们把 30 多个村民赶到一个碾米厂，并在那里杀害了他们[①]。邵翰珍住在马群附近的青马村，位于南京东面约 4 英里处。日军经过她居住的村庄时，逢人就抓，逢人就杀，她的父亲邵锦晴、爷爷邵才潮和舅舅任发和都被日本人枪杀[②]。

1945 年 12 月 31 日，毛贾氏向南京市市长马超俊递交了一份请愿书，内容是关于她的儿子毛汉卿被日军杀害。她的儿子在南京东北约 6 英里处的仙鹤门开了一家名为毛森字号煤炭窑货店的煤炭店。日本人来之前，他的儿子和其他几个人躲在离仙鹤门约 3 英里的山上。1937 年 12 月 16 日下午 3 点左右，他和其他五人在藏身之处被杀害，并被日本人扔进了池塘[③]。

陆玉华一家 8 口人住在南京城东 3 英里的中山陵区。随着日军的逼近，她的家庭成员分散到其他地方避难，留下 62 岁的父亲陆松林照看他们的家。日军在进攻南京的途中经过他们的房屋，看到门边的老人。他们把这个对人毫无伤害的老人抓走枪杀[④]。葛金银 60 多岁的父母葛步广和葛沈氏也留在板仓村照看他们的房子，板仓村和陆玉华的家在同一地区。日本兵强迫葛金银的父亲搬运炊具，并因为他走得不够快而将他枪杀。他的母亲也在自家院子里被枪杀[⑤]。易亚祖在 1945 年 12 月 2 日提交的宣誓书中作证，他曾亲眼看见易吴氏与其他 50 人于 1937 年 12 月 13 日在孝陵区太平乡被枪杀[⑥]。

根据日本军人留下的日记，日本人在该地区的许多地方处决了他们俘

---

① 《高平证言》，陈家荣调查记录，收录于《侵华日军南京大屠杀幸存者证言集》，第 388 页。
② 《邵翰珍证言》，杨大福、孙守荣调查记录，收录于《侵华日军南京大屠杀幸存者证言集》，第 79 页。
③ 毛贾氏：《毛贾氏为其子被日军杀害致南京市市长呈文（1945 年 12 月 31 日）》，收录于《1937.12.13——侵华日军南京大屠杀档案》，第 129 页。
④ 《陆玉华证言》，曹义富、陈小敏、吕郎坤调查记录，收录于《侵华日军南京大屠杀幸存者证言集》，第 78 页。
⑤ 《葛金银证言》，邓泽民、张兆富调查记录，收录于《1937.12.13——侵华日军南京大屠杀史料》，第 450 页。
⑥ 易亚祖：《易亚祖陈述易吴氏等被日军集体枪杀的结文（1945 年 12 月 2 日）》，收录于《1937.12.13——侵华日军南京大屠杀史料》，第 138 页。

虏的中国军人。日军第十六师团师团长中岛今朝吾（Kesago Nakajima, 1881—1945）在1937年12月13日的日记中写道：

> 事后得知，仅佐佐木的部队就处置了约15000人，在太平门守卫的中队长处置了1300人。约有七八千人聚集在仙鹤门附近。此外，还有更多的人不断前来投降。
>
> 为了处置上述七八千人，我们需要一条巨大的沟壕，但这很难找到。我们事先决定将他们分成100或200人的小队，然后押解他们到合适的地点处置。①

北山奥（Atau Kitayama），32岁，是第十六师团下属第二十步兵联队第三机枪分队的士兵。他在1937年12月14日的日记中记录了机枪分队前往紫金山进行"扫荡"的情况。"他们解除了大约800名残敌的武装，并将他们全部击毙。"②第十六师团第二十联队第三中队一等兵东史郎在他的日记中指出，大约有7000名投降的中国士兵在麒麟门地区被处决。他的部队于1937年12月14日上午11点左右进入南京城，但他们在当天晚些时候奉命回到麒麟门地区，拘押大量的中国投降士兵。天黑后，他看到约有7000名被解除武装的中国士兵坐在田里。当晚，这些俘虏被押到下麒麟村，在那里被关押了一夜③。

> 第二天早上，我们接到命令去马群镇，在那里守卫。当我们在马群

---

① ［日］中岛今朝吾（Kesago Nakajima）：『中島今朝吾日記』，收录于『南京戦史資料集』，南京战史编辑委员会编纂，东京：偕行社1989年版，第326页。

② ［日］北山与（Atau Kitayama）：『北山日記』，收录于井口和起（Iguchi Kazuki）、木阪顺一郎（Junichiro Kisaka）、下里正树（Masaki Shimozato）编辑的『南京事件：京都師団関係資料集』，东京：青木书店1989年版，第71页。

③ ［日］东史郎（Shiro Azuma）：『東日記』，收录于井口和起、木阪顺一郎、下里正树编辑的『南京事件：京都師団関係資料集』，东京：青木书店1989年版，第303—304页。

镇守卫的时候，得知这些俘虏被分到了不同的中队，每个中队有两三百人，他们分别被处决。

据说，命令将他们中唯一的军医留下不杀，因为他知道中国军队将食物藏在哪里。我们不明白他们为什么要把这么多俘虏杀掉。但我觉得这太不人道了，太残酷了。我很难理解，觉得这是不应该做的事情。7000人的生命瞬间从地球上抹去，这是一个无可辩驳的事实。[①]

22岁的上羽武一郎是日军第十六师团的一名卫生兵，他在1937年12月21日的日记中描述，当他们在去中山陵参观战场的路上，"我看到了大约500具被枪杀的尸体，尸体堆积在太平门门口，惨不忍睹"[②]。1938年春天，林秀珍9岁。她在1984年作证说，她的家人从难民区回到御史廊的家后，她跟着大人经太平门出城：

有时跟大人到太平门外，看到东西两侧下坡处，有手拿红卍字会小旗的人，把被日军杀害的中国人尸首，像堆麻袋似的堆起了一个大堆，上面用土厚厚地盖着，远看像两座小土房子，每个堆大约有二十几个立方米，上面插上一块长约五尺左右，宽约四五寸的木牌，上面用墨笔写有字，现在已记不清写的什么字了，但这个情景，我记得很清楚，真惨呀！[③]

红卍字会的掩埋记录证实了林秀珍的证词。1938年3月27日，红卍字会

[①] [日]东史郎(Shiro Azuma):『東日記』，收录于井口和起、木阪顺一郎、下里正树编辑的『南京事件：京都師団関係資料集』，东京：青木书店1989年版，第304—305页。

[②] [日]上羽武一郎(Takeichiro Ueba):『上羽武一郎阵中日记』，收录于井口和起、木阪顺一郎、下里正树编辑的『南京事件：京都師団関係資料集』，东京：青木书店1989年版，第31页。

[③] 《林秀珍证言》，刘铭慧调查记录，收录于《侵华日军南京大屠杀幸存者证言集》，第70页。

将500具尸体埋在太平门外的城墙脚下。由于尸体早已腐烂，就地将之掩埋①。

1938年2月17日，在给德国驻汉口大使馆的一份关于南京局势的报告中，德国外交官保罗·莎芬伯格（Paul Scharffenberg, 1873—1938）写道，两天前：

> 我们获准开车出城进入中山陵园区，到达了游泳池。宝塔附近的道路两旁美丽的垂杨柳均遭砍伐，几乎所有的别墅都被焚毁。我们无法步行进入这个区域，因为四处仍横陈着许多已经发黑，被狗咬得残缺不全的尸体。②

1938年4月2日，明妮·魏特琳在她的日记中记录："罗森博士报告说，国家公园那里还有许多没有掩埋的中国军人的尸体，希望中国人的团体愿意去掩埋那些尸体。"③ 1938年5月11日，魏特琳在中山陵园采摘玫瑰花，在当天的日记中，她写道："从沿途各处闻到的气味，我们能判断出那儿还有未掩埋的尸体——可能是遗留在不远处灌木丛中的中国军人的尸体。日本兵阵亡的地方留有标记。"④

1938年12月，当地村民向伪市政府报告，在中山门外的灵谷寺、马群、中山陵园和茆山一带，有3000多具尚未掩埋的尸体。因此，政府派出了掩埋小组，用了40天时间，花费了909元来收殓遗体，并将3000多具尸体埋在灵谷寺东边的空地上。1939年1月，伪南京市市长高冠吾为该墓的墓碑撰

---

① 《世界红卍字会南京分会救济队掩埋组掩埋尸体具数统计表》，收录于《1937.12.13——侵华日军南京大屠杀档案》，第458页。

② Paul Scharffenberg, "A memorandum of Chancellor Scharffenberg for the German Embassy in Hankow", February 17, 1938, in "The Good Man of Nanking: The Diaries of John Rabe", New York：Alfred A. Knopf, 1998, p. 198.

③ Minnie Vautrin, Diaries, April 2, 1938, Minnie Vautrin Papers, Disciples of Christ Historical Society Library, Nashville, TN.

④ Minnie Vautrin, Diaries, May 11, 1938, Minnie Vautrin Papers, Disciples of Christ Historical Society Library, Nashville, TN.

写了墓文，伪市政府也在 1939 年 5 月举行了悼念仪式①。

在南郊的杀戮

日军第六师团、第一一四师团、第三师团和第九师团从西南面、南面和东南方向进攻南京。1937 年 12 月 8 日，第六师团的一部到达南京以南 13 英里的秣陵关，在接下来的几天里，这支部队通过牛首山、铁心桥和雨花台，向中华门推进。第六师团的另一部则在秣陵关以南数英里处向西转，攻击江宁镇。这支部队通过板桥镇、西善桥和沙洲圩，继续向水西门外的地区进攻。同时，在南京东南约 20 英里的淳化镇，第一一四师向东山镇、岔路口、雨花台进军，到达中华门和通济门外。第三师团和第九师团从淳化镇出发，沿上坊镇、高桥门和大校场军用机场，向光华门方向攻击。这些部队也在进军途中残暴地对待被解除武装的中国军人和平民。

1945 年，宋锦章提交了一份报告，讲述了他目睹的日军在秣陵关镇的暴行：一个姓张的家庭有六人被杀害；日本兵强迫八九个老头、老太为他们挑运东西，但这些人都太老了，无法完成任务，日本兵认为他们不肯挑，于是用刺刀将他们全部捅死；还有九名中国战俘被处决。"次日中午，把我们的战士代［带］到镇北空野地方，每人拿一把铲子在挖坑，替自己做坟墓。坑挖好后，每人跪在坑前，敌寇在后面枪早准备，敌官指挥刀一举，枪声齐发，可怜的我忠勇战士都死于非命。"②当时住在秣陵关的还有谢长荣一家四口。日本兵开枪打死了他的父亲，打伤了他的弟弟。此外，他还目睹了三个邻居

---

① 《日伪南京特别市政府卫生局六月份事业报告书节录（1939 年 6 月）》，收录于《1937.12.13——侵华日军南京大屠杀档案》；《日伪南京市督办高冠吾书写的〈无主孤魂碑〉碑文（1939 年 1 月）》，第 127—128 页。

② 宋锦章：《宋锦章陈述日军在秣陵镇烧杀情况的报告（1945 年）》，收录于《1937.12.13——侵华日军南京大屠杀档案》，第 137 页。

被日本人用刺刀捅死①。

江宁镇位于南京西南约 14 英里处。1937 年，因为战争离南京越来越近，20 岁的裁缝蒋行春从城市搬回了他的家乡——江宁镇附近的韩家村。日军到达时，烧毁了村里的房屋，他不得不再次搬到离村子 2 英里远的山上。两天后，当得知日军在江宁屠杀了 400 多人的消息后，他冒险去了一趟镇上，在那里他看到了一个堆满尸体的池塘。他很害怕，不敢再住在那里，于是就搬到中华门外的哥哥家里住②。

皇甫泽生是个 26 岁的中国军人。中国城防崩溃后，他跟随其他人来到下关江边，却发现没有任何船只可以渡他们过河。然后，他和其他数百名士兵一起向南走到上新河，在那里他们被日本人俘虏，并被押送到南京西南约 8.5 英里的板桥镇外的一个山谷。日本兵用机枪扫射他们，然后用刺刀捅死那些仍然活着的人。皇甫泽生在一堆尸体下，设法保持不动，所以才幸存了下来。一个多小时后，四周没有了动静，他爬了出来。他毫发无损地活了下来，但发现其他数百人都被杀害了③。

与皇甫泽生一样，张正业也是一场大屠杀的幸存者，不过他的生存经历与皇甫泽生大不相同。22 岁的张正业是中国教导总队的一名士兵。1937 年 12 月 12 日，他也跟着人群来到江边，但没有希望逃到江北。第二天清晨，他向南走，下午 2 点左右到达离南京到当涂的公路不远的一座村庄，在那里他被日军扣押，并被押送到路边的一所房子。在房子前等待时，更多人被拘捕押解到那里。到日落时分，被扣押的人数达到 131 人，有 60 至 70 名日本兵看守他们。日本人搜他们的身，抢走他们的钱财物品，然后将他们关进房屋中，锁上大门。大约晚上 7 点，日本人开门，一次放几个人出去。出门的

---

① 《谢长荣证言》，项如常、万惠华、夏龙生调查记录，收录于《侵华日军南京大屠杀幸存者证言集》，第 183—184 页。

② 《蒋行春证言》，申全英、章厚之调查记录，收录于《侵华日军南京大屠杀幸存者证言集》，第 412 页。

③ 《皇甫泽生证言》，段月萍据皇甫泽生 1987 年来信整理，收录于《侵华日军南京大屠杀幸存者证言集》，第 84—85 页。

那一刻，几个日本兵过来，用绳子将他们捆绑，然后押走。之后没有枪声，关在里面的俘虏意识到，被放出去的人被刺刀刺杀了。这个过程不断重复，直至日军杀害了70或80人。剩下的俘虏开始扔砖头，试图冲出去，但没有成功。与此同时，日本人开始用机枪扫射，并向屋内投掷燃烧的干草捆。蹲在角落里的张正业没有受伤。烟雾使每个人感到窒息，于是一个俘虏用椅子砸开窗户，跳了出去。另一个俘虏紧随其后。在黑暗的掩护下，在日本人一边追赶、一边向这两名逃跑者开枪的骚乱中，张正业成功地跳出了窗户，没有引起太多的注意。因此，他存活下来，讲述了他的经历[①]。

在日本人到来之前，胡秀兰和她的丈夫李福成从南京搬回了她的家乡铁心桥，铁心桥在南京南面，离城约4英里。日本人一来，就在村里搜寻年轻人。她的丈夫当时24岁，与其他12人一起被日本士兵抓走。日本人强迫他们挖坑，然后让他们跪下，用机枪扫射，再用刺刀捅杀。一颗子弹擦过她丈夫的鼻子，他掉进了坑里，12具尸体压在他身上。尽管受了三处刺刀伤，但他仍活着，并设法爬回了家[②]。

孙成英是铁心桥附近王家凹村的一名16岁女孩。当日军逼近时，她和家人躲在附近的一座山上。日军离开后，他们下山回到村里，发现同村的王根在自家门前被杀，浑身是血。他60多岁了，死于致命的刺刀伤。另一名妇女王茂，40多岁，腹部有两处刺刀伤，头部有一个弹孔。躺在她身边的是她两岁的女儿，也被杀害了[③]。

日军途经的村镇都有类似的事件发生。1937年，傅左金住在西善桥附近的一个村庄，西善桥是南京西南6英里的一座小镇。听村民说日军要来了，傅左金就和其他人一起，带着妻子和母亲躲藏到附近的一座山上。日本人烧毁了他在村里的房屋，包括他和几个邻居的房子。当天晚上，他们去另一座

[①]《张正业证言》，张道远1987年调查记录，收录于《侵华日军南京大屠杀幸存者证言集》，第80—82页。

[②]《胡秀兰证言》，王有堂、巫光民、刘镇西调查记录，收录于《侵华日军南京大屠杀幸存者证言集》，第79—80页。

[③]《孙成英证言》，收录于《侵华日军南京大屠杀幸存者证言集》，第85页。

村庄与岳父母住在一起，但日军在第二天下午跟踪而至。他的岳父给了他30块钱，劝他们逃走，但他的岳父岳母却留在原地，结局悲惨：日本人砍掉了岳父的脑袋，打伤了岳母，几年后岳母也去世了。他还目睹了几百名老百姓在镇上的一块空地上被机枪扫射①。

1937年12月9日，日军抵达南京南门外的地区，这里人口稠密。尽管大量的居民已经疏散到城里和难民区，但仍有相当多的居民，特别是老人，根据以往的经验，他们认为战争不会伤害到他们。但是这一次，他们错了。

31岁的刘松松是一名人力车夫，1937年12月15日，他被日军拉走，从中华门运送弹药到13英里外的秣陵关。一路上，他看到无数的尸体，有时，他的人力车不得不从尸体上碾过。在这些死者中，他看到一个80多岁的被刺刀捅死的老人②。1938年3月，盛文治途经同一地区，虽然方向相反，从乡村到南京。在经过马家店、大定坊和铁心桥等地时，他看到路边有数百具尸体和马的残骸。那些已被鹰和狗啃咬的尸体，由于腐烂而变得支离破碎，颜色发黑。空气中弥漫着难以忍受的恶臭③。

由于许多当地平民在这些地区被屠杀，不少居民提交了请愿书、宣誓书，或提供了证词，说明他们的家人和邻居在侵华日军手中惨遭杀害的情况。1937年，孙育才9岁，他家住在雨花台地区的西羊巷。12月12日，当日军到达该地区时，居民们拼命躲藏。在附近的一个马厩里，有一个地下洞穴，包括他的父母、姐姐、弟弟和他本人在内的27人都藏在里面。当天下午5点左右，日本兵发现了洞口，并用烟熏将躲藏的居民逼出来。当人们从洞里出来时，日本

---

① 《傅左金证言》，郑兴仁、刘芳调查记录，收录于《侵华日军南京大屠杀幸存者证言集》，第244—245页。

② 《刘松松证言》，沈崇峰、王佩如调查记录，收录于《侵华日军南京大屠杀幸存者证言集》，第153页。

③ 盛文治：《市民盛文治请求派员掩埋乡野尸骨致伪南京市自治委员会救济组呈文（1938年3月4日）南京市档案馆文件编号No. 1002/5/437，转引自《南京大屠杀史料集：5. 遇难者的尸体掩埋》，第301—302页。

兵用刺刀一个个捅杀他们，甚至年幼的孩子也不放过。总共有 22 人被杀①。

1946 年 5 月，杨椿林为他的母亲和哥哥被日本兵杀害而提交了一份请愿书。1937 年 12 月 12 日，十几个日本兵来到他位于雨花路 107 号的家中，强迫他的母亲杨何氏和哥哥杨椿怀为他们做饭。饭后，他们枪杀了他的母亲和哥哥，并用刺刀刺伤了他的嫂子②。

1946 年 7 月 28 日，李熊氏在一份调查报告中说，1937 年 12 月 13 日，五个日本兵来到她位于扫帚巷 11 号的住所，将她的丈夫李开发和其他四名在住所避难的人捆绑起来，然后将他们押到雨花台枪杀③。

岳松寿 30 岁时，日本人来到虎踞关，把他的祖父关在那里。他们强迫他为他们搬运棉被。他的家人有一段时间不知道他的下落，直至一个熟人来告诉他们，在中华门外看到了他祖父的尸体，并要他们去那里核实。不幸的是，那确实是他的祖父，他的脸上还在流血。家人掩埋了他的尸体④。

在这一地区，有几座佛教寺庙，日本人闯入每一座庙宇进行搜查，里面的人，包括僧侣、尼姑，均遭枪杀。长生寺位于中华门外的方家巷。1937 年 12 月 12 日，日本兵闯入该寺，抓走 19 名僧人，并将他们和数目不详的当地平民枪杀。这场屠杀的目击者是该寺的一名僧人，名叫海龙。他躲在地藏王菩萨的神龛里，幸免于难⑤。

日军逼近南京时，30 多名当地居民在通济门外四方城 1 号的龙华寺地下室避难。1937 年 12 月 13 日，日本兵来了，屠杀了平民和僧人，其中包括

---

① 《孙育才证言》，殷冬梅、于凤林调查记录，收录于《1937.12.13——侵华日军南京大屠杀史料》，第 464 页。

② 杨椿林：《杨椿林为其母杨何氏等被枪杀致养虎巷警察所呈文（1946 年）》，收录于《1937.12.13——侵华日军南京大屠杀档案》，第 271—272 页。

③ 《李开发等在雨花台被日军集体枪杀的调查表节录（1946 年 7 月 28 日）》，收录于《1937.12.13——侵华日军南京大屠杀档案》，第 126 页。

④ 《岳松寿证言》，徐诚、吴义梅调查记录，收录于《侵华日军南京大屠杀幸存者证言集》，第 239 页。

⑤ 《日军在长生寺集体杀害市民的调查表节录（1946 年 7 月 20 日）》，收录于《1937.12.13——侵华日军南京大屠杀档案》，第 158—159 页。

心慈和尚①。

1945年12月8日，芮芳缘、张鸿儒和杨广才就他们在中华门外收敛掩埋尸体提交了一份结文。芮芳缘眼见尸横遍野，惨不忍睹，便与红卍字会联系，将受害者的尸体加以掩埋。

> 红卍字会负责人介绍至第一区公所救济组领得红卍字旗帜及符号等件，后即集合避难归来之热心人士三十余人，组织义务掩埋队，于初六日开始掩埋工作。由南门外附廓至花神庙一带，经四十余日之积极工作，计掩埋难民尸体五千余具，又在兵工厂宿舍二楼三楼上经掩埋国军兵士尸体二千余具，分别埋葬雨花台山下及望江矶、花神庙等处，现有骨堆可证。②

在城区南部的杀戮

1937年12月13日上午，日军经中华门、水西门、通济门和光华门进入南京。进城后，日军即在人口稠密的城南街道上进行清剿，搜寻身体强健的年轻男性。但在"清剿"的过程中，他们逢人便杀，不管男女，不分老幼。由于大量居民迁入难民区，只留下年长的家庭成员照看家舍，因此，许多老人，有的已经80多岁，也被杀害，各方人士提供的证词可以作证。

1937年，史学慧17岁，家住中华门内的信府苑10号。12月13日，她63岁的父亲史尔孝被日本人枪杀。当天，大批日本兵在城南挨家挨户搜查，搜寻中国军人。当时，她的母亲、两个姐姐和她自己都去了不同的地方寻求庇护，她的父亲别无选择，只能留在家里看家。"日军查到我家，一进门就

---

① 《日军在龙华寺集体屠杀的调查表节录（1946年7月26日）》，收录于《1937.12.13——侵华日军南京大屠杀档案》，第160页。
② 芮芳缘、张鸿儒、杨广才：《芮芳缘、张鸿儒、杨广才陈述日军在中华门、花神庙一带集体屠杀市民的结文（1945年12月8日）》，收录于《1937.12.13——侵华日军南京大屠杀档案》，第125页。

对准我父亲开枪，我父亲当时倒在血泊中，当时我父亲虽未断气，但伤势很重，既无人救护，又得不到治疗，第三天就愤然去世了。"①

1937年冬天，傅永成刚满10岁。他的家人没有办法离开避难，就待在长乐街的住所里。他回忆说：

> 我在街上，看见日军用枪将一位在街头卖元宵的人打死，我父亲听到枪声，就把我喊回家，将大门关好顶上，日军将我家门劈开，把我父亲傅寿琪拖到街上枪杀了。日军还把我们院子里一个姓查的男子拖出去，用刀将头颅砍开，查的母亲见儿子被日军杀死，就和日军拼命，也被日军用脚活活踢死。日军把我也拉出来，将我的裤子脱下来，见是男孩，才免遭残害。我们长乐街共被日军杀害了二十余人，日军将这些尸体集中起来，放火烧掉，以毁尸灭迹。②

1937年冬天的一天，一群全副武装的日本兵来到玉带巷24号，这是当时10岁的赵克珍的家。她的母亲虽然害怕得发抖，但还是设法用一碗茶来迎接他们，但回复她迎接的却是刺刀。她的胸部被刺刀刺中，当场死在血泊中。然后日本兵砸开了隔壁邻居的门，一个白胡子老头从里面走了出来。他还没来得及说一句话，就被刺刀刺中，倒在地上，发出痛苦的叫声。听到尖叫声，他的儿子急忙跑出去查看发生了什么。他一露面就被枪杀了。就这样，在很短的时间内，日本兵将玉带巷一带的五户人家变成了血海，杀死了13人③。

1946年7月18日，一份关于武定门大街444号正觉寺僧人被屠杀的调查报告显示，1937年12月13日，日本兵到达该寺时，寺内有15名僧人。

---

① 《史学慧证言》，林佩秋、陈声华调查记录，收录于《侵华日军南京大屠杀幸存者证言集》，第185页。
② 《傅永成证言》，王天柱、达式宏调查记录，收录于《侵华日军南京大屠杀幸存者证言集》，第170页。
③ 《赵克珍证言》，蒯世钢调查记录，收录于《侵华日军南京大屠杀幸存者证言集》，第180—181页。

僧人被赶到寺院内的空地上，用步枪枪杀或用刺刀捅死。与僧侣一起被屠杀的还有其他姓名不详的 30 多人，他们都是来寺里避难的①。

1945 年 12 月 24 日，刘康林向南京市政府提交了一份关于他的父母、弟弟和妹妹的请愿书，他们都在家中被日本人杀害。日军进城时，刘康林不在家，他在警察局担任消防员，他的家人住在石观音棚户 21 号的房子里。因为太穷，他们无法搬到其他地方避难。1937 年 12 月 13 日，日本兵闯入他们的房子，杀害了他的父亲刘家兴（54 岁）、母亲刘魏氏（46 岁）、弟弟刘康余（12 岁）和妹妹刘小明（仅 5 岁）②。

陈俊的家庭所遭受的血腥杀戮比刘康林的更悲惨。在 1945 年 12 月 19 日提交的一份宣誓书中，陈俊复述了他祖母临终前所说的话，主要是关于前往难民区途中被杀害的家庭成员的情况。他的祖母陈沈氏腰部和大腿上有严重的刺刀伤，当时还在流血，她告诉他以下内容：

> 陈沈氏刀伤腰股，血流至足。询其伤之故，该氏泪如雨下而言曰：民国二十六年十二月十三日早上，由小党家巷六号家中出来，到难民区去，率同次子陈星北、次媳陈王氏、孙顺生、孙女婉如四人，走至老王府路中，遇敌十二人。有四敌将次子陈星北拉走，二敌将陈沈氏拖倒地上，又一敌因孙顺生哭叫，以刀杀颈喉而死。孩［孙］女婉如哭得死去活来，敌脚踢之，又以衣服塞其口闷死。其余敌人群围次媳陈王氏，欲强迫非礼，撕其小衣不从，敌怒刺刀乱戳，戳得肉挂肠出，拒奸受酷刑而死。敌等鸟兽散，各以刺刀刺我腰股，今来求治，恐怕伤重死在旦夕也。③

---

① 《日军在正觉寺集体屠杀的调查表节录（1946 年 7 月 18 日）》，收录于《1937.12.13——侵华日军南京大屠杀档案》，第 163 页。

② 刘康林：《刘康林为其父刘家兴等被日军杀死致南京市政府呈文（1945 年 12 月 24 日）》，收录于《1937.12.13——侵华日军南京大屠杀档案》，第 248 页。

③ 陈俊：《陈俊陈述其祖母陈沈氏等被日军杀害的结文（1945 年 12 月 19 日）》，收录于《1937.12.13——侵华日军南京大屠杀档案》，第 243—244 页。

1938年3月10日，日本兵仍在光天化日之下到处杀戮。美国传教士W. P. 米尔斯对发生在中华门内门西地区的谋杀案进行了调查并立案：

> 3月10日晚上8点左右，五个身穿蓝黄相间制服的日本兵来到门西的蔡家。两个士兵在外面放哨，另外三个士兵则进屋要钱。全家人都跪下来求饶。三个士兵在房门前放了一个木梯子。他们用绳子把丈夫的两只手绑在梯子上，让他吊在那里。他们开始搜查这家，拿走了一张五元纸币，一枚一角的日本硬币，三枚中国的两角硬币，一张纸币和铜板；在翻开衣柜和行李箱后，他们拿走了一件毛皮长袍，一件女人的冬衣，一张照片。离开时，他们在蔡的大腿上刺了六刀，两肩膀上各刺了两刀，最后他们开枪打穿了他的头，当场死亡。他们还对跪在地上的蔡李氏的头刺了几刀，对王氏的大腿刺了两刀。此后，他们扬长而去。（米尔斯）[①]

在城区西部与西南部的杀戮

城西和西南城区的情况与城南的情况相似。日军从水西门进城的时间与从中华门进城的时间几乎相同。从大量的请愿书、宣誓书和关于谋杀案的报告来看，日军在该地区的暴行也极为猖獗。

日军攻进城时，15岁的诸鸿宝和家人住在仓巷99号。1937年12月13日，日军在沿街和巷子"清剿"。几名士兵突然闯入诸家，诸鸿宝正坐在房间里，怀里抱着他3岁的弟弟。他们走向他，没说任何话，其中一名士兵举起刀，在他的头上砍了七八刀。他的棉帽被砍成碎片，鲜血从他的伤口涌出，他立刻晕倒在血泊中。他最终活了下来，但头上留下了不少伤疤，而且脑部受损，

---

① Case 463, Documents of Nanking Safety Zone, Diplomatic Posts, China, Volume 2172 (Nanking 1938, Volume XIII), Record Group 84, National Archives II.

留下记忆力差的后遗症①。

　　1937年，谢大珍只有9岁，她家有五口人：父亲、母亲、弟弟、妹妹和她自己。她的父亲是个盲人。有一天，她和妹妹躺在床上，父亲坐在床上，怀里抱着她的弟弟。几个全副武装的日本兵到她位于牌坊街的家时，她迅速从后门溜走，去找她的叔叔。士兵们闯进房子，然后把屋里的箱子洗劫一空。在这个过程中，他们发现了她大妈外孙女的照片。士兵们指着照片，强迫她双目失明的父亲为他们找花姑娘。但他怎么能找到呢？他们当即用刺刀将弟弟捅死在他父亲的怀里。站在父亲身旁的母亲和妹妹也被杀害。她的父亲被刺刀捅伤，但他活了下来。身体与精神的双重打击导致她的父亲在几年后去世，谢大珍成了孤儿②。

　　刘登学的经历与谢大珍一样悲惨。1937年12月13日上午9点左右，当时25岁的刘登学和他的朋友李成东从家里出来。当他们走到三茅宫7号时，目睹了一位老妇人被日本兵用刺刀捅死。那名士兵发现了他们，就来查看他们的情况。在发现李成东穿了一件灰布背心后，该士兵指称他是中国士兵，并用刺刀捅了他三刀，在刘的眼前将他杀害。虽然士兵没有发现刘的任何可疑之处，将他放走，但他却吓得魂飞魄散。当他得知他的哥哥于1938年1月在富城桥被日本人殴打致死后，他更加惊恐③。

　　1945年12月14日，沈哈氏为她被刺刀刺死的儿子提交了一份请愿书。她住在七家湾54号，由于家贫没有办法撤离，他们搬到了难民区。1937年12月13日，她的儿子沈光荣（27岁）从难民区回来查看他们的房子，途经仓巷时，他遇到了几个日本兵，他们用刺刀将他当场捅死。他的母亲整天都在期待着他的归来，第二天，她沿同样的路线去找儿子，却在仓巷发现了他

---

① 《诸鸿宝证言》，汤云龙、刘兴林调查记录，收录于《侵华日军南京大屠杀幸存者证言集》，第126—127页。

② 《谢大珍证言》，汤云龙、刘兴林调查记录，收录于《侵华日军南京大屠杀幸存者证言集》，第186—187页。

③ 《刘登学证言》，周秀英、刘月娥调查记录，收录于《侵华日军南京大屠杀幸存者证言集》，第119页。

的尸体①。

1937 年，左润德 17 岁，住在王府巷，一个挤着 300 多户穷人的贫民区。12 月的一天，一群日本兵来到他的街坊，扣押了七八个人，包括左润德。日本人强迫他们脱下棉衣，然后把他们押到一个被当地居民称为磨坊的院子里，让他们排成行跪下。当日本兵开始用刺刀捅人的时候，左润德意识到他必须采取行动。他用手肘碰了碰旁边的邻居，两人突然站了起来。一个士兵追过来，试图用刺刀刺他们。当刺刀刺入他的皮肤时，他抓住了刺刀的刀柄，使士兵失去平衡，倒在地上。左润德趁机冲向大门，这时一声枪响，他险些被击中。当第二声枪响的时候，左润德已经冲到了巷子里。士兵们追了出来，但左润德对这一带很熟悉，把他们甩开了。然而，左润德当天遇到的暴行却不止这一次。同一天晚上，日本兵放火烧毁了附近的诊所，火势很快蔓延开来。当人们出来救火时，一大群日本兵伏击了他们，用刺刀将他们捅死，然后将尸体扔进火堆，也有些人被扔进火焰中活活烧死。当晚，王府巷总共有 20 多人被烧死②。

当时 24 岁的孙庆有也住在左润德家附近，他对这次伏击事件有更全面的描述。1984 年，他回忆起那天晚上发生的情况：

> 日本兵进城一个礼拜后的一天晚上，约在八九点钟左右，日军在紧邻王府巷的丰富路卫生所里（原址就是现在的建邺医院）先是烤火取暖，然后纵火把卫生所烧了。当时火越烧越大，眼看火势向我们这些茅房棚户区蔓延，我们都很惊慌。这时，日本兵假意要我们去救火，实则进行杀人，我们见到日本兵来了，就四散躲避。当时刚好有部分人从难民区回家来看看，因而被抓、被打死的人很多，有很多救火的人被日本兵抛

---

① 沈哈氏：《沈哈氏为其子沈光荣被日军刺死致南京市政府呈文（1945 年 12 月 14 日）》，收录于《1937.12.13——侵华日军南京大屠杀档案》，第 238—239 页。

② 《左润德证言》，杨素玉、马云鹏调查记录，收录于《侵华日军南京大屠杀幸存者证言集》，第 408—409 页；Katsuichi Honda, *The Nanjing Massacre*, pp. 196-200.

进火里活活烧死。日本兵抓住我家邻近的徐保定、韩天成二人，要他们俩喊人去救火，他俩被迫喊了两个人一起去，结果喊人的、被喊的四个人，没有一个人生还。

当天晚上，我见到被日本兵杀死的人还有：范老头夫妇俩被砖头砸死了；王月的母亲和弟弟（是个瞎子）被刺刀刺死；王冠发的岳父和岳母被用绳子缚住，推到火里烧死；柏老五和铁贵宝的岳叔丈以及在丰富路卖粥的伙计，也被打死、砍死，我母亲还看见吴三躲进鸡毛堆里，被日本兵发现，狠戳了一刀，从前胸直刺到后背心，刀都拔不出来，日本兵就弃刀走了。后来收尸时费了很大工夫才将刀弄出来。①

陆宏才提供了另一起类似的纵火案的证词，他的父亲在该案中被杀害。日军逼近南京时，他54岁的父亲陆长贵让他和母亲去江北避难，而自己不愿离家，留下来照看房子。日军进城后，放火烧了他们隔壁邻居的房子。当日本兵离开后，他的父亲和其他邻居出来灭火，但这时，日本兵却出乎意外地折了回来。其他邻居看到日本兵后迅速跑开，而他的父亲视力和听力都不好，因此日本兵出现在他面前时，他才发现。结果，他被捅了26刀，但他没有马上死亡。邻居们把他抬回家，照顾他，直到一个多月后他的妻儿回家。他们回来几天后，他死于刀伤②。

暴行持续了数周，1938年1月12日，在南京安全区的文件中，以下事件被记录为第188号案件：

> 今天上午，两个人（马和尹）登记之后，回到马位于汉西门的家，看望据邻居说被日军杀害了的双目失明的母亲。他们找到了马母的尸体。

---

① 《孙庆有证言》，杨素玉、马云鹏调查记录，收录于《侵华日军南京大屠杀幸存者证言集》，第409页。

② 《陆宏才证言》，吴兴海、戴必玉调查记录，收录于《侵华日军南京大屠杀幸存者证言集》，第179页。

回来的路上，两个人遇到日本兵，跟他们要衣服，然后刺杀了他们，将他们扔进防空洞。其中一个人苏醒过来，爬出防空洞。有人见到他，给他衣服穿。然后，他走回蚕桑大楼。两个朋友用一张床把他抬到委员会总部。菲齐先生送他去鼓楼医院。（受伤者报告给吴先生。）①

在城区东部的杀戮

1937年12月13日清晨，日军经南京的主要东门中山门进城。刚一进城，他们就开始杀害当地的居民。赵奎元那年21岁，住在南京城东的标营。在日本人到来之前，他去了难民区避难。1938年1月底，一个叫方恩寿的街坊让他和几个老人把他们那儿受害者的尸体掩埋。

1984年，赵国栋回忆起他所了解的那些受害者的悲惨结局。1937年12月13日凌晨2点左右，日军突破了李府街附近的城墙。进城后，日本兵挨家挨户地屠杀居民。被杀的当地居民包括李府街1号的储春香、金宜春、李步超、刘孙氏和储刘氏，李府街2号的孙在善和孙立学。在李府街2号，孙徐氏被强奸后杀害。李府街13号的方金山、回龙桥4号的苏银海和标营的刘庭芝也被杀害。赵国栋和其他人掩埋了这些受害者。此外，在城墙上还散落着9具身份不明的尸体，他们把这些尸体也埋了②。孙宝庆是上述受害者之一孙在善的儿子，他在1945年12月3日提交的宣誓证书中作证："日寇中岛部队暴兵，于民国二十六年冬月十一日攻入城时，将民父孙在善（年五十六岁）在李府街本宅前用刀杀死。"③

诸茂洪谈到了他的六个家人被杀害的情况。1937年12月13日，日军攻破城墙，从他位于后标营41号的房屋旁进城，杀戮民众。他的外祖父母、

---

① Case 188, January 12, 1938, in *Documents of Nanking Safety Zone*, pp. 80-81.
② 《赵奎元证言》，王培义调查记录，收录于《侵华日军南京大屠杀幸存者证言集》，第434页。
③ 孙宝庆：《孙宝庆陈述其父孙在善被日军刀杀的结文（1945年12月3日）》，收录于《1937.12.13——侵华日军南京大屠杀档案》，第231页。

祖母、他的父亲、叔叔和长兄都被杀害。他祖母的头被砍下，他的哥哥被当作枪靶子枪杀①。

1937年12月，薛世金24岁，他从难民区回到武学园的家中，看望留在家中的母亲和妻子。然而，他回家后不久，就听到日本兵的喊叫声。他们迅速分散到不同的地方躲藏。薛世金自己藏在后院小房子的一个角落里，而他的母亲和妻子则躲在前院门边的一个地下洞穴里。日本兵进入前院，在四处搜索的过程中，发现了这个洞穴。在清除了覆盖在上面的杂物后，日本人逼迫她们出来。他的母亲刚从地洞里出来，甚至还没来得及站起来，就被一个日本兵用军刀砍掉脑袋，头颅翻滚着飞出很远。看到这一幕，他的妻子胆战心惊地爬出来，也被砍中脖子，晕倒在血泊中。当她醒过来时，日本人已经离开。随后，薛世金将她送到鼓楼医院，大约10天后她在那里死去②。

杀戮是如此猖獗，以至于在路边都能看到尸体。胡张氏声称，当她从难民区回家的路上，她看到小营街尽头的一条沟里有十几具尸体。当她赶到太平门附近的家时，房子已经完全被烧毁③。

佐藤振寿（Shinju Sato, 1913—2008）是《东京日日新闻》的摄影记者，他拍摄了两名日本少尉向井敏明和野田毅参加百人斩竞赛的照片。他写了一篇战时回忆录《跟随军人的步履》（従軍とは歩くこと），该文收录在日本右翼编撰的《南京战史资料集》第二卷中，于1993年出版。佐藤详细回忆了他1937年12月14日在励志社附近第八十八师军营大院内目睹的屠杀：

> 当夜色消散之时，已是12月14日的早晨。……
>
> 这时，一位通讯员跑过来告诉我，励志社似乎出事了。虽然不知道发生了什么事，但我还是带着相机，去那里探个究竟。

---

① 《诸茂洪证言》，战国利调查记录，收录于《侵华日军南京大屠杀幸存者证言集》，第193页。

② 《薛世金证言》，高秀兰、王文清、叶云调查记录，收录于《侵华日军南京大屠杀幸存者证言集》，第157—158页。

③ 《胡张氏证言》，吴玉燕、吴建野调查记录，收录于《侵华日军南京大屠杀幸存者证言集》，第414页。

> 我们的目的地，有一扇大门，两边都有岗哨守卫。我拍了一张它的全貌照片。
>
> 进了大门，看到一座军营，军营前面是个广场，坐着100多人。他们的双手被绑在背后，似乎是被俘的伤兵。在他们的面前，挖了两个大坑，约五米见方，三米深。
>
> 在右面的坑前，一个日本兵拿着中国步枪，迫使一个中国军人跪在坑边。他将步枪枪口放在中国军人的后脑勺，然后扣动扳机。当步枪开火时，中国军人像杂技表演一样往前跌落到坑底，变成一具尸体。
>
> 在左面的坑前，一个赤裸着上身的日本兵，手持一支上了刺刀的步枪，喊着"下一个"，同时拉起一名坐着的俘虏。他命令俘虏朝坑走去，大喊一声"呀！"突然将刺刀刺入中国军人的后背，后者立刻掉落坑中。
>
> 偶尔，一个中国兵朝坑走去时，会突然转身，拼命想逃走。日本兵发现情况不对后，会迅速将其击毙。从开枪的地方到我所在的地方，距离不到一米，子弹从我耳边飞过。那确实是一个极端危险的状态。[①]

1945年11月28日，李克明提交了一份关于三起谋杀案的宣誓书。1937年12月15日下午，三名全副武装的日本兵来到后宰门大街44号的一所房子，寻找女孩。当他们看到一个名叫贾王氏的妇女怀里抱着她的小女儿时，他们将这对母女枪杀。贾步龄试图去救她们，也被枪杀[②]。

1937年12月16日，也在后宰门大街，三到五个日本兵来到这里搜寻女孩。他们强迫一个叫高和成的人带他们去找女孩。当他们找不到女孩时，就在后宰门大街15号前将高和成打死[③]。

---

① ［日］佐藤振寿（Shinju Sato）:『従軍とは歩くこと』(《跟随军人的步履》)，收录于『南京戦史資料集 II』，南京戦史编辑委员会编纂，东京：偕行社1993年版，第609—611页。

② 李克明:《李克明陈述贾王氏等被日军枪杀的结文（1945年11月28日）》，收录于《1937.12.13——侵华日军南京大屠杀档案》，第223页。

③ 高和祥:《高和祥陈述高和成被日军枪杀的结文（1945年11月28日）》，收录于《1937.12.13——侵华日军南京大屠杀档案》，第222—223页。

时至 1938 年 3 月 17 日，金陵神学院的美国教授胡勃特·拉法耶特·索尼（Hubert Lafayette Sone, 1892—1970）报告了一起发生在后宰门大街的类似的谋杀案（第 466 号案件）：

> 3 月 17 日晚上 10 点，6 个日本兵进入住在后宰门的 40 岁农民高某的家中。他们强迫他为他们找几个女人。他回答说，他没有女人，也找不到女人。于是他们用刺刀在他的身上和脖子上刺了好几刀，还捅刺他的头。他跑了，但跑到房屋门口时倒下，血流如注。他再也没能站起来，就死去了。士兵们看到他们杀害了他，于是他们迅速离开。（索尼）[①]

在城区中部的杀戮

随着日军在南京城内向北推进，南京市中心地区也发生了大量的谋杀案。根据不同时期的证词，许多谋杀案都记录在案。在 1945 年 11 月 27 日提交的宣誓书中，杜长复作证说，他和谢德源住在明瓦廊 5 号的住宅里，没有搬进难民区，主要是因为他们要照看一个商行存放在房子里的货物。1937 年 12 月 13 日下午，三个日本兵携带步枪闯入房屋。他们二话不说，开枪打死了住在前面房间的谢德源。杜长复住在后面，便从后门逃走[②]。

孙启琛的家人住在距离明瓦朗街 11 号几座房屋的地方。孙启琛在 1984 年提供的证词中提到，他的父亲孙瑞沣是在明瓦朗街 7 号前被日本人用刺刀捅死的。与此同时，他们的邻居谢德源，也就是杜长复证词中的受害者，也被杀害了[③]。另一位住在明瓦朗街 14 号的证人李文国表示，他在 1937 年 12

[①] Case 466, Documents of Nanking Safety Zone, Diplomatic Posts, China, Volume 2172 (Nanking 1938, Volume XIII), Record Group 84, National Archives II.

[②] 杜长复：《杜长复陈述谢德源被日军枪杀的结文（1945 年 11 月 28 日）》，收录于《1937.12.13——侵华日军南京大屠杀档案》，第 219 页。

[③] 《孙启琛证言》，收录于《侵华日军南京大屠杀幸存者证言集》，第 180 页。

月22日前后从难民区回家时，看到他家门口有三具尸体①。蔡顺寿也作证，在经过明瓦朗街时，他看到米店和面店前有尸体②。

1937年，金明亮28岁，在洪武路的武曲园茶馆做糕点师。他母亲金马氏在1945年11月6日提交给南京市政府的请愿书中说，1937年12月13日晚，金明亮在茶馆内被日本兵枪杀。母亲将他葬在五台山③。

王永源，27岁，南京沦陷时搬到豆菜桥难民营居住。1937年12月13日晚上，他听到了枪声，第二天他在巷子的尽头看到八具尸体。他只走了一小段路就发现了另一具尸体，那是一个被杀死在路边的老人④。

马静雯，一个17岁的女孩，也在豆菜桥难民营寻求庇护，日本兵上街掳掠时，她躲藏在阁楼里。有一天，她发现住在楼下的一名单身男子被日本人抓走，再也没有回来。第二天，她通过阁楼上的横窗看到，日本兵把三四百人带到豆菜桥的河边，让他们面向河排成一行，然后三四十个日本兵用三挺机枪把他们扫倒。这些人就这样被杀了，那里的河水都被血染红了⑤。

1945年11月26日，蒋士明提交了一份证词，称1937年12月15日，他亲眼看到估衣廊121号的烟花店老板丁学文在店内取货时，被路过的日本兵射杀在店内⑥。1937年12月30日，鼓楼医院的美国医生罗勃特·奥利·威尔逊（Robert Ory Wilson，1906—1967）在南京安全区的文件中报告了另一起发生在估衣廊的谋杀案，案件编号为163：

---

① 《李国文证言》，段月萍、刘柏云调查记录，收录于《侵华日军南京大屠杀幸存者证言集》，第310页。

② 《蔡顺寿证言》，申全英、章厚之调查记录，收录于《侵华日军南京大屠杀幸存者证言集》，第384—385页。

③ 金马氏：《金马氏为其子金明亮被日军枪杀致南京市政府呈文（1945年11月6日）》，收录于《1937.12.13——侵华日军南京大屠杀档案》，第203—204页。

④ 《王永源证言》，黄德林调查记录，收录于《侵华日军南京大屠杀幸存者证言集》，第133页。

⑤ 《马静雯证言》，郭舜英、骆金浦调查记录，收录于《侵华日军南京大屠杀幸存者证言集》，第304页。

⑥ 蒋士明：《蒋士明陈述丁学文被日军击毙的结文（1945年11月26日）》，收录于《1937.12.13——侵华日军南京大屠杀档案》，第215页。

12月30日上午，日本兵向路经估衣廊的4个人开枪。一个人当场死亡，第二个伤势很重，医生已不指望他能活。他目前在鼓楼医院。（威尔逊）①

在城区北部的集体屠杀与杀戮

1937年，韩宝如33岁，住在西家大塘15号。12月14日，他目睹了日军在他家门口枪杀了六名男女。12月15日，他在天山路看到四人被杀。大约在12月中旬，日本军队在天山路43号驻扎，他的邻居倪德秋非常好奇，就冒险去看了看，结果被日本人当场枪杀。在场的人们震惊到开始尖叫，于是日本兵向尖叫的人群开枪，杀死了他的三个邻居：王大妈、施校支和施校宾。韩宝如通过他家的窗户目睹了整个过程②。

1937年，27岁的戴秀英和她的家人一起搬进难民区。日本人进城几天后，二三十名全副武装的日本兵来到难民营，命令所有难民聚集在一块空地上，然后将他们分成男女两组，逐一检查男性组的人。如果谁头上有帽印，手上有老茧，就会被认为是中国军人。共有两卡车人被带走，在玄武门附近被枪决。后来，人们在西家大塘发现了他们的尸体③。戴秀英的说法得到一个日本兵的证实。增田六助（Rokusuke Masuda）是日军第十六师团的一名士兵，他在1937年12月14日的日记中写道："仅第四中队就抓到500多人。他们都在玄武门被枪杀。"④

1937年，朱陆氏住在玄武湖的环洲岛上，靠在湖中划摆渡船为生。她作

---

① Case 163, Documents of Nanking Safety Zone, Sub-enclosure to Enclosure 1-g, p. 3, of "The Conditions at Nanking, January 1938", January 25, 1938, National Archives II.
② 《韩宝如证言》，贺家宝调查记录，收录于《侵华日军南京大屠杀幸存者证言集》，第61页。
③ 《戴秀英证言》，井升安、丁亚庆调查记录，收录于《侵华日军南京大屠杀幸存者证言集》，第61页。
④ ［日］增田六助：『増田六助日記』，收录于井口和起、木阪顺一郎、下里正树编辑的『南京事件：京都师团関係資料集』，东京：青木书店1989年版，第7页。

证说，1937年12月中旬的一天，她在摆渡时，看到日本人用三辆红头汽车装来大约150名中国人，送到那里预先挖好的坑里活埋。在这个过程中，当一些人试图从坑里爬出来时，日本人就用卡车把他们碾死①。16岁的女孩夏桂英目睹了同一个事件，她的家人也是靠在玄武湖摆渡为生。她说："1937年12月中旬，大约是16、17号，日本兵每天都用大红头汽车把大批的人送到玄武湖里来活埋。"还有一次，"他们用刺刀杀人，我家的船正好在湖心，亲眼看见日军到湖边洗带血的刀"。她"曾亲眼看见日本兵在中央门用机枪把成批的中国人杀掉"。②

魏廷坤报告了一起大屠杀，包括他父母在内的30至40人被杀。当时他24岁，他的父母在日军逼近时，急忙把他从头条巷18号的住所带到成贤街一栋未建好的楼房的地下室里，已经有30至40人在那里躲藏③。

> 有一个炸豆腐干的人在洞口张望，被日军发觉，随手一枪打死。这样他们就发现了洞口，用刺刀把地下室的人一个一个逼出来。这时，忽然发现墙边有一个尚未收口的烟囱，我钻了进去，躲了起来。接着，我听到外面响起了一阵枪声，我父母和其他的三四十人都被日本人杀害了。夜里，我从烟囱里出来，转到一个大管道内，几经周折，才得以存身。④

王玉华一家八口住在和平门地区。当日本人到来时，他们全家都躲藏在屋子里。1937年12月13日清晨，日本兵闯入他们的房屋，命令所有人解开衣服进行搜查。她的父亲解扣子的速度有点慢，一个日本兵立即用刺刀将他捅死⑤。查尔斯·亨利·里格斯（Charles Henry Riggs，1892—1953）提交了

---

① 《朱陆氏证言》，贺家宝调查记录，收录于《侵华日军南京大屠杀幸存者证言集》，第329—330页。
② 《夏桂英证言》，贺家宝调查记录，收录于《侵华日军南京大屠杀幸存者证言集》，第330页。
③ 《魏廷坤证言》，熊国华调查记录，收录于《侵华日军南京大屠杀幸存者证言集》，第160页。
④ 《魏廷坤证言》，熊国华调查记录，收录于《侵华日军南京大屠杀幸存者证言集》，第160页。
⑤ 《王玉华证言》，李帼义调查记录，收录于《侵华日军南京大屠杀幸存者证言集》，第368页。

另一起发生在和平门地区的谋杀案，即南京安全区文件中的第161号案件：

> 在和平门，江南公司隔壁的德国人那儿帮工的一名中国人，昨天，即12月29日，被到他家来索要年轻女人的日本兵刺死。那儿只有年纪大的妇女，日本兵说带上她们。这个人不同意，结果被杀。（里格斯）[①]

1946年4月7日，夏张氏提交了一份关于其丈夫夏长祥的宣誓证书。当日军向南京推进时，她的丈夫把她和全家人带到上海路的难民中心。1937年12月17日，她的丈夫和他们的一个邻居贾广年冒险回家，但他们在城北的草桥遇到了几个日本兵。这些士兵扣留了她的丈夫，指责他是中国兵，并当场将他枪杀。贾广年见证了这一事件[②]。

1938年2月9日，南京安全区国际委员会详细记录了一起谋杀案，在百子亭有三男一女被杀。该案被列为第425号案件，收录在《南京安全区文件》一书中：

> 2月7日星期一上午，有人向我们报告，2月6日下午5点左右，有四个人，三男一女，在百子亭后面被日本兵杀害。午前，死者的一位邻居来到我们办公室，证实了这一消息。同一天下午4点半左右，一名中国姑娘来到我们办公室求助，因为她说被杀的女人是她的亲生母亲。她的母亲在几天前回家，重新开始他们的家庭生活，并把他们所有的钱带在身上。她希望能在她母亲的身上找到这些钱。
>
> 拉贝先生和米尔斯先生立即和她一起去了现场，发现新鲜的血泊中四具尸体的位置是这样的：一号是先中枪的老人；二号是找来救助的妇

---

① Case 161, Documents of Nanking Safety Zone, Sub-enclosure to Enclosure 1-g, p. 3, of "The Conditions at Nanking, January 1938," January 25, 1938, National Archives Ⅱ.

② 夏张氏:《夏张氏陈述其夫夏长祥被日军枪杀的结文（1946年4月7日）》，收录于《1937.12.13——侵华日军南京大屠杀档案》，第261页。

女；三号和四号是来救伤者的人；长方形的物体是门板。

情况是这样的：这位老人正搬着两把椅子沿着铁丝网边的小路走，一个日本兵拦住了他，当场向他开枪。和他走在一起的女人发现他只是受了伤，并没有死，于是她去找了两个人带着门板来把受伤的人抬走。当他们三人到达现场时，士兵将他们三人全部枪杀。

那天晚上太晚了，无法再做什么，所以拉贝先生和米尔斯先生回家，决定第二天早上向"自治委员会"报告。

第二天早上，即2月8日星期二，自治委员会告诉我们，他们已经了解了这个案件，他们的警察已经将此事报告给了特务机关。因此，我们决定再去看看已经做了哪些工作。德国大使馆的罗森博士当时正好在我们办公室，说很乐意一起去。

罗森博士、拉贝先生、斯波林先生和史迈斯先生去进行调查，发现尸体在当天早上已经被红卍字会运到附近的山丘上埋葬。但地面上和门板上仍有血迹。门板和椅子都还在杀人现场。杀人现场在一个池塘附近，周围都是菜地，其中有两块地刚刚翻过准备春天耕种。它离最近的道路约有200码，离任何士兵驻扎的地方更远。这些人在现场的时候，路上有士兵经过，但在现场附近或现场后面山上农民的棚屋里没有发现士兵。留在该地区的一个人告诉我们，有很多人在杀人当天回到了自己的家中，并出来到菜地里干活。但这一事件把他们都吓跑了。这四个人看到小丘上的四具尸体都用草席不完全地包裹着。老人的头发是花白的，女人的双手有血迹。在现场的一个人告诉我们，那个老人是从附近的一个草席棚里搬来的两把椅子。

1938年2月9日[①]

城北地区的杀戮也非常猖獗，许多地方都遍布着尸体。参与掩埋受害者

---

① Case 425, February 9, 1938, in *Documents of Nanking Safety Zone*, pp. 161-162.

尸体的沈锡恩回忆说："九华山下也堆满了来不及收埋的尸体。现在一想到那时的情景、提到那些地方，就心惊肉跳。"① 武金山于 1937 年 12 月 17 日或 18 日被日本兵扣押，他们强迫他搬运柴火烧死人。工作完成后，他被释放，当他走过进香河地区时，他看到了不少尸体②。1937 年 12 月 18 日，王又林被日本人抓到难民区内搬运他们的掳掠物品。"从芦席营到丁家桥，我看见日军也是挨家挨户搜查，见什么抢什么，抢空后再放火把老百姓的房子烧掉。我亲眼看到二三十具尸体躺在路上。"③

---

① 《沈锡恩证言》，井升安、刘兴林调查记录，收录于《1937.12.13——侵华日军南京大屠杀史料》，第 475 页。
② 《武金山证言》，尚秀华、严绍英调查记录，收录于《侵华日军南京大屠杀幸存者证言集》，第 171 页。
③ 《王又林证言》，陈家荣调查记录，收录于《侵华日军南京大屠杀幸存者证言集》，第 397 页。

第五章　奸淫、掳掠、焚烧

肆无忌惮地奸淫

除了大规模的处决和肆意的杀戮，日军对妇女的侵犯也很猖獗。1938年1月6日抵达南京的美国副领事詹姆斯·爱斯比在1938年1月25日的一份外交文件中报告："据报告，日本兵到处搜寻当地的妇女，无论在哪儿寻找到，便就地强奸她们。……这里的外国人认为，日军占领的最初阶段，每晚有1000多桩强奸案发生，一个美国人统计，在一处美国房产上，一个晚上发生了30起强奸案。"[①] 年仅11岁的女孩和60多岁的老年妇女都成为日本兵无节制兽欲的受害者。在某些情况下，妇女被先奸后杀，家庭成员在试图保护受害者免受攻击时被杀害。远东国际军事法庭的判决书在这方面作了简明扼要的总结：

> 有很多强奸案。处死是稍有不从的受害者或者试图对其保护的家人经常遭受的惩罚。全城各处甚至稚嫩女孩与老年妇女也被大批强奸，很多强奸案中还伴随着变态的施虐行为。很多女性在遭受凌辱之后被杀害，肢体受损。日军占领之后最初的一个月内在城内大约发生了20000多起

[①] James Espy, "The Conditions at Nanking, January 1938", January 25, 1938, p.9.

强奸案。①

经历过可怕的恐怖时期的金陵大学社会学教授路易斯·斯特朗·凯瑟·史迈斯 (Lewis Strong Casey Smythe, 1900—1984) 估计, 在暴乱无序的高峰期:

> 在安全区, 每天晚上肯定有 1000 多妇女被强奸, 在那两天, 白天可能也有同样多的妇女遭到强奸。任何年轻妇女以及有些年纪大一些的妇女如果被抓到, 极有可能遭到强奸。牧师的妻子、大学教员的妻子、任何人, 不管是什么人, 只是更喜欢漂亮的。最高的纪录是一名妇女在神学院被 17 个日本兵轮奸。在美国, 人们只会低声耳语提及 "强奸"。在这里, 它几乎是我们的日常饮食! 情况来得如此迅速, 速度跟不上, 我只得开始在餐桌上将它们速记下来。如果我等到能说服人们把它们写出来, 对大使馆来说就过时了, 因为大使馆需要每天的情况报告。②

当时在南京的美国传教士 W. P. 米尔斯描述了这座城市妇女的苦难、恐怖与痛苦: "如果你看到成群结队的妇女清晨从一个地方逃到另一个地方, 认为她们会比前一天晚上经历的恐怖稍微安全些, 你们的心也会像我们一样被揪住。确确实实发生了数以千计的强奸案。妇女们给我们下跪, 乞求我们帮助她们。"③

自 1908 年以来一直在中国生活工作并在 1937—1938 年冬天担任南京安全区国际委员会会长的德国商人约翰·拉贝, 在 1937 年 12 月 17 日的日记中描述了当时可怕的情况:

---

① R. John Pritchard and Sonia Magbanua Zaide, *The Tokyo War Crimes Trial*, Vol. XX Judgment and Annexes, New York: Garland Publishing Inc., 1981, pp. 49, 605-49, 606.

② Lewis S. C. Smythe, A letter to his wife Margaret (Mardie), Chicks and Folks, December 21, 1937, Box 103, Record Group 8, Special Collection, Yale University Divinity School Library.

③ W. P. Mills, A letter to his wife Nina, January 10, 1938, Box 141, Record Group 8, Special Collection, Yale Divinity School Library.

在我的院墙后面狭窄的街道上的一栋屋子里,一个妇女被强奸,然后被刺刀刺伤了脖子。我设法找来救护车,这样可以送她去鼓楼医院。现在花园里有大约200名难民。当你走过时,他们都会跪下来,尽管在这样的苦难中,我们几乎不知道自己是谁。一个美国人这样说:"安全区已经变成日本兵的公共馆舍。"

这与事实非常接近。昨晚,据说有多达1000名妇女和姑娘遭到强奸,仅在金陵女子文理学院就有约100名姑娘被强奸。充耳所闻都是强奸。如果丈夫或兄弟出面干预,他们会被枪杀。四面八方所见所闻都是日本军人的残暴和兽性。①

在1937年12月18日的日记中,拉贝插入了一份广州路83号、85号大院里一群中国难民写给南京安全区国际委员会的请愿书。这是中国难民对日军暴行的最早的描述之一:

致南京安全区国际委员会:

约有540名难民拥挤在广州路83号和85号里。本月13日到17日,这些房屋每天被三五成群的日本兵搜查、抢劫很多次。今天日本兵继续掳掠了上述地点,所有首饰、现金、手表、各种衣服都被抢走。目前,日本兵每晚开卡车来装载被强迫跟他们走的年轻妇女,第二天早晨再把她们放回来。30多名妇女、姑娘已遭强奸。妇女儿童整夜啼哭。那个院子里的情况糟糕得难以形容。请救救我们。

真诚地,

全体难民。

1937年12月18日于南京②

---

① John Rabe, *Good Man of Nanking: Diaries of John Rabe*, p. 77.
② John Rabe, *Good Man of Nanking: Diaries of John Rabe*, p. 81.

约翰·G. 麦琪用 16 毫米电影摄像机记录了以下强奸案。为了说明这段影像，他提供了以下文字说明：

瞿夫人大约 47 岁，她的母亲 77 岁，她的小女儿 10 岁。多年来，他们一直住在离南京南门不远的一条僻静的街道上。她已守寡 9 年，她的丈夫曾在政府造币厂工作，去世时，给她留下了一笔足以养家的钱。她把这笔遗产投资到煤炭生意。

日本兵 12 月 13 日上午第一次到她家去，一天中去了约 20 次，抢走了她所有的钱。14 日和 15 日，他们每天又去了 10 到 20 次，抢走 13 件金首饰以及 12 个箱子或盒子里的大部分东西。在这三天里，瞿夫人被强奸了 12 到 13 次，大多数情况下都是凶猛、残暴的强奸。15 日下午，城南起火，她带着老母亲和小女儿以及她们的被褥开始向城北逃亡。在离家不远的地方，老母亲走散了，悲痛之下，瞿女士和她的小女儿跳进了路边的一口井里，来结束她们的悲痛。幸运的是，这口井很浅。她们从 5 点到 8 点一直待在井里，被一个路过的小贩发现，小贩坚持要帮她们上来。她起初拒绝被救，但最后同意了，并和她的女儿在这个救她们的穷人家里过了一夜。她们于 16 日上午到达金陵女子文理学院难民营。与此同时，老母亲疲惫地朝北面跋涉，最后在一家小商店前的长凳上坐下。一个日本兵走了出来，叫她"老姑娘"，坚持让她过去。她以为他是怜悯她，请她进去休息；但他没有善待她，反而强奸了她。他喝醉了，吐了她一身。第二天晚上，另一个士兵强奸了她。从家里出发后的第三天，她到达金陵女子文理学院难民营，与她的女儿和外孙女团聚。这位老太太从 32 岁就守寡，她的丈夫是一名官员。有两个晚上，她睡在路边，到达难民营后，她已无法行走。[①]

---

① John G. Magee, Case 5, Film 7, Folder 7, Box 263, Record Group 8, Special Collection, Yale Divinity School Library.

第五章
奸淫、掳掠、焚烧

乔治·A. 菲齐是南京基督教青年会的干事，他记录了许多强奸案。在1937年12月17日的日记中，他说："粗略地估计，昨天晚上和白天至少有上千名妇女被强奸。一个可怜的妇女被强奸达37次。日本兽兵在强奸另一名妇女时，为了阻止她五个月的婴儿啼哭，将其窒息致死。抵抗意味着刺刀相向。"[1] 12月18日，他报告说，两名妇女，其中一名是基督教青年会干事的表妹，在金陵大学教师查尔斯·H. 里格斯的家中被强奸，当时里格斯正在与菲齐和其他美国人共进晚餐[2]。12月22日，在里格斯的家里再次发生了强奸案。"晚餐后和里格斯一道步行回去，到达里格斯住所前一刻，一名54岁的妇女被强奸。"[3] 1937年圣诞节，菲齐写道："七名日本兵昨天夜里和前天晚上在金陵女子神学院强奸妇女，三个日本兵几乎是在我们隔壁轮奸一名12岁和另一名13岁的姑娘，我们没来得及赶去解救。"[4] 他在12月27日的日记中记录道："昨晚，一名日军军官和两个士兵开车来到金陵大学，奸污三名妇女，还劫走其中一名。金陵女子神学院被闯进多次，老百姓遭抢劫，20名妇女被强奸。"[5]

在1938年4月2日的一封信中，麦琪牧师写道：

> 我把另一个15岁的小女孩送到医院，她告诉我她的经历。她的哥哥、嫂子、姐姐、父亲和母亲都在她眼前被刺刀捅死，然后她被劫持到军营，那里有大约200到300个军人。她被关在一个房间里，她的衣服被拿走，

---

[1] George A. Fitch, Diaries, December 17, 1937, Folder 202, Box 9, Record Group 11, Special Collection, Yale Divinity School Library.

[2] George A. Fitch, Diaries, December 18, 1937, Folder 202, Box 9, Record Group 11, Special Collection, Yale Divinity School Library.

[3] George A. Fitch, Diaries, December 22, 1937, Folder 202, Box 9, Record Group 11, Special Collection, Yale Divinity School Library.

[4] George A. Fitch, Diaries, 1937 Christmas Day, Folder 202, Box 9, Record Group 11, Special Collection, Yale Divinity School Library.

[5] George A. Fitch, Diaries, December 27, 1937, Folder 202, Box 9, Record Group 11, Special Collection, Yale Divinity School Library.

在那里大约一个半月的时间中每天被强奸若干次,此时她病了,他们不敢再用她。她告诉我,还有一些女孩和她一样被关在那里。她和一位76岁的老太太谈过,她被强奸了两次。她的女儿是寡妇,被强奸了18到19次,她不确定是哪一个数字。这是我本人了解的年纪最老的案例,但是一位女基督徒告诉我,有一位81岁的妇女与她同住,日本兵要她宽衣解带。她说自己太老了,那个人把她一枪打死。我曾用我们教会的福特车把一车又一车遭强奸的妇女送到医院治疗,最年轻的是一个10到11岁的女孩。①

M. S. 贝茨,金陵大学的另一位美国教授,在给他妻子的信中列举了一系列的强奸案,说他有"每天20多起强奸案的全部细节",包括一个"在金陵中学的72岁妇女昨晚被强奸",两个"在金陵大学的女孩回到家的第一个晚上被杀害,因为她们拒绝士兵的要求。就这样持续不断,每天都有一长串案件发生!虐待狂的狰狞案例不在少数,但大多纯粹是兽欲与暴力"②。

在看到如此多的强奸案后,美国圣公会传教士欧内斯特·H. 福斯特写信告诉家人:"强奸案每天都在发生,一些被士兵劫持的妇女的遭遇可怕得难以言说。"③

日本兵强奸了一名年轻妇女,将一个空啤酒瓶强行塞进她的下体,然后枪杀她。另一起案件是由英国大使馆的一名工作人员目睹的。一名妇女遭到强奸,将一根高尔夫球棒硬塞进她的下体。发现她就是在这种情况下死去的。似乎不可能有这样的人间恶魔存在。但可以一而再再而

---

① John G. Magee, a letter to Rev. J. C. McKim, April 2, 1938, Folder 62, Box 4, Record Group 10, Special Collection, Yale University Divinity School Library.

② Miner Searle Bates, A letter to his wife Lilliath, February 3, 1938, Folder 8, Box 1, Record Group 10, Special Collection, Yale Divinity School Library.

③ Ernest H. Forster, A letter to his wife Clarissa, January 28, 1938, Folder 5, Box 263, Record Group 8, Special Collection, Yale Divinity School Library.

三地列举出这样的例子。①

南京安全区国际委员会从1937年12月16日至1938年3月21日记录了470起暴行案件。在这470起案件中，至少有215起案件涉及强奸、强奸未遂或绑架妇女和女孩，此外还有许多其他案件记录了日本士兵骚扰民众并强迫他们搜寻女孩供其强奸的情况。然而，国际委员会提交的案件主要是发生在安全区内的，或安全区内的难民冒险走出安全区而受到日本人虐待的，或来到鼓楼医院治疗的，或向国际委员会报告的。正如一些西方人所指出的，大多数暴行案件并未报告，因此，这些暴行也不为国际委员会所知。

安全区文件中的案例5叙述了日军在城市中对妇女的侵犯，之后大量妇女逃入美国教会学校金陵女子文理学院，该学院难民营最终收容了超过一万名妇女和儿童：

> 5. 12月14日夜发生许多起日本兵闯入中国人房舍，强奸，或劫持妇女的案件。这种情况在这个地区造成极度的恐慌，数百名妇女昨天搬入金陵女子文理学院的校园。结果，3名美国男子昨天整夜守在金陵女子文理学院，保护校园里的3000名妇女儿童。②

菲齐提交了第69号案件，其中描述了1937年12月17日至19日在安全区的一所住宅里发生的多次强奸事件：

> 69. 第八区卫生总稽查孟才德（Meng Chai Te）位于北平路59号的住所昨天被日本兵闯入6次，今天7次。17日，那儿的两个姑娘遭强奸，今天又有两个被奸，其中一个被残忍地摧残，可能活不成了。今天还从

---

① Ernest H. Forster, A letter to his wife Clarissa, January 24, 1938, Folder 5, Box 263, Record Group 8, Special Collection, Yale Divinity School Library.

② Case 5, December 14, 1937, in *Documents of Nanking Safety Zone*, p. 10.

那儿劫持走一名姑娘。住在那屋子里的难民被抢去大部分现金、手表，以及其他小物品。海兹先生和我亲自调查了该案。（菲齐）①

案例 126 显示了日本兵为了强奸一名妇女而玩弄的花招：

126.（也由红卍字会报告）本月 21 日晚 11 时，携带手枪、刺刀的三个日本兵，翻越后墙进入宁海路 2 号的红卍字会，殴打日语翻译郭原森（Gwoh Yuen-seng），把他的妻子拖到佣人的房间里强奸了 3 次。红卍字会医务所所长孔金宪（Kong Chin-hsien）的腿被打伤。红卍字会的佣人和 11 名孤儿被逼迫关进偏房里，不准出声。后来，另外 3 个日本兵推开前门进来，询问屋里有没有日本兵。佣人说屋里有 3 个日本兵在强奸女人。这 3 个日本兵立即寻找强奸女人的日本兵，但这几个强奸的日本兵已翻后墙走了。由于没有找到什么，这 3 个搜查的日本兵又从前门离去。但是，不一会儿，又有 3 个日本兵翻后墙进来，到郭先生的房间，和他谈了几分钟，捐给红卍字会 3 元钱，以帮助他们的工作。然后，郭先生告诉他们刚刚在屋里发生强奸一事。听到此，这些日本兵要求看看他妻子的房间。领这些日本兵到强奸发生的地方后，他们也要和漂亮的姑娘睡觉。郭先生答道，没有姑娘。但是日本兵亮出刺刀在房屋内到处搜查。这样，他们找到郭先生的媳妇，拖到一个房间强奸了她。强奸之后，他们高声叫喊着走了。（红卍字会报告）②

罗伯特·O. 威尔逊是大屠杀期间南京唯一的外科医生，他为很多日军暴行的受害者做手术。他记录并呈递了一起涉及 6 名妇女遭强奸谋杀的案件，

---

① Case 69, December 19, 1937, in *Documents of Nanking Safety Zone*, p. 38.

② Case 126, December 21, 1937, Sub-enclosure to Enclosure 1-e, p. 2, of "The Conditions at Nanking, January 1938", January 25, 1938,（Department of State File No. 793.94/12674）, Microfilm Set M976, Roll 51, Record Group 59, the National Archives Ⅱ, the National Archives Ⅱ.

这一案件作为案例 178 立案：

> 178. 1938 年 1 月 3 日。12 月 30 日，日本兵从铜银巷 6 号抓走 6 名妇女，表面上是为日本军官洗衣服，其中一个妇女来到鼓楼医院。她们被日本兵抓到南京城中西部，根据周围的活动情况，她判断是一所日军医院。这些妇女白天洗衣服，夜晚通宵达旦地遭强奸。年纪大的被奸 10 到 20 次，年轻漂亮的一夜被强奸多达 40 次。1 月 2 日，两个日本兵把我们这个病人拖到一所荒弃的学校校舍，用刺刀砍了她十来次：后颈砍了 4 刀，把肌肉切断，深至脊椎骨；手腕、脸上分别被砍一刀；背上被刺 4 次。她也许能痊愈，但颈子会僵直。日本兵把她丢在那儿等死。另一个日本兵发现了她，看到她的惨状，把她送到朋友那儿，朋友们送她来医院。（威尔逊）①

案例 181 表明，南京居民，特别是年轻妇女，是如何在暴行期间担惊受怕地生活的。即使在安全区内，居民的房子也随时可能被闯入，年轻女孩在枪口下被强奸：

> 181. 1 月 8 日，4 个日本兵夜里来敲开门，强奸了 3 名妇女。她们动作慢了些，日本兵用手枪射击。居住在高家酒馆 45 号袁家的 3 名妇女年龄分别为 21、25、29 岁。②

1937 年 1 月 25 日，一位难民营主任提交了一份统计记录，说明了 1938 年 1 月 13 日至 20 日发生在其难民营的强奸案：

---

① Case 178, January 3, 1938, in *Documents of Nanking Safety Zone*, p. 65.
② Case 181, January 8, 1938, in *Documents of Nanking Safety Zone*, p. 77.

204. 1月25日，有1300名难民的维庆里难民营的报告。"随函附上一份被强奸的女孩名单，以及日本兵留下的一条皮带。

妇女的年龄	时间	备注
16	1月13日下午2点	两个士兵轮奸了这个姑娘。
37	13日下午2点	一个士兵强奸了该女子。
27	13日晚9点	一个士兵劫持走这个妇女，第二天放她回来。
37	19日晚上8点	一个士兵强奸了这个妇女。
13	20日下午	一个士兵轮奸了这个姑娘。
48	同一天	同一个士兵强奸了这个妇女。
36	同一天晚上	同一个士兵强奸了这个妇女。下午到次日上午，这个士兵强奸了3个妇女。他次日凌晨5点离开难民营，还留下了一条皮带。"

难民营主任李秀廷签名并盖章。（注：这个难民营就在鼓楼西面。）①

贝茨提交的第223号案件中，两名女孩冒险离开难民营回到安全区外的住所后，因反抗日本士兵强奸而被刺刀捅死：

223. 2月1日。今天早上6：30，当贝茨博士离开大学时，一群妇女第二次聚集起来迎候。她们告诉他，她们不能回家。除了其他的案子，还有一位妇女担心难民营被封后会失去她的被褥，昨天带着她的两个女儿回西华门的家。昨天晚上，日本兵来了，要强奸女孩。两个女孩反抗，士兵用刺刀把她们捅死。那位妇女说，回家也没有用。如果她们在家里被杀，宁愿在难民营里被企图在2月4日赶她们出去的日本兵杀死。

（贝茨）②

---

① Case 204, January 25, 1938, Diplomatic Posts, China, Volume 2171 (Nanking 1938, Volume XII), Record Group 84, National Archives Ⅱ.

② Case 223, February 1, 1938, in *Documents of Nanking Safety Zone*, pp. 122-123.

1938年2月1日，麦琪报告了一起强奸案（案例227），在这起案件中，他和福斯特进行了干预，将两名日本兵从他们附近的一所房屋中赶走：

> 227. 2月1日。今天下午2：30左右，一个孩子跑到我们屋子来告诉福斯特先生和我，日本兵在我们附近华侨招待所旁边的一栋房子里找女人。我们跑到那里，一家中国人让我们进去。他们指了指卧室的门，门是锁着的，但当我们敲门没有反应时，我们砸开了门，发现房间里有两个日本兵。一个躺在床上，另一个坐在床边。那个女孩在他们和墙壁之间的床上。一名士兵立即跳起来拿起他的腰带和手枪，从墙上的一个洞里钻出去。但另一个人的裤子脱了，他喝得大醉，无法迅速脱身，而且还留下了腰带，所以他的裤子无法穿起来。我们不得不帮他从墙上的洞里钻出去。到外面的街上，他想和我们握手。福斯特先生跑到前面去找宪兵，而我则走在士兵的后面。我们把他交给了上海路与中山路相交处的两个哨兵。我们被告知，在我们到达那里之前，女孩被强奸了。（麦琪）①

第382号案件同样发生在1938年2月1日，它记录了日本兵的不正常和虐待狂行为，他们以羞辱和侮辱人为乐，这种行为在正常和文明的文化中是不道德的。

> 382. 2月1日，吴长生回到他在光华门（外面）的家，到达后，那里的七个日本兵带来了一个老妇人，强迫他们性交。日本兵在一旁哈哈大笑。②

---

① Case 227, February 1, 1938, in *Documents of Nanking Safety Zone*, pp. 123-124.
② Case 382, February 1, 1938, in *Documents of Nanking Safety Zone*, p. 148.

1938年2月5日，威尔逊医生治疗了一名面部被刺刀严重刺伤的妇女：

> 426.曹曾氏住在汉西门56号。2月5日上午，一个日本士兵来到她家来，企图强奸她。但屋里的其他人叫来了宪兵。下午5点，那名士兵又来了，用刺刀刺伤了她的脸。她被送到鼓楼医院包扎伤口。
>
> 主治医生威尔逊说，她脸上的伤口非常严重，由于该妇女处于半昏迷状态，他担心她的头骨已经破裂。
>
> 1938年2月5日①

南京安全区国际委员会还记录了郊区的强奸案。《南京安全区文件》一书中的第60号文件，记录了1938年1月4日至20日发生在南京城东西约12英里的栖霞寺的暴行案件的一份备忘录，其中包括强奸案：

> 1月8日和9日。共有六名妇女被日本兵强奸。犹如往常，在寺庙里，他们把年轻妇女搜寻出来，用刺刀逼迫她们就范。
>
> 1月11日。又有四名妇女被强奸，喝醉酒的士兵在寺庙里跑来跑去，用步枪到处乱开枪，打伤了许多人，损坏了建筑。
>
> 1月13日。许多士兵来到这里，搜寻食品，没收了相当数量的食品。离开前，他们强奸了一位母亲和她的女儿。
>
> 1月15日。许多日本兵到这儿来，抓住所有的年轻妇女，挑出10名，在庙里的一个房间中强奸了她们。同一天晚些时候，一个酩酊大醉的日本兵来到这儿，进入一个房间要酒要女人。给了他酒，但没有女孩。他大怒，开始疯狂地打枪，枪杀了两个小男孩，然后离开。在返回驻地的路上，他走进路边的一栋房屋，杀死了一名70岁的农妇，并偷了一头驴子，

---

① Case 426, February 5, 1938, in *Documents of Nanking Safety Zone*, p. 151.

还放火烧了一栋房子。①

战后，从1945年至1947年，国民政府和南京市政府及相关机关在南京进行了广泛的调查，其目的是调查日军的战争罪行，为南京和东京的军事法庭审判做准备。由于这是南京市民第一次有机会在不担心日军报复的情况下呈递暴行案件，因此，他们报告了一大批包括强奸案在内的各种暴行事件。然而，由于强奸被认为是对家庭的一种耻辱，很多提交的强奸案中只提及已被杀害的受害者，但如果强奸受害者仍健在，家属往往会避免提及。斯迈思指出，在1938年2月，当强奸案猖獗时，家庭毫不犹豫地承认或抗议他们的妇女被强奸；但到了3月，当斯迈思进行调查时，家庭倾向于遮掩这一事实，尽管许多家庭愿意将强奸列为他们在调查表中遭受的损失之一②。尽管有这个顾虑，1945年底和1946年初提交的强奸案仍提供了令人震惊的细节。

1945年10月10日，57岁的徐洪氏提交了一份请愿书，称自己和嫂子被强奸，家人被日本兵杀害：

> 于冬月十四日，氏与弟媳王氏均被日寇奸污，当场王氏毙命。家弟幼卿（年三十岁）见其妻被数名倭奸污致死，则哭跳咒骂，旋即一枪将幼卿毙死，复又一刺刀将幼卿之子云保（年四岁）戳死。③

1937年12月13日，住在城南仁厚里5号的陶汤氏18岁，日本兵来到她家后，轮奸并杀害了她。她的四位家人也同时遇害。她的邻居柯荣福于

---

① "Memorandum by Tsitsashan Temple", January 25, 1938, in *Documents of Nanking Safety Zone*, pp. 135-136.

② Lewis S. C. Smythe, "What Happened in Nanking or the Situation in occupied Territory in China". It was a speech delivered first on August 13, 1938 to the Chinese patriotic meeting at Baguio, the Philippines, and the written document was attached to his letter to Alexander Paul dated August 27, 1938, Correspondence of Lewis S. C. and Margaret Garrett Smythe, Disciples of Christ Historical Society Library.

③ 徐洪氏：《徐洪氏为家中四口遭日军残害致何应钦呈文（1945年10月10日）》，收录于《1937.12.13——侵华日军南京大屠杀档案》，第354页。

1946年8月2日提交此案：

> 受害人系本人近邻，于是年因日寇进城，在家跟随其夫陶忠涛等看守屋宇，于是日被日寇到本宅搜索，遂被日寇轮奸后，被日寇用步枪射击，又刺刀戳于肚上，并以火烧死，其情至惨。该户计共被日寇枪杀四口，仅逃出婆婆汤聂氏一名，现今无生活，赴秣陵关附近谋生。①

1984年，为了筹建南京大屠杀纪念馆，南京市政府在南京进行了另一次范围广泛的调查，采访大屠杀的幸存者和证人。这次调查发现，当时还有1700多名居住在南京市范围内的幸存者和证人健在。一支庞大的调查队伍被派去与每一位幸存者和证人面谈。面谈的书面记录作为证词被存档。1985年，这些证词中的一部分在《侵华日军南京大屠杀史料》一书中出版。1994年，这些证词中的642份被编辑成集，书名为《侵华日军南京大屠杀幸存者证言集》。在642份证言中，有72份主要关于强奸案，其他的都是关于大规模处决或个别杀戮的，但也涉及强奸或未遂强奸案。1984年是南京大屠杀后的第47年，最年轻的幸存者和证人都已年过半百，她们毫不避讳地公开谈论自己是日军强奸受害者或家人被日本兵强奸。只是考虑到受害者及其家庭的声誉与尊严等因素，或多或少地仍有顾虑，因此这本文集在出版时只印了强奸受害者的姓氏，略去名字。

1937年，马××14岁，她是一个穆斯林女孩，当时她被几个日本兵轮奸。1984年，在61岁的时候，她就自己被绑架、在刺刀下被强奸的情况提供了详细的证词：

> 一九三七年我才十四岁，住草桥清真寺。十二月十三日，日军攻陷南京的第一天，我看到五六个日本兵用刀戳死一个男人，吓得赶快回家

---

① 《陶汤氏被日军强奸后杀害的调查表节录（1946年8月2日）》，收录于《1937.12.13——侵华日军南京大屠杀档案》，第371—372页。

躲起来。不久，听到敲门声，父亲去开了门，进来几个日本兵，问我父亲要"花姑娘"。我看到情况不对，就跑到河边上，藏在一个防空洞里。日本兵闻声追来，用砖头往洞里砸。我无法，只好出来。他们把我拖到小礼拜寺巷八号，用刺刀逼着我把衣服全部脱光，我就这样被几个日本兵轮奸了。我被抓后，我母亲就跑出来找我，那（哪）知没有找到，却在清真寺又碰到一个日本兵，她又被日本兵奸污了。①

一位姓张的女士当时 19 岁，日军进城时她在安全区避难。她作证说，她遭受了日本兵可怕的折磨：

一九三七年十二月十八日下午一点多钟，好几个日本兵跑到难民区里，把我和我的姑子叶××（已死），以及另一个女子（大约十五六岁，不知姓名），抓到鼓楼一家空房子里，两个日本兵拖一个，分别用刺刀逼着我们脱去衣服，进行轮奸，当时我吓得直抖。大约有一个多小时，日军哈哈大笑，叽叽咕咕地走了，我们只好哭着奔到金陵女子大学内躲起来。②

1937 年 20 岁的张远华讲述了她的一个伯母被日本兵强奸后惨死的情况：

一九三七年我大妈张杜氏六十多岁，家住糖坊桥六号。日军进城后的第三天，我大妈被日本兵强奸后打死在房间里，下身衣裤被脱光。我的堂兄张远税（十八岁，半哑），也被打死在房门口，尸体是由红十字

---

① 《马××证言》，蒋宝霞、戴广梅调查记录，收于《1937.12.13——侵华日军南京大屠杀史料》，第 479—480 页。
② 《张氏证言》，刘淑芳、唐春英、陈秀华、梅嘉福调查记录，收于《侵华日军南京大屠杀幸存者证言集》，第 358—359 页。

会拖走的,埋在小粉桥。①

1937年,王秀娥7岁。她目睹了日本兵让人难以置信的行为:"一天我大嫂刚生一个小女孩,日军进来要强奸我嫂子,大家求情,说我嫂子刚生过小孩,日军不信,叫我嫂子把裤子脱下来,给他看看。从那天以后,我们一家人吓得住进了难民区。"②

1937年,史慧芝21岁,她在证词中指出,她的一个姨妈乔刘氏(40多岁)搬到难民区避难后,被日本兵抓去强奸。经过一夜,她早上回来后哭了一整天,到了晚上,她上吊自尽③。

日本人到来后,当时22岁的李秀清跟随家人搬到难民区,住在美国大使馆附近。在她的证词中,她讲述了她的邻居在妻子反抗强奸时面临的困境,并受到死亡威胁:

> 一天,我在做饭,不想日本兵来了几十名,这时他们突然发现我的邻居是一对青年夫妇,就像没命似地追了上来。这位妇女为了不受侮辱,竭尽全力与日军搏斗,她的丈夫在旁苦苦哀求,但是在这群杀人不眨眼的刽子手面前哀求又有什么用呢?丈夫绝望地向屋里的妻子喊道:"算了,随他们吧,保住自己的命要紧。"就这样,这个年轻妇女被日军轮奸了。④

然而,另一起涉及两对夫妇的强奸案却更为悲惨。金秀英是一个14岁

---

① 《张远华证言》,朱久英、顾洪华、汪道明调查记录,收录于《侵华日军南京大屠杀幸存者证言集》,第370—371页。

② 《王秀娥证言》,申全英、章厚之调查记录,收录于《侵华日军南京大屠杀幸存者证言集》,第305页。

③ 《史慧芝证言》,井升安、丁亚庆调查记录,收录于《侵华日军南京大屠杀幸存者证言集》,第281页。

④ 《李秀清证言》,廖美庆调查记录,收录于《侵华日军南京大屠杀幸存者证言集》,第368—369页。

的女孩，日军入侵南京时，她的家人住在新街口地区的一个难民营：

> 跟我家住在一起的还有两对夫妇，一个男的叫陈天有，另一个男的叫黄同桥。第二天，为了出去找吃的，陈天有夫妇和黄同桥夫妇带着一个老太，他们五人走到宁海路口，迎面碰到三个日本兵要强奸两人的妻子。陈天有为了保护老婆，当时就被日军打死。黄同桥拖着自己的老婆跑，被日本兵刺了一刀，掉进旁边的河里，正待要爬上来，又被日本兵打了一枪，死了。然后把两人的妻子拖到一户人家，把陈、黄两人的妻子强奸了。①

随心所欲地掳掠

除了肆意杀戮和猖獗的强奸之外，日本兵还肆无忌惮地掳掠抢劫。他们掳掠任何能够拿得走的东西，抢劫房屋、建筑和院落中有价值的物品，小到铜板、银币和可以装进口袋的贵重小物件，大到家具、钢琴、汽车或商店和仓库里的大量商品。没有一家商店不遭到损坏，许多商店被开着卡车的日本兵彻底洗劫一空②。

克里斯卿·克罗格是一名德国商人，他在恐怖笼罩期间一直待在城内，因此他的描述全面而详细，最能概括日军自1937年12月14日以来在南京大肆抢劫和掳掠的行径：

> 12月14日以来，局势迅速恶化。由于迅速向前推进，参加作战却给养不足的部队在这座城市肆无忌惮地放纵，并以令人难以想象的方式对待那些最贫穷与无辜的人们。他们从难民手中抢走米饭，所有能到手

---

① 《金秀英证言》，陈家荣调查记录，收录于《侵华日军南京大屠杀幸存者证言集》，第367页。
② M. S. Bates, A letter to his wife Lilliath, January 9, 1938, Folder 8, Box 1, Record Group 10, Special Collection, Yale Divinity School Library.

的物品、毯子、衣服、手表、手镯，简而言之，所有值得拿走的东西。任何犹豫不决的人立刻被刺刀刺杀，许多人成为这种残酷行为的受害者。受害者数以千计，残酷的军人一而再再而三地进入难民区和挤满难民的房屋，抢劫之前来过的军人不屑拿走的东西。

我们只能通过剧烈的动作和指给他们看德国国旗的方式来捍卫我们的财产、我们朋友的财产以及佣人，而这种方式经常受到日军官兵的威胁。在与后勤供应部队高级官员就水厂和电厂开工一事进行谈判期间，我的汽车尽管前轮已卸下，仍然从车库中被劫走。在刺刀的威胁下，仆人被迫开门交出一切。由于几个星期以来我家前面横陈着3具尸体，所以我根本不指望仆人逞英雄，那样只会遭到严厉的惩处。

显然，他们特别想得到交通工具，因为他们四处搜寻盗窃汽车和自行车。在找不到运输工具的情况下，便逼迫仆人或难民搬运赃物。为此还用上了婴儿车、手推车、驴、骡子。简而言之，一切用得上的都行。

这种有组织并公然怂恿的盗窃行为持续了14天，时至今日，遇到任何外出"征用"的团伙，没有房屋是完全安全的。随着更有价值的物品掳掠殆尽，他们劫走家具、地毯、房门等物，即使只是烧火用。日军甚至随军有训练有素的开保险箱的专家，尽管有些保险箱被直接用步枪射击和手榴弹打开。

个别士兵不足以胜任的话，在军官指挥下的部队乘卡车抵达，将房屋中值得攫取的东西一扫而空，然后纵火焚烧。因此，时至今日，整个城南就这样遭洗劫焚毁。①

在南京，几乎所有房舍都被日军闯入、洗劫与掳掠。爱斯比描述了南京遭洗劫的情况：

---

① Christian Kröger, "A report by Christian Kröger, treasurer of the Zone Committee", January 13, 1938, in *Good Man of Nanking Diaries of John Rabe*, pp. 143-144.

无论这座院落、房屋、商店或建筑物是外国教会的产业，还是外国人或中国人个人的房产，都不加区别地被闯入，并在不同程度上遭洗劫、掳掠。众所周知，美国、英国、德国和法国的大使馆被闯入，从中抢走物品。据报告，意大利大使馆的遭遇也一样。1月1日，俄国大使馆被大火神秘地焚毁。我们查看过的，或美国居民报告的美国房产无一例外地被日本兵一而再再而三地多次闯入。这样的情况甚至发生在现在仍有美国人居住的住宅。一直到撰写这份报告时为止，美国居民与国际委员会的其他成员仍持续不断地将闯入外国人房产搜寻财物与妇女的日本兵驱赶出去。[1]

1937年12月24日，米尔斯给日本驻南京大使馆写了封信，抗议日本兵多次闯入美国大使馆大院，任意掳掠财物，无论是手电筒或几块钱的小东西，还是卡车、汽车这样的大东西：

> 请允许我向你们报告最近在美国大使馆发生的下列事件。
>
> 12月23日下午2时30分，三个日本兵来到使馆的西院，声称要借汽车。使馆一名姓吴的职员向他们解释说车子都坏了，无论如何，借用汽车应该通过日本大使馆，而不能由日军直接来借。然后，这些日本兵离开了，没有再找什么麻烦。
>
> 然而，当天晚上6点30分到9点30分之间，七八个成群、全副武装的日本兵至少到使馆来了四次。至少有一次，日本兵是由军官带来的。日本兵共抢劫走三辆汽车。这些车的主人是C. W. 奥德里吉先生（牌照号码5033）、孟肯先生（牌照号码1255）和翰森先生（牌照号码218）。日本兵把车子推出使馆大院，然后用他们开来的卡车拖走。日本兵还抢走四五辆自行车、两盏油灯和几只手电筒。此外，上述日本兵来使馆四次之中，有一次在军官的带领下，日本兵搜查了睡在大使馆办公大楼里的

---

[1] James Espy, "The Conditions at Nanking, January 1938", January 25, 1938, p. 10.

每一个人，抢劫他们的钱和个人用品。使馆工作人员邓先生被抢走一只表和金戒指，另一名使馆工作人员吴先生被抢去一只表和六七块钱。邓先生的家属被抢劫走58块钱，其他雇员的家人被抢走185块钱。日本兵还强迫佣人打开一些锁着的门，至少有一次，日本兵用刺刀捅破了门（巴克斯顿先生办公室内的一扇门），留下一道显而易见的痕迹。最后，两个日本兵企图强奸院子里的两名妇女，他们甚至试图脱去一个妇女的衣服，并劫持另一名妇女到大院内偏僻的地方。然而，所幸其他日本兵阻止他们达到目的。

以上事件发生在昨天，亦即12月23日晚上。今天，12月24日，上午约8时，三个日本兵再次闯入大使馆西院，拖走一辆汽车（牌照号码5001），这是使馆工作人员邓先生从朋友那儿借来的一辆汽车。与此同时，另外有五个成伙的日本兵闯入使馆东院，拖走同属于祥泰木行的一辆汽车和一辆卡车。这次，日本兵还抢劫走住在大使馆东院门房的警察高新元的一袋面粉、一袋米、一只手电筒和11.8元钱。

今天上午9时，大使馆西院的车库再次被闯入，大使馆美国工作人员拉封先生的汽车被抢劫走。然而，日本宪兵在大概一小时后将这辆车归还了。以上的事件今天上午首先口头报告给福田先生，后来又报告给田中先生，田中先生后来亲自来美国使馆调查此事。田中先生保证今天在两个大院设置岗哨，以防进一步侵犯大使馆的事件发生，非常感激他所作的保证。[①]

在英国大使馆也发生了类似的抢劫事件。1938年2月24日，英国驻南京领事欧内斯特·威廉·捷夫雷（Ernest William Jeffery, 1903—1989）向英国驻上海大使馆发电报，报告了与日本同行就英国驻南京大使馆被日军

[①] W. P. Mills, A letter to the Japanese Embassy in Nanjing, December 24, 1937, Enclosure No. 15-F to "Conditions of American Property and Interests in Nanking", Feb. 28, 1938, No. 393.115/233, Box 1821, Record Group 59, National Archives II.

掳掠遭受的损失的赔偿和支付问题谈判的结果。捷夫雷指出："我已收到日本总领事对普利熹-布伦1月24日要求支付损失的汽车款项的信件所作的回复。日本总领事安排经由日本驻上海总领事支付给您7500元，作为赔偿从英国大使馆被抢劫走的瑞奇先生、格雷厄姆先生①、普利熹-布伦先生与武官的汽车。他说日本人急于不做调查早日解决涉及侵犯大使馆的索赔要求。"②

1938年10月12日，英国驻上海总领事赫伯特·菲利普斯（Herbert Phillips, 1878—1957）向英国大使转交了一份英国臣民报告在南京领事区遭受损失的掳掠案件的初步清单，该清单包括日军造成损失的案件：

1. 祥泰木行③报告1937年12月15日至1938年1月31日之间，他们在南京木材场的库存木材遭掳掠。他们在上海估计损失为91877.47元。

2. 祥泰木行报告该公司停放在三汉河与长江交汇处的一辆雪弗莱汽车在1937年12月11日之后失踪。他们在上海估计损失为2800.00元。

3. 莱尔（Lall）医生在南京健康路344号开办了一家眼科诊所。1937年11月至1938年3月之间，在南京被攻占之际或之后，诊所内的物品均损失了。他的损失为1860.00元。

4. 上海啤酒公司④报告南京河北饭店⑤使用了属于该公司的设施与

---

① ［英］沃特·杰拉德·克鲁特·格雷厄姆（Walter Gerald Cloete Graham, 1906—1995），中文名高来含，1906年5月13日出生，毕业于牛津大学，1928年通过考试进入英国外交部，随即派往中国学习汉语，1931年升任副领事，先后在英国驻南京、上海、北平、沈阳、芝罘、天津的使领馆工作直至珍珠港事件爆发。其间于1938年1月晋升领事，1942年任英国驻埃及塞德港领事，1952年任英国驻韩国总领事，1955年至1959年任英国驻利比亚大使，1967年从外交界退休。

② E. W. Jeffery, Telegram No. 58, 11 : 45 a.m., February 24, 1938, FO233/270, Foreign Office, Political Departments, General Correspondence from 1906-1966, Public Record Office, London.

③ 祥泰木行（The China Import and Export Lumber Company, Limited），又称中国木材进出口有限公司，1884年为德商控股，由法国商人创立，1914年英商在欧战爆发之际接管祥泰木行。该公司设在上海，并在汉口、南京、天津、福州等地设立分公司。鼎盛时期，在木材市场曾称雄半个世纪。1941年太平洋战争爆发，日军进驻上海租界，祥泰木行决定停业解散。

④ 上海啤酒公司（Union Brewery, Limited）。

⑤ 河北饭店（North Hotel）为德国商人在南京经营的一家旅馆，位于新街口附近中山东路178号。

设备，日军部队在 1937 年 12 月摧毁河北饭店时彻底损毁了这些设备。该公司称他们的损失为 1545.11 元。

5. R. J. 霍尔姆斯先生[①] 报告他存放在中山北路 188 号全国汽车有限公司[②] 办公室中的财物被日本军人约于 1937 年 12 月 18 日抢劫走。据称日本军人驾驶 3 辆军用卡车到该房产，将所述财物运走。他说损失为 390 英镑。

6. 怡和轮船公司[③] 报告他们的汽艇"卢塔号"（Loeta）在芜湖下游一处地点被日军部队于 1937 年 12 月 12 日征用。这艘船还没有归还给该公司，该公司称他们的损失为 712 英镑 10 先令。[④]

1938 年，一些英国人向英国大使馆提交了财产损失和损坏索赔，要求日本政府赔偿他们因日军抢劫而遭受的损失。持有第 2/1934 号英国护照的威廉·亨利·端纳（William Henry Donald，1875—1946）于 1938 年 3 月 2 日提出索赔，其中包括一份分项清单：

1 辆奥本汽车，敞篷车，八缸，目前的价值为 2500 元中国币（更换这辆车的价值要 6000 元中国币）。这辆车于 1937 年 12 月 8 日停放在英国大使馆大院内	2500
1 个弗里杰代尔牌电冰箱，全新，价值 500 元中国币	500
1 张餐桌，1 个餐具柜，10 张椅子，由上海的现代家具公司出产，全新，价值 500 元中国币	500

---

① 罗勃特·J. 霍尔姆斯（Robert J. Holmes），曾任南京扶轮社（Rotary Club）干事。
② 全国汽车公司（National Motors, Ltd.）。
③ 怡和轮船公司（Indo-China Steam Navigation Company, Limited），由怡和洋行于 1873 年成立，经营远东的航运。
④ Herbert Phillips, "Claims Arising out of Sino-Japanese Hostilities: Cases in Nanking Consular district", Document No. 421, October 12, 1938, FO233/272, Foreign Office, Political Departments, General Correspondence from 1906-1966, Public Record Office.

1张大的长沙发，天津西姆斯（Simms）出产，价值	200
2盏标准台灯，意大利锻铁，价值	60
2盏镀铬标准灯，价值	40
2盏陶瓷台灯	10
1张柚木桌子	20
1张北京黑檀木长凳	60
3张黑檀木桌子（雕刻饰纹），分别为45、30与25元中国币	100
8件黑檀木家具（2张椅子、4只凳子、2个书柜）	75
1只朝鲜黑檀木厨柜	60
5张地毯，价值	150
1张扶手椅，现代家具公司出产	120
3张沙发，价值	150
2张书桌，柚木与红木	55
2张办公椅	30
2只炉子	64

共计中国币 4694

上述家具于1937年12月8日被从陵园四方城搬到财政部，据报告是被日军偷盗或烧毁的。还有我无法详述的大量其他家庭用品也在南京遭到毁坏。[1]

---

[1] W. H. Donald, "A letter to the British Consul-General at Hankou", March 2, 1938, Enclosure in E. W. Jeffery's dispatch No. 6 to H.M. Ambassador, April 27, 1938, FO2 Foreign Office, Political Departments, General Correspondence from 1906-1966, 33/271, Public Record Office, London.

与此同时，不少美国公民提交了财产损失和损害索赔要求。鼓楼医院的美国医生理查德·弗里曼·布莱迪（Richard Freeman Brady, 1902—1995）向美国驻南京大使馆提交了一份向日方索赔财产损失、金额为1917.85元的宣誓证词：

> 1937年12月14日至12月31日之间，日本兵至少4次闯到我位于汉口路19号（楼上）的住宅，偷窃、毁坏下列属于我的个人财物。我在双龙巷11号B的临时住所在12月14日至12月31日之间也至少被日本兵闯入6次。他们偷走的个人财物也在下面列出。
>
> 汉口路19号的房屋暂时由金陵大学的一名工作人员占用。
>
> 我在该地址的个人财物锁在二楼西北角的一个房间里。这些财物由我的一位名叫俞德平（Yu Teh Ping）的厨师看管，我在南京居住的6年中，他一直很忠诚。
>
> 我当时在牯岭，但是住在我隔壁的M. S. 贝茨所作的宣誓证词附在此作为由他观察到汉口路19号遭受掳掠的证据。
>
> 我从1937年8月17日住在双龙巷11号B的房屋里直到12月3日，那天由于我10岁的女儿生病而去牯岭。我和詹姆斯·H. 麦考伦合住在这座房屋里，他在1937年12月14日至12月31日住在平仓巷3号这段时间内，时常查访这座房屋。附上的宣誓证词显示他察看这座房屋时的观察。
>
> 上述两处房产以及屋内的物品直到我离开的12月3日都情况良好，宣誓证词也显示直到上述那段时间，这些房产仍完好无损。
>
> 12月14日詹姆斯·麦考伦察看了双龙巷11号B的房屋与车库，以及里面的东西，没有发现房屋被闯入的迹象。
>
> 以下是财产分类的清单，这些都是被日本兵从双龙巷11号B的车库与房屋，或从汉口路19号锁着的房间中抢劫走的东西。最后两项是从汉口路19号抢走的。

	中国币
1935 年都铎 8 缸型福特车标准 48 型 发动机号码 1333983	1627.50
电钟	35.00
电熨斗	10.50
食品，罐头食品	37.10
两张 2⅓ 乘 3¼ 呎爱克斯明斯特（Axminster）牌地毯	21.00
女式自行车	10.50
衣服，一套男式西装	24.50
3 本照相簿	35.00
新的室内棒球和棒子	7.50
15 加仑汽油	16.50
一加仑汽车机油	3.85
3 夸脱酒精	1.40
约 20 张唱片，每张平均 3.5 元	70.00
留声机	17.50
总计	1917.85[①]

1937 年，还有为数众多的德国公民居住在南京，包括 30 多名德国驻华军事顾问。日军肆无忌惮地掳掠，也必然对德国公民的房舍财产造成损失。1938 年 6 月 21 日，德国驻华大使奥斯卡·保罗·陶德曼（Oskar Paul Trautmann，1877—1950）向德国驻东京大使馆提交了一份列有 50 名德国公民损失的清单，要求日本政府予以赔偿：

[①] Enclosure No. 1 to "Sino-Japanese Hostilities, 1937-1938. American Losses Resulting From, Dr. R. F. Brady, Claim of", Document No. 9, July 7, 1938, Diplomatic Posts, China, Vol. 2164 (Nanking 1938, Vol. V), RG 84, National Archives II.

I. 南京损失索赔证据

1	2	3	4	5	6
序号	受害方名称	索要损失款项	仆人遭受的损失	登记日期	备注
		中国币	中国币		
1.	冯·希梅林 von Schmeling	5682.—		1938.3.7	南京1938年3月22日提交东京大使馆
2.	冯·博典 von Boddien	2832.—	325.—	1938.3.19	
3.	H. W. 希格尔 H. W. Siegel	6304.70		1938.4.22	
4.	阿道夫·鲍兹 Adolf Bautz	6939.—			
5.	E. 兰道尔 Dr. E. Landauer	1914.—		1938.5.12	
6.	弗朗兹·波勒 Franz Pohle	1536.10	557.80	1938.3.15	
7.	布伦 Dr. Blume	2720.—		1938.3.30	
8.	沃特－鲁希威 Voigt-Rusheweyh	6753.70	249.30	1938.4.19, 3.14, 4.5	
9.	本巴克 Baumbach	250.80	118.—	1938.3.15	
10.	林德曼 Lindemann	3502.40			
11.	威克 Wilck	1110.—	195.—	1938.3.19	
12.	翰培尔 Hempel	34813.—	24.1.38		
13.	礼和洋行 Carlowitz & Co	1498.—		1938.1.22	
14.	斯波林 Sperling	2544.10			1938.1.31
15.	斯塔克 Starke	1000.—		1938.3.18	
16.	希尔 Scheel	38836.88			1938.2.3
17.	E. 施罗德 Dr. E. Schröder	1211.50		1938.3.22, 4.19	
18.	阿纳德 Arnade	1711.—		1938.2.24	
19.	翰瑞克 Heinrich	232.70			
20.	赫希伯格 Dr. Hirschberg	731.62		1938.2.15	
21.	卡尔·马丁 Karl Martin	1995.—		1938.6.1	
22.	斯特雷希斯 Streccius	466.—			
23.	布伦德 Bründel	727.—		1938.4.7	
24.	克伦麦克 Krummacher	2009.—	73.—	1938.3.29	
25.	纽威格 Newiger	1155.—	413.—	1938.4.6	
26.	博夏特 Borehardt	2710.—	447.—	1938.3.29	
27.	齐莫曼 Zimmermann	1191.—			
28.	劳伦兹 Lorenz	875.—	376.80	1938.3.30	
29.	鲍勒 Böhler	1422.—	157.10	1938.3.30	
30.	亭姆 Timm	1197.—		1938.5.24	
31.	萨克曼 Sakmann	—	—	—	见证据 II
32.	罗德 Rohde	30000.—		1938.2.24	
33.	斯迪洛 Stielow	7541.95			
34.	斯托兹内 Stölzner	3205.—	62.—	1938.4.12	
35.	E. 利契坦斯登 E. Lichtenstein	23530.40			
36.	洛曼 Lohmann	2061.—			
37.	奥特·伍尔夫 Otto Wolff	748.10		1938.3.1	
38.	哥提格 Gertig	241.80		1938.2.28	
40.	埃克特 Eckert	a)	—	—	a) 见证据 II

续表

1	2	3	4	5	6
序号	受害方名称	索要损失款项 中国币	仆人遭受的损失 中国币	登记日期	备注
		b) 3198.38		b) 预计大为降低	
41.	森赛克 Senczek	1411.—			
42.	K. 迈尔 K. Meyer	672.—		2.4.38	
43.	缪勒 Müller	88.50		19.3.38	
44.	S. 威廉 S. Wilhelm	890.—	189.—	18.3.38	
45.	孔士洋行 Kunst & Albers	a) 2837.28			
		b) 7032.90	170.10	22.3.38	
46.	E. 韩孟 E. Hammon	7696.—		23.3.38	
47.	兴华公司 Schmidt & Co.	3708.—		23.3.38	
48.	E. 尤斯特 E. Just	1467.—		24.5.38	
49.	O. 鲍尔 O. Bauer	a) 3000.—			
		b) 2500.—			
50.	C. 希洛特 C. Schröter	U.S. $ 431.—		4.5.38[a]	

然而，日军的抢劫掳掠行为对南京的中国居民影响最大。迄今为止，他们的财产损失从未得到赔偿。在南京安全区国际委员会提交的470起暴行案件中，约有130起涉及抢劫掳掠。但这些报告给委员会的案件只占日军实际劫掠的很小一部分。由于房屋的主人已经西迁逃难，大多数的这类案件没有留下任何记录。

1937年12月18日，菲齐报告了一起抢劫案，该案被国际委员会记载为第54号案件："下午5点，约有10个日本兵闯进来，抢劫走100名难民、清洁卫生工，包括卫生站站长马森（Ma Sen）先生的所有被褥铺盖和其他财物。"[②] 第二天，菲齐将他的司机多次被抢劫的情况作为第67号案件提交："我的司机李文元一家8口住在珞珈路16号，这是一栋德国人的住宅，挂着德国国旗，贴了封条。今天上午8点半，日本兵把他们所有的东西抢劫一空：7箱衣物、两筐家用杂物、6床被子、3顶蚊帐、饭碗、碟子，还有50元现金。

---

① 奥斯卡·陶德曼致德国驻东京大使馆的报告，1938年6月21日，Auswärtiges Amt Doc No. 5720/4429/38, BA-R9208/3189/ pp. 104-105, Peking II, Politisches Archiv, Auswärtiges Amt, Berlin。

② Case 54, December 18, 1937, in *Documents of Nanking Safety Zone*, p. 33.

这家人现在一贫如洗，甚至没有铺盖。"①

中国门卫张平遥在1937年12月20日报告：

> 12月20日，日本兵数次来到中山路209号的德士古公司，抢走铺盖、鞋子、地毯与其他家具，砸破保险柜，打碎许多窗户玻璃。日本兵从楼下的金陵汽车公司抢走3辆汽车。在卫生工程公司，他们砸开保险柜，抢劫走一只钟和其他一些东西。②

同样在12月20日提交的第87号案件记录了阴阳营47号的一处住宅在一天内被掳掠达7次之多：

> 抢走许多贵重物品。搜查了家中每一个人。昨天日本兵又来了，抢走3元钱，搜寻女人。所幸没有妇女遭殃。从此以后，再没有人敢待在家里。（基督教青年会干事陈世裕）③

案例143描述了1937年12月22日，四名日本兵来到汉口路小学的难民营进行抢劫后发生的事件：

> 143. 12月22日，4个端着刺刀的日本兵来要香烟。难民立即凑钱为他们买了7听香烟。难民把这几个日本兵前一天给他们的5块钱还给日本兵，他们这么做是因为日本兵威胁要烧房子。后来，3个持步枪的日本兵要酒，难民为他们买了两大罐酒，4个难民去替他们把酒抬回去。3个日本兵抢去3辆自行车，3个难民为他们将车子推回去。一个难民

---

① Case 67, December 19, 1937, in *Documents of Nanking Safety Zone*, p. 37.
② Case 85, December 20, 1937, in *Documents of Nanking Safety Zone*, p. 42.
③ Case 87, December 20, 1937, Sub-enclosure to Enclosure 1-c, p. 4, of "The Conditions at Nanking, January 1938".

回来了。4个日本兵还抢走人力车。还有其他日本兵光顾难民营，但没有进行骚扰。（汉口路小学难民营）①

显然，日军对任何类型的车辆都有很大的需求，无论是用于运输还是仅想拥有。如案例152所示，日本兵抢劫了所有的消防车及其车轮：

152. 12月25日下午3时，数名日本兵卸走两辆大型消防车的车轮。安全区消防队有4辆消防车，12个水泵。但是10天之内几乎都被日本兵抢走。我们现在拥有的水泵不是坏了就是没有轮子。只有一只可以使用的水泵。（警长 Y. H. 雍）②

麦琪于1938年1月29日提交了第334号案件，这起案件涉及他的教会团体的一名成员，这一成员在街上被拦截，身上仅有的一点钱被抢走。"卢先生是圣公会的一名教徒，住在我们的一些基督徒居住的大方巷广东新村，他在三牌楼和外交部之间的狮子桥被一个士兵拦住，士兵对他进行了搜查，从他身上抢走了1角钱，这是士兵所能找到的钱。他的朋友也被搜了身，被同一个人拿走了4角钱。"③

然而，在家里和在路上一样不安全。发生在1938年1月29日至2月1日的第337号案件表明，不管他们是谁，无论他们在哪里，都极易受到伤害，也没有安全。即便是最贫穷的人日本兵也不会放过，也会抢劫：

337. 1月29日，姚先生下午回到了他在常府苑的家。当天几个日本兵从他们那里抢走两盒火柴。30日，几个日本兵到那儿去，将他家所

---

① Case 143, December 22, 1937, Sub-enclosure to Enclosure 1-f, p. 2, of "The Conditions at Nanking, January 1938".
② Case 152, December 25, 1937, in *Documents of Nanking Safety Zone*, pp. 55 - 56.
③ Case 334, January 29, 1938, in *Documents of Nanking Safety Zone*, p. 142.

有的成员，包括一位 80 岁的老太太的衣服脱光，看看他们是否有钱。但他们没有钱。与此同时，隔壁的徐先生被抢走了三块半钱。2 月 1 日，来了三个日本兵以同样的方式来搜查。他们打算返回难民营。①

然而，比抢劫更糟糕的是把人们从自己的住宅中赶出去。1938 年 2 月 28 日，孙长科给"南京自治委员会"写了请愿信，请求帮助。当时一个日本人出现在他家门口，企图将他们一家赶出居住了几十年的房舍：

> 穷民孙长科，居住本京太平路二六〇号门牌，历有余年。自去岁时局变更，迁入难民区内居住。近因奉令搬居归家，各安生业。不料，于二月九日，突来一日人，到民所住之处，声言叫民搬出，不许居住。至于家器物件，不容携带。民向彼声明己物，关于房屋住有数十余年，一经搬出，无处存身。彼不纳民言，立即叫民搬出，民不敢声张。民思一旦驱逐，何处容身？生计何为？穷思无计，只得呼吁贵会俯赐怜悯下情，设法援救。请将该日人容纳难民安居住所，以免流离，而安蚁命，实为德便。谨呈南京市自治委员会转呈南京特务机关，调查该日本人真相，准容难民居住所有之屋，实为公德两便。②

毫无节制地焚烧

如果说肆意的杀戮、猖獗的强奸和无处不在的抢劫日益加剧了南京城内的恐怖状况，那么遍及全城的焚烧则对中国的首都造成了最为醒目的物质破坏。焚烧行为十分猖獗，蹂躏了城市的每一个角落。在某些情况下，日军用卡车清空商业区的商店和店铺的商品，然后焚烧商店以掩盖他们的洗劫掳掠

---

① Case 337, January 29, 1938, in *Documents of Nanking Safety Zone*, p. 143.
② 《孙长科为房屋被日人强占致日伪南京自治委员会呈文（1938 年 2 月 28 日）》，收录于《1937.12.13——侵华日军南京大屠杀档案》，第 437—438 页。

行为。根据美国驻南京副领事爱斯比论述：

> 但是使南京的房产遭受最严重损失的是焚烧。撰写这份报告时仍可见到数处大火在城内燃烧。在"安全区"内没有焚烧。然而，除了安全区，纵火或其他原因任意造成的焚烧遍及全城。在许多街道上，间隔在完好的房屋之间，有些房屋建筑被完全烧毁。一条街道上，一两栋，或更多的房屋只剩下烧焦的残壁站立着，而沿街其他建筑却没有被大火触及。
>
> 城南遭受了大火最严重的蹂躏。巡视南京这片商业闹市区显示成片街区的房屋建筑被烧毁。许多街区中仅剩下十来栋或更少的房屋挺立着。与整个城区几乎完全遭焚毁的上海闸北不同的是，可以看出这里通常是主要街道上临街的建筑被焚毁，而后面的房屋大都没有被烧到。
>
> 这里的日本当局争辩说，南京城内的大部分焚烧是在城陷之后由撤退的中国军队或便衣军干的。有些也许是中国人干的，然而，即使以种种理由相信那些说词，和日军占领南京，战斗结束后蓄意或由于玩忽大意造成的焚烧相比也是微乎其微的。建筑物要么在被闯入、掳掠之后，被蓄意放火焚烧，要么由于疏忽在屋内留下火种使房屋着火，要么由于附近燃烧的建筑而着火。没有听说采取措施救灭着火房屋上的烈焰。[①]

在 1937 年 12 月 21 日的日记中，拉贝描述了日本人的焚烧活动，只见火焰和火花四处蔓延，威胁着邻里：

> 毫无疑问，日本人正在焚烧这座城市，大概是为了消除他们掳掠与盗窃的所有痕迹。昨天晚上，这座城市六个不同的地点在燃烧着。
>
> 凌晨 2 点 30 分，我被墙壁倒塌和屋顶崩塌的声音惊醒。现在最大的危险是火势会蔓延到中山路和我自己的房屋之间的最后一排房子，但

---

① James Espy, "The Conditions at Nanking, January 1938", January 25, 1938, pp. 12-14.

谢天谢地，事情没有发展到那一步。只有飞溅和飘散的火花对我在花园里的难民营的茅草屋顶和储存在那里的汽油构成了威胁，这些汽油绝对要转移走。①

据南京的西方居民观察，在1937年12月13日之前，南京城内很少有火灾发生。他们根据现场查看，记录了这些情况：

> 1937年12月13日日军占领城市时的情况
>
> 12月10日，星期五晚上，新街口南面大华大戏院对面发生大火。我们委员会的几名成员晚上10时到那儿进行调查，发现那是木材场。市消防部门正忙着，已阻止火势蔓延到附近的建筑，也已在那时控制了火势。
>
> 12月11日，星期六晚上，城南被日军炮击的地方燃起几处大火。12月12日，星期天晚上的情况也是如此。那天晚上山西路北面谷正伦的寓所和新建的交通部大楼被烧毁。这些是有些凭据，认为有可能为中国人自己烧毁的仅有的几座重要建筑物，但也不能确定。可能南门附近也烧了几栋小房子。
>
> 星期二上午，委员会的几名委员试图和日本当局取得联系，其他委员则到城南调查德国与美国房产的情况。我们惊讶地发现，被焚烧或炮火摧毁的建筑极少。太平路上唯一被严重烧坏的建筑还是夏天被烧的那座。中山东路上的新华信托公司的房屋被烧。但是城里根本没有大片建筑被焚烧。②

然而，当他们于1937年12月20日，即日军攻占南京一周后，再次巡查时，

---

① John Rabe, *Good Man of Nanking: Diaries of John Rabe*, p. 84.
② "Findings Regarding Burning of Nanking City", December 21st, 1937, in *Documents of Nanking Safety Zone*, pp. 50-51.

所看到的是令人震惊的大规模焚烧：

> 1937 年 12 月 20 日晚上的情况
>
> 12 月 19 日晚，委员会的成员调查了安全区内焚烧的情况。日本兵在平仓巷 16 号的房屋上放火。斯波林先生和安全区消防队的官员赶到焚烧现场，但是我们的水泵和消防设备数天前被日本兵抢走。中山路和保泰街拐角处的一片房屋在白天遭焚毁。晚上观察到国府路方向有数处大火在燃烧。
>
> 12 月 20 日下午 5 时到 6 时之间，菲齐先生和史迈斯博士前往保泰街，往南拐到太平路，再往南行，过白下路，直到马路被装运货物的日军卡车、汽车堵塞。从珠江路南面的小溪开始向南直到白下路，他们发现数伙 15 或 20 个成群的日本兵，显然在军曹的带领下，或者站在街道两旁，看着被大火燃烧的房屋，或者从商店里搬运货物，还看见日本兵在其他商店里的地板上生起篝火。
>
> 然后，他们去了中华路，看到同样的场面，基督教青年会建筑的北半部已在熊熊火焰之中。很显然，是从里面起的火，因为基督教青年会建筑周围没有着火的房屋。日本哨兵没有理会他们。
>
> 20 日晚约 9 时许，克罗格先生和海兹先生开车沿中正路①到白下路，然后往东到中华路，但日本哨兵阻止他们继续往南开。基督教青年会的建筑就要烧完了。然后他们开往太平路，再往北拐，看到路两旁有十余处火在燃烧。其他建筑已成为灰烬。他们向西拐到中山东路，但在东海路和国府路拐角处见到一处大火。到达中山路和珠江路拐角处时，他们见到珠江路北有一处大火。在那儿，一队日军巡逻队禁止他们再往东开。周围有许多日本兵，但没有人去救火。他们正在搬运货物。②

---

① 中正路 1949 年以后更名为中山南路。

② "Findings Regarding Burning of Nanking City", December 21st, 1937, in *Documents of Nanking Safety Zone*, pp. 51-52.

1937年12月21日，在南京的14名西方居民到日本大使馆去，提交了一封由该市22名西方人签署的信件，抗议城内四处遍布的焚烧和持续的暴行：

> 我们以人道的名义为南京20万老百姓的福祉恳求采取下列步骤：
>
> 1. 停止焚烧大片的城区，防止尚未遭烧毁的城区被草率或有组织地焚烧。
>
> 2. 日军在城内犯下的非法暴行一周以来已造成老百姓巨大的痛苦，应立即制止这些暴行。
>
> 3. 由于掳掠与焚烧已使得城市的商业生活陷于停顿，并使全城的老百姓沦落成一座巨大的难民营，鉴于国际委员会只有能供应20万人一周的储粮，我们急切地恳求你们立即采取措施恢复老百姓正常的生活环境，补充城市的粮食与燃料供应。①

然而，这封请愿信并没有说服日本当局采取有效的措施来制止焚烧。菲齐在1938年元旦报告说："然而，就在昨晚，我驱车经过四处刚刚燃起的大火，见到日本兵在商店里正要点燃第五处大火。自从12月19日以来，没有一天日本兵不放火。前些天溜出东门的克罗格告诉我们，他跑到20英里远的地方，所到之处，村庄被烧，没有见到一个活着的中国人或牲口。"② 一周后，1938年1月8日，威尔逊在给妻子的信中描述了他对城市燃烧的观察：

> 焚烧每天都持续着，总数达到10处或更多。昨晚从医院回家吃晚饭

---

① "Findings Regarding Burning of Nanking City", December 21st, 1937, in *Documents of Nanking Safety Zone*, pp. 48-49.

② George A. Fitch, Diaries, New Year's Day 1938, Folder 202, Box 9, Record Group 11, Special Collection, Yale Divinity School Library.

时，我没有看到一处大火，这是三个星期以来第一次。然而，焚烧仍在持续，因为当我回到医院去睡觉时，有好几处大火在燃烧。①

史迈斯谈到，日军占领后的一个月里，日本兵"烧毁了城里四分之三以上的商店（所有的大商店，只剩下一些小商店），所有的商店都被洗劫一空。现在他们正把所有的掳掠品和残破的汽车等，通过铁路运往日本"②。詹姆斯·H. 麦考伦估计，焚烧造成的城市破坏是"从医院到中正路和白下路一带，百分之三十受损；白下路上半数被毁；从中华路到健康路八成遭摧毁。再往南去，城区的最南端损失轻一些，没有大面积焚毁"，而"从鼓楼到城东的城墙，约有百分之二三十被毁，但破坏集中在某几个区域"③。

金陵神学院的美国教授胡勃特·索尼（Hubert L. Sone）在1938年1月16日给他的同事的信中对放火焚烧的情况作了一个简明扼要的概括：

> 许多人的房屋被烧毁，商店和店铺仍在燃烧。每天白天和夜晚都可以看到城里的火光。太平路和中华路几乎都已烧毁。讲堂街教堂和基督教青年会已经成了废墟。所以人们即使可能回家，也不能都回家了。城外的许多村庄都被烧毁。听说淳化镇已经被烧毁，但乡村教会培训中心没有被烧毁。④

---

① Robert O. Wilson, Diary letter to his wife, January 8, 1938, Folder 3875, Box 229, Record Group 11, Special Collection, Yale University Divinity School Library.

② Lewis S. C. Smythe, A letter to friends, March 8, 1938, Folder 64, Box 4, Record Group10, Special Collection, Yale University Divinity School Library.

③ James H. McCallum, A letter to his wife Eva, January 1, 1938, Correspondence of James Henry & Eva Anderson McCallum, Disciples of Christ Historical Society Library.

④ Hubert L. Sone, "A letter to P. F. Price", January 16, 1938, Missionary Files: Methodist Church, 1912-1949, Nanking Theological Seminary, Roll No. 85, Scholarly Resources Inc., Wilmington, DE.

战后于 1945 年和 1946 年，相当多的居民就他们的房屋、店铺、工厂及家具、家庭用品和商品被日军烧毁的情况提交了宣誓书或请愿书。焚烧给这些居民带来了巨大的损失。在 1945 年 11 月 29 日提交的一份宣誓书中，刘文清说，他家在长乐路 196 号经营童恒春药店已有 60 多年。1937 年 12 月 17 日，日本兵肆意放火，火焰蔓延到他的药店，烧毁全部房屋计 14 间，厢房 8 间，阁楼 1 间与木造高架晒台 1 座。在火灾中被烧毁的还有各种药品、人参、燕窝、器具、设备、家具和工作人员的行李。简而言之，他在火灾中失去了一切①。

1945 年 11 月 29 日，盛实甫提交了一份关于他的住宅和商店被日军烧毁的宣誓书："长乐路二百十号本人住宅及店中家具、生财，全部被日寇火焚。住宅楼上下两间，及披厦一间，楼上全房家具，楼下店中全部生财、货物，如胶鞋，男女中年及幼年八十余打，各种毛巾六打余，各种毛线一百余磅，男女袜一百余打，丝线一百余两，大中小钢锅共六十余打，洋机线一百余打，牙刷一百余打，其他香烟、百货、日用品，皆全部被焚净尽。"②

梓涛住在城西南大香炉附近的曹都巷 2 号。1937 年 12 月 17 日下午 2 点左右，日本兵放火烧了他的房子，烧毁一栋平房、有 13 个房间和两个厢房的一栋两层楼，以及所有的家具。最终，只有一栋平房没有被烧毁③。

程凤鸣在健康路 475 号有一座六进的大宅院。1937 年 12 月 19 日，共 31 个大小房间，以及家具、行李和其他设施和物品全部被烧毁，现场只留下瓦砾和废墟④。

---

① 刘文清：《刘文清陈述童恒春药店被日军焚毁的结文（1945 年 11 月 29 日）》，收录于《1937.12.13——侵华日军南京大屠杀档案》，第 400 页。
② 盛实甫：《盛实甫陈述房屋被日军焚毁的结文（1945 年 11 月 29 日）》，收录于《1937.12.13——侵华日军南京大屠杀档案》，第 400—401 页。
③ 梓涛：《梓涛陈述房屋被日军焚毁的结文（1945 年 12 月 5 日）》，收录于《1937.12.13——侵华日军南京大屠杀档案》，第 404 页。
④ 《程凤鸣房屋被日军焚毁的调查表节录（1945 年 12 月 19 日）》，收录于《1937.12.13——侵华日军南京大屠杀档案》，第 411 页。

第五章　奸淫、掳掠、焚烧　　201

严海潮和毛顺龙住在糖坊桥街 68 号，经营马车工厂及五金生意，"于民国二十六年十二月十六日，被敌人中岛部队放火烧去民人住宅及工厂房屋十间，内中所有工厂用具及衣物等件损失一空，迄今痕迹仍在。同时于两三日后，复将民人之学徒（名王金堂者当年十一岁，浙江定海人）带去，用机枪扫射击毙，迄今尸身无处找寻"①。

1946 年 1 月 8 日，陈耀南就其位于大党家巷 6 号的住宅被烧毁一事，向南京市政府提出申诉。该住宅有三进：第一进有瓦平房三间，第二进有大厅三间，第三进楼房上下六间正房二间厢房。所有的房屋，连同名人字画、家具和各种衣服都被烧毁。他的姑姑沈氏、弟弟长庚、弟媳王氏、5 岁的女孩和 6 个月大的男孩被烧死在宅子里。此外，他还附上了一份被毁坏的贵重物品和其他物品的清单，根据 1937 年的核算，这些物品的价值约 11 万元，在 1945 年，这些物品的价值更高②。

在 1984 年提供的证词中，1937 年时 24 岁的李健讲述了她家因日军放火烧毁遭受损失的情况。李健来自一个穆斯林家庭，她的父母在城南党家巷开了一家名为望成轩的餐馆，卖饺子和牛肉面。餐馆为一座两层楼的建筑，很宽敞，每层都有 6 个房间。她父母的住所位于离餐馆不远的瞻园路，有 10 个房间。李健已婚，但她大部分时间都住在父母家。家里有父母、两个哥哥和他们的妻子、一个妹妹和一个舅舅。然而，随着日军逼近，全家人都逃到了乡村避难，留下舅舅照看餐馆和房屋。

> 我舅舅叫马怀德，当时年近 60 岁。12 月 15 日那天，日本兵闯进"望成轩"，把家具全部砸碎烤火，然后在楼下放了一把火。顷刻间，烈焰腾空，火势很快蔓延开来。我舅舅本在店内，见楼着火，就往外跑，没跑多

---

① 《严海潮、毛顺龙房屋被日军焚毁的调查表节录（1945 年 12 月 28 日）》，收录于《1937. 12. 13——侵华日军南京大屠杀档案》，第 411—412 页。

② 陈耀南：《陈耀南为房屋被日军焚毁家人被烧死致南京市政府呈文（1946 年 1 月 8 日）》，收录于《1937. 12. 13——侵华日军南京大屠杀档案》，第 414—415 页。

远,就被日军开枪打死了。这次大火,从党家巷一直烧到东牌楼,瞻园路半边街的十多户人家的房屋烧得精光。我家的店产、家产烧得一点不剩。①

---

① 《李健证言》,申全英、章厚之调查记录,收录于《1937.12.13——侵华日军南京大屠杀史料》,第484页。

第六章 大屠杀幸存者与见证人的证言

历史回顾

日军在南京犯下暴行后，一些暴行的幸存者和目击者立即提供证词，留下第一手资料。最早的证言是通过留在城内，组织南京安全区国际委员会，为难民提供住所与食物的美国传教士和德国商人记载的各类书面目击证词，而为后人所知。许多中国人的证词被作为暴行案例收集在国际委员会的文件中；有些证言由美国传教士和德国商人在他们的日记、个人信件、报告和其他文件中转述。有一小部分美国传教士的记述于1938年在哈罗德·约翰·田伯烈的《战争意味着什么：日本在中国的恐怖》（What War Means: Japanese Terror in China）及徐淑希的《日本人的战争行为》（The War Conduct of the Japanese）中发表。由徐淑希编辑的《南京安全区文件》（Documents of the Nanking Safety Zone）于1939年在上海印刷出版。这本书包含了国际委员会归档并提交的470个案件中的399个。徐淑希在1939年未能获得的71个案件，收录在陆束屏撰写、2004年在由香港大学出版社出版的《他们当时在南京：美国和英国国民见证的南京大屠杀》（They Were in Nanjing: The Nanjing Massacre Witnessed by American and British Nationals）第三章中。

从1938年2月到1940年3月，几十名南京居民向日本扶持的"南京自治委员会"或其继任者"南京市督办政府"提出住房申请或进入社会救济机构的申请。这些居民大多是寡妇或鳏夫,他们的家庭经济支柱在 1937—1938 年的冬天被杀害。他们没有收入来源,他们的房子或被烧毁,或被日本人霸占,而他们无处可住。目前保存在南京市档案馆的这些请愿书和申请书,清楚地说明了他们的家庭成员被日军杀害,房屋被烧或被霸占的情况。这些请愿书和申请书均经过当时当局仔细调查,尽管它们的主要目的并不是揭露与记载日军暴行,但它们在某种程度上提供了暴行的证据。

1938 年 6 月 12 日,张高氏向"南京市政府社会处"提交了一份请愿书,希望能被普育堂这个救济机构接纳。

> 窃民妇张高氏年四十二岁,去年日军进城时,丈夫在南门外上码头家中看守房子,被日军查着,说他是中央军,当被枪杀。现在留下民妇及两个小孩(大的名张小珍,年十岁,小的名张小二,年六岁),先住难民区内,承蒙救济得以苟活。现难民区业已解散,借住上码头西河沿九号亲戚家,连同小孩共计三口,生活无着。迫不得已,呈悬钩长恩准,收入普育堂,不胜感激待命之至。①

戚吴氏是位 72 岁的寡妇,多年来,她完全依赖于她的儿子生活,1937 年 12 月,她的儿子被日本人用刺刀刺死后,她只能四处乞讨过活。1938 年 8 月,她向伪南京市督办提交了一份请愿书,恳求进入市政救济机构,以免死于饥饿:

> 呈为孀迈无依,食住乏着,恳求钧署保送进入救济院,收容赡养,俾免饿殍事:窃民早年丧夫,已逾念载,又无遗产,复鲜亲朋,是以历年生活,全仗氏子戚贤臣佣工维持,贫苦生活,尚堪自度。自去冬事变之初,氏偕子随众避入难民区,得以安身。讵料日军入城时,视氏子系

---

① 张高氏:《张高氏为其夫被日军枪杀致日伪南京市政府社会处呈文(1938 年 6 月 12 日)》,收录于《1937.12.13——侵华日军南京大屠杀档案》,第 170—171 页。

中央遗军，即行刺杀，家屋复遭焚毁。自此氏即沦为孤苦无依，失所流离，每思自尽，均被邻人挽救，慰言相劝，遂告中止。但氏每日之生活，均奈乞食为依，虽东恳西求，竟难保久饥之腹，夜宿荒庙，终难免风雨之残。兹际秋冬将届，更难为生。前闻人言，京市救济院收容衰老妇迈，氏曾送呈二次请求，至今未曾批允。氏迫不得已，故特具文恳求钧署转函保送，俾免饿殍。氏有生之日，则感大德无涯矣。①

吴崔氏的丈夫和儿子都被日军枪杀，留下40岁的她和三个年幼的女儿，无依无靠，没有东西吃，房子被烧毁后也没有地方住。1939年1月18日，她向"南京市政府卫生局"提交了一份请愿书，希望能收容他们到难民中心，以获得生活保障：

窃因氏前住四所村一九三〇号棚屋，于二十六年十一月已被烧去，复在下关大庙暂为居住。氏夫吴敬中，氏子吴同志，于二十七年一月一日被日军拉入四所村学校内用枪毙死，尸体仍（扔）在大路旁，因无力抬埋。氏现带领三个女孩均系年幼，现暂在友处借住，无衣无食，饥寒交迫，一家四口嗷嗷待毙，故特叩呈贵局大发慈悲，将氏等收入难民收容所内，以救四口蚁命，感德不浅，铭感五中，当衔结以报也。②

洪大全是一个65岁的鳏夫，住在南京市西南双塘园13号。1940年3月29日，他向"南京市政府"提交了一份请愿书，请求被收容进救济机构：

呈为鳏独无依，恳恩俯准饬警送救济院收容，以活蚁命事：窃民发

---

① 戚吴氏：《戚吴氏为其子被日军杀死致日伪督办南京市政公署呈文（1938年8月）》，收录于《1937.12.13——侵华日军南京大屠杀档案》，第176页。
② 吴崔氏：《吴崔氏为其夫吴敬中等被日军枪杀致日伪南京市卫生局呈文（1939年1月18日）》，收录于《1937.12.13——侵华日军南京大屠杀档案》，第180页。

妻李氏早年丧亡，只遗一子，二十一岁。嗣因前年事变，日军屠城，将民子枪杀，用枪把将民腰捣伤，不能行走。民一生小贩为业，今已失业，将资本食尽，穷无锥扎，欲讨而不能行动，欲死而无地安埋，每天恒不举火，多亏四邻送汤粥，未得饥毙。终无了日，六亲无靠。因兵革之后，慈善之家逃难未归，概无救施。情急无奈，来署叩呈，伏乞督办慈君案下，饬令救济院收容，化骨不忘也。①

从1945年9月开始，一项大规模的调查工作启动，以调查日本在战争年代，特别是南京大屠杀时期的战争罪行，从而为军事法庭审判日本战犯做准备。20世纪40年代进行的调查是有史以来有关南京大屠杀的规模最大、范围最广泛的调查。恐怖笼罩的岁月离那时还不到八年，暴行在居民的记忆中仍清晰，城里成千上万在大屠杀中幸存下来的居民仍健在。数以千计的人通过填写调查表、提交请愿信或宣誓书参与了这次社会调查。调查收集的信息对南京发生的具体暴行给予详细的、可个别识别查证的描述，为南京军事法庭与东京远东国际军事法庭的检察官提供了证据。

本书第三章、第四章和第五章大量引用了20世纪40年代调查收集的这些证词，这些证词对于全面揭露日本在南京犯下的暴行意义重大。与20世纪30年代末记录的目击者证词一样，20世纪40年代的证词不仅为军事法庭的审判过程和作出判决提供了大量证据，而且也为南京大屠杀的研究奠定了基础，提供了大量的原始资料，并有助于形成对该事件的集体认识和记忆，以及对南京大屠杀在全世界特别是在中国的主流共识。

然而，由于调查主要是在南京市范围内进行的，它主要涉及日军对平民和对南京居民犯下的暴行。而在大规模屠杀中，被屠杀的主要是军人。大屠杀的幸存者肯定比我们今天知道的要多得多。这些军人幸存者往往不是南京人，与当地也没有什么联系。一旦他们从屠杀中幸存下来，他们很可能回到

---

① 洪大全：《洪大全为其子等被日军枪杀致日伪南京特别市政府呈文（1940年3月29日）》，收录于《1937.12.13——侵华日军南京大屠杀档案》，第186—187页。

原来的部队继续战斗，或者回到自己的家乡，回归平民生活。无论如何，他们都已经不在南京，无法参与南京进行的社会调查。因此那次社会调查没有面向全国，面向曾在南京参加保卫战的国军将士，收集更多的信息与资料。尽管如此，主要保存在南京中国第二历史档案馆的这些调查表、请愿书和宣誓书，仍是有关南京大屠杀和日本暴行的最宝贵的原始资料之一。

除了少数涉及大规模屠杀和集体处决的案件外，所记录的数百个案件中的大多数涉及小规模的杀戮和个别杀戮，这些杀戮遍及城市的各个角落。此外还记录了强奸、焚烧和抢劫活动。

1945年9月22日，潘春潮向南京市市长提交了一份请愿书，内容涉及他的弟弟在街上行走时被日本兵枪杀：

> 窃以日人占据沪地，进袭京都，城内居民，纷纷向难民区所避居。在敌人进城后，烧杀淫掠，无所不至。不料民弟潘春霆，于民国二十六年冬月十二日途过内桥，被敌人（中岛部队）枪杀而死，经月余后始发现尸体。民本一介小商，被日寇无故枪杀乃弟潘春霆，痛恨已极，并有邻人证明。为此呈请钧长转呈中央政府，限敌赔偿生命损失，以资抚恤，实为公便。[①]

尹王氏，一位在日本暴行中失去两个儿子的56岁妇女，于1945年10月30日向南京市政府提交了一封请愿信。1937年，她住在城南的仁厚里5号。在请愿书中，她说：

> 具呈人尹王氏，年五十六岁，江苏人，现住大油坊巷七十六之一号门牌，前岁居住东仁厚里五号门牌。民国二十六年古历十一月十一日早辰［晨］七点钟，日本兵进城。民大子尹名广义，年二十四岁，民二子

[①] 潘春潮：《潘春潮为其弟潘春霆被日军枪杀致南京市政府呈文（1945年9月22日）》，收录于《1937.12.13——侵华日军南京大屠杀档案》，第188页。

尹名广仁，年二十二岁。日本兵八时将民子兄弟二人拉出门外枪毙亡故，有［又］将民侄孙名尹八五子（年八岁）代［带］去，自［至］今全无销［消］息，未知存亡。民受若［苦］八年，无子所靠，每日饥寒之苦无法可想矣。民具禀恳请饬敌赔偿，并施救济。①

1945 年 11 月 12 日，时年 40 岁的邵永真提交了一份关于他年迈的父亲的宣誓书，他的父亲在 1937 年被一名日本兵用军刀杀害：

民国二十六年古历十一月十二日，敌日进南京城时，民等居难民区内，只有年迈父亲在家照应门户。至十四日，适民对门（即前宪兵学校原址）日军驻扎入内，至各家搜索。民父在家，日军入内，民父由房内出，正迎日军持刀搜索，随以手持之刀砍之头与颈，只连皮一块，当场毙命。以上即被害实情，倘有虚伪，愿受严重处罚。以上所述，全系事实，并无虚伪。……此结。②

李秀华的祖父和叔叔的命运与邵永真的父亲相似。她于 1945 年 11 月 27 日提交了一份宣誓书，叙述了她的祖父和叔叔遭日军残杀的情况：

缘由于民国二十六年旧历十一月十二日南京失陷，敌军中岛部队进城时，于上午九时即至民宅玉带巷二十二号敲门。祖父李福义及叔李学才父子二人胆怯，未敢开门，致促敌怒，即向屋内开枪。祖父被吓，前往开门。敌人进门，竟将祖父李福义拖出屋外（玉带巷内），约十分钟，祖父已倒卧血泊，全身遭戮十数刀而死，其状惨不忍睹。同时又进一敌人，

---

① 尹王氏：《尹王氏为其子尹广义等被日军枪杀致南京市政府呈文（1945 年 10 月 30 日）》，收录于《1937.12.13——侵华日军南京大屠杀档案》，第 197 页。
② 邵永真：《邵永真陈述其父被日军砍杀的结文（1945 年 11 月 12 日）》，收录于《1937.12.13——侵华日军南京大屠杀档案》，第 205—206 页。

见叔李学才坐于房门口，举刺刀直刺胸膛，余叔即负伤向外逃跑，随后追赶，逃至后院，无路可逃，遂遭开枪击中咽喉，倒地而毙。①

殷王氏和她的丈夫殷德才住在瞻园路113号，当时，51岁的殷德才在前往附近救火的路上被枪杀了。殷王氏于1946年7月27日在调查表中提供了以下证词：

> 民国二十六年冬月十二日，正值日寇占领京都之期，战云烽烟骤起，市中东处屠杀，西处放火，氏夫殷德才见东牌楼火光熊熊，抱当仁不让之心，欲往前救火，不意刚出大门为日寇击毙，当即毕（毙）命，惨不忍以笔墨形容。孀居殷王氏率弱女二人度幽囚岁月至迄今日。②

王有发和柯荣福的父母留在石观音巷17号照看房子。1937年12月13日，日军攻占南京时，王有发等人躲在石观音巷17号前的防空洞中。日本兵将王有发抓出防空洞，用铁丝捆绑，将他和其他人枪杀。柯荣福于1946年8月1日在调查表中提供了上述信息③。

1949年中华人民共和国成立后，远东的地缘政治发生了巨大的变化，美国人对中国和日本的态度也发生了变化，特别是在朝鲜战争爆发后。以前的敌人日本被美国当作不可或缺的军事和后勤基地，而以前的盟友中国则成了美国的敌人。朝鲜战争仍在进行期间，由美国和英国倡导发起，与日本交战的主要国家参与其中的谈判，将中国排除在外。1950年12月4日，中国总理兼外交部长周恩来发表声明，指出中华人民共和国作为中国唯一的合法政

---

① 李秀华：《李秀华陈述其祖父等被日军刺死的结文（1945年11月27日）》，收录于《1937.12.13——侵华日军南京大屠杀档案》，第219—220页。

② 《殷德才被日军枪杀的调查表节录（1946年7月27日）》，收录于《1937.12.13——侵华日军南京大屠杀档案》，第281页。

③ 《王有发被日军集体枪杀的调查表节录（1946年8月1日）》，收录于《1937.12.13——侵华日军南京大屠杀档案》，第156页。

府，应被纳入谈判进程并参加旧金山和平会议；虽然中国支持日本为和平目的发展工业，但反对在日本的美国占领当局扶持日本建立军事工业体系，以达到在中国台湾和朝鲜实施侵略战争的目的①。

正是在这种背景下，1951年2月，中国政府在南京鼓励居民向公众讲述他们遭受日本暴行的苦难经历，以谴责美国重新武装日本的企图。从1951年2月22日至3月3日，南京出版的报纸《新华日报》刊登了由暴行幸存者和目击者提供的9篇系列报道。除一篇外，其他报道均是南京大屠杀期间的个人经历。尽管具有国际政治的复杂因素，报道侧重于表现遭受日军暴行的经历，并以民众朴实的语言描述，但也确实提供了宝贵的证词。

日军攻占南京时，郑宗礼和他的家人在五台山难民营避难。1937年12月14日，在离开难民营回家拿食物的途中，他被日本兵抓住并捅了18刀。1951年，他详细讲述了自己作为暴行幸存者的经历：

> 我至死不会忘记掉从死难中活过来的十二月十四日，我在收容所里没有东西吃，想回家去拿点米，那[哪]知道走到半路上，就碰到两个日本鬼子，正在强迫着要带走一个二十多岁女同胞，他看到我就用枪威迫我带这个女同胞一路走，我没有办法，就同鬼子走到国民大会堂后面（现在人民大会堂），我想了一想，他将这个妇女强奸之后，一定会杀死她，我也会被他杀死的。这时候，已经天黑，正走到一条巷子转弯的地方，我就拼命地向回跑，两个鬼子在后面追，追了一段路没追上，就不追了，我怕在大马路上跑回来又遇到鬼子，就决定在小巷子里跑，跑到一个巷子里恰巧又碰上几个鬼子，就将我强拉到一所门口有两道卫兵站岗的大洋房里去，我见到带我走的那个鬼子，向他的狗头子叽里咕噜说了几句话，又把我带到原来的地方，猛劲地打了我一个嘴巴，用绳子把我捆起来，两个鬼子强拉到附近空地上，就用刺刀由背后接连向我前

---

① 《关于对日和约问题周恩来外长发表声明》，载《人民日报》1950年12月5日，第1页。

胸、后背、膀膊刀上加刀的刺了十八下，身上的血，流得衣服都染成了红色，这时候，我昏倒了，两个鬼子还怕我没有死，用皮鞋在我身上踢了几脚，又把我的耳朵提起来晃几晃，我的气才转回了一口，可是不敢动，两个鬼子见我不动，认为死了，就笑哈哈地走了。①

1937年，张正安8岁，他的家人经营着一家商店，出售各种纸张。日军12月进城时，他们一家8个人搬到了难民区，只留下祖父照看纸店。他家和其他30多个家庭在一个大院里避难，每当有日本兵在附近出现，有人就会敲响警钟，大院的大门立即关闭，以保证里面的人的安全。12月29日中午，5岁的弟弟张顺安带着2岁的妹妹张小霞在大院门外享受温暖的阳光，突然，警钟声响起，大门关闭。他的父母忧心忡忡，但为了30多个家庭的安全，他们没有打开大门接孩子进去。不久，他们听到了两声枪响，接着是一阵阵的哭声。日本兵离开后，他们打开大门，发现他的弟弟和妹妹已经被枪杀②。

不久之后，我们全家六个人回到了家里，到了那里店已经是一片瓦砾了。对门牛肉店看门的刘伯伯告诉我们说："你们走后半个多月，有一天来了四个日本兵，那天天很冷，看到你们家是纸店容易着火，就要放火取暖。老先生（即我的祖父）向他们求情，有一个鬼子就一脚把老先生踢倒，拔出刺刀就是一刺刀，可怜他老人家就这样的死了，你们的店也烧起来供他们烘火了……"

祖父和弟弟妹妹就这样的死了，父亲辛苦开设的纸店就成了这帮强盗们的烘火材料，付诸一炬，这个仇什么时候报呢？③

---

① 郑宗礼：《不能再让日本鬼来刺我十八刀》，载《新华日报》1951年2月22日，第1页。
② 张正安：《永远忘不了的仇恨》，载《新华日报》1951年2月25日，第1页。
③ 张正安：《永远忘不了的仇恨》，载《新华日报》1951年2月25日，第1页。

从 20 世纪 50 年代初到 1976 年，中国经历了一系列政治运动。在大约 30 年的时间里，中国人的精神文化生活几乎完全被政治运动所占据。中国人既没有时间，也没有精力去关注南京大屠杀。

1982 年 6 月，日本教育部批准修订历史教科书，以淡化日本的军事侵略历史和战争罪行，包括在南京犯下的暴行。新修订的教科书将"侵略"一词改为"进入"，以描述日本军队 20 世纪 30 年代在中国及 20 世纪 40 年代在东南亚和太平洋的进攻。教科书表明，南京大屠杀发生可能是因为中国军队的抵抗让日军遭受损失并感到愤怒。中国、韩国和朝鲜政府对这些修订提出强烈抗议，因为这些修订罔顾准确解释历史至关重要的事实[①]。

针对日本教科书的修订，南京的报纸《新华日报》和《南京日报》于 1982 年 8 月 6 日至 16 日发表了几篇南京大屠杀幸存者和目击者的证词，这是自 1951 年以来首次报道此类材料。

1982 年，66 岁的李伯潜向《南京日报》披露了日军在大屠杀期间对其父母的所作所为，《南京日报》于 1982 年 8 月 8 日发表了他讲述的内容：

> 我家世居船板巷十八号。一九三七年十二月，日军侵占了南京城。十三日上午十时，一个日本兵踢开我家大门，不分青红皂白，强行把我六十岁的父亲拖到新桥十字路口，一挺挺机关枪架在父亲和邻里们的面前，日本兵的血红眼睛射出凶光，扫来扫去，直到认定这群人中没有当兵的，才放他们回家。
>
> 父亲被抓走后，母亲闻讯赶到门口，刚伸出头想看看动静，就被一个日本兵发现，用刺刀逼着她带路去搜寻中国兵。母亲虽是小脚老太，但深明爱国大义，当即严词拒绝。丧尽天良的日寇就向我母亲肚子上开枪，然后扬长而去。
>
> 父亲和邻居张老伯从新桥口被放回家，两人在路上还说："这条命

---

① Tracy Dahlby, "Japan's Text Revise WWII; 'Invasion' Becomes 'Advance'; Asians Become Irate", *Washington Post*, July 27, 1982, p. A1.

是捡来的。"谁料两天后，张老伯还是被日本兵拖到笪桥市杀害了。我父亲一走进家门，只见母亲躺在地上，肠子露在外面，血流满地，神志尚清楚。父亲还没来得及把她抱上床，又被一个日本兵抓走了，等父亲再次回来时，母亲早已气绝。悲愤交集的父亲，含着泪把母亲的尸体裹好放在床上，由于日寇天天在城内烧杀奸掠，邻居中有的逃难在外，有的被害，无人帮忙，四十多天后才将母亲的遗体草草入殓。而我的父亲经过这番折磨和刺激，终于精神失常，中风卧床不起。①

1982年，李福成是位69岁的退休工人。退休前，他在南京钢铁厂的食堂工作。1937年12月，在南京南门中华门以南几英里处，他经历了一次小规模的集体处决。他的经历刊载在1982年8月16日的《新华日报》上：

一九三七年十二月有一天，九个日本鬼子窜进我当时住的中华门外的韩复村，其时村上男人都逃到韩复山躲藏起来。日寇到村上找不到人，便上山去搜索，结果藏在山坳中的两百多个男人被发现，日寇从青壮年中拖出十三个人，我那时二十四岁，也被拖了出来。

九个鬼子用刺刀逼着我们挖了一个大坑，接着向我们十三人开枪射击。子弹从我面前掠过，鼻尖被打穿了，我一吓，栽进了坑里。接着其他被枪杀的同胞尸体都往我身上压。我脸朝下，还能用嘴巴呼吸。只是觉得左腿痛得不能动弹。其时被害者中有一个患哮喘病的，他腹部被击中一枪，倒入坑里并没有死，只是不断地哮喘。谁知声音从坑中传出，鬼子听到后，又用刺刀在尸体上捅了许多刀，我的背部被刺伤好几处。日本鬼子以为我们全部被杀死了，便回到城内。直到深夜，我和那个哮喘病人才敢从死尸堆里爬出来，我连走带爬地躲进了山里，那个哮喘病人用手捂着流出来的肠子跑回家中。在断气前，他告诉乡亲们说，李福

---

① 《血海深仇永不忘——六十六岁老人李伯潜自述》，载《南京日报》1982年8月8日，转引自《日本帝国主义侵华档案资料选编：南京大屠杀》，第923—924页。

成还活在山上。我的家属和乡亲趁黑夜把我从山上找到抬回家里。由于受伤流血,两天未吃东西,已奄奄一息。家属把我鼻子里的泥土挖洗干净,身上的伤口又敷了些草药。总算死里逃生[①]。

20世纪70年代初,日本记者本多胜一在中国各地旅行,报道日军在20世纪30年代犯下的战争罪行。这次旅行后的收获是1972年出版的长篇报道集《中国之旅》[②]。该书的一个章节集中介绍了南京大屠杀。受1982年教科书修订争议的启发,本多于1984年回到中国,打算在上海到南京的不同地点,沿着1937年日本侵略军的作战路线,对日军暴行的幸存者进行采访。在南京,他得到当地官员的协助,安排他与大屠杀幸存者见面。同时,这些官员也正忙于筹备建立南京大屠杀纪念馆,该纪念馆最终于1985年建成并向公众开放。南京的地方官员也许受到本多所做工作的启发,也可能纯属巧合,也于1984年在南京市进行了广泛的社会调查,发现1756名仍然健在的南京大屠杀幸存者和证人。1984年3月至8月,派遣调查小组去采访每一位幸存者和证人。在接受采访的1756人中,176人是屠杀的幸存者,544人是受害者的亲属,44人是强奸受害者,26人的住所被烧毁,948人是杀戮、强奸、焚烧和抢劫等暴行的见证人[③]。

访谈的记录被进一步编辑和整理,其中105份被选入1985年出版的《侵华日军南京大屠杀史料》一书。1994年,收录了642份证词的《侵华日军南京大屠杀幸存者证言集》出版。大部分证词来自于1984年的调查,还有一些采访是在1984年至1993年期间进行的,或通过邮件收到的。在1984年,即事件发生47年后,最年轻的目击者也已年过半百,而大多数人已是六七十岁,因此1984年的调查是非常及时并具有重要历史意义与价值的口

[①] 《死里逃生者南钢食堂退休工人李福成的控诉》,载《南京日报》1982年8月16日,转引自《日本帝国主义侵华档案资料选编:南京大屠杀》,第926—927页。
[②] [日]本多胜一(Katsuichi Honda):『中国の旅』,东京:朝日新闻社1972年版。
[③] 《日本帝国主义侵华档案资料选编:南京大屠杀》,第902页。

述历史项目，为后人保存了研究南京大屠杀的珍贵资料。

在不同的历史时期不同的证人对同一案例的证言

在南京大屠杀之后的 50 年间，暴行幸存者和目击者在不同的历史时期和不同的环境下提供了证词。一个值得学术界关注的现象是，在不同的历史时期，不同的独立当事人以不同的证词记录和描述了一些暴行案件。在大多数情况下，这些描述的主要内容是一致的，并被证明为可靠与可信的证据。

一件血腥、恐怖的奸杀案，即在城南新路口 5 号住宅院中，有 11 人被杀害，在不同的年代由不同的证人多次提供证据。遇难者来自同一院落的两个家庭：夏家和信奉穆斯林的哈家。哈家的四位成员全被杀害：父亲哈国栋、母亲哈马氏、大女儿哈存子和小女儿哈招子。夏家九口人中有七人被杀：外公聂作成、外婆聂周氏、父亲夏庭恩、母亲夏聂氏、16 岁的大女儿夏淑芳、14 岁的二女儿夏淑兰，以及不到一岁的小女儿夏淑芬。夏聂氏和两个稍大的女儿在被杀之前被轮奸。夏家有两个女儿幸存了下来。当时 7 岁的夏淑琴背部和侧面被刺刀刺中，而 4 岁的夏淑芸安然无恙，但她因惊吓过度，余生精神不太正常。

美国传教士约翰·G. 麦琪第一个报道此案。他去了那所住宅，看到了尸体，并用他的 16 毫米电影摄像机拍影了犯罪现场。在 1938 年 1 月 30 日写给妻子的一封信中，他提道：

在过去的一周里，我见到了最可怕的景象，听到了最可怕的故事，其主要内容的真实性毋庸置疑，因为我是直接从邻居和事发时就在屋里的一个八岁小女孩口中得知的。日本兵刚进城之际，来到城东南部的一所房屋。除了两个分别为 8 岁和三四岁的孩子，他们杀害了房屋中所有的人，总共 13 人，我跟 8 岁的孩子核实了她舅舅和一个老妇人邻居讲述的情况。这个小女孩的背部和身子侧面被刺刀刺中，但没有被杀死。死者包括一位 76 岁的老者和 74 岁的老妇，一位母亲和年龄分别为 16 岁、

14岁和1岁的三个女儿。两个姑娘分别被强奸了大约三次,然后她们被以最可怕的方式杀害,尽管年纪小一些的姑娘只是被刺刀捅死,没有像另外两个那样承受难以言说的遭遇。我听说在南京发生了四起这样可怕的案件,德国大使馆的秘书讲述了一名妇女被人用高尔夫球杆硬塞进她下体的情况。他说:"这是日本人的手法。"我拍摄了尸体,母亲和她一岁的孩子躺在一起。小女孩说,房东的一个孩子,一岁(不是提到的和她母亲在一起的那个),脑袋被日本军刀劈成了两半。8岁的女孩在受伤后爬到另一个房间里她母亲的尸体旁,和她的小妹妹在那里待了14天,靠吃爆米花和中国人称为"锅巴"的锅底一层结成硬壳的米饭以及井水为生。大家都从这个地区逃到了外国人设立的安全区,她们被14天后从安全区回来的一个老妇人邻居救出来。日本兵持续不断地到房屋里来,其时孩子们躲藏在旧床单下。①

美国外交官副领事詹姆斯·爱斯比在1938年1月25日给国务院的报告中指出:"一位美国公民告诉我们,日本兵闯进城南一处住有14口中国人的房舍。他说见到11具尸体,其中妇女据说被先奸后杀。仅有两个小孩和另一个人幸存。"② 德国商人约翰·拉贝在他1938年1月29日的日记中也简短地记录了这一案件:

> 约翰·麦琪发现了两个女孩,她们一个8岁,一个4岁,她们全家11口人都以最可怕的方式被谋杀了。这两个女孩与她们母亲的尸体在一个房间里待了14天,直到她们被邻居救出。大的那个女孩用屋里的少量米饭养活了自己和她的妹妹。③

---

① John G. Magee, "A letter to his wife", January 30, 1938, Folder 2, Box 263, Record Group 8, Special Collection, Yale University Divinity School Library.
② James Espy, "The Conditions at Nanking, January 1938", January 25, 1938, p. 9.
③ John Rabe, *Good Man of Nanking*, p. 163.

几周后，麦琪制作了一部暴行影片。1938年2月20日，乔治·A.菲齐离开南京前往上海时，麦琪让他把这部影片偷运出去。麦琪为这个案件的影像提供了书面的说明：

12月13日，大约30个日本兵来到南京城南部的新路口5号中国人的住宅，敲门。房东是回教姓哈，他打开门。他们立刻用左轮手枪把他打死，也杀死了在哈死后，跪在他们面前，乞求他们不要杀其他人的夏先生。哈太太问他们为什么杀了她丈夫，他们一枪杀了她。夏太太被从客厅的一张桌子下面拖拽出来，她曾试图和她一岁大的婴儿躲在那儿。被一名或多名日本兵剥光衣服强奸后，用刺刀捅她的胸部，然后将一个瓶子插入她的阴道，婴儿也被刺死。然后有些日本兵到隔壁的房间去，夏太太的父母，年龄分别为76岁和74岁，以及她年龄分别为16岁和14岁的两个女儿在那儿。当他们即将强奸这些女孩时，祖母试图保护她们，日本兵用左轮手枪打死了她。祖父紧紧抱住他妻子的尸体，也被杀了。然后两个女孩被剥去衣服，年龄大的被2到3个人轮奸，年龄小的被3个人轮奸。年龄大的女孩之后被刺杀，日本兵把一根棍子插入她的阴道。年龄小的女孩也被刺杀，但幸免于她姐姐和母亲可怕的遭遇。然后日本兵用刺刀捅刺也在这屋子里的7到8岁之间的另一个妹妹。杀死哈的两个分别为4岁和2岁的孩子是这栋住宅里最后两起谋杀。年龄大的被枪杀，年龄小的被军刀将脑袋劈开。受伤后，这个8岁的女孩爬到横陈着她母亲尸体的隔壁房间。在这里，她和没有受到伤害的4岁的妹妹一起待了14天。这两个孩子靠炒米和烧饭时形成的锅巴存活。摄影师能够从年龄大些的孩子那里获得故事的一部分，证实并纠正了邻居和亲戚告诉他的某些细节。孩子说日本兵每天都来，从房屋里拿走东西；但这两个孩子没有被发现，因为她们躲藏在旧床单下面。

这些可怕的事情开始发生之际，附近所有的人都逃往难民区。14天后，图像中显示的老太太回到附近，找到了两个孩子。是她带领摄影师来到尸体后来被抬到的一片空地那儿。通过询问她和夏太太的兄弟和小女孩，可以清楚地了解到可怕的悲剧。图像显示16岁和14岁女孩的尸体，各自都躺在同时被杀的一群人之中。最后显示的是夏太太和她的婴儿。①

将近8年后的1945年11月2日，穆斯林哈氏家庭的祖母哈马氏向南京市政府提交了一份请愿书，内容涉及她儿子一家四口和邻居家庭成员被日军杀害：

> 窃氏世居门东新路口五号，已产数代于兹，尚堪自给，鼎革时先夫弃世，氏守志扶孤，已成家立业，孙儿女绕膝，足慰晚年。不幸"七七"变作，淞沪战起，首都告急，氏子国栋因妻马氏身怀孕，势将临产，所以不及避入难民区。迨至日寇由雨花门破城而入，假借搜索中国兵为名，侵入氏家，即指氏子国栋为中国兵，并索取财物，见室内妇女居多，兽行发作，将氏子国栋加以痛欧［殴］，以至腿折肢崩，继向氏媳马氏索取饰物手镯、金项圈、戒簪约数十两，又欲加非礼，氏媳马氏惊急啼哭，致触其怒，先将氏孙女存子（五岁）用刺刀劈开头颅，次孙女招子则洞穿其腹，继将氏媳马氏刺死，复将氏受伤之子国栋枪毙，连同氏媳腹内计大小五口死于非命。其状最惨者莫过同居聂太太，全家男妇老幼九口同时遇害，次女二姑娘，敌将其四肢绑在长方桌之上，纵情轮奸，该女怒骂不绝，敌奸毕则刺其喉舌，裂其腹，尚不足以遂兽行，觅一双妹牌香水瓶塞入阴户之内，以为取乐，其残酷之行为，令人发直［指］心伤也。且氏毕生精神所创之家业，被敌掠劫一空，损失浩大，无从估计，至八十高年老妇生活断绝，含辛八载，艰苦备尝。欣逢抗战胜利，日月重光，用特胪列前情具文，仰祈钧府鉴核，俯赐准予登记，责敌赔偿生

---

① John G. Magee, Case 9, Film 4, Folder 7, Box 263, Record Group 8, Special Collection, Yale Divinity School Library.

命财产损失，以申冤抑而表忠烈，实为公德两便。[①]

虽然哈马氏的请愿书中关于被杀害的夏家成员的人数并不准确，但基本信息与其他证词是一致的。1984年，在哈马氏提交请愿书39年后，夏家幸存下来的女孩，年已55岁的夏淑琴在南京会见了日本记者本多胜一。本多通过翻译从夏淑琴那里听取了这个故事：日本兵把院门敲得震天响，哈先生和夏淑琴的父亲去开门，日军进入院子后，立即将他俩枪杀。

夏吓坏了，跑进家中最里面的房间，她和她所有的姐妹，除了婴儿，都爬到床上，用被子和蚊帐遮盖住自己，即使在冬天，家里通常也会把蚊帐挂在天花板上。

很快，她们意识到一大群士兵冲进了屋子——夏在紧张之余，忘了关门。她们听到靴子踩在地板上的声音与低语声，然后，几乎同时，枪声响起。由于在被子里，她们没有看到发生了什么，但他们的外祖父在门边被杀害了。

就在这之后，被子被日本兵的刺刀尖从她们身上扯开。大房间里挤满了日本兵。夏的外祖母站在床前，试图保护蜷缩在那里的四个女孩，但有人用手枪向她射击，她泛白的脑浆在空中飞溅。

然后，日本兵抓住两个大姐带走。夏淑琴吓坏了，开始尖叫，在那一瞬间，她被刺刀刺伤，失去了知觉，所以她没有看到后来发生的情况。她当时没有意识到，她被刺中了三个地方：左肩、左侧和背部。

她不知道自己昏迷了多久，但她意识到她四岁的妹妹，她躺在靠墙的被子下面，没有受伤，但在哭泣。日本兵把被子和蚊帐从床上扯下来时，显然是把它们扔在了她身上。此时，没有日本人的踪迹，一切都奇怪地安静下来，但房间里却充满了阴森的光线。她们13岁的姐姐已死

[①] 哈马氏：《哈马氏为其子哈国栋等被日军屠杀致南京市政府呈文（1945年11月2日）》，收录于《1937.12.13——侵华日军南京大屠杀档案》，第200—201页。

了躺在床的另一端，腰部以下赤裸，双腿垂在地上。在床的前面，是她们外祖母的尸体。就在门内是他们外祖父的尸体。靠着对面的墙是一张书桌，她们 15 岁的姐姐已死了躺在上面，也是腰部以下赤裸，腿垂在地上。夏无法判断她的姐姐是被刺死的还是被枪杀的。她们的母亲和婴儿不见了。……

她们的母亲和小妹妹的尸体就在藏身处的前面。她们的母亲躺在地上，裤子被扯掉了，婴儿躺在她身边。两个小女孩爬进藏身处的稻草中，用从房屋里带来的被子盖在自己身上，以抵御寒冷，她们在那里待了将近两个星期。[①]

1984 年，夏淑琴还向调查人员提供了一份简短的证词。她说：

日军侵华时，我们一个大门里住着两户人家，一家是回族，四口人；我家有九口人，共十三口人。日军在短短的十几分钟内，枪杀了我们两家十一口人：邻居家四人和我家七人。只幸存我和一个妹妹，当时我七岁，妹妹三岁。我背脊被戳了两刀，左臂被戳一刀，至今还留有疤痕。[②]

因为人们只能从犯罪现场用常识和推理来猜测案件发生的过程，而且不同的人得出的解释也不尽相同，因此不同来源的证词在涉案人员的年龄、被害人数及被害人被害过程的细节方面存在一些差异，但这些证词在描述谋杀和强奸案的主要框架方面基本一致。

进城后，日本兵来到位于城东南小新桥街 38 号的消灾庵进行搜查。他们把尼姑赶到尼姑庵后面的一个防空洞里，然后开枪打死了两个尼姑，打伤了另外两个。其中一名受伤的尼姑慧定（30 岁出头）被邻居救起，最终于

[①] Katsuichi Honda, *The Nanjing Massacre*, pp. 154—158.
[②] 《王芝如、夏淑琴证言》，孙宝珍、龙顺河等调查记录，收录于《1937 年 12 月日军南京大屠杀史料》，第 432—433 页。

1938年1月1日被送到鼓楼医院，由罗伯特·威尔逊医生医治。威尔逊医生当天给妻子的信中写道：

> 今天下午，一位尼姑被送来，她的股骨复合骨折已有两个星期。日军进城时，她和其他三人在一个防空洞内。他们来到防空洞前，日本兵分别从防空洞的两端开火。其他三人被打死。她的伤口严重感染，预后情况很差。①

约翰·G. 麦琪当时访问了医院，并与这位尼姑交谈。后来他在1938年1月5日给妻子的信中复述了慧定的情况：

> 我还与一位尼姑交谈，她住在城南的一座寺庙后面。据一位将尼姑送到医院的裁缝说，当日本兵到那儿时，他们在这所房子附近一带杀害了大约25人。她告诉我，他们杀死了65岁的"住持"和一个10岁（按中国人计算的年龄）的小尼姑。一位70岁的老尼姑被压在她身上尸体的重量压死了（估计是在这位尼姑避难的城里某地）。她们钻进一个防空洞，在那里待了五天，不吃不喝，佯装死亡，躺在尸体之中。然后尼姑听到一个士兵用中文说："真可怜！"她睁开眼睛，看着他，请求他救救她。他把她拉出来，找了几个中国人把她抬到一个军队的包扎所，在那里对她进行了护理，几天后被送到了医院。当我听说小尼姑后背被刺伤时，麦考伦先生开着医院的救护车到南面去，把孩子接来，因为那儿没有人照看她。威尔逊医生说，他怀疑这位尼姑是否能康复，但如果她能康复，她也不能再用那条腿了。孩子的伤口不是很严重。结果她不得不待上几

---

① Robert O. Wilson, Diary letter to his wife, January 1, 1938, Folder 3875, Box 229, Record Group 11, Special Collection, Yale University Divinity School Library.

个星期，现在就在我们屋子里。①

后来，麦琪在他有关暴行影片的第四部分拍摄了慧定和她的徒弟，作为案例 2 和案例 3，并配上了以下文字：

> 一个尼姑和一名 8 到 9 岁之间的小尼姑的案例。
>
> 这名孩子背部被刺刀捅伤，事件发生数周以来一直发烧。成年尼姑由于子弹伤而造成左髋复合骨折，从而引发大面积感染。她能否康复还有疑问，即使康复了，也必须做一次非常特殊专门的手术才能使她能够行走。她和其他一些尼姑住在城南一座寺庙后面的房屋中。日军进城时，在这个街区杀害了很多人。将她送到医院的裁缝估计那里约有 25 人被打死。死者中有这座尼姑庵 65 岁的住持，以及 6 到 7 岁的小尼姑。他们打伤了这些图像中显示的尼姑和小尼。她们躲避在一个坑里，没吃没喝在那里待了 5 到 6 天。坑里有许多尸体，一个大约 68 岁的老尼姑或许受尸体的重压或许窒息致死。5 天后，受伤的尼姑听到一个军人用中文说"真可惜！"她随即睁开眼睛，求这个人救她的命。他把她从坑里拖拽出来，并让一些中国人送她到一个军队救护包扎所，一名军医在那里医治了她。最后邻居送她去医院。②

1946 年 7 月 8 日，40 岁的慧定以消灾庵庵主的身份，向南京市政府提交了一份请愿书，陈述了日本兵在那所尼姑庵肆意杀戮的行径：

> 为敌寇枪杀师徒恳请查究雪冤事，窃于民国二十六年古历十一月十

---

① John G. Magee, "A letter to his wife", January 5, 1938, Folder 2, Box 263, Record Group 8, Special Collection, Yale University Divinity School Library.

② John G. Magee, Cases 2 and 3, Film 4, Folder 7, Box 263, Record Group 8, Special Collection, Yale Divinity School Library.

日，敌寇进城，于翌日下午二时，有日本军队官兵八名，均持长枪来庵搜查。因言语不通，故未经讲话即将小尼师徒等四人赶入后门外防空洞内，先用枪击，复以刀刺。小尼师太真行年六十五岁，胸部中弹，当即殒命。小尼大徒登元年十岁，腰部中弹，脑部刀刺，二徒登高脑部中弹三枚，面刺三刀，于该寇走后两徒即行毙命。并查防空洞内除小尼师徒四人，另外尚有五人，共计九人俱死于洞中。惟小尼一人未死，然腹、腿二部均中枪弹，不得行动，在防空洞住有十余日，后因市面稍静，伤势转恶，始移到鼓楼医院治疗。经过三次剖割方得就痊，但腿部已成残疾，行路维艰。迄今含冤八载未得申诉。兹以敌寇投降，国府胜利还都，是以填报人口伤亡调查表、财产损失报告单各一份，恳请查究，以伸冤仇。生者感德，死者安然。如蒙允准，实为德便。①

麦琪和麦考伦都在他们的私人信件中提到，这位小尼姑受了伤，但没有生命危险。当麦考伦开救护车去接她时，发现"她的伤口已经愈合；她所需要的只是食物、洗个澡以及舒适的环境"②。不知道为什么慧定在1946年说，洞内有四个尼姑，而不是五个，她是唯一的幸存者，但除此以外，虽有一些数字不一致，不同证词描述的事件的主要内容仍然是一致的。

1937年12月19日，罗伯特·O. 威尔逊医生在给妻子的信中报告说，一个19岁的年轻姑娘被送进医院，身上有多处刀伤：

今天在希尔克里斯特学校，国旗被扯下，一名妇女被强奸，然后在地下室被刺刀捅刺。今天晚上米尔斯带着日本大使馆的一名领事警察到那里时，地板上有一摊血。这名妇女显然还活着，已被送往医院，特里

---

① 慧定：《尼姑慧定为日军杀害其师徒等致南京市政府呈文（1946年7月8日）》，收录于《1937.12.13——侵华日军南京大屠杀档案》，第161页。

② James H. McCallum, A letter to his wife Eva, January 1, 1938, Correspondence of James Henry & Eva Anderson McCallum, Disciples of Christ Historical Society Library.

默将在那里为她治疗，因为他今晚值班。我明天早上去查看她。①

威尔逊医生在 1937 年 12 月 21 日提供了更多细节：

前天在希尔克里斯特学校，一个 19 岁、有 6 个半月身孕的年轻姑娘，极为愚蠢地反抗两名日本兵强奸。她的脸上有 18 处伤口，腿上有几处伤口，腹部有一道很深的伤口。今天早上在医院里，我听不到胎心，她可能要流产。（第二天早上。她昨晚半夜就流产了。严格从技术上讲是小产）②

12 月 30 日他再次提到这个妇女，因为她帮忙给另一个强奸受害者的婴儿喂奶：

这个 17 岁的小姑娘在一天晚上七点半被强奸，九点开始阵痛，现在已患上撕裂性的急性淋病。她有时体温高达 105 度，前景不太乐观。我们把她的孩子暂时交给那个在希尔克里斯特学校地下室被刺刀刺中腹部而流产的姑娘。她有充足的奶水。③

威尔逊医生将这位妇女的病例归档，并于 1937 年 12 月 22 日，将其作为安全区文件的第 115 号案例递交日本大使馆：

---

① Robert O. Wilson, Diary letter to his wife, December 19, 1937, Folder 3875, Box 229, Record Group 11, Special Collection, Yale University Divinity School Library.

② Robert O. Wilson, Diary letter to his wife, December 21, 1937, Folder 3875, Box 229, Record Group 11, Special Collection, Yale University Divinity School Library.

③ Robert O. Wilson, Diary letter to his wife, December 30, 1937, Folder 3875, Box 229, Record Group 11, Special Collection, Yale University Divinity School Library.

115. 12月19日下午，在希尔克里斯特美国学校，①日本兵企图强奸一位怀孕6个半月的19岁姑娘，她进行反抗，日本兵用刀（或刺刀）刺她。她胸部被刺19刀，腿上数刀，腹部有一很深的刀伤。已听不到胎儿的心音。她现在鼓楼医院。（威尔逊）②

1938年1月初，约翰·G.麦琪在医院会见了这位妇女，并将她拍摄成他的暴行影片第二部分的案例4。他为这段影像作了文字说明：

> 这名19岁的女子是在难民区美国学校的难民。她怀上了第一个孩子6个半月。她抗拒强奸，因此被一个日本兵用刺刀捅了很多次。她的脸上有19个伤口，腿上有8个，腹部有个两英寸深的伤口。这导致她在住进鼓楼医院后第二天流产。她的伤口已经愈合。③

1946年，这位名叫李秀英的妇女作为检方证人，在南京审判日本战犯的军事法庭上出庭作证。她的丈夫为陆浩然，她在自己的姓名之前加上他的姓氏，即陆李秀英。1946年10月19日，她在法庭上接受询问：

> 问：姓名、年、籍？
> 答：陆李秀英，二十八岁，南京人，住利济巷松荫里十六号。
> 问：你做什么事？
> 答：没有做事。
> 问：日本人进南京城的时候，你知道么？

---

① 希尔克里斯特（Hillcrest）美国学校，即南京美国学校，在本书收录的文件中，大部分文件称该校为五台山小学。旧址现为南京五台山小学。
② Case 115, December 19, 1937, Enclosure No. 1-e, p. 1, to "Conditions at Nanking, January 1938", January 25, 1938, National Archives II.
③ John G. Magee, Case 4, Film 2, Folder 7, Box 263, Record Group 8, Special Collection, Yale Divinity School Library.

答：二十六年阳历十二月十二三日进城的。

问：当时是什么日本部队，你知道么？

答：听说是中岛部队。

问：你当时在什么地方？

答：在上海路美国小学校内避难。

问：你当时是被害的么？是什么时候？

答：我是被害的，是十二月十九日的早晨。

问：在什么地方？

答：就在学校内。

问：你怎样被害的呢？

答：在这个学校避难的同时有六七个青年妇女，有四五个老头子。十九日晨有三个日本兵入学校内，对青年妇女拟行强奸，我就竭力挣扎，被这三个日本兵用刺刀将脸、腿、腹各部一共戳了三十三刀。我当时怀孕六个月，血流满地，昏厥不省人事，日本人以为我死了，他们就走了。以后我父亲将我送到鼓楼医院，由魏尔逊医师医治，住院四十余日，并由美国教会牧师麦克林摄有活动照片，这个照片现在送到国际法庭去了。我到现在每逢下雨的天就周身痛苦，不能行动。

问：你当时怀孕的婴孩流产了没有？

答：在受伤的第三天就流产了。①

1946年11月4日，《大公报》刊登了一篇文章，报道了三位南京大屠杀的幸存者，李秀英为其中之一。文章提到，她没有离开她的家乡，当一群天皇的勇士们找到她时，他们试图在光天化日之下强奸她，但却遭到了意想不到的强烈反抗。强奸企图失败后，李秀英被皇军用刺刀刺了33刀，濒临死亡，

---

① 《查讯被害人李秀英笔录(1946年10月19日)》，收录于《日本帝国主义侵华档案资料选编：南京大屠杀》，第632—633页。

被外国医生抬进鼓楼医院治疗①。

1951年2月，李秀英再次接受了记者的采访。《新华日报》于1951年2月23日刊登了题为《勇敢顽强的李秀英》的文章。文章说，12月19日上午，6名日本士兵冲进学校的地下室，用刺刀把10多名妇女赶了出来，其中包括李秀英；但当一名日本兵来抓她时，她的头撞到了墙角。血涌了出来，她晕倒在地。看到她晕倒，那个日本兵把她踢到一边，去把另一个女人带走。后来，其他难民把她从院子里抬回屋里。此刻，又来三个日本兵。李秀英再忍受不了，她鼓起所有的力气，跳起来抓住军人腰间的刺刀。她用力向日本兵刺去，但她的手被士兵抓住了，另外两名士兵用刺刀猛刺她的脸部、身体、腿部，最后刺向腹部，使她尖叫着倒在血泊中②。

和许多暴行的幸存者一样，李秀英在1984年接受了调查访谈，并提供了她的证词。她说在日本人到达南京之前，她的丈夫已经离开，去长江以北避难，而她自己已有7个月的身孕，选择和父亲一起留下来，在五台山小学（也被称为美国学校）的地下室避难。

> 十二月十九日上午九点钟，来了六个日本兵，跑到地下室，拉走我和其他十多个年轻妇女。我想宁死也不能受辱，急得没有办法，就一头撞在墙上，撞得头破血流，昏倒在地。当我醒来时，日军已经走了。后来我感到这样做没有用，我自幼跟父亲学过一点武术，可以跟他们拼一拼。这天中午，又来了三个日本兵，他们把男人赶开，把两个妇女带到另外一间屋子里，准备奸污。这时一个日军上来解我的纽扣，我看到他腰间挂着一把刺刀，我急中生智，决定夺他的刀。我趁机握住刀柄，同日军拼搏。日军见状大惊，同我争夺刀柄。我刀不能用，就用牙咬，咬住日军不放。日军被咬痛了，哇哇直叫。隔壁屋里的两个日军听到喊声，

---

① 《被侮辱与被损害的——记南京大屠杀时的三位死里逃生者》，载《大公报》1946年11月4日，转引自《日本帝国主义侵华档案资料选编：南京大屠杀》，第561页。

② 肖灿：《勇敢顽强的李秀英》，载《新华日报》1951年2月23日，第1版。

就跑过来帮助这个日军。我一人对付这三个人，没有办法，但我紧紧抓住刀柄不放，和这个日本兵在地上滚来滚去搏斗，其他两个日军就用刺刀向我身上乱戳，我的脸上、腿上都被戳了好几刀。最后，一个日军向我肚子刺来，我立即失去了知觉，什么事情也不知道了。日军走后，父亲见我已死，十分伤心。他找几个邻居在五台山旁挖了一个泥坑，把门板拆下来做成担架，抬出去准备埋葬。当他们抬出门的时候，由于冷风的刺激，我苏醒了过来，哼了一声。父亲听见了，知道我还活着，赶忙抬回家，又设法将我送进鼓楼医院抢救。第二天，我流产了。经医生检查，我身上被刺了三十多刀，嘴唇、鼻子、眼皮都被刺破了。经过七个月的医治，我才恢复了健康。①

由于有关此案的大部分信息都来自李秀英本人或曾为她治疗的威尔逊医生，各种证词和报告中的描述基本一致，而她本人提供的细节多一些。

1938年2月23日，几个暴行受害者被送到鼓楼医院。原因是老百姓聚集在莫愁路上一家面粉店购买面粉时，有人遭到了枪击。威尔逊医生将这一事件作为安全区文件中的第457号案件归档，在这一事件中，有几个人被枪击中，一名妇女被杀害：

> 457. 2月24日。这个年轻人是昨天在莫愁路附近的黄鹂巷的商店购买面粉的一大群人中的一员。站岗的日本兵让人群散开。当他们没有迅速散去时，向人群开了枪，打死了一名40岁的妇女，打伤了另一名妇女的腿，并把这个男孩的脚打成重伤。（威尔逊）②

---

① 《李秀英证言》，段月萍、陈立志调查记录，收录于《1937年12月日军南京大屠杀史料》，第481页。

② Case 457, February 24, 1938, in "Notes on the Present Situation, March 1, 1938", Diplomatic Posts, China, Volume 2172（Nanking 1938, Volume XIII），Record Group 84, National Archives II.

46 年后的 1984 年，72 岁的退休工人郭荪荣回忆说，当时他也在莫愁路的人群中，希望能买到面粉，但徒劳无功，更糟糕的是，他差点被打死：

> 为了活命，有时我们不得不去买日寇掠夺来的面粉（现在莫愁路教堂附近），我当时只有二十六岁，可说是身强力壮，正想早早地把面粉买到手，哪知万恶的日军竟乘我们购面粉之机，朝人群里开枪，当场被他们打死好几个人，我当时差一点被他们打死。①

郭荪荣看到几个被枪击中的人倒在血泊中，便以为他们被枪杀了，实际上只有一名妇女被打死，其他几个人只是受了伤。

然而，事实证明，这并不是南京的百姓在冒风险买面粉时遇到的唯一的谋杀案。1938 年 3 月 1 日，麦考伦牧师给妻子伊娃的信中，描述了前一天发生的一起杀人事件，一名妇女在珠江路买面粉时被刺刀刺死：

> 昨天在珠江路上，日本人开了一家小店出售面粉。好像他们只有大约 70 袋，随着消息传开来，越来越多的人围拢来买——直到那儿有大约 2000 人。日本人很快就卖光了，仍聚集在那儿的人群使他们感到厌烦。告诉人们"散开"但消息传得不够快，日本兵们决定强迫他们离开。一个女人被当场打死，一个妇女到我们医院五分钟后死去，今天来的这个人也很悲惨。因此我们并没有完全摆脱这种毫无意义、没有作用的残酷行为。②

威尔逊医生在这名妇女被送进医院时曾对她进行治疗，他在 1938 年 2 月 28 日和 3 月 1 日都记录了这一事件，并作为安全区文件的第 459 号案例

---

① 《郭荪荣证言》，廖美庆调查记录，收录于《侵华日军南京大屠杀幸存者证言集》，第 135 页。
② James H. McCallum, A letter to his wife Eva, March 1, 1938, Correspondence of James Henry & Eva Anderson McCallum, Disciples of Christ Historical Society Library.

存档：

459. 2月28日上午，一位住在军官学校的姓方的妇女和她的家人在珠江路上。一个日本兵要这个姑娘让开，用刺刀刺穿了她的背部。刺刀直接刺穿，从前面出来。她在进入医院大约5分钟后死在诊所里。（威尔逊）

3月1日，日本人在铁道旁的珠江路开了一家卖面粉的店。他们开始卖面粉，但只有十来袋。约有2000人聚集在那儿买面粉，面粉很快就卖光了。日本人命令人群里其余的人散开。在执行这一命令的过程中，他们击中一个女孩的头部，直接打死一个，用刺刀从一个女孩的背后戳进去，从前面穿出来，所以她在到达医院后不久就死了，还致使第四个女孩受重伤。最后一个女孩臀部被刺刀刺了一道深约8英寸的伤口，下腹部被踢了一脚，造成腹壁严重挫伤，小肠破裂，必须（由布莱迪医生）动手术，妇女的情况非常严重，我们希望她能康复。（威尔逊）[1]

1984年，张连才提供了相关的证词。1938年，当时17岁的他在珠江路上，"正月十六那一天，我和师傅去珠江路买面粉，看到一个日本兵对在场排队买面粉的一名妇女的肚子上捅了一刀，当时这个妇女就倒在地上。"[2] 1938年农历正月十六日应该是阳历2月15日。或者是张连才的日期记忆不够准确，或者，他在珠江路的面粉店看到了另一起刺杀事件。

张凤珍在1984年作证说，她的丈夫陈广才在萨家湾的邮局为一个叫瑞齐的英国人当厨师。当日军逼近南京时，陈广才把他的妻子和孩子送出城去避难，但他留下来为英国人做饭。日军攻占后，日本兵将陈广才和其他20

---

[1] Case 459, February 28 and March 1, 1938, in "Notes on the Present Situation, March 1, 1938", National Archives II.

[2] 《张连才证言》，金登林、杨云、夏龙生调查记录，收录于《侵华日军南京大屠杀幸存者证言集》，第123页。

多名中国人押解到晓街的一个低凹处，用机枪扫射。另一名邮局的职工李宏祥和陈一起被拘捕。由于李宏祥的长相像个外国人，被释放了，正是这个职工告诉张凤珍她丈夫被杀害了[①]。

一份在伦敦英国国家档案馆发现的英国外交文件可以证实张凤珍的证词，这是一封由威廉·沃尔特·瑞齐（William Walter Ritchie, 1979—1969）寄给英国驻南京领事欧内斯特·威廉·捷夫雷（Ernest William Jeffery, 1903—1989）的信。1938年3月18日，瑞齐陈述道：

> 这座房产留给我的男仆陈广才、苦力李齐元与看门人李会元负责照管。1937年12月19日，一百多日本军人强行占据这座房产之前，没有损坏，没有遭到偷盗，那些日本军人在前门贴上"井上部队第三中队"字样的告示。1937年12月13日，日军抓走我的仆人，但是后来苦力和看门人被放出来；姓陈的男仆一直没有音讯，据说被枪杀了。[②]

威廉·沃尔特·瑞齐来自英国，是江苏省邮区的邮务长。根据瑞齐的信，陈广才是他的男仆，在瑞齐位于城市西北部、靠近英国大使馆的南祖师庵3号的住所里干活，而不是在邮局工作。然而，陈也绝对有可能为邮局跑腿或做些杂活。可能张凤珍没有准确记住她丈夫的名字，因为1984年时她已经91岁了，或者做记录的调查人员没有准确地写下她丈夫的姓名。她丈夫的汉文名字应该是陈光彩，而不是陈广才，但这两个名字的发音基本上是一样的。

1947年，居住在太平路263号的李锌山提供了以下信息，证明了他的邻居——朱家两兄弟在1937年12月17日被日军杀害。朱在鑫和朱在祥兄弟俩住在太平路268号的林园盆浴室。1937年12月17日，日本兵来敲澡

---

① 《张凤珍证言》，陈平稳据其口述整理，收录于《侵华日军南京大屠杀幸存者证言集》，第236—237页。

② William Walter Ritchie, A letter to H.B.M. Consul, Nanking, March 18, 1938, in "Sino Japanese hostilities damage suffered by W. W. Ritchie and H. H. Molland", FO233/271, Consulates and Legation, China Miscellaneous Papers and Reports, 1727-1951, Public Record Office, London.

堂的门。两兄弟去应门，但他们刚打开门，就被日本兵用刺刀刺中了他们的腹部，昏倒在地。那时，他们的家人都搬到了难民区，晚上回来看望他们时，发现他俩都被杀害了①。

杨义兰是朱在鑫的儿媳妇，1937年时，她21岁。1984年，她提供了有关其公公及公公的弟弟被谋杀的证词：

> 一九三七年日军轰炸南京，我和丈夫到六合乡下避难。我老公朱再兴在南京太平路开林园浴室，日军侵占南京时，他守店未走。日军进城的第二天早上，日本兵来喊开门，我公公去开门，哪知门一开，一句话都没有说，就被日军一刀戳进了胸口，当场死了。我的叔公朱再祥，见哥哥开门未回，就端着面盆到门口去看。他看到日本兵以后，掉脸就往回跑，被日军赶上，从背后刺了一刀，又刺死了。同时被戳死的还有三个跑堂的职工。叔公死后，留下五至七岁的三个小孩，十分悲惨。②

尽管在日期、姓名等微小的细节上存在差异，但相隔37年的两份证词描述的两兄弟在澡堂被杀的核心事实是一致的。

1938年2月13日，罗伯特·O. 威尔逊医生在写给妻子的信中，讲述了他从医院的一个病人那里听说的可怕暴行：

> 两周前，六个日本兵闯进离我们城市西南几英里的六郎桥镇。他们的所作所为如往常一贯强奸与抢劫。镇上有人组织起来进行抵抗，杀死了三个日本兵，另外三个逃走了。这三个人很快就回来了，带着几百人迅速在镇子周围拉起了警戒线。一个有500名居民的小镇，当时只有

---

① 《朱在鑫、朱在祥兄弟被日军刺死的调查表节录（1947年）》，收录于《1937.12.13——侵华日军南京大屠杀档案》，第290页。

② 《杨义兰证言》，刘君调查记录，收录于《侵华日军南京大屠杀幸存者证言集》，第282—283页。

大约 300 人在那儿。这 300 人被六到八个人一组都捆绑起来，扔进冰冷的河里。然后他们把镇子夷为平地，以至于没有一堵墙还竖立着。这个故事是由一个从南京去比六郎桥还要远些的一个村庄——丹阳镇的人告诉我的。他与住在周围为数不多但极为惊恐的居民交谈，并看到了废墟。①

1937 年 12 月，施燧华住在江宁县六郎桥镇。她在 1984 年的一份简短证词中说："一个叫四碗子的杀了一个奸污妇女的日本兵，日军就把那一带几个村子的人都杀了，烧掉了所有民房。"②

显然，威尔逊和施燧华谈及的是同一地点发生的同一个事件，尽管施的描述没有给出相关事件的明确日期。

对日军暴行所作的证言

日军的暴行具有非同寻常的规模和残酷性，对南京及其周边地区的居民产生了巨大而持久的影响。范围广泛而猖獗的暴行造成了大量的受害者，进一步影响了成倍数量的家庭成员、亲戚、朋友、熟人，甚至偶尔遇到暴行的陌生人。在南京的人口中，有很高比例的居民可以说是幸存者，或见证者。从 1937 年 12 月开始，在大约 50 年的时间里，他们中的一些人提供了各种关于暴行的证词。然而，随着时间的推移，那些不幸经历了 1937 年和 1938 年大屠杀的几代南京居民已经逐渐凋零，离我们而去。他们的证言能够使后代学者和研究人员近距离地从民众与普通居民的角度来审视那场人类大屠杀，因此，这些证言显得尤为珍贵。由于证词数量众多，在此每一类都只引用数量有限但较为典型的例子。

---

① Robert O. Wilson, Diary letter to his wife, February 13, 1938, in *Documents on the Rape of Nanking*, edited by Timothy Brook, Ann Arbor: The University of Michigan Press, 1999, p. 252.

② 《施燧华证言》，收录于《侵华日军南京大屠杀幸存者证言集》，第 345—346 页。

幸存者的证言

1984年,朱锡生告诉调查人员,1937年12月,在日军到达南京之前,22岁的他随父亲搬进了难民营,当时的难民营被称为福音堂,是一个基督教教堂,现在是第19中学的校园。

> 没几天的一个下午,大约快四点钟,日本兵进来抓人,我装病躺在地上,用被子盖着,并拿出难民所的一个证明条子给他们看,日本兵不看就撕了。当时连我抓了三个人,另外两个人我也不认识。被抓后,日本兵就把我们三人往河边上带,走到河边时,那两个人就被日本兵用刀砍死了。有个日本兵要砍我,我求他们说,家里有八十多岁的老人要靠我养活……说时怕他们听不懂,还用手势比画着,意思是老人的胡须很长很长。正说着,忽又来了三个日本兵,我还没有来得及看清他们,就被其中的一个从背后用刀砍了我的后颈,一下子我就跌倒在地上。这时我心里还有点数,因我穿的是一个破大衣,就用嘴巴咬住衣领,闭住嘴不透气,装着已经被砍死了。过了几分钟,日本兵用脚踢踢我,我仍装死不动,听他们讲声"死啦死啦的"!就走了。这时大约已到傍晚五点钟了,天也黑下来了,我痛得难受,衣服上都是黏糊糊的血。想想天也黑了,日军也走了,赶快逃跑吧!于是,我忍着疼又往难民所跑。[1]

1984年,77岁高龄的沙官朝讲述了他从死亡线上侥幸逃脱的经历。1937年,他是个30岁的人力车夫,已婚,有两个孩子。日军占领南京时,他的家人已经从城南的东关闸搬到了难民区的沈家巷13号。

> 几天后,因带的粮食吃光了,在那天下午三点钟,我就约了邻居六人(一个李铜匠的儿子、一个姓韩、一个姓荣、一个对门姓范等,我们

---

[1] 《朱锡生证言》,刘玉银、杨正元等调查记录,收录于《1937年12月日军南京大屠杀史料》,第418—419页。

年龄都差不多），一起回家找粮食。走到鸽子桥泥马巷口，碰到四五个日本兵，看我们都很年轻力壮，就动手刺杀，和我同行的六个人，一下就被其中的三个日本兵用刺刀刺死了。我吓得要命，拔脚就跑，当即被两个日本兵捉住了，有个日本兵用刺刀对着我肚子就是一刀，因我衣服穿得多，我又一让，刀刺偏了，从左腹进、右腹穿出。紧接着，日本兵又刺了我腰部一刀；还有站在我背后的那个日本兵，又从我背后刺了一刀。这刀正好刺在我骨头上，我随即咬咬牙把它拔了扔掉，忍着痛向前飞跑，一路鲜血直流。日本兵一看，就跟在后面追。因为我是拉人力车的，腿跑得快，大街小巷又熟悉，故日本兵使劲追也追不上，就向我开枪射击，一枪又打在我的膀子上。他们总算惬意了，就哈哈大笑而去。我眼见六个邻居趴倒在地，统统惨死在日军的屠刀下，本身又挨了几刀一枪，受了刀伤、枪伤，心里又恨又急，就拼命地狂跑，抄着几条僻静的路，沿着木料市、小王府园一带直跑到难民区。回到难民区以后，伤口疼得不得了，我妻子看了很着急，搀架着我到了鼓楼医院，医生看后要我住院治疗。我住院住了十一天，记得睡的是二六七号病床。①

1945年11月26日，杨文复提交了一份宣誓证书，讲述了他在1937年12月的幸存经历，当时他30岁，是一名茶馆服务员。日军逼近城市之际，为安全起见，他搬到了难民区。一天早上，"有敌军一队人大肆搜索难民区青年，民亦被掳，有一日军官向民要妇女、烟酒等，因语言不通，不懂其意，当被该军官连刺两刀，一刀腋下，一刀胸前，当即昏去，幸被红卍字会救治免于死，卧床三月方告[愈]"②。

1937年12月的一个下午，大约200个日本兵来到南京南面的梅架村，

---

① 《沙官朝证言》，战国利、杨正元调查记录，收于《1937年12月日军南京大屠杀史料》，第420页。

② 杨文复：《杨文复陈述被日军刺伤的结文（1945年11月26日）》，收于《1937.12.13——侵华日军南京大屠杀档案》，第216—217页。

这是当时 16 岁的梅福康的家乡。日本人把所有的村民都赶出来，晚上，他们把年轻妇女关在一座房屋里，把男人关在另一座房屋里。午夜时分，日本兵熟睡之际，年轻妇女们跑了。第二天早晨，日本兵发现妇女不见了，非常恼火，他们狠狠地殴打男人。同时，他们将手榴弹扔进池塘，将鱼炸死，然后强迫梅福康和其他人到冰冷的池塘里捞鱼①。

> 日本兵吃过鱼以后，将我家祖母、父亲、二哥、外甥女、三个堂兄和我八口，加上村里的四个邻居，总共十二个人，一起赶到小土堆旁，要我们围着土堆脸朝外排成一圈，然后用布条将人与人相互的手和手都捆绑联结起来。待捆好后，日本兵就残酷地向我们这群人圈里摔手榴弹。在手榴弹爆炸后，还唯恐我们没有死，又凶恶地跑来，举起刺刀在我们每人身上捅几刀。可怜我的小甥女，因被刀刺痛得难忍，叫了起来，随即就被日本兵用手将她掐死。我本人的耳根周围、颚部和舌根都被炸伤，又被捅了三刀：胸部两刀，屁股一刀。在这次受害的十二个人中，死了十个，最后幸存的只剩下我和另外一个邻居；我家八人，七人惨遭炸死。日本兵以为我们全部被炸死了，放火烧了全部房子。我的哥哥原已被日本兵抓到邻村烧饭，他看到本村着了火，跑回来，才发现我还活着，将我抬到附近山上，每隔二三天转移一个地方，过了二十来天才脱离危险。我的舌头二三年不能转动，话也说不清楚。②

父母被杀害者所作的证言

战争爆发之前，马忠山一家人住在雨花路 98 号。他的父亲、长兄和三哥都是伊斯兰阿訇。他经营一家小杂货店。在日本人来之前的一个月，他的母亲带着他的四个姐妹、两个兄弟和他去江宁县乡下的一个亲戚家，留下父

---

① 《梅福康证言》，秦金文调查记录，收录于《1937 年 12 月日军南京大屠杀史料》，第 435 页。
② 《梅福康证言》，秦金文调查记录，收录于《1937 年 12 月日军南京大屠杀史料》，第 435—436 页。

亲、三叔和三哥看家①。

十二月十四日，父亲他们正待在家里，突然隔壁开豆腐店的一个妇女（她是一个寡妇）慌慌张张跑进来，说有几个日本兵企图侮辱她。我父亲得知这个情况后，赶紧带她到后门，帮她逃走了。紧跟着前门冲进来几个日本兵，气势汹汹地要找刚才跑走的那个女人。他们不由分说就里里外外搜查起来，自然是什么也没有找到。恼羞成怒的日本兵认定是我父亲他们放走了女人，迁怒到他们身上，竟对我父亲、三叔、三哥这样手无寸铁的无辜百姓下了毒手，用刺刀将他们活活捅死，随后放了一把火将房子烧得精光。被烧的还有和我家相连的十多户人家。②

1937年，马明福只有7岁，他和家人住在中华门附近，其父经营着一家咸水鸭店。他家有六口人：父亲38岁，母亲30岁，姐姐9岁，妹妹4岁，弟弟刚满1岁，还有他自己。在日本人到来之前，全家人去了他外婆在南京南面的村庄沙洲圩避难③。

第二天下午日本兵来了，村里的七八十口人都跑到离家一里多地的一个洼地里躲起来。日本兵一进村，就放火烧房子。天黑的时候，大家也不敢回家，连夜在洼地中间挖了一个洞，用树枝遮上。第三天上午十点左右，日本兵发现洼地里藏着人，就把洼地包围起来，开枪射击。这时洼地里还藏着五十多人，因为这时外婆和两个舅舅躲在另外一间小茅屋里，枪声刚一响，外公担心外婆的安全，他冒险向小屋跑去，被日军看到，一枪打倒在地上。母亲见外公被打死了，来不及放下怀里的弟弟，

---

① 《马忠山证言》，蒋宝霞、刘维玉调查记录，收录于《1937年12月日军南京大屠杀史料》，第445页。

② 《马忠山证言》，蒋宝霞、刘维玉调查记录，收录于《1937年12月日军南京大屠杀史料》，第443—444页。

③ 《马明福证言》，收录于《1937年12月日军南京大屠杀史料》，第445页。

跑上去抱住外公。这时，我的四岁的妹妹也跟在后面追了上去。日本兵一枪打中了母亲的胸部，当即死亡。母亲身上的血，溅到了妹妹身上，妹妹喊了起来："我被打着了！"一句话刚说完，又一颗子弹打进了她的肚子，肠子都被打出来了。我父亲跑上去，从母亲尸体怀中抱回还活着的弟弟。这时，藏在洼地的五十多个难民已被打死了一半，我家和外祖父家当场死了七人。①

1945年12月13日，杨宝炎提交了一份关于他父亲在自家住宅外被日军枪杀的宣誓书：

家父杨余九，男性，五十一岁。时于民国二十六年冬十二月十二日，南京沦陷，日寇入城后第二天，于是月十三日，惟杨余九住在长乐路（三坊巷）八十五号看守房屋，被日兵强迫拉去挑抬，因未遵从，日兵即开枪将其打死于大门前三坊巷路旁。两天之后，其尸体经掩埋队抬埋。②

1937年冬天，12岁的张红芳和家人在难民区内的沈举人巷避难。她在1984年作证陈述，她的父亲被日本兵枪杀：

我父亲张德富因年纪大，留在篾街五号的家里照看门户。日军挨家搜捕，来到我家敲门，由于父亲害怕日军，迟迟才去开门。刚把门敞开，就被日军用枪打死在自家门口。同我父亲一道被害的还有住篾街六号的邻居姓傅的一位老人。邻居陈嫂被日军奸污后又遭枪杀。父亲死后，大约一个月后我们才得知的，我们回家来，发现父亲倒卧在家门口。③

---

① 《马明福证言》，收录于《1937年12月日军南京大屠杀史料》，第445—446页。
② 杨宝炎：《杨宝炎陈述杨余九被日军枪杀的结文（1945年12月13日）》，收录于《1937.12.13——侵华日军南京大屠杀档案》，第238页。
③ 《张红芳证言》，王天柱调查记录，收录于《侵华日军南京大屠杀幸存者证言集》，第169页。

配偶被杀害者所作的证言

1938年夏天，58岁的寡妇杨马氏提交了一份请愿书，请求进入伪市政府开办的救济机构。她的丈夫和长子都在1937年12月被杀害，她没有经济来源。日伪南京市政府社会处派遣社会工作者朱寿之对她的情况进行了调查与核实。调查结束后，朱寿之于1938年8月5日报告：

> 窃职奉派调查孀妇杨马氏呈请收入救济院留养等由，遵即前往门东剪子巷四号。查该孀妇杨马氏，年五十八岁，其夫及长子实于去岁事变时，在难民区被日军枪杀，现遗次子小团子年十六岁，生活无着，其情万分可怜，应请准予发入救济院留养，以全生命。①

李宝如1937年12月住在船板巷22号，他的妻子被日本兵枪杀。1945年11月26日，他就妻子被杀害的情况提交了一份宣誓书：

> 民国二十六年十一月十一日上午，有日军数名（姓名不知）路过民家船板巷二十二号，破门而入民家，强拉民寻找我中国军士。是时民妻李吴氏跟随在后，民则坚强不言我中国军士散居何地，此时敌寇野性暴露，竟将民之妻李吴氏枪杀腹部而亡。②

1945年12月5日，68岁的方学仁就其妻子被日本兵枪杀提交了一份宣誓书：

---

① 朱寿之：《朱寿之为杨马氏之夫与子被日军枪杀致日伪南京市社会处呈文（1938年8月5日）》，收录于《1937.12.13——侵华日军南京大屠杀档案》，第175页。
② 李宝如：《李宝如陈述其妻李吴氏被日军枪杀的结文（1945年11月26日）》，收录于《1937.12.13——侵华日军南京大屠杀档案》，第213—214页。

民二十六年冬月，日寇进城时，被害妻方施氏，由难民区回至大石桥二十一号看视房屋，适时中岛部队由彼经过，即被日兵开枪射死。①

1937年12月13日，日本军队占领了南京，周梁氏一家因为太穷而没有撤离。1945年12月27日，她提交了一份关于她丈夫被日本兵枪杀的宣誓书：

缘民国二十六年冬事变，氏因家贫人口众多，未有迁移。于十二月十三日首都沦陷，敌人入城（中岛部队第二路军），至十四日成群结队遍街尽是。至氏住处，指氏夫周宝银为中央兵，不由分说遂遭枪杀、抛尸匝月，惨不忍睹，后由街邻凑款买棺收殓。八年以来，受尽痛苦，伏乞早赐调查，实为德便。②

1937年，27岁的周俞氏目睹了她的丈夫在家门口被枪杀。她在1984年提供了关于这一可怕事件的证词：

一九三七年冬月，日本人侵入南京时，我们一家没有走，住在通济门外扇普营。有一天，五个日本兵闯入我家，气势汹汹，其中一个日军从我丈夫怀里夺过我们三岁的儿子交给我，随即就把我丈夫周俊祥推到门外，对着耳门一枪，就把我丈夫活活地打死了。打死了还不让家属埋，说过几天再来看尸体在不在，如果不在，还要把家属打死。③

---

① 方学仁：《方学仁陈述方施氏被日军枪杀的结文（1945年12月5日）》，收录于《1937.12.13——侵华日军南京大屠杀档案》，第233页。
② 周梁氏：《周梁氏陈述其夫周宝银被日军枪杀的结文（1945年12月27日）》，收录于《1937.12.13——侵华日军南京大屠杀档案》，第249页。
③ 《周俞氏证言》，刘庆跃、汪文等记录，收录于《侵华日军南京大屠杀幸存者证言集》，第235——236页。

儿女被杀害者所作的证言

1984年,92岁的退休工人刘庆英在她的书面证词中说,在大屠杀期间,她的丈夫和儿子都在同一天死于日军的暴行:

> 一九三七年十二月十三日,日本军队打进南京,凶狠无比,杀、烧、抢、奸俱全,打死无数居民,抢去大批财物,烧掉不少房屋,强奸很多妇女,南京人民处于水深火热之中。我的一家就是侵华日军大屠杀的受害者。我家原有四口人:丈夫韩老六,儿子韩小斌,儿媳和我。一天内被日军把丈夫和儿子两个男人都杀掉了。我儿子当时二十岁,和房东张老板的两个儿子躲在屋内,日军查房时,查到了他们。房东家大儿子张老大,因脚上长烂疮,用纱布缠着;二儿子张老二当过兵,手上有老茧;我儿子因和他俩躲在一起,日本兵硬说他们三人是当兵的,当场被日军杀害。张家兄弟被砍掉头,死在家门前;我儿子被日军用刀捅死,共捅了九刀:肚子两边各四刀,手臂一刀,最后日军用棕绳捆住我儿子手臂上的伤口,把他拖到大门口,他就死去了。我丈夫韩老六这时虽被日军抓住,但看到儿子的这种被害惨状,难过得直朝儿子身边挣扎,却恼火了日军,就把他举起来,摔到水井里,接着又用大石头往下扔,就这样活活地连砸带淹,他也就死在井里了,死时只四十五岁。我一天失去两个亲人,这使我伤心一辈子,也是一辈子忘不掉的。①

1937年冬,日军进入南京时,丁李氏住在马道街44号。她的长女丁振清在反抗强奸时被枪杀。1946年,丁李氏披露了她的女儿在其住所被日军杀害的细节:

> 二十六年冬,南京城破,日军到处乱闯,民李氏因贫寒未能迁入难民

---

① 《刘庆英证言》,收录于《1937年12月日军南京大屠杀史料》,第456—457页。

区暂避，因与同门高姓困守家中。农历十一月十二日，突来日军五六人，瞥见其时年二十四岁之长女，蓄意强奸，女矢志不从，以手护乳，竭力抵拒，致日军强将衣襟扯破，未遂其欲，愤怒之余，遂开枪将女击毙。①

陈湘是一名学者。1945 年 11 月 5 日，时年 75 岁的陈湘向南京市政府提交了一份关于其儿子被日军枪杀的请愿书：

> 呈为抗战侵入时期，被倭寇将民子拉去枪杀毙命，仰祈鉴赐登记核办事：窃湘原住陈家牌坊二号居住，遂于民国二十六年夏历冬月初六日，奉军警逐令让房，免受危险等示，湘遵即带同妻、子、媳、孙女等至难民区避地华侨路四十七号。不料倭寇入城后，于夏历冬月十三日，将湘子明善（现年三十九岁），拉去枪杀毙命。时在大乱，尸身未敢收殓，后由红卍字会抬埋。而其母因之损命，视其能不惨悲呼？湘年近八旬，苦苦无依，平素完全依赖明善子养活全家。现寡媳及孙女在其母家，代人家缝针生活，亦是苦不堪言状。除请坊、保、甲长，侦查确实盖章证明外，理合将湘子被倭寇拉去枪杀毙命情形，伏乞鉴赐登记核办，实为公德两便。②

1946 年 5 月 23 日，73 岁的王万氏提交了一份宣誓书，其中提到她的儿子和儿媳被三个日本兵枪杀：

> 吾子媳王宗福、王金氏于廿六年十一月十三日，被日本中岛部队士兵三人，由雨花门进来，遂到吾家转龙巷口草房内，遂开枪将吾子媳击毙，

---

① 陈剑如：《社会局调查丁李氏之长女抗拒日军强奸被杀一事致南京市政府呈文（1946 年 2 月 9 日）》，收录于《1937.12.13——侵华日军南京大屠杀档案》，第 360 页。

② 陈湘：《陈湘为其子陈明善被日军枪杀致南京市政府呈文（1945 年 11 月 6 日）》，收录于《1937.12.13——侵华日军南京大屠杀档案》，第 202—203 页。

惨不忍睹。其遗尸后由万字会掩埋。所被日寇侵害之事实①。

1945年12月，59岁的徐庭年向南京市政府提交了一份关于其长子徐玉荣的请愿书，徐玉荣在门西区太平苑街12号的住所被日本兵用刺刀捅死：

> 为抗战侵略时期，被倭寇用刺刀将长子玉荣戮死，仰祈鉴赐核办事：窃民原住门西太平宛［苑］十二号，向以机房为业，所生二子，长子名玉荣，作南货店生意，是年二十三岁，次子五岁。遂于民国二十六年古历冬月初旬，奉军警逐令搬让，困［因］予无力迁避，乃于冬月十一日，被倭寇入城时，用刺刀将长子玉荣戮死，民在旁求救，亦被刺刀戮伤颈部，昏倒地埃，幸未伤命。现在民与妻花甲之年，而次子尚幼，言之痛心，苦苦无依，为此被倭寇用刺刀将长子名玉荣戮死情形，伏乞鉴赐核办，是为公德两便。②

1984年，来自穆斯林家庭的金温氏已经98岁了，她在证词中讲述了她的长子在1937年12月被杀害的情况：

> 我家在日军进城时，住在大方巷难民区。我的大儿子名叫金德元，那年二十五岁，于一九三七年冬月被日军抓去，在难民区的水塘边被日本兵杀害，一同被杀的共有九十九人，其中也有妇女。我今年（一九八四年）已经九十八岁了，但这些悲惨的往事，想起来仍非常伤心。③

---

① 王万氏：《市民王万氏关于亲属尸体由红卍字会收埋的结文（1946年5月23日）》，收录于《南京大屠杀史料集：5 遇难者的尸体掩埋》，第126页。
② 徐庭年：《徐庭年为其子徐玉荣被日军刺死致南京市政府呈文（1945年12月）》，收录于《1937.12.13——侵华日军南京大屠杀档案》，第254页。
③ 《金温氏证言》，李红珠、马瑞芳、杨凤珍、郑兰芳调查记录，收录于《侵华日军南京大屠杀幸存者证言集》，第238页。

其他亲属被杀害者所作的证言

1984年，郑周氏接受调查访谈时已经89岁。1937年，日军进城之际，她家住在石门坎街，而她的公公已经搬到华侨招待所的难民营。

> 日本军队进城时，我家住石门坎。我公公（即丈夫的父亲）住进了华侨招待所难民区。有一天，公公不放心我们，回家来看看，走到八府塘附近东文思巷对过，就是现在的茶炉边，被日本兵拦住，先是搜身，见没有什么东西，就打了我公公一耳光，并说"死啦死啦的"，一个日本军官抽出指挥刀，在我公公的颈子、胸口、肚子上各刺一刀，当即倒在大街上，躺在血泊里。再等我跑去找到公公的尸体，已被狗啃坏。我公公那年已经八十一岁了，日军对这么个老人下如此毒手，实在太残酷了。
>
> 同一天，我一个侄儿因住难民区吃不饱回家来，我做了点东西等他回来吃，也是走到八府塘，他就被日军砍死了。
>
> 后来，我搀着十二岁的儿子去难民区，走到东文思巷胡家园后草房边，被日本兵看见，这些强盗不由分说，对我儿子颈子上刺了一刀，我儿子哇的一声倒地，等我跑过去拉他时，可怜的儿子已经咽气了！①

1984年，高文惠接受访谈时，是位59岁的退休人员。她告诉调查人员，47年前，她的外祖母在家中被枪杀：

> 我的外婆在日军进城时被杀害。一九三七年冬，外婆姓曹，当时六十多岁，家住塘坊廊三十九号。一天有几个日本兵突然闯到外婆家，进门看见外婆，日本兵先用枪托打外波（婆），然后一枪把她打死了。另外，是我亲眼所见，门口还有一个姓李的邻居也给日本兵杀死，并把

---

① 《郑周氏证言》，周顺华、曹慧芳调查记录，收录于《1937年12月日军南京大屠杀史料》，第463页。

姓李的妻子强奸了。①

1937 年，李文英还是一个 12 岁的女孩，当时，她 16 岁的哥哥因为试图保护他们的母亲不被强奸而被日本兵枪杀。李文英在 1984 年回忆说：

> 在一九三七年日军侵占南京时，我家住观音庵十二号。我哥哥十六岁（小名叫小狗子），原在人家学徒，回家来避难，回到家里第一天，一群日本兵闯进我的家，看见我母亲就要强奸，我哥哥挺身出来，阻拦日军暴行。日军将他推倒在地，对我哥哥开了一枪，我哥哥惨叫一声，当时受伤未死，但伤势很重，又无法治疗，在床上哼了两天就含恨愤然死去。第二天我和我母亲就到难民区去避难了。②

1937 年 12 月，武采云 19 岁，已婚。当时她的婆婆被日军杀害。1984 年，66 岁的她作证道：

> 我叫武采云，现年六十六岁，住东武学园二十一号。我大婶一家原住建邺路口，开设棋园茶社。日军侵占南京城前，全家都逃到阴阳营难民区。我大婶因抽鸦片，怕离家不便，就一个人带两条狗留下看店。日军进城后，到处奸淫妇女，杀人放火。待路上能走人时，我大哥武金山回家探望，只见两条狗守在大婶床前，大婶已被杀死。
>
> 我老婆婆原住东武学园十一号，日军来时也在难民营居住。因与邻居不睦，时常吵闹，一气之下，又回到东武学园家中，躲在地洞里，日

---

① 《高文惠证言》，梁美龙、路文茹调查记录，收录于《侵华日军南京大屠杀幸存者证言集》，第 241 页。
② 《李文英证言》，陈如华、王秀珍调查记录，收录于《侵华日军南京大屠杀幸存者证言集》，第 257 页。

军进城逐户搜查,从地洞里将我老婆婆拖出来一刀砍死了。①

在日本人到来之前,伍正禧一家住在周必由巷 15 号,当城内的情况变得危险时,他搬到了难民区内金陵女子文理学院对面的华新巷 62 号。1984 年,他已 63 岁,他在一份证词中说,日军的暴行使他失去了许多家人:

> 日军进城后的第二天中午,来了三个日本兵,一进屋就大声吼叫:"你们的支那军呢?"然后就把屋里的年轻人叫了出去,其中有我二哥伍正保,大表哥云官,三表哥三云,表叔老王,邻居宗家的一个叫小六子的。当时在门外还有不少年轻人被押在路边。这些人被日军带走后,一起被机枪扫死。当时只听枪声,不知在何处,不敢出去看。过了一天,我家又闯进一个日本兵,问我祖母有没有花姑娘,我祖母没有回答,日本兵就用刀背打我祖母的膀子。后来,日本兵又问我祖父(名叫伍迪荣,当时六十多岁),我祖父双目失明,是个睁眼瞎子,当时睡在床上,他听不懂日本兵的话,就被日军连捅三刀,刺刀捅在胸部和大腿,当即死亡。②

1945 年 11 月 2 日,马明龙向南京市政府递交了一封请愿信,内容关于他遭日本兵枪杀的表弟。1937 年,他的父亲马恒福 80 多岁,在王府园街 45 号经营马正兴牛肉饭菜馆多年。当日本人轰炸城市时,他的母亲带着他的弟弟、两个嫂子、一个妹妹和侄子、侄女共 20 多个家庭成员搬到了难民区,留下他的老父亲和一个表弟在家里照看房子③。

---

① 《武采云证言》,刘创伟调查记录,收录于《侵华日军南京大屠杀幸存者证言集》,第 241—242 页。

② 《伍正禧证言》,秦景泽、陈玉莲调查记录,收录于《侵华日军南京大屠杀幸存者证言集》,第 240—241 页。

③ 马明龙:《马明龙为其表弟武士铭被日军枪杀致南京市政府呈文(1945 年 11 月 2 日)》,收录于《1937.12.13——侵华日军南京大屠杀档案》,第 199 页。

诓料日兵于二十六年古历冬月十一日进城，约中午时，民父同表弟武士铭看管房屋，用刺刀将民父头部砍破，出血甚多，民父由后街奔入难民区了。日寇拖武士铭充佚，其时士铭有病，拉至内桥永顺祥香烟店后门口枪毙，死于非命[①]。

屠杀目击者的证言

大屠杀期间特别是在1937年12月底的登记期间，日军筛选应征年龄的年轻人，以搜寻中国军人。数量众多的年轻人因此被抓，押往刑场。1937年12月，23岁的杨品贤在一家古董店当学徒，他随家人搬到上海路附近的难民营。在办理登记的过程中，他进行了敏锐的观察。1984年，他在证词中表示，难民们必须经过五道关卡。如果发现以下情况，日本兵就会认定某人为中国军人：1）如果此人剃了光头；2）如果他手上有老茧；3）如果他肩上有老茧；4）如果他头上有帽印；5）如果他穿着军队发的套头汗衫。在杨品贤的难民营，他目睹了三卡车的青年被甄别出来，并被押送去处决。很多平民劳工因此被屠杀。一名与杨同住一个院落的年轻人被抓起来，用卡车运到汉西门外的河边。在机枪射击开始前几秒，他扑倒在地上装死。后来，他毫发无损地从尸体堆里爬出来，偷偷地溜回家[②]。

1937年12月，吴国珍搬到小铜银巷的难民营，当时她27岁。1984年，在接受调查人员访谈时，她谈到自己47年前目睹的一起谋杀案：

> 一九三七年十二月十三日，日军侵占南京就开始了残酷的血腥屠杀。我们全家避难躲进美国教会华小姐办的金陵大学难民区。我躲在小铜银巷难民区，大约十二月二十几日的一天，我亲眼看见三个日本兵抓住两

---

① 马明龙:《马明龙为其表弟武士铭被日军枪杀致南京市政府呈文（1945年11月2日）》，收录于《1937.12.13——侵华日军南京大屠杀档案》，第199页。

② 《杨品贤证言》，吴义梅、何炼生调查记录，收录于《1937年12月日军南京大屠杀史料》，第467—468页。

个中国中年男子，日军将地上的国民党警察丢弃的警帽和警服拾起来，往他们头上身上穿戴后，竖着大拇指说："顶好！顶好的！"然后将二人推进路边的防空洞，用刺刀戳死后，狞笑着走了。①

1945年11月25日，71岁的金家洪提交了一份宣誓书，证明在1937年12月13日，他目睹了日本骑兵用刺刀刺杀他的邻居。大约在上午11点：

> 有骑兵队士数名，经过红土桥千章巷四一号门前，下马推门而入，将马玉山及伊子马永生连刺数刀，伤重当场毙命。伊妻马伍氏被刺胸部，创口两年后始愈。系亲眼所见。其时民人因年迈，幸免于难。所具是实。②

住在太平桥街37号的陈锦坤在1937年12月13日下午1点左右听到了枪声。他打开门查看，发现居住在太平桥街25号的邻居被枪杀。陈于1945年11月26日提交了一份宣誓书：

> 前于民国二十六年旧历十一月十一日下午一时许，有刘寿金者在本市门西太平桥二十五号开设永安水炉茶社，因伊有父母均已年迈，行动不便，不能前往难民区域避难。查伊平素孝养纯笃，不愿抛亲远离，以便躬亲侍奉，因此未离。民是日下午一时许，闻有枪声，移时开门窥探，始悉该刘寿金被敌兵击毙倒于水炉之侧。目睹证明，具结是实。③

1945年12月7日，64岁的妇女刘梅氏在她提交的一份宣誓书中陈述道：

---

① 《吴国珍证言》，金桂珍、张连生调查记录，收录于《侵华日军南京大屠杀幸存者证言集》，第303—304页。
② 金家洪：《金家洪陈述马玉山等被日军刺杀的结文（1945年11月25日）》，收录于《1937.12.13——侵华日军南京大屠杀档案》，第212—213页。
③ 陈锦坤：《陈锦坤、刘陈氏陈述刘寿金被日军刺杀的结文（1945年11月26日）》，收录于《1937.12.13——侵华日军南京大屠杀档案》，第213页。

兹证明民国二十六年冬月十三日中午，同蒋启炳由剪子巷老人堂返家探视，路经边营六五号巷口，适遇日兵三名，不问情由举枪将蒋启炳杀死。亲眼目睹，所具切结是实。①

在日本人到南京之前，谢金文的家人离开南京，前往安徽含山避难。而他本人因为左脚在最近一次事故中受伤，留在南京养伤。此外，他以发豆芽销售为生，家里有100多个桶、6个大缸需要照看。他别无选择，只得留在城内。留守期间，在1938年1月和2月两个月中，他目睹了四个邻居被日军杀害：

一九三七年底，日军侵占南京前，我们全家人已离开南京到安徽含山县避难。我的左脚被汽车压伤变形，拄着双拐杖，我是生产黄豆芽的，家里有草房七间，木桶一百多只，大缸六口需要照看，所以我就没有走。在一九三八年一、二月份，我亲眼看见我的街坊邻居四人，先后被日军杀害：

一、刘小三子，遇害时四十多岁。他是生产黄豆芽的，有一天他到原国民党仓库去背米回来吃（现在南京刀具厂、内燃机配件二厂地址），当时仓库门开着，无人看管，刘出仓库大门口时被日军发现，日军立即向刘射击一枪，未死，又开了第二枪将其杀害；

二、郭三债子的草房，被一日本兵放火烧起来，日军刚走，郭用水桶提水灭火，这时日军回头看见郭三债子正在灭火，迅即把他推倒，拔出刺刀向郭的面部捅了一刀，接着又向身上乱捅数刀，致使郭当场死在井边。日本兵将郭杀害后，把尸体推到水井里，那时郭近五十岁。

三、王图福，以拖人力车为生。遇害时有五十多岁。一天，他在扫帚巷、卫三和竹行附近，挑了一担弄来的衣物，后面跟着王的妻子、儿女数人，日军逢人便杀，日军看见王挑着一担东西在前面走，就端起枪，

---

① 刘梅氏：《刘梅氏陈述蒋启炳被日军枪杀的结文（1945年12月7日）》，收录于《1937.12.13——侵华日军南京大屠杀档案》，第235页。

把王打死。顿时他的妻子儿女围着尸体痛哭，其状惨不忍睹。

四、杨傻子，遇害时近五十岁。一天，他刚上厕所，被两个日本兵看见，一名日军将杨击伤，另一日军又开一枪，将杨当场打死。

以上四人，生前都是住在南宝塔根的居民。①

奸淫受害者的证言

1937年，杨××21岁，已结婚两年。她在六个月之前生了一个孩子。1984年，47年后，她在证词中透露，她遭到日本兵轮奸：

> 一九三七年冬月十一日，日军进城。我当时二十一岁，结婚两年，生了个小孩才六个月。因跑日军的反，从南门外宝塔山家里，跑到楼子街背后姨婆家。冬月十三这天，我出门淘米洗菜，被三个日本兵发现并对我进行轮奸。我丈夫马××见此情景后，出来阻挠，被日本兵用枪打死了。②

1937年12月，张文英22岁，她的丈夫被日本兵用刺刀捅刺，受了重伤，但当她去看望丈夫时，她自己也处于危险之中。1984年，她在证词中讲述了自己被强奸的经历：

> 一九三七年冬月，因我听说丈夫董良余被日军捅了三刀，第二天我就偷偷跑到出事地点去探望他，哪知却被日军看到，他们就想抓住我。我就拔腿逃跑，他们就追，开枪打。子弹从我肩膀上方穿过，没有打中。后来，终因我跑不过日本兵，被追上了，就立即上来五个日本兵，对我

---

① 《谢金文证言》，肖中煌调查记录，收录于《侵华日军南京大屠杀幸存者证言集》，第301—302页。

② 《杨××证言》，梁素荣、盛桂兰、马秀英调查记录，收录于《侵华日军南京大屠杀幸存者证言集》，第355—356页。

进行轮奸。当他们走后，我已不省人事，昏迷过去了。①

在日军逼近南京时，18岁的陈二姑娘到南京西南数英里的沙洲圩许家湾村的伯父家避难。1937年12月13日，她被日本兵多次强奸。1946年7月24日，她和父亲陈景源在调查表上提供了证词："受害人被日寇强奸数次，嗣后又连续被日寇强〔奸〕污，且受害人伯父陈锦福，于当日为求饶日寇免奸污亦当场打死。"② 1947年2月6日，陈二姑娘还作为检方证人在南京军事法庭上出庭作证。

1937年，刘陈氏33岁，住在中华门外赛虹桥南村11号。1937年12月20日，她在自己的住所被日本兵强奸。1946年7月25日，41岁的她在调查表中作证说："本人受日寇于是日强奸一次，事后又被强奸一次，本人丈夫刘学德因见本人被拖奸污，受日寇用步枪吓死。"③

日军来到之前，沈帆一家六口住在四牌楼附近的老虎桥22号。日军进城后，他们全家搬到了金陵大学避难。1984年，她已75岁，在接受访谈时，她向调查人员讲述了她在1937年12月底经历的一次未遂强奸：

> 事隔没几天，我走到老虎桥十三号门口，碰到一个日本兵，他上来把我抓住往十三号马棚里拉，那时是冬天穿着棉衣，逼着我脱裤子，这时我手上抱的孩子吓得哇哇直哭，正在拉扯危急之时，老虎桥十三号高老太（已去世）出来了，她不顾自己的生命危险，对日军讲："她有孩子了，不是花姑娘。"日军见来人了，就跑了。④

---

① 《张文英证言》，耿玉峰、高静萍调查记录，收录于《侵华日军南京大屠杀幸存者证言集》，第354—355页和第359页。
② 《陈二姑娘被日军强奸的调查表节录（1946年7月24日）》，收录于《1937.12.13——侵华日军南京大屠杀档案》，第363—364页。
③ 《刘陈氏被日军奸污的调查表节录（1946年7月25日）》，收录于《1937.12.13——侵华日军南京大屠杀档案》，第366页。
④ 《沈帆证言》，潘秀明、张亮、敖祖祯调查记录，收录于《侵华日军南京大屠杀幸存者证言集》，第373—374页。

母亲或妻子被强奸者所作的证言

李元森的妻子被三个日本兵强奸。他的小儿子看到母亲被强奸，便跑出家门大声呼救。一个日本兵当场将他枪杀。1946年1月1日，李元森向南京市政府提交了一份请愿书：

> 为沦陷时期诓料日寇纠众来民家硬行强奸民妻，子见呼救，惨遭毙命，仰祈鉴核，怜恤苦情，恩准彻底查办，并乞饬敌赔偿，以伸雪冤事：窃民妻李潘氏现年四十二岁，只因发生事变，诓料日伪入城军队身佩刀枪，于二十六（某日）下午五时，有日寇三人前来民家硬行强奸民妻，而民子文彬因见伊母被日寇强奸，出为呼救，孰知该日寇竟不由分说擅自开枪，突将民子文彬毙死。民仅生一子，年尚幼稚，致遭毙命深为悯恻。①

1945年12月23日，46岁的程国栋向蒋介石呈递了一份请愿书，内容涉及其母程张氏被日军轮奸杀害的情况：

> 缘为身母程张氏，女，死时年五十八，安徽人，住三牌楼洪庙第二号门牌。于事变民国二十六年冬，日军进城时暴行无人道行为，将民母先轮奸，继之用木棍由下部通腹部致母死亡，同时无人棺埋。次年经邻人设法殓葬，惨不能闻。受此日兵武力奸行，具实陈诉。②

1937年12月14日，陈士兴住在雨花台街1号，日本兵来到他的住所后，

---

① 李元森：《李元森为其妻遭日军强奸致南京市政府呈文（1946年1月1日）》，收录于《1937.12.13——侵华日军南京大屠杀档案》，第358页。
② 程国栋：《程国栋为其母遭日军轮奸一事致蒋介石呈文（1945年12月23日）》，收录于《1937.12.13——侵华日军南京大屠杀档案》，第357页。

企图强奸他当时 45 岁的母亲陈王氏。他的母亲反抗时，日本兵猛砍她的头部，将她杀害。1946 年 7 月 25 日，陈世兴在调查表中提供了有关其母亲如何被杀的证词①。

1937 年，黄长顺 21 岁，已婚。日军进城时，他与妻子住在难民区的南秀村 5 号。1984 年，他在接受访谈时告诉调查人员："农历冬月二十几日，我妻子陈××和许多妇女在南秀村南面一个破房子里，被日本兵奸污。"②

1937 年，王如贵 10 岁。1984 年，年已 57 岁的他在接受访谈时，回忆起一直萦绕于脑际、难以忘怀的屈辱：

> 谁无父母？谁无子女？当父母被日军任意凌辱时，做儿女的却无力保护自己的父母，这种痛苦是难以用言语形容的。我母亲被日本兵捉去，扒光她身上的衣服，将两个铃铛挂在她的两个奶头上，然后赶进磨房去推磨，直到磨完之后，才放她回家。我永远把这种凌辱牢记在心头。③

女儿或儿媳被强奸者所作的证言

1946 年，刘李氏 55 岁，在战争开始前就住在中华门外赛虹桥北村 21-1 号。1946 年 7 月 26 日，在填写调查表时，她提供了关于其女儿刘宝琴（当时 21 岁）的证词，她的女儿于 1937 年 12 月 17 日在赛虹桥南村 8 号对面被两名日本兵强奸，此后又被日本兵强奸数次④。

贾盛氏的住所在刘李氏家附近的赛虹桥北村 14 号。1946 年 2 月 26 日，她在填写调查表时作证说，她的儿媳妇贾彭氏（当时 29 岁）在 1937 年 12

---

① 《陈王氏被日军行奸未遂被砍死的调查表节录（1946 年 7 月 25 日）》，收录于《1937.12.13——侵华日军南京大屠杀档案》，第 364 页。
② 《黄长顺证言》，王金荣、吴红兴调查记录，收录于《侵华日军南京大屠杀幸存者证言集》，第 371—372 页。
③ 《王如贵证言》，廖美庆调查记录，收录于《1937 年 12 月日军南京大屠杀史料》，第 431 页。
④ 《刘宝琴被日军强奸的调查表节录（1946 年 7 月 26 日）》，收录于《1937.12.13——侵华日军南京大屠杀档案》，第 369—370 页。

月13日及以后数次遭日本兵强奸:"受污人系本人媳妇,被日寇在仓圩强奸,于是年十一月十五日回原址本宅居住,又被日寇连遭数次奸污,但受污人后因丈夫贾长源被日寇拖去,迄今生死不明,现已改家[嫁]。"①

1945年11月30日,陆国宾提交了一份宣誓书,证明其女儿陆荷英被日本兵强奸后刺死②。

1945年,王张氏50岁,住在尖角营6号,她于12月4日提交了一份宣誓书。她作证说:"余亲见敌人烧毁吾家房财并强奸儿媳,因母亲救护被敌人用刀伤害是实。"③

徐陈氏的儿子和女儿都被日军杀害。1946年6月28日,她提交了一份宣誓书:

> 子徐德宝被敌中鸟[岛]队于二十六年犯京时打死,女徐秀英亦遭敌同时轮奸身亡,求伸雪。
> 以上所述全系事实,并无虚伪。④

其他亲属被强奸者所作的证言

1937年,朱凤义22岁,住在糖坊桥街40号。日军进城后,她随家人和其他亲戚搬到了难民区,住在鼓楼二条巷12号。1984年,当她接受采访时,她回忆起47年前发生的那段可怕的经历:

> 日军进城后的第三天,半夜里来了几个日本兵,把我两个嫂嫂和妹

---

① 《贾彭氏被日军数次奸污的调查表节录(1946年2月26日)》,收录于《1937.12.13——侵华日军南京大屠杀档案》,第361页。

② 陆国宾:《陆国宾陈述其女陆荷英被日军强奸后杀害的结文(1945年11月30日)》,收录于《1937.12.13——侵华日军南京大屠杀档案》,第355页。

③ 王张氏:《王张氏陈述其媳被日军强奸的结文(1945年12月4日)》,收录于《1937.12.13——侵华日军南京大屠杀档案》,第356—357页。

④ 徐陈氏:《徐陈氏陈述其女徐秀英被日军轮奸致死的结文(1946年6月28日)》,收录于《1937.12.13——侵华日军南京大屠杀档案》,第363页。

妹（名叫朱××，当时只有十七岁），拖出去，我们挡也挡不住，大约过了两小时才放回来。回来后，她们抱头大哭，嫂子讲她们被奸污了。当时我妹妹路也不能走，在家睡了几天不能起床。时隔几天，日本兵又来抓我嫂子，我跪下来求饶，倒水、递烟，拖延时间，后来听到吹号声，日本兵才走。①

当日军在城内肆意施暴的时候，王桂珍一家搬到了阴阳营难民营。白天，妇女躲进魏特琳小姐经管的金陵女子文理学院。有一天黄昏时分，她的三姨妈（结婚仅23天）回到了住所。三名日本兵闯房入舍，劫持了她，轮奸后将其杀害。但是一直没有找到她的尸体②。

位于南京西南沙洲圩地区的长圩村是朱桂如的家乡。1937年12月，日本人来到这里，烧毁了村里所有的房子，村民们不得不搭建临时的小屋，蜷缩在里面。她在1984年就其姐姐的遭遇作了如下证词：

> 那时日军经常到我们村来扫荡。一天上午，日军又来了，他们将全村人赶到一起，要我们跪在地上，用枪对着我们，并从人群中拉出我姐姐朱××（当时十七岁）和我嫂子，往不远的小棚子里拉。当时我嫂子正怀孕，进棚子后不久，日本兵就将她放了出来；我姐姐一人在棚子里非常害怕，叫了起来，日军就举起枪往地上放了两枪，吓得姐姐不敢再叫。后来，日军走了，我们跑进棚子，只见我姐姐满身是血，乳房边被日军戳了一刀。后来，据姐姐讲，日军要奸污她，她不从，日军就打枪吓唬她，她仍不从，日军就用刺刀戳了她一刀。③

---

① 《朱凤义证言》，朱明英、顾洪华、汪道明调查记录，收录于《侵华日军南京大屠杀幸存者证言集》，第369—370页。

② 《王桂珍证言》，金桂珍、张连生调查记录，收录于《侵华日军南京大屠杀幸存者证言集》，第387页。

③ 《朱桂如证言》，席季宁、管月琴、夏龙生调查记录，收录于《侵华日军南京大屠杀幸存者证言集》，第362页。

日军进城之前，张玉兰一家住在大隄城巷 12 号。然而，当城内状况愈发糟糕时，他们全家搬到难民区，住在宁夏路 1 号，而她 60 多岁的公公留在家里照看房舍。1984 年，张女士在接受调查人员访谈时，讲述了发生在自己身边的事情：

> 一九三七年十二月十三日，日军占领南京，十二月中旬的一天下午，我老公公送东西到宁夏路给我们，走到汉口路，被日军用机枪扫死。
>
> 事过几天后，我爱人的妹妹曹××，当时只有十六岁。一天下午，日本兵闯入宁夏路一号住处，把她轮奸了。当时一起受害的共有八个妇女，以上这些都是我亲眼所见。[①]

1945 年 12 月，24 岁的孙宝庆提交了一份宣誓书。他作证说，1937 年 12 月 19 日，一群日本兵闯进他家，轮奸他 31 岁的大嫂孙陈氏，她于当晚被强奸至死[②]。

强奸目击者的证言

1937 年，汤振声还是个 13 岁的孩子，1984 年，60 岁的他在接受访谈时，仍然清楚地记得住宅大院里发生的事情：

> 一九三七年十二月十七日，两个日本兵佩带东洋军刀，闯进我们所住的付德巷五号。一个日本兵持刀把我们门里人都看起来，另一个把门里的顾二妈逼到房间里强奸了。第一个强奸后出来看住我们，第二个又去强奸。事隔两天后，顾二妈的长女，我喊她大姐姐的在难民区，被夜

[①] 《张玉兰证言》，姚彦花调查记录，收于《侵华日军南京大屠杀幸存者证言集》，第 372 页。
[②] 孙宝庆：《孙宝庆陈述其嫂孙陈氏被日军轮奸致死的结文（1945 年 12 月）》，收于《1937.12.13——侵华日军南京大屠杀档案》，第 358 页。

间跳墙过去的日军强奸了。顾二妈时常为此啼哭，我们心里也很难过。①

1937年12月13日，日军攻占南京时，管学才28岁，住在观音庵街29号。他没有去安全区，而是留在家里照看房子。

> 在日军进城第二天，晚上七点多钟，一队日本兵闯进观音庵。我的邻居小狗子（十四岁），他妈妈（四十四岁），日军到他家时要强奸小狗子的妈妈，小狗子跑出来阻拦，被日本兵开枪当场打死了。我当时就靠他家斜对门没有几步远，由于日本兵十分残忍，因此我也不敢去解救。对于日军的暴行，我是亲眼目睹。②

显然，管学才的说法与李文英关于小狗子的证词（本书245页）相呼应，尽管二人所说的年龄有出入，但大致事件框架基本一致，即小狗子因试图保护其母亲不被强奸而遭杀害。

1938年1月，18岁的钱传兴在长江北岸浦口南边的保斗庄的家门口做家务。他看到两个日本兵正在拼命追赶他朋友陈板金的妹妹和她的表姐：

> 一九三八年一月的一天我在家门口干活，亲眼看见现胜利坪养殖场的陈板金的妹妹和表姐在避难途中被日军发现，两日军拼命地追赶这表姐妹俩。由于相距的太远，眼看就要追不上了，狠毒的日军举起枪把陈板金的妹妹打死了，其表姐吓得瘫在地上，两日军追上来后，当场就把陈板金的表姐污辱了。

同年2月，九伏洲（现大新大队）的王元生无故被日军枪杀。同年

---

① 《汤振声证言》，申全英、章厚之调查记录，收录于《侵华日军南京大屠杀幸存者证言集》，第361页。
② 《管学才证言》，林佩秋、陈声华调查记录，收录于《侵华日军南京大屠杀幸存者证言集》，第305页。

四月日军还把原九伏洲小王庄（现在大新大队王庄生产队）的一个六十多岁的老太身上衣服全部扒光，叫老太的晚辈（侄儿）污辱，老太的侄儿不肯干，日军就打他，并说，再不干我们就要你们两人的命，老太在毫无办法的情况下只好劝说侄儿干。①

1937年12月，沈爱云一家因为人多、贫困，无力搬迁，便留在新民门外江沿村的家中。

> 一九三七年腊月的一天，两个日本兵来敲门，我公公去开门，被日本兵开枪打死。我丈夫杜志强跑去保护父亲，也被日本兵开枪打死，肚肠也被拖出来，真是惨哪！
>
> 我的邻居母女两人，女孩只有十二岁左右。日本兵要女孩脱裤子糟蹋她，她妈妈就去护女儿，结果妈妈和女儿都被日本兵打死，这些都是我亲眼见到的。②

1937年12月，20岁的沈应木住在南京西部的江心洲。1984年，他在证词中谈到了目睹的一幕：

> 一九三七年底，日本人占领了南京。有天下午，我与邻居大爷进城，在回来的路上，看到一个站岗的日军正拦住一个妇女侮辱。我们走到他们跟前，日军用枪对着邻居大爷和那位妇女，逼着他们脱衣服，让大爷与那妇女发生关系，大爷不答应，日军用枪托打他们，他们没命地跑，日本兵哈哈大笑。③

---

① 《钱传兴证言》，王志云调查记录，收录于《侵华日军南京大屠杀幸存者证言集》，第379页。
② 《沈爱云证言》，李帼义调查记录，收录于《侵华日军南京大屠杀幸存者证言集》，第229—230页。
③ 《沈应木证言》，收录于《侵华日军南京大屠杀幸存者证言集》，第377页。

1945年12月2日,54岁的杨朱氏提交了一份宣誓书作证道:

二十六年十一月十二日,日倭入南京,十四日至湖北路烧杀奸掳,当时有湖北路二十八号凤来栈幼女陈代弟,年十五岁,被日倭官二名、兵一名拖去行奸,是为目睹所为。是实。

以上所述,全系事实,并无虚伪。[①]

[①] 杨朱氏:《杨朱氏陈述陈代弟被日军强奸的结文(945年12月2日)》,收录于《1937.12.13——侵华日军南京大屠杀档案》,第355页。

第七章　日军官兵的记载

卢沟桥事变爆发之后，日军当局向部队下达了严格的命令和规定，不允许公开传播揭露暴行的报道和照片①。曾根一夫（Kazuo Sone, 1915—?）是一名参加过南京大屠杀的日本军人，他在《南京虐杀与战争》一书中写道：

> 为了不让国民知道部队的不良行为，部队加强了新闻检查，实行严格封锁，防止战场上的军人泄露信息。南京战役后，返回日本的老兵被下达了禁言令。我也是在昭和十五年秋天回来的。在离开部队时，我们被告诫道："当你们回国时，随着动员令的取消，你们成为当地的平民。你们应该为自己当过兵的荣誉感到自豪，但是，你们绝对不能泄露任何可能损害皇军形象的东西。"
>
> 这句话说得很冠冕堂皇，直白地说便是："你们退役回到家后，无论如何都不允许谈论你们在战场上犯下的恶行。②"

显然，禁言令对大多数退役军人在战争结束前与结束后都产生了效果。在战时，许多日本军人都写私人日记，或作其他的记录，其中包括对日军部

---

① ［日］山中恒（Hisashi Yamanaka）：『新聞は戦争を美化せよ！戦時国家情報機構史』，东京：小学馆 2001 年版，第 225 页。

② ［日］曾根一夫（Kazuo Sone）：『南京虐殺と戦争』，东京：泰流社 1988 年版，第 106 页。

队暴行的描述。可以认为，由于各种原因，大多数此类私人记录被无限期地封存而不为人知。然而，仍有一些军人的日记和回忆录在战后逐渐进入了媒体的视野。20世纪80年代和90年代，由于一些日本学者和记者通过努力搜寻，收集并出版了这些资料，更多资料得以面世，为公众所知。一些日记和回忆录单独出版；还有一些，包括那些以前单独出版过的，则以文集的形式出版，如佐佐木元胜的《野战邮局的旗帜》（『野戦郵便旗』）（1941、1973），森山康平的《三光作战见证记录：从南京大屠杀到满洲国的崩溃》（『証言記録三光作戦南京虐殺力占満州崩壊』）（1975），创价协会青年部抗战出版委员会编辑出版的《扬子江在哭泣：熊本第六师团在大陆的战斗记录》（『揚子江が哭いている：熊本第六師団大陸出兵の記録』）（1980），曾根一夫的《我的南京大屠杀个人记录》（『私記南京虐殺』）（1984）、《我的南京大屠杀个人记录续编》（『続私記南京虐殺』）（1984），南京战史编辑委员会编辑出版的《南京战史资料集》I、II卷（『南京戦史資料集』）（1989、1993），井口和起、木阪顺一郎、下里正树编辑出版的《南京事变：京都师团相关资料集》（『南京事件：京都師団関係資料集』）（1989），小野贤二、藤原彰、本多胜一编辑出版的《皇军士兵记载的南京大屠杀：第十三师团山田支队士兵的战地日记》（『南京大虐殺を記録した皇軍兵士たち：第十三師団山田支隊兵士の陣中日記』）（1996），以及松冈环的《寻找关于南京战役的封闭记忆：102名前士兵的证词》（『南京戦・閉ざされた記憶を尋ねて－元兵士102人の証言』）（2002）。

　　这些已出版的日记和回忆录的内容各不相同，但大多记录了作者从上海或杭州湾登陆，到南京沦陷及以后的经历。它们不仅提供了从日本军人的角度审视屠杀的机会，而且还提供了更多详细而准确的信息，说明了哪些部队在某个具体地区，进行了何种程度或形式的屠杀。

　　1937年12月13日，山田支队（即第十三师团第一〇三旅团）经长江南岸的龙潭、栖霞山和燕子矶抵达幕府山。他们主要在栖霞山、燕子矶和草鞋峡实施大规模的处决和杀戮。该支队主要驻扎在城外，于1937年12月

20 日前往浦口，与第十三师团的其他部队会合。

第六师团从南面和西南面进攻作战，其第四十五联队于 1937 年 12 月 13 日到达下关，与第十六师团会合，其他各联队则从中华门和水西门攻入城内。该师团在上新河、江东门、水西门、三汊河地区、西南郊、城内西南部城区、清凉山地区和下关地区大肆屠杀。第六师团于 1937 年 12 月 20 日至 22 日离开南京，调防芜湖。

第一一四师团从南面攻城，进入中华门后，在城南地区从进行"扫荡"行动。该师团在南郊和城墙内的南部城区参与了大规模的处决和杀戮。第一一四师团于 1937 年 12 月 20 日左右离开南京，调防湖州，准备进攻杭州。

第三师团从东南方向攻城，攻入武定门和通济门。这个师团在东南郊区和城内东南部城区屠杀。

第九师团于 1937 年 12 月 12 日晚攻入光华门，在城内的东部和中部及安全区内进行"扫荡清剿"行动。该师团参加了在东南郊区、城墙内的东南和东部地区的大规模处决，以及在山西路和鼓楼地区的杀戮。第九师团于 1937 年 12 月 24 日至 26 日离开南京，驻扎到南京至上海铁路沿线的城镇。

第十六师团从东面抵达南京，攻占了中山门和太平门，占领了包括和平门在内的所有北面的城门。1937 年 12 月 13 日上午 10 时，佐佐木旅团首先到达下关江边，下午 3 时占领下关地区。该师团在东郊、汤山、仙鹤门、马群、紫金山地区、中山门和太平门外地区、下关地区，城内东部、中部和北部以及安全区进行了大规模屠杀。第十六师团留下来守备南京，师团长中岛今朝吾中将被任命为南京卫戍司令。这就是为什么日军占领南京后，南京居民认为日本占领军是中岛部队，因为当居民通过公告知道占领军的身份时，其他师团已经调离南京。20 世纪 40 年代中期，当南京居民就战争罪行提交请愿书或宣誓证词时，他们将这些暴行全部归咎于中岛部队。这个师团于 1938 年 1 月 21 日出发调防华北，其时南京城防移交给第十一师团的第十旅团，亦称天谷支队。旅团长天谷直次郎少将继任驻军司令。

这些日记和回忆录由担任指挥职务的各级军官和前线士兵撰写，是宝贵的原始资料，因为它们从暴行参与者的视角对大规模处决、杀戮、强奸、处理尸体及其他暴行进行了描述。

松井石根

松井石根大将（1878—1948）为华中派遣军总司令，指挥上海派遣军和第十军进攻并占领南京。他因日军在南京犯下的暴行而被远东国际军事法庭起诉和审判，最终被判处死刑，并于1948年12月23日在东京被绞死。在1946年3月8日的审讯中，松井石根声称："我所有的记录都被烧毁了，包括日记，但我有一些记忆中的笔记，我想如果我被审判的话，这些笔记会很有用。我的房舍在一次轰炸中被炸毁。"① 然而，他的陈述被证明是谎言。1985年，田中正明（Masaaki Tanaka，1911—2006）在东京编辑出版了《松井石根大将战地日记》（松井石根大将の陣中日誌）②。

尽管东京报纸《朝日新闻》于1985年11月24日和25日发表文章，指责田中正明在松井石根的日记中篡改了900多处，以掩盖暴行③，但出版发行的松井石根日记仍披露了暴行证据的蛛丝马迹。松井石根在1937年12月18日的日记中写道：

> 今天上午，我与各师团的参谋长们见面。军参谋长给大家作了详细的指示，大家都参加了讨论。我特别就以下三点给他们讲了话：

---

① R. John Pritchard and Sonia Magbanua Zaide, *The Tokyo War Crimes Trial*, *Vol.2*, *Transcripts of the Tribunal*, p. 3465.
② ［日］松井石根：『松井石根大将の陣中日誌』，田中正明编辑（Masaaki Tanaka），东京：芙蓉书房1985年版。
③ 「「南京虐殺」史料に改ざん 今春出版の「松井大将の陣中日誌」」（《今年春天出版的〈松井大将阵中日记〉篡改"南京大屠杀"史料》，载『朝日新聞』1985年11月24日，第3页；「「南京虐殺」ひたすら隠す」（《掩藏"南京大屠杀"》），载『朝日新聞』1985年11月25日，第3页。文章的作者为板仓由明（Yoshiaki Itakura），他还在季刊『歴史と人物』1985年冬季号318至331页发表长文，『松井石根大将「陣中日記」改竄の怪』（《篡改〈松井大将阵中日记〉》）。

1. 整肃军纪、风纪。

2. 消除任何蔑视中国人的想法或情感。

3. 掌握国际关系的要领。①

12月20日，他表示："有一段时间，我们的官兵出现了抢劫和强奸行为，这些实际上或多或少都是不可避免的情况。"12月21日，他于上午10点出发，"视察挹江门和下关附近地区。该地区仍然是一片狼藉，到处都是散落的死尸，要想把它清理干净，需要很多时间"②。12月26日，他记录道：

> 我得知南京和杭州一带又发生了抢劫和强奸事件。因此，我专门派出我的助手去解决这些事情，并要求助手们必须对这些行为采取强有力的措施，惩戒那些负有责任的人。我承认，这些可恶的现象必须立即制止，并严厉要求两军达到这一目标。③

由于暴行报告不断传来，他于12月29日派遣参谋前往南京，采取紧急措施：

> 我们的士兵又发生了抢劫几个国家驻南京大使馆汽车的事件，部队的愚蠢和粗鲁行为令我震惊。皇军的声誉被这些事件损坏了，这极其令人遗憾。因此，我立即派遣中山参谋前往南京，并命令他在采取紧急措施处理善后的同时，不仅要惩罚那些直接参与的人，还要惩罚那些负有职责的人。对涉及上海派遣军的要特别注意，因为上海派遣军是在殿下

---

① ［日］松井石根：『松井石根大将戦陣日記』，收录于『南京戦史資料集Ⅱ』，南京战史编辑委员会编纂，东京：偕行社（Kaikosha）1993年版，第143页。

② ［日］松井石根：『松井石根大将戦陣日記』，收录于『南京戦史資料集Ⅱ』，南京战史编辑委员会编纂，东京：偕行社（Kaikosha）1993年版，第145页。

③ ［日］松井石根：『松井石根大将戦陣日記』，收录于『南京戦史資料集Ⅱ』，南京战史编辑委员会编纂，东京：偕行社（Kaikosha）1993年版，第148页。

的指挥下，关系到殿下的仁德。因此，我打算对它进行严厉的处理。①

1938年2月6日，松井石根最后一次去南京。他在当天的日记中写道：

> 一方面，部队松散的军纪、风纪尚未完全恢复，另一方面，各级指挥官考虑到士兵的感受，容忍了混乱的行为。……殿下还说，造成军队纪律问题的主要原因是第十六师团的师团长及以下部属。他们的行为是难以言表的可怕和恶劣。这与我以前观察到的情况完全一致。②

编辑篡改过的松井日记没有对南京地区的屠杀或杀戮进行直接的描述。然而，1937年9月6日，松井在记录淞沪战役时写道："在这次战斗中，共有500名敌军士兵投降，但后来发现他们有反抗的意图，就把他们全部枪杀了。"③

从其他指挥官的日记内容来看，关于南京地区肆意杀戮事件的信息不可能没有送达松井石根。因此有理由相信，这类词句很有可能被删掉了。

据称，南京的持续暴行是1938年2月10日松井石根被解除总司令职务的主要原因。2月16日，他在司令部告别部属时，再次告诫说："严格要求部队遵纪守法至为重要。"④2月19日，他将指挥权移交给新任总司令畑俊六大将（Shunroke Hata，1879—1962）。他向继任者强调了这个问题，"为了维持军队的军纪、风纪，应尽量使部队驻扎在一起，减少部队与当地居民

---

① ［日］松井石根：『松井石根大将戦陣日記』，收录于『南京戦史資料集Ⅱ』，南京战史编辑委员会编纂，东京：偕行社（Kaikosha）1993年版，第149页。
② ［日］松井石根：『松井石根大将戦陣日記』，收录于『南京戦史資料集Ⅱ』，南京战史编辑委员会编纂，东京：偕行社（Kaikosha）1993年版，第168页。
③ ［日］松井石根：『松井石根大将戦陣日記』，收录于『南京戦史資料集Ⅱ』，南京战史编辑委员会编纂，东京：偕行社（Kaikosha）1993年版，第31页。
④ ［日］松井石根：『松井石根大将戦陣日記』，收录于『南京戦史資料集Ⅱ』，南京战史编辑委员会编纂，东京：偕行社（Kaikosha）1993年版，第176页。

直接接触的机会"①。

畑俊六在日记中证实，由于松井石根的部队军纪弛废，对暴行负有责任，因此被免去指挥职务。1938年1月29日，畑俊六写道：

> 随着中国战役这一阶段即将结束，中国派遣军部队的军纪恶化，似乎发生了不少抢劫和强奸案件，这是部队中最忌讳的行为。在这种情况下，应该把预备役士兵召回国内，由现役的正规部队取代。此外，在上海的松井大将也应该由现役军官取代。军和师团指挥官有必要依次由现役军官取代。②

松井石根于1935年退出现役，因此，1937年8月，当他被征召指挥上海派遣军时，他是一名预备役军官。这就是为什么畑俊六提到"预备役军官"，畑俊六对预备役官兵的军纪标准持怀疑态度。

饭沼守

饭沼守少将（1888—1946）是上海派遣军的参谋长，该军由第三师团、第九师团、第十一师团、第十三师团、第十六师团和第一零一师团以及重藤支队组成。已出版的《饭沼守日记》涵盖了1937年8月15日至1938年3月15日这段时间。1937年12月14日，他写道：

> 战车大队通过麒麟门附近地区时指挥通信兵和其他人员，在敌人向南撤退时，将他们遇到的500名敌兵清剿。我了解到，从飞机上发现有

---

① ［日］松井石根：『松井石根大将戦陣日記』，收录于『南京戦史資料集Ⅱ』，南京战史编辑委员会编纂，东京：偕行社（Kaikosha）1993，第178页。
② ［日］畑俊六：『陆军大将畑俊六日誌』，收录于『南京戦史資料集』，南京战史编辑委员会编纂，1989，第52页。

两批 1000 多名俘虏正从南京以东地区向下关方向行进。……

据报道，下午 3 点左右，佐佐木支队的一个中队在南京东北方向抓了大约 2 万名俘虏。根据另一份报告，从飞机上可以清楚地看到，长达 8 公里的俘虏成四列纵队向南京北部行进。①

他在 12 月 15 日提道："我得知山田支队在东面② 的上元门附近俘虏了 15000 或 16000 人，估计俘虏的人数还会增加。因此，他们应该由第十六师团接管。"③ 他在 12 月 19 日记录了暴行："宪兵在 18 日报告说，中山陵园内的建筑物已被烧毁，现在焚烧仍在继续。另据报道，由军官带领的部队强行闯入难民区强奸（尚未核实）。还有一些其他类似的事件，如抢劫美国和英国大使馆和领事馆的卡车。同时，还有人想抢劫，而有关注意事项的命令却没有得到执行。"④

饭沼守在 12 月 21 日的日记中记录了大规模处决的情况：

据报道，荻洲部队山田支队用刺刀分批处理了一万几千名俘虏，这是因为在这几天内，大量的人被押送到同一地点，引起俘虏的骚动。因此，我军用机枪对他们扫射，造成我军数名官兵被杀。许多俘虏趁机逃跑。⑤

他在 1938 年 1 月 26 日的日记中透露了与"爱利生事件"有关的信息。1 月 26 日，美国领事约翰·爱利生和金陵大学的美国教授查尔斯·亨利·里格斯在调查一起强奸案时遭到了一名日本兵的袭击，被打了耳光。

---

① ［日］饭沼守：『飯沼守日記』，收录于『南京戦史资料集』，南京战史编辑委员会编纂，东京：偕行社（Kaikosha）1989 年版，第 214—215 页。
② 原文如此，应为"西面"。
③ ［日］饭沼守：『飯沼守日記』，收录于『南京戦史资料集』，第 216 页。
④ ［日］饭沼守：『飯沼守日記』，收录于『南京戦史资料集』，第 220 页。
⑤ ［日］饭沼守：『飯沼守日記』，收录于『南京戦史资料集』，第 222 页。

今天晚上，本乡少佐报告。1月24日晚11点左右，日本兵来到美国人经营的农具店，用刺刀威胁人们，带走了两名妇女进行强奸，直到约两小时后才将她们释放。根据受害者的陈述，他们到据称发生强奸的房子辨认袭击者，由于那是天野中队长和十几名士兵的住处，当他们进入房子进行调查时，两名美国人想要进入。天野命令携带武器的士兵集合起来，进攻并将美国人赶出去。本乡参谋得知消息后，立即赶往现场，但要进入中队长的房间非常困难。隔壁房间里有三四个中国女人，当他强行进入天野的房间时，他似乎刚和一个女人睡过，一个女人正从床上下来。他随后询问了中队长，中队长说自己利用手中的职权，不断地把女人带进来，他付钱，让士兵们强奸。因此，决定召来宪兵队长小山中佐，以及第二大队和第三十三联队的指挥官。我命令他们将该中队的出发时间推迟到第二天早上。大队长将继续进行审讯，宪兵负责核实事实。①

上村利道

上村利道大佐（1889—1947）是上海派遣军的副参谋长。他所写的战地日记在许多方面补充了饭沼守的记录。他在1937年12月16日写道："据悉，南京周围有4万名战俘。得知城内一些部队的军纪不是很好，这确实令人遗憾。"② 12月25日，他写道：

我视察了下关和狮子山周围地区。虽然城内的街道已基本清理完毕，但在远离主干道的地区，仍然有乱七八糟的可怕尸体。我没有想到部队对此如此漠不关心。③

---

① ［日］饭沼守：『飯沼守日記』，收录于『南京戦史資料集』，第242页。
② ［日］上村利道：『上村利道日記』，收录于『南京戦史資料集』，第272页。
③ ［日］上村利道：『上村利道日記』，收录于『南京戦史資料集』，第278页。

第二天，他说："来自各方的报告显示，正在调查日军从英国大使馆抢劫的九辆汽车、从美国大使馆抢劫的六辆汽车以及从一位南京自治委员会的先生那里抢劫的一辆轿车之事。"①他在12月28日报告：

看来部队的不良行为一天比一天多。要求第二课召集不同部队的军官来报告这个问题。我已要求参谋长采取严格的预防措施——决定于30日上午10时实施。……

检查并讨论了第二课提出的关于建立南京慰安妇机构的计划。②

1938年1月21日，上村表示：

因为美国领事给驻东京的大使发了电报，说"外交官没有能力，军队不愿意控制"，副参谋长要求进行调查，查明部队抢劫和绑架妇女的军纪问题的真相。我了解到，因为本乡参谋的交涉，领事表示遗憾。接到宪兵队的报告后，我得知第十六师团部的两名大尉和两名翻译违反了军纪。他们都是可悲的、一无是处的混蛋。需要整肃军纪。③

上村对"爱利生事件"的描述，与饭沼守的记录相似。1月26日，他写道：

在无意中发现来自第三十三联队第八中队的天野中佐的无序行为后，本乡参谋立即叫来了原定于第二天一早出发的本野大队长，命令他调查此事。与此同时，天野部队中的涉案人员被禁止出发，并命令宪兵调查此事。这确实令人感到遗憾。由于该事件涉及最高当局，本乡参谋

---

① ［日］上村利道：『上村利道日記』，收录于『南京戦史資料集』，第279页。
② ［日］上村利道：『上村利道日記』，收录于『南京戦史資料集』，第280页。
③ ［日］上村利道：『上村利道日記』，收录于『南京戦史資料集』，第292页。

只好向美国领事表示遗憾。①

第十三师团山田支队

山田栴二（Senji Yamada）

山田栴二少将（1887—1977）是第十三师团第一〇三旅团的指挥官，该旅团也称山田支队。在攻占南京北郊时，他的部队俘虏了大批中国军人。根据他的日记，他接到的命令是大规模处决所有向他的部队投降并解除武装的中国军人。以下是从1937年12月14日他的部队占领幕府山炮台，到12月20日他率领部队离开南京渡江前往江北的江浦这段时间的日记摘录：

12月14日。晴。

由于担心其他师团会在我们之前攻占炮台，我们于凌晨4：30出发前往幕府山炮台。天亮后，我们刚到炮台附近，就看到无数投降的敌兵，这让我们难以应付。

先遣部队在上午8点攻占了幕府山，郊区有现代化设施的新式住宅和村庄被敌人烧毁。

俘虏的处理很困难。我们恰巧在上元门外找到一所学校，把他们关在里面。有14777名俘虏。这么多的俘虏，很难决定是杀了他们还是让他们活命。今晚，住在上元门外的三座房屋中。

12月15日。晴。

派出骑兵少尉本间到南京，就如何处理俘虏和其他事宜进行联络。

命令说要把所有的俘虏杀掉。

由于缺乏食物，所有的部队都感到非常烦恼。

12月16日。晴。

---

① ［日］上村利道：『上村利道日記』，收录于『南京戦史資料集』，第294页。

派相田中佐到军部商讨处理俘虏等事宜。看守俘虏已成为田山大队的最重要任务。除了炮台里的武器外，我们还缴获了5000支步枪、大量的轻重机枪和其他武器。

12月17日。晴。

举行盛大的入城仪式。

乘车去参观了南京城、中山陵等地。军官学校比日本的士官学校要宏伟得多。下午1时30分举行了入城仪式，3时回来。

仙台教导学校的渡边少佐被任命为师团副官，他在赴任途中来我旅团参观。

12月18日。晴。

部队在竭力处理俘虏。我在江边视察他们处理的情况。

12月19日。晴。

由于要处理俘虏，出发时间被推迟了。上午，所有的部队都出动了，竭力处理俘虏。

军部和师团部给我们送来补给，我们有日本米吃了。

（腹泻。）

12月20日。晴。

我想知道为什么第十三师团喜欢待在乡下，或协助进攻。16日，主力从镇江渡江，到达扬州。为了追赶主力，山田支队决定在下关渡江。

虽然原定上午9点出发，但直到10点才开始向浦口转移。在去江浦镇之前会见了国崎支队的支队长，住在一家米店。①

宫本省吾（Seigo Miyamoto）

宫本省吾是第十三师团第六十五联队第四中队的一名步兵少尉。他每天都写详细的日记。他在1937年12月13日和14日写道：

---

① ［日］山田栴二:『山田栴二日记』，收录于『南京战史资料集』第二卷，1993，第331—333页。

12月13日。

我们受命于昨天晚上7点出发,进攻乌龙山炮台。途中,我们几乎没有休息,今天清晨5时,我们继续前进。上午10点,我们随同长官去侦察和收集敌人的情报,并向乌龙山推进,在骑兵队的配合下,我们射杀了路上遇到的残余敌兵。有一次,由于敌人的子弹呼啸而过,我们不得不卧倒。四处搜寻,一直到乌龙山附近的地区。除了外围阵地的少量残余敌军,没有发现其他人员;然后返回。当我们回来的时候,部队的主力部队已经向前进发了。我们费了好大劲才追上主力部队。

我们在黄昏时分攻击乌龙山。阵地上的敌人不多,但我们俘虏了不少残余的敌兵,并杀死了一些。晚上10点,在露天扎营。

12月14日。

清晨5点,出发去"扫荡"残余的敌兵。我们没有发动任何攻击,因为敌人已经没有战斗意志了。他们只是过来投降。我们没有开一枪,就解除了几千人的武装。黄昏时分,我们把俘虏押送到南京的一个军营,不料那里已经有一万多人了。我们立即采取了守卫措施。我们中队在八个地方安排了警卫,承担了看守任务。出于饥饿,有的俘虏吃起了路边的蔬菜,有的俘虏两三天没吃东西,要水喝,十分凄惨。然而,在战场上,不得不采取某些极端措施。晚上,医疗队押送来200多俘虏。有200多名士兵承担了看守任务,中队长也参加了。因为我们都受过良好的训练,对进出的人进行检查是有秩序的,这非常有趣。在我们接触过的人中,有少佐和参谋人员。我们曾通过翻译向所有的中国俘虏解释。"日本军队不会伤害你们,但如果你们逃跑或发动暴乱,就会被当场杀死。"因此,现场基本平静。然而,由于缺乏水和食物,他们显得极为焦躁不安。①

---

① [日]宫本省吾:『宫本省吾阵中日记』,收录于『南京大虐殺を記録した皇軍兵士たち:第十三師団山田支隊兵士の陣中日記』(《皇军士兵记录的南京大屠杀:第十三师团山田支队士兵的战地日记》),小野贤二(Kenji Ono)、藤原彰(Akira Fujiwara)、本多胜一(Katsuichi Honda)编辑,东京:大月书店1996年版,第133页。

12月15日，宫本写道："黄昏时分，我们开始向俘虏分发一些食物。我们为自己的士兵提供的食物几乎已经用完了；为俘虏提供食物非常不容易。"① 大规模的处决发生在接下来的几天里。宫本对此作了比较详细的记录：

12月16日。

看守任务变得越来越重。上午10点，第二中队接替我们守卫，我们终于可以安心了。然而，当我们正在吃午饭时，发生了火灾，引起极大的骚乱。结果，三分之一的营房被烧毁。下午3点，大队决定采取极端措施，在江边枪杀了3000名俘虏。这是一个只有在战场上才能看到的场景。

12月17日。小雪。

部队举行了入城仪式。我们部队大部分人参与处决俘虏。我上午8时30分出发，向南京方向前进。参加了盛大的南京入城仪式，见证了这一庄严的历史场景。

黄昏时分回来，立即参加处决俘虏。因为我们已经处决了两万多人，士兵们不断杀人到了疯狂的程度，甚至伤害了自己的战友，打死打伤了好几个。我的中队中，有一人被杀，两人受伤。

12月18日。阴天。

由于最近几天发生的事情，我直到天亮都没有睡觉。似乎我起床后不久就到了午饭时间。下午，我们开始清理敌人的尸体，但到黄昏时仍未完成。部队决定明天继续。于是我们返回。寒风刺骨。

12月19日。

---

① ［日］宫本省吾：『宫本省吾陣中日記』，收录于『南京大虐殺を記録した皇軍兵士たち：第十三師団山田支隊兵士の陣中日記』（《皇军士兵记录的南京大屠杀：第十三师团山田支队士兵的战地日记》），小野贤二（Kenji Ono）、藤原彰（Akira Fujiwara）、本多胜一（Katsuichi Honda）编辑，东京：大月书店1996年版，第134页。

继续昨天的工作，我们从早上开始清理尸体，直到下午4点才完成。

黄昏时分，我们处理了俘虏的衣服，引起了另一场火灾。这场火被及时扑灭，尽管它几乎烧毁了我们的营地。我们定于明天渡江，所以士兵们一直准备到很晚。①

远藤高明（Takaharu Endo）

远藤高明是第十三师团第六十五联队第八中队的一名步兵少尉。远藤的日记和宫本的日记一样详细，对重大事件提供了类似但独特的信息与视角。

12月14日。晴。

我们清晨5点出发，攻打南京以北约4公里处的幕府山炮台。月亮已经在山后落下，一片漆黑。走路极其困难。在离分于村2千米的地方，我们碰到了敌人埋的地雷。第一小队的新开宝庆受了重伤，一小时后死亡。在太平山附近，我们遇到并俘虏了几百人，缴获连发手枪和中国军官的马匹。所有这些人都是被第一大队俘虏的。我们把马牵过来，骑上马继续行军；中午时分，我们到达幕府山。敌人完全没有战斗意志，我们俘虏了450名敌兵和大量的武器。黄昏时分，安排我们住在上元里村。因为没有足够的住房，一个小队就住在一座房屋里。傍晚时分，我们又抓到400多俘虏。

12月15日。晴。

早上7点起床。9点，×小队奉命在幕府山以东的江滩上"扫荡"残余敌军。我们抓了306个俘虏，并得知还有近万名俘虏在等待被拘留。晚上9点，我是执勤军官。凌晨1点，我被枪声惊醒，接到报告说，第

---

① ［日］宫本省吾：『宫本省吾陣中日記』，收録于『南京大虐殺を記録した皇軍兵士たち：第十三師団山田支隊兵士の陣中日記』（《皇军士兵记录的南京大屠杀：第十三师团山田支队士兵的战地日记》），小野贤二（Kenji Ono）、藤原彰（Akira Fujiwara）、本多胜一（Katsuichi Honda）编辑，东京：大月书店1996年版，第134页。

八中队的哨兵在向敌人射击时，打伤了联队部的通讯兵。我们立即进行了调查，起草了一份报告，直到凌晨3点才回去睡觉。

12月16日。天气晴朗。

我按计划起床，9:30时去参观了炮台一个小时。中午12点半，因为俘虏拘留所着火了，我们奉命出发，下午3点回来。在拘留所，我见到了《朝日新闻》的记者横田，向他询问了总体情况。被俘虏的总人数为17025人。黄昏时分，根据军部的命令，我们把三分之一的俘虏押到江边，第一大队担任枪杀他们的任务。

正如发布的命令所表明的那样，即使每天只提供两顿饭，也需要100袋（粮食）来养活这些俘虏。我们的士兵靠征讨来的给养，因此不可能有粮食供给。军部必须采取适当措施来处理这种情况。

12月17日。晴。

上午7时，派9名士兵到幕府山顶站岗。为了参加南京入城仪式，我联队派出部队作为第十三师团的代表参加。上午8时，我和小队里的10名战士出发，从和平门进城。在中央军官学校前的国民政府大道上，我们接受了松井司令官阁下的检阅。在路上，我看到战地邮局为邮件盖了一个特殊的入城仪式邮戳，于是我去给×和关先生寄了明信片。下午5点半我回到宿营地，从宿营地到举行仪式的地方有12千米，我累得够呛。晚上，去处决1万多名俘虏。……

12月18日。

清晨1点钟，因为对俘虏的处决不彻底，有些俘虏还活着，上级命令我们出去参加清理工作。大队人马匆匆赶到那里。寒风呼啸，凌晨3点，下起了暴风雪，寒气逼人，刺骨发凉。静寂中，大家忧郁地等待黎明。上午8:30，清理工作结束。风停了下来，天气渐渐好转。在幕府山站岗的士兵们回来了。有六个人去参观了南京。我在早上睡了一个小时。分了一个苹果给我，已经很久没有尝过苹果了。中午时分，第四批9名补充兵加入小队。从下午2点到晚上7点半，为了清理1万多具尸体，小队的 25 个士兵出去干活。

12 月 19 日。晴。

上午 8 点，15 名士兵出去继续清理死尸。因为联队里的人要过江到对岸去，上级部门命令我们把一些物资运到那里。因此，下午 1 点，我去位于中山码头的碇泊司令部联系，有 6 公里的路程。……①

近藤荣四郎（Eishirou Kondo）

近藤荣四郎是第十三师团第十九炮兵联队第八中队的伍长。1937 年 12 月 14 日，他在日记中详细描述了向南京进军的情况：

我清晨 4 点钟起床，准备好马鞍，立即出发。一路上又黑又冷。在行军过程中，大约在上午 8 点，我们遇到了一群投降的敌军。出于好奇，我睁大眼睛看着他们被解除武装。这真是战败者的悲哀。又有几批人前来投降，总共有 3000 人。向乘船过江的敌兵射击相当有趣。南京就在眼前，城墙清晰可见。从马背上俯视夹杂着妇女的俘虏群，令人愉快。我们在南京的一个牧场上宿营。②

12 月 16 日，他参与了对解除武装的中国军人的处决：

傍晚时分，关押着 2 万名俘虏的拘留营发生了火灾。我们去接替在那里守卫的中队。最后，今天这 2 万人中的三分之一，即 7000 人被押到长江边上处决。在行刑期间，我们一直在看守。之后，其余的俘虏全部被处决。我们用刺刀捅死了那些没有被枪杀的人。

---

① ［日］远藤高明：『遠藤高明陣中日記』，收录于『南京大虐殺を記録した皇軍兵士たち：第十三師団山田支隊兵士の陣中日記』，第 219—220 页。

② ［日］近藤荣四郎：『近藤榮四郎出征日誌』，收录于『南京大虐殺を記録した皇軍兵士たち：第十三師団山田支隊兵士の陣中日記』，第 325 页。

圆月挂在山头上。在白色的月光下,垂死的人发出痛苦的呻吟。没有什么比这更让人感到恐怖的血腥了。那是只有在战场上才能见到的景象。终生都不会忘记。我们九点半回来。①

目黑福治(Fukuharu Meguro)

目黑福治是第十三师团第十九炮兵联队第三大队的伍长。他的日记记载了他穿越长江流域前往南京的详细而具体的情况,其中包括日军的抢劫活动以及他杀死的平民和解除武装的士兵的数量。

1937年11月21日,在用抢来的猪和鸡做早餐后,他的部队在寒风中走了一整天,到达了江阴附近。"下午5点,我们到达一个不知名的村庄,在村里杀了五个年轻人,包括一个失去丈夫的女人。"② 11月25日,他们又抢来一头猪作为晚餐,还弄到一头牛③。11月27日,"晚上7点左右,我们发现了三个残敌士兵。其中一个逃跑了,两个被俘。我用刺刀刺死了其中一个。到今天为止,我总共杀死了6名中国士兵"④。

第二天,早上6点起床后不久,他们发现并杀死了5名中国军人。他在12月5日写道:"下午出去征缴时,我们烧毁了17户中国人的房子,并杀死了当地人。可悲的战败国公民。"⑤ 12月9日,"在行军途中,我看到十多个中央军的俘虏被斩首"⑥。他还简要地记述了他们到达南京后处决数千

---

① [日]近藤荣四郎:『近藤榮四郎出征日誌』,收录于『南京大虐殺を記錄した皇軍兵士たち:第十三師団山田支隊兵士の陣中日記』,第325—326页。
② [日]目黑福治:『目黑福治陣中日記』,收录于『南京大虐殺を記錄した皇軍兵士たち:第十三師団山田支隊兵士の陣中日記』,第369页。
③ [日]目黑福治:『目黑福治陣中日記』,收录于『南京大虐殺を記錄した皇軍兵士たち:第十三師団山田支隊兵士の陣中日記』,第370页。
④ [日]目黑福治:『目黑福治陣中日記』,收录于『南京大虐殺を記錄した皇軍兵士たち:第十三師団山田支隊兵士の陣中日記』,第370页。
⑤ [日]目黑福治:『目黑福治陣中日記』,收录于『南京大虐殺を記錄した皇軍兵士たち:第十三師団山田支隊兵士の陣中日記』,第372页。
⑥ [日]目黑福治:『目黑福治陣中日記』,收录于『南京大虐殺を記錄した皇軍兵士たち:第十三師団山田支隊兵士の陣中日記』,第372页。

名被解除武装的中国军人的情况：

12月13日。晴。

凌晨3点起床，4点出发，进攻南京幕府山炮台。一路上，这里、那里都聚集着被俘虏的敌兵，据说大约有13000人，从十二三岁的男孩到五十多岁的男人都有，其中还有两个女人。敌兵不断前来投降，不同部队俘虏的人数约为10万人。下午5点看到南京的城墙，我们的部队在城外扎营。……

12月16日。晴。

休息。进城去征缴。到处都可以看到中国和日本军人抢劫的痕迹。下午4点，山田支队枪杀了他们俘获的约7000名敌军。在长江边上，死尸瞬间堆积成山。的确惨不忍睹。

12月17日。晴。

在南京城外。上午9点从我们的营地出发，参加司令官进入南京城历史性的盛大仪式。下午5点，去执行处决13000名敌军俘虏的任务。两天之内，山田支队枪杀了近2万人。看来，所有的部队都枪杀他们的俘虏。

12月18日。晴。

清晨3点开始刮风，同时下起了雨，早上起床后，我看到山上都是雪，这是今年的第一场雪。听说南京城外聚集了约10个师团的部队。休息。下午5时，枪杀了约13000名俘虏。

12月19日。晴。

这一天显然是休息日，但我们早上6点就起床。我们奉命将昨天枪杀的一万几千敌人的尸体扔进长江，我们一直干到下午1点，下午我们为出发做准备。在我们的部队司令部站岗。①

---

① ［日］目黑福治：『目黑福治陣中日記』，收录于『南京大虐殺を記錄した皇軍兵士たち：第十三師団山田支隊兵士の陣中日記』，第373—374页。

第十六师团

中岛今朝吾（Kesago Nakajima）

中岛今朝吾中将（1882—1945）为第十六师团的师团长，他逐日记下详细的日记，包括1937年12月13日所记的，提供很多信息的长篇日记。他在日记中谈到，原本计划让他的部队在第九师团之前进城，但他的部队没有做到，他觉得自己丢了脸。决定不从城东的主要城门中山门进城。他的部队后来从一座较小的东北门——太平门进城。他命令佐佐木（Sasaki）的第三十旅团沿着玄武湖在北面城墙外绕行，攻占北门，并在其他师团之前到达下关江边，以阻止中国军队渡江逃走。同时，他命令草场（Kusaba）的第十九旅团进入太平门，穿越城区，向下关方向"扫荡"[①]。

他在当天的日记中写道："今天中午，高山剑士来探望。正好有七个俘虏，我就命令他在俘虏身上试剑。我也命令他试一试我的剑，很明显，他砍掉了两个头。"[②]

他透露的最重要信息是，他们采取的政策是不保留投降的中国军人，将他们全部处决：

> 基本上，我们执行不保留俘虏的政策，而是决定采取彻底消灭的政策。因为他们是有1000人、5000人、10000人的团体，我们甚至不能及时解除他们的武装。但是，他们已经完全丧失了战斗意志，只是成群结队地走过来，所以他们现在对我们的部队来说是没有伤害的。虽然他们无害，但如果发起暴乱，就很难处理。为此，我们增派了乘坐卡车的部队进行监视与指挥。……
>
> 事后得知，仅佐佐木的部队就处置了约15000人，在太平门守卫的中队长处置了1300人。约有七八千人聚集在仙鹤门附近。此外，还有更

[①] ［日］中岛今朝吾：『中岛今朝吾日记』，收录于『南京戦史资料集』，1989，第323—325页。
[②] ［日］中岛今朝吾：『中岛今朝吾日记』，收录于『南京戦史资料集』，1989，第324页。

多的人不断前来投降。

　　为了处置上述七八千人，我们需要一条巨大的沟壕，但这很难找到。我们事先决定将他们分成 100 或 200 人的小队，然后押解他们到合适的地点处置。①

　　他在 12 月 19 日的日记中详细描述了他的部队的劫掠行径。考虑到他是师团长，他对自己的士兵和军官行径的陈述和评论，令人惊讶地坦率而客观。具有讽刺意味的是，他的评论与美国传教士在同一时期的描述，不仅在事实描述上，而且在语气上，都非常相似：

　　此外，日本军队还进行抢劫，完全不理会这些地区是否属于其他部队的管辖范围。他们强行闯入这些地区的住宅，把所有东西都抢走。一句话，谁的脸皮厚，谁就能获得更多的好处。

　　最好的例子是：

　　我们占领的国民政府办公大楼在 13 日被第十六师团的军人进入并洗劫一空。14 日清晨，管理部经过四处查看，制定了分配生活用房的计划，并挂出了"师团部"的牌子。但当我们来到不同的房间查看时，每个房间的每个角落，从总统办公室到其他各个房间，连同行李箱和柜子，都被彻底洗劫一空。所有的物品，不管是古董陈列品还是其他东西，只要被认为有一定的价值，都被抢走。

　　15 日进城后，我把剩下的物品收集起来，放进一个柜子里，用纸条封上，但没有起到作用。第三天，我进来时发现里面的物件已经消失得无影无踪。看来保存东西的唯一地方就是保险柜；在其他地方保存任何东西都是没用的。

　　日本人极度好奇。一旦他们知道这里是"国民政府"，他们就会专

---

① ［日］中岛今朝吾，『中岛今朝吾日記』，收录于『南京戦史資料集』，1989，第 326 页。

程来这里看一看。如果他们只是来看看，或者监管那些有可能会偷走任何他们中意物品的士兵，也是可以的，但是小偷是那些体面的绅士般的军官，这让人震惊。①

事实证明，要恢复城市的电力和自来水不是一件容易的事。作为南京驻军司令，1937年12月31日，中岛描述道，他陷入了很可能是由他自己的部队造成的困境："直到13日上午，南京都有电灯和自来水。然而，自从部队进城"扫荡"后，工程师和工人都被处理掉了，没有人再去开机器。虽然军方一直在考虑如何寻找解决的办法，但到目前为止，还没有熟练的人员，现在我也不知道这个问题何时能解决。"②

佐佐木到一（Touichi Sasaki）

佐佐木到一少将（1886—1955）是第十六师团第三十旅团的旅团长。在到达南京郊区后，他的第三十旅团沿着紫金山以北的路线，从仙鹤门向尧化门方向作战，并继续向下关方向进攻。他的部队占领了所有北面的城门，该旅团的装甲部队于1937年12月13日上午10点到达下关江边。到下午3点，整个下关地区都在他们的控制之下。他在1937年12月13日的日记中透露了许多细节：

> 如前所述，上午10时左右，我支队的轻型装甲车首先攻入下关，完全封锁了敌人的退路。此外，我步兵部队占领了城北的所有城门，并将其完全封堵，从而将敌军像瓮中之鳖一样困住。从南面冲过来的第六师团的一部分部队抵达江边，而海军第十一舰队则向上游驶来，射杀驶往下游的敌船，舰队于下午2时到达下关，国崎支队于下午4时到达对岸的浦口，其他在城墙上发起攻击的部队均突入城内，不断进行"清剿"

---

① ［日］中岛今朝吾：『中岛今朝吾日记』，收录于『南京战史资料集』，1989，第332页。
② ［日］中岛今朝吾：『中岛今朝吾日记』，收录于『南京战史资料集』，1989，第341—342页。

行动。这次战役充分演绎了包围战和歼灭战。

今天,在我支队的战斗区域内,敌人留下的尸体达一万几千具。另外,加上江边被装甲车击毙的和被不同部队俘虏的士兵,仅我支队就歼灭了两万多敌军。

随着下午2点"扫荡"行动的结束,我们后翼的安全得到了保证。然后,部队聚集在一起向和平门推进。

不断有俘虏前来投降,人数多达几千人。情绪激动的士兵们完全不顾上级军官的建议,把俘虏一个个杀死。回想起许多战友所流的血和过去十天的艰辛,连我都想说:"把他们都杀了吧!"更何况士兵。

目前,我们已经有一段时间没有白米了。虽然我们可以在城里找到一些,但我们的部队不可能为俘虏携带给养。

我们爬上和平门顶,高呼三声"元帅陛下[①]万岁"。[②]

12月14日,他的部队继续进行"扫荡"行动:

目前,我完全控制了在城内和城外进行"清剿"行动的两个联队。部队已经搜出了到处藏匿的败残敌军。但他们要么丢弃,要么藏起了武器。持续捕获大批500至1000人的俘虏。虽然他们看起来并不害怕,但每个人都精疲力竭,也许是因为他们没有吃的。……

虽然他们已是败残部队,但他们中有些人仍隐藏在村庄或山上,进行阻击战。因此,那些继续抵抗和拒绝服从的均被立即毫不留情地处死。枪声持续了一整天。

太平门外宽大的护城河里堆满了死尸。……

昔日繁华的下关商业区被烧成灰烬,江边的道路上堆满了数百辆废

[①] 裕仁天皇的军衔为大元帅。
[②] [日]佐佐木到一:『佐々木到一少将私記』,收录于『南京戦史資料集』,1989,第377—378页。

弃的汽车，数百具尸体被卷入江中。①

12月16日，他写道："我们奉命在紫金山以北的地区进行扫荡。结果不大，但两个联队搜出了几百名残败兵，把他们枪杀了。"②

同时，佐佐木透露，他负责组织和实施了许多城市内的扫荡行动，造成了成千上万的南京居民被处决和杀害：

> 12月26日。
>
> 我被任命为宣抚工作委员长。城内的"扫荡"行动主要是为了消灭混杂在普通居民中的败残兵，并粉碎不法分子的阴谋。另一方面，我整肃了军纪、风纪，以安抚民众，迅速恢复秩序与和平。通过严格和严厉的控制和监管，我完成了维护治安的工作。基本上花了20天时间就达到了预期目标。……
>
> 1月5日。
>
> 查问工作已停止。到今天为止，在市内约有2000名败残兵被清理出来，他们被关押在原外交部。此外，我们还从外国传教士那里收容了作为俘虏的中国伤兵。
>
> 在城外近郊，坚持非法活动的败残兵已逐渐被捕获，在下关，被处决的人达数千人。
>
> 在攻占南京的战役中，敌人损失了大约7万名军队，到城破之日为止，估计有10万守军。③

增田六助（Rokusuke Masuda）

1937年，增田六助是第十六师团下辖第十九旅团第二十联队的一等兵。

---

① ［日］佐佐木到一：『佐々木到一少将私記』，收录于『南京戦史資料集』，1989，第379—380页。
② ［日］佐佐木到一：『佐々木到一少将私記』，收录于『南京戦史資料集』，1989，第380页。
③ ［日］佐佐木到一：『佐々木到一少将私記』，收录于『南京戦史資料集』，1989，第380—382页。

他每天记日记，所记内容大多比较粗略。然而他还写了《增田手记》，详细地描述了他在1937年12月14日参加的安全区的"扫荡"行动：

> 第二天，即14日，我们去国际委员会设立的安全区进行清剿。
>
> 直至昨天，数万名士兵发誓要抵抗，但当他们被四面包围时，没有一个人能够逃脱，结果，他们都逃进安全区。今天，即使要拨开草丛，我们也必须把他们搜出来，为阵亡的战友报仇。我们分成几个小队，分别进行挨家挨户的搜查。我们询问了每户人家的所有男性成年人。第二小队的联络员、前原伍长等人发现，在XX的一栋大楼里，几百名残兵正在脱下军装，换上便服。我们冲进大楼，见到身强力壮的败残兵。在他们身边，步枪、手枪、青龙剑和其他武器堆积如山。他们中的一些人已经脱下了军装，还有一些人穿着便衣。还有一些人穿着军装裤子，但穿着便服外套，这似乎不适合这个季节，显得不伦不类。只看了一眼，我们就明白是怎么回事。
>
> 我们把他们从角落里带出来，剥光他们的衣服，检查他们携带的东西，然后用掉下来的电线把他们绑起来。……至少有大约300名中国军人，对我们来说人数太多，我们很难处理。
>
> 没过多久，我们就问那个戴着国际委员会袖标的中国人。"喂，有中国兵吗？"他指了指对面的大房子，回答说："有很多。"我们进屋一看，里面的人都是难民，我们从他们中挑出来大约1000个看起来可疑的人，把他们集中到一个房间里，从他们之中挑选了300个左右确认为军人的捆绑起来。……
>
> 傍晚时分，近600名残败兵被押送到玄武门附近的一个地方，全部被枪杀。[1]

---

[1] ［日］佐增田六助:『增田手记』，收录于『南京事件：京都师团关系资料集』，井口和起（Iguchi Kazuki）、木阪顺一郎（Junichiro Kisaka）、下里正樹（Masaki Shimozato）编辑，东京：青木书店1989年版，第322—323页。

北山兴（Atau Kitayama）

北山兴是第十六师团第十九旅团第二十联队第三机枪中队的一名士兵。从1937年8月参军起，他每天都记详细的日记。他的部队9月15日在塘沽登陆，在华北地区作战近两个月，然后乘船到上海以西的地方登陆。他在9月20日的日记中生动地描述了他在华北一个村庄的经历：

> 村子里到处都是火光，刚打过仗的痕迹还很鲜明。对面的村子里传来浓浓的烟雾。在村子的入口处有阵亡者的坟墓。坟头上摆放着有人割的青草。妇女和儿童的哀号和哭泣声极为悲痛。有些中国人的尸体没有胳膊，有些则没有头，乱七八糟地躺着。……军官下达了杀死所有中国人的命令。
>
> 我听说第十二中队在河岸边开枪处决了20名中国人。大家都兴致勃勃地去观看。这确实可耻。
>
> 日本军队中存在着非常残忍的行为，那就是杀死那些不再抵抗的人。但是，杀戮不正是日本武士道的内容和士兵们的心声吗？……①

1937年12月13日，他记录了刚进南京时，他和战友们抓住一个小男孩并残忍地将其杀害的一段经历。

> 我们抓住一个长相好、脸色红润的少年，他穿着一件抗日救国联合会签名的外套。为了保卫自己的祖国，他一定经历了很多苦难。大家都想用残酷的方法来结束他的生命。我不忍心看到这样的苦难，建议我们直接把他枪杀，但我周围的人不同意。
>
> 他们说，他们的战友死得很惨，就这么杀死他并不能满足他们。他们的想法不是没有道理。

---

① ［日］北山兴:『北山日记』，收录于『南京事件：京都师団関係資料集』，1989，第48页。

但这不是太情绪化了吗？日本军队是正义之师，但同时也必须是文明之师。杀死一个人，结果是一样的。在没有痛苦的情况下迅速斩首，不正是武士道所要求的吗？

少年没有表现出任何反抗，只是用喉咙示意，似乎在说："来吧！朝这儿打！"我们的士兵聚拢过去，以极其残酷的方式结束了那个中国少年的生命。这是对日本军人的一种羞辱。①

第二天，机枪中队参加了紫金山地区的"清剿"行动，他在12月14日写道：

午夜后从"清剿"行动返回。他们解除了大约800名残敌的武装，并将他们全部击毙。敌军俘虏们没有想到他们会被杀死。据说，他们中还有不少大学生。如果他们能活着，其中一些人可能会对世界文化发展作出巨大贡献。这是一个巨大的遗憾！他们高贵的生命就这样被毫不犹豫地消灭了。我个人感受到了战争的残酷。②

北山兴在12月16日的日记中记录了他的掳掠行为：

已划定由国际委员会经管的安全区。我们进入安全区，发现这里收容了大量的难民。在回来的路上，我们看到一家名为"北洋饮料店"的商店。我们走了进去，看到一堆饮料。我拿起一瓶看了看，发现它是一种异常美味的东西。我们立即在附近征用了一辆人力车，并命令一个中国人拉回一车饮料。此外，我们还带回来很多床、家具、酒、白糖、糖果和留声机等。我们生了火炉，喝着啤酒和饮料，兴致勃勃地聊到半夜。③

---

① ［日］北山兴：『北山日記』，收录于『南京事件：京都師団関係資料集』，1989，第71页。
② ［日］北山兴：『北山日記』，收录于『南京事件：京都師団関係資料集』，1989，第71页。
③ ［日］北山兴：『北山日記』，收录于『南京事件：京都師団関係資料集』，1989，第72页。

12月27日，他和战友们到汉中门外的地区，打算抢劫蔬菜和一头水牛。在那里，他又一次目睹了大屠杀后的惨状：

> 我们出了汉中门，去征用蔬菜和一头水牛。在我们去过的地方，有成堆的尸体，达500多具。他们是同时被屠杀的。他们中的大多数是军人，但有些尸体穿着平民的衣服。大多数是被大规模处决的俘虏。路边堆积着中国军人士兵的尸体。①

牧原信夫（Shouta Makihara）

与北山兴一样，牧原信夫也是第十六师团第二十联队的，他是一等兵。他的观察力很强，能注意到各种事件的细节，并将这些详细的观察用文字记载下来。1937年9月20日，当部队在华北时，他写道，那天晚上，他们到达一个名为中赵扶镇的村庄。由于刚刚发生了激烈的战斗，村子的一些地方堆满了人和马的尸体。"我们杀死了那些在村子里做晚饭时无法逃跑的老弱病残，总共有17人。"②

11月18日，他们在上海以西长江南岸的常熟附近登陆后，他记录了发生在他眼前的一幕。"某中队的一个一等兵想让一个老人帮他拿行李，但老人不愿意，他就把老人踢倒在桥上，用步枪把他打死了。这一切就发生在我眼前，我真的为这个老人感到悲哀。"③11月22日中午，当他在一座被摧毁的桥边等渡船过河时，他看到："五六个中国士兵的尸体躺在桥边；其中一些人被烧死，另一些人的脖子被砍断。我了解到，他们是被炮兵部队的军官杀死的，他们想试试自己的剑。"④

11月28日，在到达横林镇之前，他们接到命令，要在该地区的村庄里

---

① ［日］北山兴：『北山日记』，收录于『南京事件：京都师団关系资料集』，1989，第74页。
② ［日］牧原信夫：『牧原日记』，收录于『南京事件：京都师団关系资料集』，1989，第93页。
③ ［日］牧原信夫：『牧原日记』，收录于『南京事件：京都师団关系资料集』，1989，第127页。
④ ［日］牧原信夫：『牧原日记』，收录于『南京事件：京都师団关系资料集』，1989，第130页。

进行"扫荡",并射杀任何试图逃跑的人。

在村里的 12 或 13 栋房子被点燃后,整个村子瞬间被大火吞噬,变成了一片火海。里面有两三个老人,非常可怜,但这是命令。我对此无能为力。然后我们继续烧毁其他三个村庄,此外还枪杀了 5 到 6 个村民。①

11 月 29 日,牧原信夫所在的部队炮击并攻打武进。大约在上午 9 点,他们进入了城市。他在当天的日记中写道:"因为武进是抗日、排日的根据地,所以在全城进行了'清剿',把所有的居民,无论男女老少,全部枪杀。……凌晨 3 点后,第十二中队围捕了五六名中国人,用手榴弹将他们炸死,但其中一个掉进沟里的家伙好一阵子都没死。"②

占领南京后,他的部队在 12 月 14 日上午参加了东郊马群附近的扫荡行动:

我们到了之后才知道,敌人不过是一个步枪连,只有 310 人,他们已经被解除了武装,等待被处置。

我们马上赶过去,在回到我们的宿营地之前把他们全部打死。③

下午 2 点,部队再次进行"清剿",一直持续到夜幕降临。牧原表示,大约有 1800 名中国士兵被俘。他记录了另一个比以往任何一次都更可怕和残酷的事件:

今天有个悲惨的场面,150 或 160 名敌军俘虏被关在一个巨大的车

---

① [日]牧原信夫:『牧原日记』,收录于『南京事件:京都师团关系资料集』,1989,第 135 页。
② [日]牧原信夫:『牧原日记』,收录于『南京事件:京都师团关系资料集』,1989,第 135 页。
③ [日]牧原信夫:『牧原日记』,收录于『南京事件:京都师团关系资料集』,1989,第 148—149 页。

库里,在放火烧死他们之前,先在上面浇上汽油。从他们死后的姿势来看,到最后一刻,他们极尽全力到大门那儿求生。到此为止,无论我看到多少尸体,对它们都麻木了。①

12月22日,他遇到日本《每日新闻》驻南京的记者志村先生,志村先生告诉他,他自己的住宅被日本兵洗劫一空:

这个人的住宅非常漂亮,但他说,18日之前,那里什么都没有留下。两三天来,当他不在住所时,所有的东西,从浴盆到被子,都被洗劫一空。所以,此时此刻,他正在找一床被子。我们笑着说:如果士兵不进入居民的房子征用合适的东西,他们就不能打仗。②

东武夫（Takeo Higashi）

东武夫是第十六师团第三十旅团第三十八联队第十一中队的一名士兵。他的日记比较简略。1937年12月14日,他写道:

我们在早上7点出发,逐步向南京的太平门进军。一路上都很顺利。我们俘虏了20名败残兵,用刺刀将他们捅死。③

1937年12月15日,当他和战友们期望进入南京观光时,却受命到东郊的仙鹤门地区驻扎和守卫。大家都很失望,因为他们不得不回到三天前激战过的地方,那里有无数的散发着恶臭的尸体。第二天,即12月16日,他

---

① ［日］牧原信夫:『牧原日记』,收录于『南京事件:京都师团关系资料集』,1989,第149页。
② ［日］牧原信夫:『牧原日记』,收录于『南京事件:京都师团关系资料集』,1989,第153页。
③ ［日］东武夫:《东武夫阵中日记》,2002私版,转引自《南京大屠杀:32 日本军方文件与官兵日记》,王卫星编,南京:江苏人民出版社2007年版,第393页。

们竭尽全力处理死尸①。

最终，他们于12月24日被调入南京。他在1938年1月4日记录道：

> 上午8点半，我们列队到城墙外的下关去清理战场，也就是处理敌人的尸体。长江边上到处都是死尸，让人震惊。我们用汽船把死尸运到江中扔掉。仅我们就处理了2000多具尸体。
>
> 下午4点后，清理工作结束了。我们回到了自己的宿舍。②

舟桥照吉（Teruyoshi Funahashi）

舟桥照吉曾在第十六师团第九联队服役。在中国期间，他一直记日记，到他离开中国时，他已经积累了三本，但其中两本在返回日本时被没收。为了避免任何潜在的来自右翼人士的威胁，他在1989年烧掉了剩下的一本。后来，他根据记忆重写了一些日记，并在《南京战役史补充资料》中发表了这些日记。他的一些日记详细描述了他所目睹的大规模处决的情况：

> 12月18日
>
> 早上接到命令，轻装上阵，我们列队从太平门出发，任务是"扫荡"残余敌兵，征缴大米。
>
> 我们从紫金山下出发，到达马群附近地区，在那里与少数残敌交火。但在20至30分钟内，他们就举手投降了。他们穿着各种各样的衣服，年龄从16岁到50岁不等。将俘虏押到村庄，命令他们去寻找大米。然后，俘虏们扛着他们找到的米，跟着我们走。我们再次遇到残余的士兵，并交火四到五次。残敌通常在战斗了大约半小时后就投降了。

---

① ［日］东武夫：《东武夫阵中日记》，2002私家版，转引自《南京大屠杀：32 日本军方文件与官兵日记》，王卫星编，南京：江苏人民出版社2007年版，第394页。

② ［日］东武夫：《东武夫阵中日记》，2002私家版，转引自《南京大屠杀：32 日本军方文件与官兵日记》，王卫星编，南京：江苏人民出版社2007年版，第396页。

不知不觉中，我们中队俘虏了两三百人。当我们经过村庄时，他们被命令去拿大米，每人两到三合（1 合 ≈ 150 克）大米。

也许每个中队都是这样做的。接近黄昏时，决定返回营地。当我们到达玄武湖附近时，中队长命令我们做好准备，由于食物供应短缺，在返回前要枪杀俘虏。我们一到湖边，就把俘虏集中起来，从他们手里抢过大米，命令他们排好队，然后开始用重机枪射击。我奉命在旁边守卫，防止他们跑掉。当人肉和内脏等四处飞溅时，我急忙后退，看着那个场面。半小时内将他们全部击毙。然后，下令将尸体扔进玄武湖。我们拖着尸体的双手或双腿扔进湖里，由于尸体很重，我们需要两个人拖拽着尸体扔。……

12 月 24 日……

穿过毁坏的城门，就看到了前方的长江。由于不知道码头的兵站在哪里，我干脆拉着车往前走。靠近码头后，我闻到了一股令人作呕的臭味，似乎是尸体腐烂发出的。在空地上，四五具中国人的尸体凌乱地躺着。走近一看，臭味的来源就很明显了。到了码头边的一个地方，我看到无数的尸体漂浮在长江上。这些浸泡在水中的尸体开始腐烂，上面爬满了京都鸭川河中有的那种河虾。我的身体不由自主地颤抖起来，手臂上长满了鸡皮疙瘩。因为太恶心了，我口吐了吐沫。

河边的一条小船上有一些俘虏。有些人的手被绑在背后，用捆绑马草的铁丝绑着，而另一些人的手臂则被绑在前面。一条船上有 30 至 40 人，由两个日本兵看守，防止他们逃跑。工兵部队的小船来用缆绳把那条船从江边拉走。两个士兵驾驶着那艘小船，在离岸边 200 至 300 米处停下。小船上的士兵像倾倒垃圾那样把犯人捅进江里。之后，小船驶回江边。这花了 30 至 40 分钟。在长江中间，有两三个漩涡翻滚着；这些俘虏都被铁丝绑着连在一起，很快就会淹死。……

当卡车驶过时，我避到路边。卡车很快就停了下来。又有手被绑在背后的俘虏下车。两名日本兵跟在他们后面，另一名士兵在前面带路。

俘虏被推入长江，再开枪打死他们。每辆卡车上看来都有 30 多人。①

第九师团

伊佐一男（Kazuo Isa）

伊佐一男（1891—1985），步兵大佐，曾任第九师团第六旅团第七联队长。第九师团参加了攻击和占领南京城东南角的光华门的战斗。城市沦陷后，伊佐的联队对城市的中北部地区，包括安全区进行了"清剿"。尽管伊佐的日记相当粗略，但它提供了关于该联队的军事行动、屠杀，以及 1937 年 12 月 26 日离开南京的信息。

他在 1937 年 12 月 13 日记录了他在东昌街扎营，并开始在市内进行清剿：

> 12 月 14 日。
> 从清晨开始，我们一直在"清剿"。在我们指定的区域内，有一个难民区。在那里避难的人数估计约为 100000 人。
> 12 月 15 日。
> 从清晨开始，我们一直在我们的指定区域进行"清剿"。上午 9 时 30 分，旅团长和我视察了我们管辖的区域。
> 12 月 16 日。
> 我搬到了赤壁路的一个民居里住下。
> 经过三天的反复"清剿"行动，我们已经严厉处置了大约 6500 人。②

水谷庄（Sou Mizutani）

水谷庄是第九师团第七联队第一中队的一等兵。他的日记详细地描述了

---

① [日]舟桥照吉：《舟桥照吉战地日记》，收录于《南京战史补充资料》，转引自《南京大屠杀：60 日军官兵日记与回忆》，王卫星，南京：江苏人民出版社 2010 年版，第 377—379 页。
② [日]伊佐一男：『伊佐一男日記』，收录于『南京戦史資料集』，1989，第 440 页。

他的日常活动和观察。1937年12月13日,他在进入南京后写道:

> 我们继续到城区"扫荡"。由于南京是一个大都市,所谓的城区只是城市的一小部分。我们围捕了不少年轻人,从不同方面检查他们,保留了其中21名看起来像士兵的人,其余的人则被释放。①

12月14日,他记叙道:

> 继昨天的工作之后,我们继续在城内"清剿"残敌,几乎所有被搜出的人都是年轻男性。经过仔细检查,我们扣留的人中,有的鞋子磨破了,有的脸上有老茧,有的保持着挺拔的姿态,有的眼神犀利。他们和昨天的21名被拘留者一起,被枪杀了。②

12月15日,水谷和他的部队在安全区内找到了他们的宿营地。12月16日:

> 下午,中队前往难民区内进行"清剿"。上好刺刀的哨兵被安排在街道十字路口,以阻断交通,而不同的中队则继续在分派给他们的区域内进行"清剿"。
>
> 几乎所有引人注目的年轻人都被抓了出来,他们都被围在一个区域内,用绳子围住,就像孩子们在扮演火车的角色。他们的周围都是拿着上了刺刀的步枪的士兵。每个中队都抓了几百人。虽然第一中队俘房的人数少得可怜,但他们也押来了一百几十人。许多看起来是母亲和妻子的家庭成员跟着他们,哭着乞求释放他们。
>
> 那些确认为居民的人被立即释放,而36人被枪杀。所有这些人都

---

① [日]水谷庄:『水谷莊日記』,收录于『南京戰史資料集』,1989,第501页。
② [日]水谷庄:『水谷莊日記』,收录于『南京戰史資料集』,1989,第501页。

拼命地哭着求生。我们对此无能为力。不可能区分居民和士兵，我们别无选择，只能服从命令。无疑，有些穷人被错杀了。因为军司令官松井大将下达了彻底"清剿"所有抗日分子和败残兵的命令，"清剿"工作是最严厉的。①

12月19日，水谷庄记录了他的小队长的训话，从中可以看出，日军已经失去了控制：

全体集合，听小村小队长的训话：

"大家都做得很好。我们应该珍惜我们成功攻打南京的声誉将载入史册的荣耀，不要做任何可能损害这种声誉的事情。我希望你们能记住这一点，在行动之前仔细思考。

"如果你们多想想你们家乡的亲人，你们就不会做违法的事情。永远不要忘记，你们的个人行为会损害整个军队的威望。

"我要求你们严格控制自己，特别是关于放火和强奸这种无耻的行为。居民对这些行为最为反感，因此，这些行为会对我们以后的安置工作产生不利影响，成为执行占领政策的巨大障碍。

"对于已婚人士来说，情况有所不同，但单身的不应该不控制自己。如果你不能忍受，随时可以来和我讨论，我一定会给你找出解决的办法。"②

井家又一（Matachi Ike）

井家又一是第九师团第七联队第二中队的一等兵。他在日记中详细记录了他的日常活动、对他所处环境的观察及他自身的感受。1937年12月13日晚上6点到8点，他的部队去安全区扫荡，他去过中山路和上海路。他注

---

① ［日］水谷庄：『水谷莊日記』，收录于『南京戰史資料集』，1989，第502页。
② ［日］水谷庄：『水谷莊日記』，收录于『南京戰史資料集』，1989，第503页。

意到，在外交部大楼的红十字会医院里有不少中国伤兵。第二天上午 8 点半，他们继续在安全区"清剿"，一直到下午 4 点，有 600 多人被围捕。12 月 15 日，"扫荡"行动继续进行，他记录说他们用刺刀捅死了 40 多名敌兵[①]。12 月 16 日，他写道，他的部队继续进行"扫荡"行动：

> 上午 10 点，外出"扫荡"残敌，缴获一门反坦克炮。下午，再次出动，围捕了 335 名年轻的家伙。从难民中挑出了那些看起来像残兵的人，其中有些人可能真的是士兵的亲属。……
> 这 335 名残兵被押送到长江边，在那里他们都被其他士兵枪杀。
> 在农历十一月十四日的皎洁月光下，是什么让这些人走上了死亡之路？他们可能是所宣称的雄伟事业的受害者。日本军司令部命令我们杀死所有的年轻人，以防止他们再次成为抗日的力量。[②]

12 月 22 日，他参与了安全区以西的古林寺附近的屠杀，"我们把 160 多人从外国人的居住区押到古林寺附近，……我们把他们关在池塘边的一座单独的房屋里，每次拖出一批 5 个人，用刺刀把他们捅死。……战败者的最终命运就是被日军杀死"[③]。

山本武（Takeshi Yamamoto）

山本武是第九师团第三十六联队的一名伍长，一等兵。1938 年 11 月 13 日，他记录了日本人在上海西部的黄渡镇附近斩杀一名中国军人的情况：

> 在黄渡镇，我们乘船到对面的河岸，向昆山推进。当官兵们在河岸边等待的时候，我们听说他们要拿被俘的中国士兵试刀，然后把他们带

[①] ［日］井家又一：『井家又一日記』，收录于『南京戦史資料集』，1989，第 475 页。
[②] ［日］井家又一：『井家又一日記』，收录于『南京戦史資料集』，1989，第 476 页。
[③] ［日］井家又一：『井家又一日記』，收录于『南京戦史資料集』，1989，第 479 页。

到河岸边。不知道是大队长还是（第六中队）中队长下的命令，指定第六中队的协本少尉来干这事。在众人面前，他拔出军刀，吸了一口气，然后把军刀劈了下来。被砍掉的头向前飞去，而身体则向后倒下。大家都为他熟练的刀术鼓掌。①

12月11日，他的部队已经抵达南京郊区。当天中午，他和战友在一栋房子的地下室里抓获了八名中国士兵。经过一番讨论，他们决定杀死他们。于是山本和另一名士兵用刺刀将他们捅死②，尽管他完全知道国际法禁止杀害战俘：

> 受过教育的军人都知道，对待战俘有相关的国际法，即使是敌人，也不允许杀害被俘的中国士兵。但事实上，我们没有足够的食物，即使把他们带到总部，结果也是被用来试刀，或者被那些想有一些战争经历作为纪念的人杀掉。③

他在12月12日写道：

> 下午，第六中队的士兵在机场附近抓获了30名敌兵，把他们押到前面的田地里，把他们全部杀死，然后挖了一个坑把他们埋了。我觉得这是极其残酷的，但我们中队在机场的"扫荡"行动中，也抓获了26名敌兵。我们把他们分送给了后方的部队，如炮兵和辎重部队来处理。我

---

① ［日］山本武：『一兵士の従軍記録：づりおく、わたしの鯖江三十六聯隊』(《军人服役记录：记忆片段·我的鯖江36联队》)，福井：新福井1985年版，第79页。
② ［日］山本武：『一兵士の従軍記録：づりおく、わたしの鯖江三十六聯隊』(《军人服役记录：记忆片段·我的鯖江36联队》)，福井：新福井1985年版，第79页。
③ ［日］山本武：『一兵士の従軍記録：づりおく、わたしの鯖江三十六聯隊』(《军人服役记录：记忆片段·我的鯖江三十六联队》)，福井：新福井1985年版，第97页。

觉得他们肯定会用来试剑。①

山本武还记录了12月19日第六师团在长江边上进行的大屠杀：

> 此外，我今天上午了解到，在攻打南京的战斗中，在杭州湾登陆的第六师团（熊本），为了不让敌军撤到对岸的浦口和芜湖方向，他们或用机枪扫射，或用大炮轰击，或用坦克和装甲车在下关屠杀了数千名士兵。甚至那些举着白旗的人也被杀了。军司令官松井大将认为这是不符合皇军的行为，训斥了他们，并命令他们立即处理尸体。第六师团每天都在焚烧尸体，或者用船把尸体扔到江中心去，这真是太可恶了。②

第六师团

折田护（Mamoru Orita）

折田护少尉是第六师团第二十三大队的炮兵小队长。他的小队在1937年12月13日上午10点30分左右进入南京。他在日记中写道，他的部队在城内进行"清剿"，同时向清凉山进发，并在下午3点左右到达清凉山，寺庙房屋被分配给该小队作为当晚的住宿地③。

折田护在12月16日的日记中记录了汉中门外的一次大规模处决："据报道，今天又俘虏了1000多。他们都将在汉中门外被枪决或斩首，这让我很震惊。俘虏们在地下室里藏身。"④

12月17日下午6点，他所在的大队为中队长和小队长举行了一次宴会。

---

① [日]山本武:『一兵士の従軍記録：づりおく、わたしの鯖江三十六聯隊』(《军人服役记录：记忆片段・我的鯖江三十六联队》)，福井：新福井1985年版，第98页。

② [日]山本武:『一兵士の従軍記録：づりおく、わたしの鯖江三十六聯隊』(《军人服役记录：记忆片段・我的鯖江三十六联队》)，福井：新福井1985年版，第103页。

③ [日]折田护:『折田護日記』，收录于『南京戦史資料集』，1989，第447页。

④ [日]折田护:『折田護日記』，收录于『南京戦史資料集』，1989，第448页。

在宴会上，大队长要他们注意，机枪中队的两名士兵在城里强奸了两名中国妇女。此案正在调查中。他警告说，他们应该密切注意，防止此类事情再次发生①。

前田吉彦（Kitsuhiko Maeda）

前田吉彦是第六师团第四十五联队第七中队的一名少尉小队长。他每天都写篇幅很长、内容详细的日记。1937年12月10日，他的小队从铁心桥向西善桥镇进攻。下午4点，旅团长牛岛满命令他们从西善桥镇向上新河镇进发，向下关前进，目的是切断敌人的撤退通道。他的小队于12月11日到达上新河镇以南地区，通过上新河镇和水西门之间的区域向北进攻。他们于12月13日抵达江东门②。

他的小队在12月15日上午经水西门进城。在当天的日记中，他记录了他听说的一幕：12月14日，在水西门，一百多名被俘的中国士兵被杀害。为了掩盖这场屠杀，命令参与杀人的士兵尽快掩埋尸体。他们不得不连夜干活，直到12月15日清晨才将尸体埋葬③。12月19日，他目睹了日本兵在一栋西式建筑中放火：

> 在我回来的路上，当我经过秦淮河南边的路口时，路边一栋三层楼的西式建筑里突然冒出了黑烟，楼下还不断冒出火焰。我今天早上来的时候，四处都没有火。这是经掠夺队首肯而放的火。
>
> 他们的行为完全没有考虑皇军，如果1000名日本士兵中的一个人做了违法的事情，整个皇军的声誉就会受到损害，不是吗？④

---

① ［日］折田护：『折田護日記』，收录于『南京戦史資料集』，1989，第448页。
② ［日］前田吉彦：『前田吉彦少尉日記』，收录于『南京戦史資料集』，1989，第453—462页。
③ ［日］前田吉彦：『前田吉彦少尉日記』，收录于『南京戦史資料集』，1989，第463—464页。
④ ［日］前田吉彦：『前田吉彦少尉日記』，收录于『南京戦史資料集』，1989，第468页。

福元统（Tsuzuki Fukumoto）

福元统是第六师团第四十五联队第十一中队的一等兵。他每天都写日记，1937年12月13日记录了参加攻击上新河镇的战斗，并在江东门附近的中国陆军监狱内扎营。12月14日至16日，他每天都出去征缴或抢劫。12月17日，他清扫街道并处理中国军人的尸体[①]。12月20日：

> 我上午休息了一下。下午去上新河镇清理和清点敌人的尸体。全小队都去了。至于尸体的数量，有2377具。我听说，江里还有很多尸体。[②]

高城守一（Morikazu Takashiro）

高城守一是第六师团第六辎重联队的一名小队长。他从南面通过中华门进入南京城。1937年12月14日，他的小队到下关去领食物和燃料。此行使他目睹了长江岸边无数的尸体：

> 在长江激流中，漂浮着无数看起来像平民的尸体，随着江水的流动缓慢移动。
>
> 此外，每当波浪到达岸边时，死尸就像漂浮的木头，被波浪推过来；在江边，成堆的尸体一望无际。这些尸体似乎是南京的难民，似乎有几千或数以万计，数量庞大。
>
> 逃离南京的平民，无论是男人、女人还是儿童，都被机枪和步枪不分青红皂白地扫射。
>
> 尸体的状况鲜明地显示，发生了大屠杀。沿着道路，尸体堆积了数英里。日本军队在处决他们之后，将汽油浇在堆积如山的尸体上，然后放火焚烧尸体。经过焚烧，这些尸体被烧得面目全非。无法判断这些尸体是平民还是中国士兵的尸体，是男性还是女性。可以肯定的是，在这

---

① ［日］福元统:『福元统日记』, 收录于『南京战史资料集』第二卷, 1993, 第385—386页。
② ［日］福元统:『福元统日记』, 收录于『南京战史资料集』第二卷, 1993, 第386页。

些被烧毁的尸体中，有大量的儿童尸体。他们中的大多数肯定是平民。我从来没有见过如此悲惨的景象。在目睹了大屠杀现场后，我认为日本军队犯下了不可饶恕的罪行。

当我们来到下关的兵站仓库时，正在装卸给养。在南京战役中被俘的敌军士兵，当时正在做苦力。见到至少有两三百。

他们中的一些人似乎非常疲惫，在搬运重物时跌跌撞撞。有些人因为疲惫不堪，一个接一个地倒下。那些倒下而无法站起来的人被无情地枪杀，再扔进长江。他们的尸体被肮脏的水流吞没，瞬间消失。

其他苦力，也许知道他们会遇到同样的命运，正在默默地搬运他们的货物。

虽然我在下关待的时间不长，但在那段时间里，我目睹了大约 10 名苦力被枪杀。①

赤星义雄（Yoshio Akaboshi）

作为第六师团第十三联队的一名二等兵，赤星义雄参加了南京战役。他于 1937 年 12 月 13 日经由中华门进入南京，并在第二天穿过城市到达狮子山。在 1979 年出版的回忆录中，他描述了他在长江边的观察。他所目睹的情况与高城守一的相似：

长江边就像其他普通的码头一样，船只在那里启程、抵达。但是，当我站在那里观察长江的水流时，出现在我眼前的是一个不可思议的景象。

在 2000 米宽的江面上漂浮着无数的尸体，哦不，可能比这还宽。环顾四周，我只能看到死尸。在岸边和江里，它们不是士兵的尸体，而是

---

① ［日］高城守一：『銃劍は相手を選ばず』(《刺刀无法选择持刀人》)，收录于『揚子江が哭いている：熊本第六師団大陸出兵の記録』，创价学会青年部反战出版委员会编，东京：第三文明社 1980 年版，第 95—96 页。

平民的尸体。成人、儿童、男男女女都像木筏一样在江面上缓缓漂浮。向上游看去，堆积如山的尸体不断涌来。我感觉到，将要到来的死尸是无穷无尽的。

至少有5万多具尸体，而且几乎都是平民。长江确实成了"死尸之河"。①

第三师团

浅野善内（Zennai Asano）

浅野善内是第三师团管理部的一名主计曹长。1937年12月14日，他通过通济门进入南京。在他1993年自费出版的回忆录《我的战争经历》（私の戦歴）中，他描述了12月15日在太平门看到的情况：

> 我漫无目的地穿过广场走向城墙。在右边我可以看到太平门顶上的瞭望塔。当我准备沿着杂草丛生的河堤走去，以窥见长江和玄武湖的远景时，闻到一股不知从哪里来的强烈的腐烂尸体的气味。我环顾四周，只见到无尽的城墙。我继续走到顶端，在那里我可以看到城墙外的区域。我被眼前干涸的沟壑中的悲惨景象惊呆了。中国士兵的尸体被绳索捆绑在一起，就像枯萎的莲花和树叶一样，填满了整个沟壑。恶臭味沿着城墙升腾而起直扑我的鼻子与嘴巴。这种景象和臭味让我难以忍受，于是我迅速从城墙上走下来。②

浅野还写道，大量的败残兵被机枪扫射，他们的尸体被江浪冲走。"我

---

① ［日］赤星义雄：『揚子江を埋めた屍』（《布满尸体的扬子江》），收录于『揚子江が哭いている：熊本第六師団大陸出兵の記録』，第29—30页。
② ［日］浅野善内：《我的战争经历》，1993私家版，转引自《南京大屠杀：60 日军官兵日记与回忆》，第126—127页。

猜想，这也许是因为我们的部队从来没有处理过如此规模的俘虏。考虑到食物供应和关押俘虏的管理，我们的部队别无选择，只能在扫荡行动中的处理他们。"①

曾根一夫（Kazuo Sone）

1937年9月1日，曾根一夫在吴淞口登陆，参加了淞沪会战，在长江下游作战，12月14日，他进入南京。在他出版的书籍中，他描述了他的战争经历、对战争的分析、对日本暴行的思考，包括他斩杀一名投降的中国士兵和一名村民、强奸妇女、在一个村庄里抢劫和焚烧房屋的个人经历。尽管他没有明确指出自己在哪个师团服役，但他在《我的南京大屠杀个人记录》（『私记南京虐杀』）中提到："我于昭和十二年八月二十六日出发，于九月一日在吴淞的铁路栈桥登陆。上海战役开始不久，第一梯队的部队由驱逐舰运来，于8月23日在吴淞码头进行强行登陆作战，然后建立滩头阵地，而我属于第二梯队的部队。"② 1937年8月23日，日军第十一师团在狮子林登陆，而第三师团则在吴淞地区的黄浦江内登陆。12月11日前后，第十一师团在镇江渡过长江，进攻扬州，因此并没有参加南京周围的战斗。由此可以推断，曾根一夫是在第三师团服役的士兵。

在他的《我的南京大屠杀个人记录续编》（『続私记南京虐杀』）一书中，曾根一夫回忆了他到达南京后的所见所闻：

> 我们走进南京城外的街道时，已经是14日，即南京被攻陷后的第二天。走在街上，我们可以看到路边和一个广场上散落着成堆的尸体。如果这些都是中国士兵的尸体，那是战斗的必然结果，没有什么可谈的。

---

① [日]浅野善内：《我的战争经历》，1993私家版，转引自《南京大屠杀：60 日军官兵日记与回忆》，第127页。

② [日]曾根一夫：『私記南京虐殺』（《我的南京大屠杀个人记录》），东京：彩流社1984年版，第31—32页。

然而，有很大一部分是平民的尸体。大多数是老人、妇女和儿童，他们行动缓慢。其中有抱着婴儿的母亲，还有不到10岁的孩子。看来那些行动迅速的士兵已经逃走了，只有那些行动缓慢的平民留下来成为受害者。

当我们到达城门时，前一天攻入城内的部队仍在那里驻扎。这些士兵还没有从前一天晚上的兴奋中恢复过来，他们说："昨天我们到这里的时候，那些平民不知道该往哪里逃，到处乱跑，我们用刺刀把他们一个个捅死，不管他们是男是女是老是少！这就叫乘胜追击，杀光中国人，不留活口！"[①]

南京沦陷两三天后，曾根一夫近距离目睹了一场大屠杀。那是在长江边上，大量的中国人被机枪扫射：

我们去下关领粮食补给，回来的路上，得知他们在大规模处决俘虏，我们去看了一下，但处决已经结束。由于我对周围的道路不熟悉，而且只去过一次，所以我不能绝对确定屠杀地点的位置。但我大致记得，那是长江边的一块空地，离下关有一段距离。

那片空地的地势较高，浑浊的长江水从旁边流过。每一组约100人被押到那片空地上，用机枪扫射。

我没有亲眼看到枪击，但我看到地面被数千人的鲜血染红，看到江里漂浮的尸体。尸体太多，长江似乎变窄了。不难想象在那次事件中发生了什么。

听一开始就在那里的人说，被押到空地的中国人站在那儿，身后是长江，然后机枪开始在他们前面扫射。不到三分钟，100多人都倒下了。

所有的人倒下后，又有一批人被押过来，强迫他们把尸体搬走，扔进江里，然后被杀死。这个过程循环往复，在半天的时间里，也许有

[①] ［日］曾根一夫：『続私記南京虐殺』(《我的南京大屠杀个人记录续编》)，东京：彩流社1984年版，第63页。

一万人被杀。①

其他部队

田所耕三（Kouzou Tatokoro）

田所耕三是第一一四师重机枪中队的一名二等兵。1937年12月13日，他的中队从南面攻入南京。1971年，53岁的他在接受采访时讲述了他的战斗经历和他所参与的暴行：

> 我们进行了"清剿"城内残余敌人的行动。在抓获军官和军校毕业生后，我们把他们绑在柳树上，同时训练刚入伍的新兵如何射击和上刺刀，他们也学着去杀人。军官和军士们将蹲在坑前的俘虏斩首。作为一个入伍第二年的士兵，我只被允许使用刺刀。……我们在城内和城外以这种方式杀人可能已经连续十天了，当然我们是按照命令行事的。
>
> 我在下关的时候，我们用铁丝捆绑10个俘虏，把他们绑在一起，形成一个井字形，然后把汽油倒在他们身上，点燃。我们称其为"捆绑沙袋"。我们觉得这简直就像杀猪一样，自从我们参与了这样的行动，杀人已经不是什么大事了，是一件屡见不鲜的事情！……因为这些是命令，我们没有多想。……
>
> 为了惩罚俘虏，我们伤害他们，割掉他们的耳朵和鼻子，用军刀猛地刺进俘虏的嘴里，或者在俘虏的眼睛下面切开，黏稠的白色东西会流出来，长达五英寸，这让我想起死鱼的眼睛。如果我们不做这些，那就一点都不好玩了。这是我们在登陆后玩的第一个游戏。军官们？他们假装不知道。
>
> 妇女是遭受伤害最深的受害者，她们无论老少都被强奸。我们坐着

---

① ［日］曾根一夫：『続私記南京虐殺』（《我的南京大屠杀个人记录续编》），东京：彩流社1984年版，第64—65页。

烧炭的汽车从下关到各村，把妇女劫持回来分给士兵，15或20个士兵一个妇女。①

田所耕三还讲述了一个日本兵因强奸中国妇女而被杀：

> 有个来自新潟的士兵，独自进城。他离开了很长时间都没有回来。我们都去寻找他。我们把那里所有的人都抓起来，要他们说出他的下落。我们把其中一个人拉出来，当场砍死。然后，他们坦白了。这名士兵的尸体是在一个用来储存苹果的地洞里发现的。他把一个女人带进地洞后，有人从后面用三叉镐将他杀死。
>
> 没有一个士兵没有强奸行为。大多数妇女奸后被杀。一旦把女人放走她就跑了，从后面开枪打死她。因为如果我们不杀她们，就会给我们带来麻烦。如果被宪兵知道，我们会被送上军事法庭。所以，即使我们不愿意这样做，这些妇女也还是被杀。②

梶谷健郎（Kenrou Kajitani）

梶谷健郎是在第二碇泊司令部服役的中士。他每天都简略地记录自己的日常活动。1937年12月14日下午，他的部队进入南京，并在第二天参加了在江边与海军部队一起进行的"扫荡"行动。他在12月15日的日记中写道："在上午和下午，我们与海军一起在附近"扫荡"败残兵，枪杀了十几人，打伤不少人。最后，将残兵抓捕到一个地方。"③ 他还记录了下关的大规模处决：

---

① 『最前線大異常あり：虐殺で対立する南京攻略戦の士兵たち』（《前线极度不正常：参加南京攻略战的军人因屠杀而对立》），载『アサヒ芸能』（《阿萨希娱乐》）1971年1月28日，第44—45页。

② 『最前線大異常あり：虐殺で対立する南京攻略戦の士兵たち』（《前线极度不正常：参加南京攻略战的军人因屠杀而对立》），载『アサヒ芸能』（《阿萨希娱乐》）1971年1月28日，第45页。

③ ［日］梶谷健郎，『梶谷健郎日記』，收录于『南京戦史資料集』第二卷，1993，第435页。

12月16日。晴。

清晨2点左右,我听到激烈的机枪射击声,处决了大约2000名残兵。事件发生在长江边的下关。早上,我和部队长少佐一起去港内巡查。在第二座栈桥上,我们发现了7个败残兵,将他们击毙。其中一个看起来像是15岁的孩子。有无数的死尸,这种场面难以言状。

12月17日。晴。

今天凌晨,我亲眼看到他们在凌晨1点开始处决2000名残兵。大约持续了一个小时。在清澈的月光下,这样的人间地狱确实让人感到恐怖。大约有10个人逃了出来。①

梶谷健郎在接下来的几天里参与了港区和码头设施的清理工作。12月22日,他注意到下关的街道被日本兵清理干净,他们把中国人的尸体扔进长江。他本人负责在下关处理了一千多具尸体②。

在1981年发表的一篇回忆文章中,梶谷详细地描述了他在1937年12月16日凌晨2点左右在长江边目睹的一场大规模处决:

昭和12年12月15日③ 凌晨2点左右,在抵达首都南京后不久,我们在临时宿舍听到了激烈的枪声,似乎是重机枪。我和同住一屋的轻部米三伍长,觉得这个时候不可能是敌人来攻击,就把手枪举过肩头,赶紧向长江的港口跑去。我们跑了相当长的距离,大约1公里。那是一个万里无云的寒夜,月光皎洁,在月光下,连草丛的影子都看得清清楚楚。由于视野开阔,即使在50多米外,人的面孔也清晰可见。

月光出乎意料地亮如白昼,这在目前的日本已经看不到了。没过多久,我们就意识到了枪声是怎么回事,并对那骇人的场面感到震惊。那

---

① [日]梶谷健郎:『梶谷健郎日記』,收录于『南京戦史資料集』第二卷,1993,第435页。
② [日]梶谷健郎:『梶谷健郎日記』,收录于『南京戦史資料集』第二卷,1993,第436—437页。
③ 根据他的日记,应为16日。

是处决敌方俘虏，他们被迫排成四列，虽然他们的脚是自由的，但他们的手却被捆绑起来。这些纵队沿着蜿蜒的道路向后延伸。在纵队的两侧，大约每隔四五米就有一个看守的哨兵，手持刺刀，如果有人稍稍说话或弯腰，就会被无情地用枪殴打。他们被迫半步或一步步地向前走。接下来，我将谈一谈处决的方法。执行任务时使用了两挺机枪，当时正值枯水期，江水与岸边之间有一个40至50米的白钵状的底部。他们被赶到江边，然后两挺重机枪，相距约5米，略微向下射击。面对迫在眉睫的死亡，几乎所有的人要么感到绝望，认为无路可走，要么试图通过跑下坡去，寻求一条勉强生存的途径。

我看到80%的人成了重机枪的牺牲品，而其余的人则拼命解开绳子，然后不顾严寒冲进江里。但重机枪并没有继续向他们射击，因为他们没有空。那些跳进江里的人直到游了很长一段距离后才从水中浮出水面，在急速的水流中向下游游去。因为月亮非常明亮，可以看得很清楚。当我认为他们的运气还不错时，一股暖流充斥着我的心头。江边的尸体渐渐多了起来，这种景象让我终生难忘，因为它给我留下了极其深刻的印象，仿佛就发生在昨天，而我并不觉得这是44年前发生的事情。因为我是一名军人，我已经做好了赴死的心理准备，并极力想保持冷静，但我还是被这一景象完全惊呆了。[①]

岩崎昌治（Masaharu Iwazaki）

岩崎昌治（1912—1938），1912年6月27日出生在神奈川县，是上海派遣军独立工兵联队的一等兵。他于1938年6月9日在安徽省正阳关附近阵亡。与其他按时写日记的人不同，岩崎经常给家人和朋友写信。在1937年12月17日给家人的信中，他详细地描述了他的战斗经历和对中国军人的大规模处决。他特别指出，他们试图处决每一个被俘的中国人：

[①] ［日］梶谷健郎：《参加南京攻略战》《骑兵第四联队史》，转引自《南京大屠杀：10 日军官兵与记者回忆》，王卫星编，南京：江苏人民出版社2005年版，第106—107页。

工兵部队在 12 月 14 日黎明前占领了下关火车站。在此期间，在长江边上，我们的工兵部队射杀了大约 800 名败残兵。我们甚至不知道是在杀人，还是在放置漂浮在江面上的竹子。

今天（17日下午2时30分），我在附近地区巡查了一上午，下午休息。在岸上杀死中国士兵后，我们把尸体堆放在一个地方，然后倒上汽油烧掉。在一个大概有相川小学广场那么大的地方，中国人的尸体堆积了两三层。

今天举行了南京入城仪式，但我没能参加（每个中队只有一名军官和 12 名士兵参加）。因此，我们把昨晚俘虏的约 2000 名中国人集中起来，在今天黎明前把他们全部杀死。仅在长江岸边就散落着约 5000 具尸体，一片狼藉。……不时传来持续的"彭、彭"枪声，那是处决尚未被消灭的残余败兵的声音。焚烧尸体产生的恶臭不时随风飘到我们这里。……正如我在之前的信中多次写到的那样，我们绝不会留下任何活口。为什么呢？即使只留一个人活着，又会发生什么情况呢？战场上的日军不像那些出现在检阅仪式上的人。因为他们的部下和战友受到伤害或被杀，他们已经完全疯了，一旦看到有中国人，就会大喊"杀了他"，把他们杀掉。①

佐佐木元胜（Motokatsu Sasaki）

佐佐木元胜（1904—1985），生于 1904 年 4 月 1 日，1927 年毕业于东京帝国大学法学院，同年进入邮政部工作。1937 年 8 月，他应征入伍，成为上海派遣军的一名军邮官员。1941 年，他根据自己日常所记的详细日记，以《野战邮局的旗帜》（野战邮便旗）为书名出版了他在中国的战时经历。1973 年他将该书加以修订，并补充了更多的信息，以同样的书名重新出版。

---

① ［日］岩崎昌治:『或る戦いの軌跡：岩崎昌治陣中書簡より』(《战斗轨迹：岩崎昌治战地书简》)，东京：近代文芸社 1995 年版，第 74—76 页。

1937年12月16日，他到达南京东郊的麒麟门，在那里他观察到：

> 在麒麟门前公路右侧的实验所广场上，有不少人，他们穿着蓝色的衣服，看起来像苦力，蹲在那里。他们是4000名被解除武装的中国军人。在公路两旁，也有许多中国士兵。他们睁大眼睛盯着，让人心惊肉跳。……在存放弹药的马群镇，正在进行一次行动，"清剿"200名被打败的中国残兵。……坐在快速行驶的卡车上，我看到在存放弹药的地方有两个新设置的墓碑。新的墓碑是为了纪念那些可怜的抗日女英雄而专门制作的。墓碑上用墨水写着"中国女兵之墓"。①

不久，这辆卡车通过中山门进城。他观察到："与上海不同，南京没有手推车，街上很安静。在一个街角，余火仍在燃烧，随着暮色降临，火势变得更红了。"② 在1973年版中，他在上述两句话之间插入了一句话："据了解，此时城内外约有42000名战俘。"③

然后，佐佐木元胜进一步描述了他在城内看到的情况：

> 在大街上，陆军部（军政部）和海军部之间仅有几个街区。然而，它提醒人们，它曾经历过地狱。也许，这里已经被清理得差不多了，剩下的尸体也不多，但是步枪、钢盔、衣服却乱七八糟。人们不禁猜测，一两万名中国士兵就在这里被砍死了。看来，这里也是中国军人脱下军装，换上便服的地方。太阳红得耀眼，就要落山了。被烧毁的卡车残骸散落一地，人们不禁想到，在用木材和沙袋加固的挹江门，发生了激烈的战斗。

---

① 佐佐木元胜：『野戦郵便旗』（《野战邮局的旗帜》），东京：日本讲演通讯社1941年版，第239—240页。
② 佐佐木元胜：『野戦郵便旗』（《野战邮局的旗帜》），东京：日本讲演通讯社1941年版，第240页。
③ 佐佐木元胜：『野戦郵便旗』（上），东京：现代史资料センター出版会1973年版，第216页。

从挹江门出来，我们驶向中国邮局，它位于长江边的火车站附近。江岸上还留有无数中国军人被屠杀的痕迹，而驱逐舰则停泊在江中。城墙外的下关地区，就像上海的闸北一样，被烧成一片废墟。

在类似于大银行的中国邮局大楼前，有一具中国军人的尸体仰面躺在燃烧的大火中。这似乎是个军官，他的面部骨骼结构结实有力，睁大眼睛盯视着。在被烧毁的碎砖瓦砾的残骸中，有一具刚刚被杀的中老年男子的尸体，他的嘴和鼻子里都流出了血，旁边还有一个包袱。[1]

佐佐木元胜还看到大量被解除武装的中国军人和平民组成的队伍在街上被日本兵押着走：

大量的苦力被手持刺刀的士兵押着，在天色渐渐暗下来的时候，他们一个接一个地列队走在街上。他们都是被俘的士兵。我坐在卡车上问一个押送他们的士兵。士兵答道，他们都是换了便衣的中国士兵，但他们每个人都被俘虏了。……苍白的月亮挂在天空中。这是一个历史性的夜晚，因为有大量的俘虏！……

那天晚上，在下关邮局附近的码头上，可以听到激烈的扫荡残兵的枪声。在悲壮而令人印象深刻的气氛中，江中的驱逐舰打开了灯，用机枪扫射那些试图顺着浑浊的江水漂流逃跑的残兵。[2]

12月17日，佐佐木元胜和其他人乘坐卡车前往中山陵，在那里他目睹了一名中国士兵被斩首的情景：

当我们开始爬上中山陵的台阶时，一队去"征缴"汽油罐的士兵回来了。其中一个人拿着一把崭新的青龙刀。我感到惊讶的是，一个败

---

[1] ［日］佐佐木元胜：『野戦郵便旗』，1941，第240—241页。
[2] ［日］佐佐木元胜：『野戦郵便旗』，1941，第241—242页。

残兵，双手被绑在背后，被一根粗绳拖拽着。看来，汽油罐应该是在通往陵墓的台阶旁的附属建筑里。这名残兵被抓时，他似乎在松树林或其他地方蹒跚而行。他很高，但很瘦，瞪着双眼，像只斗鸡。他似乎受了伤，也许是饿了或累了。当他从台阶旁的草坪走向公路时，他摔倒了。摔了好几次，胸口撞到地上，那是一个极其可怜的景象。被别人牵着走，心里很不舒服。亡国的悲哀强烈地触动着我的心灵。①

在 1973 年版中，作者在最后一句话前面插入了"在中山陵前的松树林中的干草地上，看到一道白光在那个年轻的残兵的脖子被割断之前闪过"②。

在从中山陵回来的路上，"在中山门前，我们碰到了大量被解除武装的中国军人"③。在 1973 年版中，这句话后面有一个短语"也许人数有 7200 人"。④

佐佐木元胜对他周围发生的事情有敏锐的观察力。那天晚上，他在邮局注意到一个 13 岁的男孩，他被日本士兵劫持到那里：

这个男孩来自句容的一个佛教寺庙，他认识不少汉字，苦力们因此很佩服他。他的母亲被杀害了。离开句容时他悲痛欲绝，号啕大哭。晚上，远处和附近的一些地方大火在继续燃烧。⑤

12 月 18 日，佐佐木元胜在南京郊区办事时迷路了，然后他路过一个破旧肮脏的房屋，"地上有五六具尸体，一个白发苍苍的老太太也躺在那里。她和我的母亲很像，这让我心里有种不快的感觉"⑥。

---

① ［日］佐佐木元胜：『野戦郵便旗』，1941，第 243—244 页。
② ［日］佐佐木元胜：『野戦郵便旗』，1973，第 220 页。
③ ［日］佐佐木元胜：『野戦郵便旗』，1941，第 244 页。
④ ［日］佐佐木元胜：『野戦郵便旗』，1973，第 220 页。
⑤ ［日］佐佐木元胜：『野戦郵便旗』，1941，第 245 页。
⑥ ［日］佐佐木元胜：『野戦郵便旗』，1941，第 245—246 页。

他描述的最可怕的画面是下关长江边的屠杀现场：

南京下关的中国邮局是一座宏伟的建筑。在江边，被"清剿"的残兵的遗骸一层层地堆积起来，这是一个极其悲惨的景象。此外，我不知道有多少尸体被长江浑浊的水流吞噬卷走了。当关东发生大地震时，我在家里看到许多尸体堆积在江边，但这与现在我眼前的景象无法相比。剥夺人们生命的子弹和刺刀已经施加在他们身上。有半裸的尸体，有些已经被烧过。尸体附近是用草席包裹起来的大酒桶，堆积如山，似乎在庆祝胜利。哨兵站在酒桶上警戒。这在胜利的国家和战败的国家之间形成鲜明的对照，这是一个最令人印象深刻的景象。①

由退役军人协会偕行社出版的同名月刊《偕行》在 1984 年 12 月号上刊登了佐佐木元胜 1937 年 12 月 16 日和 17 日的日记：

12 月 16 日，天气晴朗，微风习习……

日落时分，我们乘坐卡车前往长江边的停车场附近的邮局，那里像上海的闸北一样破败不堪。在长江边，有证明无数中国士兵被屠杀的痕迹，江中有驱逐舰。躺在新邮局前面的是一具戴着帽子的中国军人（军官）的尸体，他的腿和腹部还在燃烧。在废墟中，有一具刚刚被杀的中年男子的尸体，躺在地上，嘴里和鼻子里都流出了血……

马群弹药库的 5 名士兵在与残余敌军作战后，将 200 人解除武装后捆绑起来，下午 1 点左右，用刺刀将他们一个个捅死……黄昏时分，我路过该处时，这 200 人已经被埋葬，竖起了墓牌。

据说，在南京有 42000 名战俘。在我们从长江岸边回来的路上，不时看到他们排成长队，由日本兵押送。苦力（战俘）有三大群，从卡车

---

① ［日］佐佐木元胜：『野戦郵便旗』，1941，第 247 页。

窗口，我问押送他们的士兵。士兵回答说，他们都会被处死。尽管这些人乔装成平民，寻求庇护，但我们还是把他们全部抓了起来。他们中的许多人戴着日本太阳徽记的臂章，有些人看起来像15或16岁的服务生。苍白的月亮挂在天空中，对于这群战俘来说，这真是一场历史悲剧，他们的生命将只有一晚。

去过码头邮局的司机兵回来得很晚。他们说，有2000名战俘在码头被处决了。他们双手捆绑，被驱赶到江里，然后被枪杀。那些试图逃跑的人被机枪扫射。每次驱赶三四个人，这时他们被肆意地用刺刀刺杀或用军刀砍杀。司机兵也杀死了其中15人。

在马群将一名女战俘刺杀

这是吉川先生亲眼看到的。起初，他们与我们的七个士兵短暂地交火，然后一个人（女的）下来了，举着一面白旗。她垂头丧气，被送到了弹药库。她既不激动，也不哭泣，仍然很镇定。在检查她的衣服时，由于她的长发，他们发现她是个"女的"。士兵们把她剥得一丝不挂，并给她拍了照。他们在这个过程中发现她很可爱，所以让她穿上了大衣。

处决他们时，所有的人都从背后被刺刀捅死，刺刀捅了两次才死。在这些战俘中，有个朝鲜人在哀号。三个战俘跳进一个池塘，他们被枪杀。

12月17日，晴……

穿过战地邮局前的道路，我们到达长江边，面对着最大的人间悲剧。昨天晚上，有2000多名战俘被处决。他们被捆绑起来，一起关押在道路另一侧的空地上。每一次将其中四人赶到用石板铺成的江边，然后被日本兵枪杀，他们用中国的步枪向他们猛烈地、密集地射击。逃跑的人被机枪扫倒。江中的驱逐舰为该地区提供照明。集体处决在两个地方进行。

靠近公路的地方似乎被撒上了石油，烧得漆黑。在我视线所及之处，血流成河，尸体散落一地。在乱七八糟的尸体堆中，有一个人睁着眼睛盯着我们。兵站的士兵从路边的围栏向他开枪。第一枪打中了他，但没有杀死他；第二枪打到了水里，他睁开了眼睛，看着这边，似乎在诅咒我们。然后，又是一枪，他痛苦地伸出双手，迎接死亡。抗日是对日本的诅咒吗？……

夕阳西下，在中山门前，我们又碰上了一大群被解除武装的中国军人，他们确实像一支乞丐大军，尽管他们都不显得可怜。站在卡车旁的负责军官说，他们正在想办法杀死这批人中的7200人。他们想到了让他们上船，然后处理掉他们，但是没有船。他们被暂时关押在警察局，要饿死他们。①

井手纯二（Junji Ite）

1937年，井手纯二是一名中士，在日本陆军航空队第八飞行队担任厨师。他于1937年12月29日才到达南京，住在光华门外的大校场机场。他每天乘坐卡车到下关去领食品，这使他有机会目睹长江边的大屠杀。

1984年6月，在曾根一夫出版了《我的南京大屠杀个人记录》之后，井手纯二立即给曾根写了一封长信，与曾根分享了他亲自看见的大规模屠杀的情况：

> 从昭和12年12月底到次年1月的头几天，我在下关的码头栈桥至少目睹了五次"大屠杀"。我亲眼看到码头栈桥下堆积如山的尸体和江里漂浮的尸体。此外，我还拍了许多照片。如果您需要，我可以寄给您几张供参考。②

根据这封信的内容，井手纯二在1984年的《历史与人物》杂志增刊上发表了一篇题为《我所目睹的南京悲剧》（『私が目撃した南京の惨剧』）的回忆文章。在这篇文章中，他详细描述了他在下关目睹的大规模

---

① ［日］佐佐木元胜：『佐々木元勝氏の野戦郵便長日記』（《佐々木元胜战地邮局局长日记》），载『偕行』1984年12月号，第10—11页。

② ［日］曾根一夫：『続私記南京虐殺』，第76页。

处决：

南京北部的中山北路从挹江门向长江以东地区延伸，其中包括下关火车站。有一条铁路支线和一座铁桥从火车站延伸到长江边。对岸浦口的货运列车可以驶入运输船，长江岸边有一个下沉区，如果俘虏被处决，他们会掉进江里。虽然其中一些会被江水冲走，但更多的尸体会留下来，堆积在江边。

当时，我的职责是为我的部队做饭，每天我都会乘坐卡车到食品供应站去一到两次，去取食品和其他物资。我可以自由地出入营房。尽管没有明确的记录，但从12月29日之后到第二年1月5日左右，我至少去了三四次。……

我把这座铁桥称为"血染的栈桥"。大约20名中国俘虏被一辆类似卡车的车辆从拘留所带出来，站在江边的桥前。我看到他们背着包袱，穿着厚厚的棉衣。我猜想，也许日本兵欺骗了他们，告诉他们说把他们带到那儿将他们释放。我从远处观察，但我没有看到穿军装的人，尽管他们是二十多岁到三十多岁的男性，剃着光头。我想他们可能是便衣士兵。

在离江岸约200米的地方，沿路转弯，可以看到在江滩上，在江水和江岸之间，被处决的人的尸体堆积如山。那些被驱赶得步履蹒跚的俘虏似乎发现了日本兵的意图。他们想逃跑，但在这样一个地方，他们无处可逃。……

用军刀和机枪处决

处决即将开始。有些人用日本军刀，有些人挥舞着通常由军士使用的95式军刀，而俘虏们则一动不动地坐在那里。日本兵把他们一个个砍死，再将他们的尸体踢入水中。但是，由于95式军刀是一种简单制造的新型军刀，军刀的锋利程度不足以杀人。

有几个技术较好的士兵可以一刀把头砍下来，但大多数士兵都是两三下艰难地把头砍下来。也许是多砍一刀太麻烦了，有些俘虏被砍了一刀，半死不活的就被踢进江里。①

奥宫正武（Masatake Okumiya）

奥宫正武（1909—2007）是日本海军第二联合航空队第十三飞行队的一名轰炸机飞行员。在侵华战争期间，他参加了一系列空袭行动：1937年12月6日轰炸浦口火车站，12月10日轰炸光华门，12月11日轰炸明故宫机场，12月12日轰炸中山门。同样在12月12日，他与其他23架轰炸机一起轰炸并击沉了美国"巴纳号"和美孚火油公司的油轮。他还参加了对英国炮艇与商船队的空袭轰炸。12月17日，他在空中参加了南京入城仪式，但直到12月24日他才飞到大校场机场。从12月25日开始，他花了一周时间寻找在南京及其周边地区被中国人击落的轰炸机机组成员的遗体。正是在这次搜寻任务中，他目睹了两次大屠杀的现场。12月25日，他在南京东部城区进行搜索：

> 在那里找了一会儿后，我从玄武门出城，那里有一个广阔的玄武湖。在那里，我看到了惨不忍睹的景象。湖边布满了中国人的尸体，而在靠近岸边的湖面上，也有无数的漂浮物。我想问问人发生了什么，但周围没有人。这表明最近在南京发生的情况非比寻常（注：记录显示，13日，某些部队处决了战败的士兵，但从我见到的情况来看，似乎不只如此）。②

然后，他在搜索的过程中来到下关地区，在那里他遇到了另一场正在进行的大规模屠杀：

---

① ［日］井手纯二（Junji Ite）:『私が目撃した南京の惨劇』（《我所目睹的南京悲剧》），载『歷史と人物』（《历史与人物》）昭和59年增刊（1984年增刊），第273—274页。

② ［日］奥宫正武:『私の見た南京事件』（《我眼见的南京事件》），东京:PHP研究所1997年版，第33—34页。

在码头设施的最下游，人们可以看到沿长江的一片平整的崖壁，那里有一组临时的仓储设施，实际上是封闭的露天场地。进入这些场地的卡车一辆接着一辆，每辆卡车上都有大约30名中国人。我感到不可思议，为了证实发生了什么情况，我和一名陆军警卫打了招呼，然后走了进去。也许是因为我穿着海军制服佩军刀和手枪，也因为我从一辆海军汽车上下来，没有人试图阻止我。也没有媒体机构的人。

进入广场后，我看到十几个手被绑在背后的中国人。他们被相隔数米一个个地沿着江岸拖出来，用军刀或刺刀杀死后，扔进了长江。靠近岸边的地方，由于水很深，肉眼可辨流速，尸体向下游漂浮。然而，也有一些人还没有死，他们挣扎着来到离岸边很近的浅水区。结果，靠近岸边的江水变成了血水。那些没有被杀死的人又被枪杀。

一连串的处决就像流水线一样有序地进行着。没有人在那里发号施令，从中可以看出，这无疑是按照军官的指示进行的。……

那一天，我在那里待了很久，目睹了一系列的处决。在确定共有10辆卡车进入仓储区后，我离开了那个地方。①

12月27日，奥宫正武再次来到下关，他"看到敞篷的卡车，车上有中国人，不断从城里开来，消失在仓储区"②。

---

① ［日］奥宫正武:『私の見た南京事件』(《我眼见的南京事件》),东京:PHP研究所1997年版,第34—35页。
② ［日］奥宫正武:『私の見た南京事件』(《我眼见的南京事件》),东京:PHP研究所1997年版,第37页。

第八章　南京安全区国际委员会与身陷南京城的西方籍人士

南京安全区国际委员会

1937年8月，上海爆发战争，在接下来的几个月里，有80万难民从战区逃出。法国神父饶家驹（Robert Emile Jacquinot de Besange, 1878—1946）在南市建立了一个中立的安全区，以庇护那些受战争影响、从家园逃出来的人。上海沦陷后，日军迅速向西推进，追击仓促西撤的中国军队。预料日军将抵达南京，1937年11月16日，一些西方人士产生了在南京建立类似安全区的想法[①]，希望在战事抵达之际能为平民提供庇护。次日，便成立了暂定的国际委员会，并努力争取获得美国、英国和德国大使的首肯与协助。南京安全区国际委员会于1937年11月22日正式成立，德国商人约翰·拉贝被推举为委员会会长[②]。15名西方人士组成了该委员会，但保罗·海克特·蒙罗-福勒（Paul Hector Munro-Faure, 1894—1956）、菲利浦·罗伯特·希尔兹（Philip Robert Shields）、约翰斯·莫契·翰森（Johannes Morch Hansen, 1898—1980）、J. 舒尔茨-潘丁（J. Shultze-Pantin）、

[①] W. P. Mills, A letter to his wife Nina, March 18, 1938, Box 141, Record Group 8, Special Collection, Yale Divinity School Library.

[②] John Rabe, *Good Man of Nanking*, pp. 25 and 27.

伊万·E. L. 麦凯（Ivor E. L. Mackay）、詹姆斯·万斯·皮克林（James Vance Pickering, 1906—1975）和 D. J. 林恩（D. J. Lean）于1937年12月初奉各自公司之命撤离南京，到1938年6月才获准回城。

委员会成员名单①

姓名	国籍	工作单位
1. 约翰·H. D. 拉贝先生，会长	德国	西门子洋行
2. 路易斯·S. C. 史迈斯博士 秘书长	美国	金陵大学
3. P. H. 蒙罗-福勒先生	英国	亚细亚火油公司
4. 约翰·麦琪牧师	美国	圣公会
5. P. R. 希尔兹先生	英国	和记洋行
6. J. M. 翰森先生	丹麦	德士古火油公司
7. J. 舒尔茨-潘丁先生	德国	新民洋行
8. 伊万·麦凯先生	英国	太古洋行
9. J. V. 皮克林先生	美国	美孚火油公司
10. 爱德华·斯波林先生	德国	上海保险行
11. M. S. 贝茨博士	美国	金陵大学
12. W. P. 米尔斯牧师	美国	北方长老会
13. J. 林恩先生	英国	亚细亚火油公司
14. C. S. 特里默医生	美国	鼓楼医院
15. 查尔斯·里格斯先生	美国	金陵大学

国际委员会选择了"大致位于中山路以西，汉中路和山西路之间，以及西康路和从该路南端到汉中路和上海路十字路口一线以东的城区"②作为安全区，总部设在宁海路5号。安全区约占城内面积的八分之一，选择这一地区的原因之一是"有较多外国人拥有房产的机构建筑"③。在其存在的数年中，委员会的官员如下：

---

① Enclosure No. 6 to "The Conditions at Nanking, January 1938", January 25, 1938.
② Nanking International Relief Committee, "Report of Activities, November 22, 1937-April 15, 1938", p. 1, Box 103, Record Group 8, Special Collection, Yale Divinity School Library.
③ *Report of the Nanking International Relief Committee, November 1937 to April 30, 1938*, p. 6, Folder 868, Box 102, Record Group 10, Special Collection, Yale University Divinity School Library.

会长：

　　约翰·H. D. 拉贝　1937 年 11 月至 1938 年 2 月

　　W. P. 米尔斯①　1938 年 2 月至 1939 年 5 月

　　M. S. 贝茨　1939 年 5 月起

秘书长：

　　路易斯·S. C. 史迈斯　1937 年 11 月至 1938 年 7 月

　　欧内斯特·H. 福斯特　1938 年 7 月至 1939 年 4 月

　　詹姆斯·F. 卡尼　从 1939 年 5 月起

财务主管：

　　克里斯卿·克罗格②　1937 年 12 月至 1938 年 2 月

　　路易斯·S. C. 史迈斯　1938 年 2 月至 7 月

　　詹姆斯·H. 麦考伦　1938 年 7 月至 1939 年 4 月

　　阿尔伯特·N. 斯图渥特　1939 年 5 月起

行政主管：

　　乔治·A. 菲齐③　1937 年 12 月至 1938 年 2 月

　　胡勃特·L. 索尼　1938 年 2 月起④

---

　　①　米尔斯在拉贝于 1938 年 2 月退出前不久当选为副主席，此后一段时间他被认为是代理主席，拉贝保留了他原来的头衔。然而，在实践中，米尔斯是董事长，并很快被认可为主席。林恩于 1939 年 5 月至 6 月担任副主席。

　　②　克罗格不是国际委员会的成员，但应主席拉贝的要求担任过各种职务。他 1938 年 1 月 23 日离开南京。

　　③　菲奇也不是国际委员会的成员。他担任安全区主任，负责将政策问题提交给委员会，并在困难问题上得到委员会的支持或指示。然而，在 1937—1938 年的糟糕的几个月里，整个国际委员会是一个工作机构，它的几个成员不断地用很多时间来完成详细的任务。

　　④　*Report of the Nanking International Relief Committee*, p. 54.

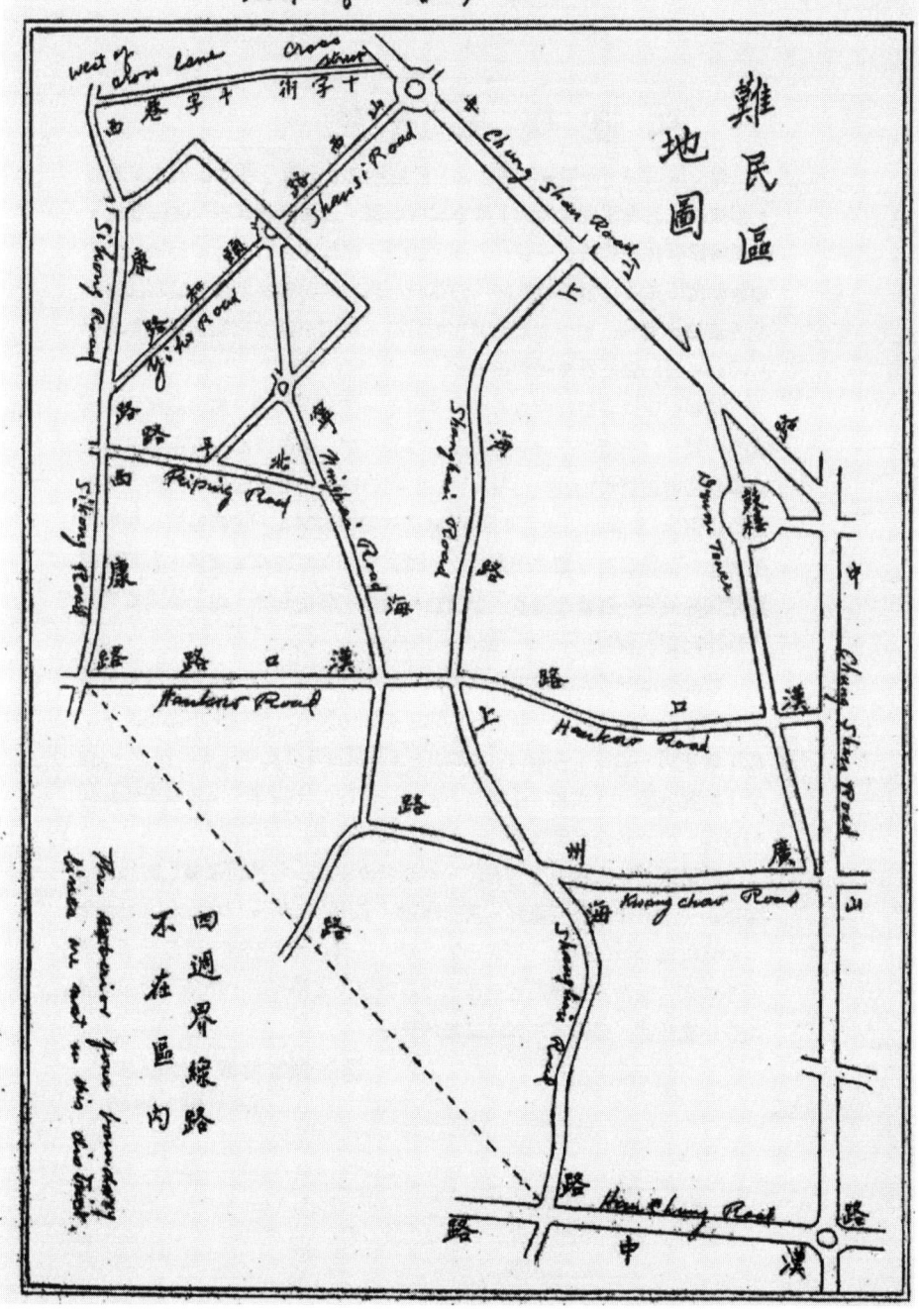

第八章
南京安全区国际委员会与身陷南京城的西方籍人士

告南京市民書

在不久以前，上海戰爭的時候，國際委員會詢問中日雙方當局，在南市一部份的地方設立一個平民安全區。這個區域雙方所詢問的，中國當局允許中國軍隊不進入指定的區域，這個區域既然沒有駐兵，日方也就贊同不再攻打那個地方了。這個協定雙方所遵守的，在那個區域以外的南市各地方，雖然有恐怖破滅的事，然而這個區域卻是救了不少，而且又救了幾千幾萬人的生命。

現在在南京的國際委員會也要本城作了同樣的建議，這個區域的界址開在下面：「東面以中山北路從新街口到山西路的城牆邊界，北面以山西路廣播站西到西康路（即所住宅區的西北角）公共，西面以由西康路的南到漢口路交界（即所住宅區的西南角）又向東成近線到上海路與漢口路交界總邊界；南面以漢中路與上海路交叉處到起點的新街口為界。」這個區域的邊界都用了旗幟作記號，在旗幟上面有一個紅十字，紅十字以外再有一個紅圓圈，並且放上了「難民區」三字。

凡有要從上述的區域遷往平民成為一個安全地點，衛戍司令及省會允許在本區域以內所有的兵士和軍事機關一概遷移搬出，並且不許放置人一槍未遇來函。日本一方面說：「對於規定之區域前應其有不襲擊之責任。」在另一方面又說：「凡無武裝設備、無工事建築、不駐兵、及不為軍事利用之地點，日本軍隊決無攻擊其地方自然之理。」

看到以上中日兩方面的允許，我們忍緊將指定的區域內為平民成正的安全。然而戰爭的時候，對於任何人的安全自然不能擔保的。無論何人也未嘗常想以致渡了這個區域，就可以完全保險平安。我們相信，會然中日雙方都能遵守他們的允許，這個區域以內的人民，終絕比他處的人民平安得多。因此，市民可以遷進來吧！

南京難民區國際委員會
民國二十六年十二月八日

安全区组织成立了粮食、住房和卫生三个委员会，分别由韩湘林、许传音和沈玉书担任负责人，开展难民救济工作。后来，又增加了赈济委员会，由刘怀德（英文名 Walter Lowe）担任委员会主任。汤忠谟负责总部办公室的秘书和翻译工作，王承典和陈文书先后担任总务主任①。

安全区计划一经推出，中国当局欣然接受，并承诺提供钱款与粮食来支持这一计划：

> 分配给我们2万袋大米和1万袋面粉，并给了我们8万元现金。由于运输困难，只在战事在城市周围爆发之前，将9067袋大米最终运到我们的仓库（金陵大学教堂）。市政府分配给我们的面粉都没有得到，仅从大同面粉厂获取1000袋。市政府还给了我们350袋盐。②

与此同时，国际委员会给当时驻上海的日本大使发了电报，寻求日本当局的批准：

> 一个由丹麦、德国、英国和美国公民组成的国际委员会，希望向中国和日本当局建议，在南京或附近不幸发生敌对行动时，建立一个平民难民安全区。国际委员会将承诺从中国当局那里获得具体的保证，即拟议的"安全区"将做到没有，并保持不会有包括通信设施在内的军事设施和机构；除了佩戴手枪的民警外，没有武装人员；也没有任何官兵在此通行。国际委员会将检查和观察安全区，以确保这些承诺得到令人满意的实施。……
>
> 国际委员会真诚地希望，日本当局能够出于人道主义的原因，尊重

---

① Nanking International Relief Committee, "Report of Activities, November 22, 1937-April 15, 1938", p. 1, Box 103, Record Group 8, Special Collection, Yale Divinity School Library.

② Nanking International Relief Committee, "Report of Activities, November 22, 1937-April 15, 1938", p. 1, Box 103, Record Group 8, Special Collection, Yale Divinity School Library.

这个安全区的平民性质。委员会相信，为平民百姓展现出仁慈的远见将为双方负有职责的当局带来荣誉。为了在尽可能短的时间内完成与中国当局的必要谈判，也为了充分做好照顾难民的准备，委员会恳请日本当局对这一建议给以迅速的答复。①

经过长时间的拖延，1937年12月5日，委员会收到了日本大使通过美国驻上海总领事克莱伦斯·爱德华·高思发来的电报：

1. 鉴于所建议的地区位于南京坚固的城墙内，而且范围相当大，其周边没有天然的有利地形或人工建筑，在必要时可以有效地切断交通，因此认为有必要将足够的物质或其他方面的权力赋予安全计划区的支持者，以便战事在附近发生，中国武装部队可能图谋在该地区避难或将其用于军事目的之际，有效地阻止这些部队进入。

2. 还必须指出，在上述地区及其周围有中国的军事设施，而且在上述地区及其周围有一些地方在将来发生战斗时很难说中国军队不会加以利用。

3. 考虑到上述情况，日本当局担心，即使中国当局接受了审议中的建议，在南京市发生战斗的情况下，也很难获得足够的保证，完全阻止中国军队进入该地区或将其用于军事目的。

4. 在这种情况下，日本当局虽然完全理解相关提议发起者的崇高动机，但却无法保证上述地区不会被炸或轰炸。

5. 然而，可以认为，日本军队无意攻击并未被中国军队用作军事目的的地方，或中国军队尚未建立军事工事与设施以及中国军队并未驻扎的地区。②

---

① John Rabe, *Good Man of Nanking*, p. 28.
② Clarence E. Gauss, No. 1087 Telegram, 6 p.m., December 4, 1937, Folder 862, Box 102, Record Group 10, Special Collection, Yale Divinity School Library.

虽然这封电报很难说是一种承认，但委员会认为这足以让安全区计划继续进行下去。12月8日，经过艰苦的努力和大量的组织工作，国际委员会向南京居民发出了《告南京市民书》，宣布为城市居民设立的安全区已准备就绪。除了提及参照了上海的安全区，并提供了南京安全区范围与边界的细节，《告南京市民书》通告居民：

> 为着要使上述的区域为平民成为一个安全地点，卫戍司令长官曾允诺在本区域以内所有的兵士和军事设备一概从速搬出，并且允诺以后军人一律不进本区。日本一方面说："对于规定之区域颇难担负不轰炸之责。"在另一方面又说："凡无军事设备，无工事建筑，不驻兵，及不为军事利用之地点，日本军队决无意轰炸，此乃自然之理。"
>
> 看到以上中日两方面的允诺，我们希望在所指定的区域内为平民谋真正的安全。然而在战争的时候，对于任何人的安全自然不能担保的。无论何人也不应当以为进了这个区域，就可以完全保险平安。我们相信，倘然中日双方都能遵守他们的允诺，这个区域以内的人民，当然比他处的人民平安得多啦，因此，市民可以请进来吧！①

几天后，当战事进抵南京城下时，平民开始涌入安全区。南京安全区原计划仅为一临时避难所，在围城和巷战期间为平民提供庇护，使其免受炮击和轰炸。然而，在日军进入城市并屠杀解除武装的中国军人和平民居民后，更多的难民在恐怖局势的驱使下进入安全区，最终，全市90%以上的人都涌入了安全区，25个难民营收容了7万多名难民，同时还有成千上万的人搬进了安全区内的公共建筑和私人住宅。"将近25万人挤进了安全区"，在安全区存在的几个月里，"没有电，没有供水，没有任何排污设施，没有电话，

---

① 南京难民区国际委员会：《告南京市民书》，December 8, 1937, Folder 2, Box 263, Record Group 8, Special Collection, Yale Divinity School Library.

没有友善或足够的警察可供调用"①。

虽然安全区提供了比区外相对安全的环境，但区内的暴力事件仍十分猖獗。日本兵拘捕大批应征年龄的健壮男子，并将他们押往刑场，同时，他们劫持、强奸妇女，在区内肆意掳掠抢劫。

除了为大批难民提供住所和食物外，国际委员会还记录了日军暴行，并向日本大使馆与美国大使馆递交了这些记载暴行案件的文件，为记住这段历史发挥了重要的作用，为后世留存了一部收集成书的安全区文件，用文字记录大量谋杀、强奸和掳掠的暴行案件，其中一些文件在远东国际军事法庭上被用作起诉日本战犯的证据。

1937年12月16日至1938年3月21日，国际委员会对日本兵所犯的470起暴力案件立了案。1938年1月6日，美国外交官返回南京后，安全区文件通过外交渠道邮往上海。《曼彻斯特卫报》记者哈罗德·约翰·田伯烈（Harold John Timperley, 1898—1954）获得了其中一部分文件，并从案件1至444中选出127个案件，收入他编撰的题为《战争意味着什么：日本在中国的恐怖行为》（*What War Means: Japanese Terror in China*）一书的附录A、B、C中。该书于1938年7月在伦敦出版发行。一年后，燕京大学的政治学教授徐淑希出版了《南京安全区档案》（*Documents of the Nanking Safety Zone*），其中包括截至1938年2月提交的1至444号案件中的398件，以及其他信件、报告与文件。正如徐淑希在序言中指出的，他书中收录的文件"并非南京安全区所拥有的全部文件，而只是国际事务理事会（Council of International Affairs）有幸获得的全部文件"②。徐淑希的书中缺114至136号案件及附信、137至143号案件、155至164号案件及附信，以及204至209号案件。此外，1938年3月提交的445至470号案件也没有收入《南京安全区档案》中。笔者从马里兰州学院公园的美国国家第二档案馆中找到了这72件缺失的案件，并将这些案件收进2004年出版的英文著作《他们当

---

① *Report of the Nanking International Relief Committee*, pp. 6-7.
② Shuhsi Hsu, *Documents of the Nanking Safety Zone*, p. vii.

时在南京：美国和英国国民见证的南京大屠杀》（*They Were in Nanjing: The Nanjing Massacre Witnessed by American and British Nationals*）① 中。

国际委员会记录和归档的这些案例详细地记录了当时发生的谋杀、强奸、掳掠、焚烧等情况，是极为珍贵的原始资料。第 139 号案件是由罗勃特·O.威尔逊提交的，涉及他在鼓楼医院医治的一名暴行受害者：

> 139. 12 月 13 日，一个大约 11 岁的小姑娘和父母一起站在防空洞口，看着日军队列经过。一日本兵用刺刀把她父亲刺倒，枪杀了她母亲，又用刺刀砍了姑娘的胳膊，造成她的胳膊肘严重的复合骨折。一个星期之后，她才能来到医院。她没有兄弟姐妹。（威尔逊）②

W. P. 米尔斯报告了第 160 号案件，该案件涉及一个被劫持的女孩：

> 160. 12 月 27 日上午 11 时，人们把米尔斯先生从金陵大学召到汉口路 7 号（也是金陵大学的房产），他发现一个日本兵端着打开保险的手枪。米尔斯先生要佣人到金陵大学叫一名协助登记的宪兵军官来。日本兵不准他去，并要米尔斯离开。米尔斯回过头看到日本兵和几个佩戴日军支队袖章的中国人一道带走一名小姑娘。在金陵大学，米尔斯找到一名宪兵军官，直接来到那栋房子，并在汉口路拐角处遇到一卡车宪兵。中国人记下了和日本兵一起来的中国人袖章上的字，于是，他们来到南洋饭店，宪兵军官找到了日本兵所属的部门。给他们的解释是，长官需要一个小丫头，日本兵弄来那个姑娘时，他们已找到个更合适的。这个姑娘太大了（她二十来岁）！长官说已把姑娘送回去了。米尔斯反驳道，这样找使唤丫头的方法太差劲了。他们回到那座房屋时姑娘还没有回来。米尔斯又去了日本人的办公室，他们说有事忙着呢。于是米尔斯回来，

---

① Suping Lu, *They Were in Nanjing*. 所提到的案例收录在该书的第三章。
② Enclosure No. 1-f to "Conditions at Nanking, January 1938", January 25, 1938.

发现姑娘已回来了。（米尔斯）

12月28日上午9时，就这次事件而论，非常愉快地报告，宪兵队和相关的师团司令部均努力解决这事。他们向涉及的中国人和米尔斯先生表达了军事当局对此事的遗憾。因此，该事件可视为令人满意而迅速地解决了。①

由欧内斯特·H. 福斯特提交的第205号案件报告了一起谋杀案，其中一名年轻姑娘被残忍地杀害：

205. 1938年1月25日下午4点左右，与母亲和弟弟一起住在难民区的一个难民营的一个姓罗（Loh）的中国女孩被日本兵击穿头部并杀害。女孩14岁。事件发生在难民区边界上著名的古林寺附近的一块田地上。女孩在她弟弟的陪伴下，正在田里采摘蔬菜，这时一名日本兵出现。他要抓这个女孩，女孩吓得跑开了。这时，士兵向她开枪，并击中她的头部，子弹从后脑勺进入，从前额出来。欧内斯特·H. 福斯特签名。②

第445号案件涉及一名妇女，她在1938年2月冒险离开安全区回家时被日本兵强奸：

445. 郭袁氏2月3日回家走到罗家巷。在一口井边，她遇到了两个日本兵。她身边有一个失明的老妇人，怀里还抱着小女儿。这些士兵把她们三个人带到一个房间，强奸了她。她们回到了难民营。2月6日，她再次回家，在井边遇到两名日本兵，他们试图强奸她，但因为她恳求

---

① Enclosure No. 1-g to "Conditions at Nanking, January 1938", January 25, 1938.
② Diplomatic Posts, China, Volume 2171 (Nanking 1938, Volume XII), Record Group 84, National Archives II.

他们不要这样做而放过了她。她又回到了难民营。①

第461号案件也是由威尔逊医生提交的，涉及他1938年3月在鼓楼医院治疗的另一名受害者：

> 461.3月4日，秣陵关一个54岁的农民在2月13日被日本兵要求提供一些奶牛、驴子和女孩。邻居们都跑了。士兵们把这个农民四肢伸展绑在离地面三英尺的地方。然后他们在他身体下面生火，将他的下腹部、生殖器和胸部严重烧伤，并将他的脸部和头部的毛发烧焦。一名士兵因其年长表示反对，并将火扑灭，撕掉了农民燃烧的衣服。士兵们走了，一个小时后，他的家人回来了，把他放下来。（Wilson）②

一再抗议、请愿，以及国际委员会呈递的长长的暴行案件清单，对改善该城市的状况收效甚微。委员会也因此不受日军当局的欢迎，日军试图破坏委员会在安全区为难民提供住所、食物和保护的努力。日本人威胁要关闭委员会的米店，将食品供应的分发工作移交给日军扶持的"自治委员会"，并拒绝了委员会提出用卡车搬运大米和面粉及从上海购买青豆的请求③。因此，该委员会被迫将其工作重点从半行政职能转移到纯粹的救济工作，并于1938年2月18日更名为南京国际救济委员会④。

---

① Diplomatic Posts, China, Volume 2172(Nanking 1938, Volume XIII), Record Group 84, National Archives II.

② Enclosure to W. Reginald Wheeler's letter to S. K. Hornback, May 28, 1938, No. 793.94/13177, Microfilm Set M976, Roll 54, Record Group 59, National Archives II.

③ Lewis S. C. Smythe, A letter to John M. Allison, January 10, 1938, Enclosure No. 8-10 to "Conditions at Nanking, January 1938", and John Rabe, A letter to Allison of American Embassy, Prideaux-Brune of British Embassy and Rosen of German Embassy, January 19, 1938, Enclosure No. 8-11 to "Conditions at Nanking, January 1938".

④ The International Committee for Nanking Safety Zone, "Relief Situation in Nanking", February 14, 1938, p. 13, Folder 866, Box 102, Record Group 10, Special Collection, Yale Divinity School Library.

在管理和经办安全区和难民营的过程中，除了提供住宿、食物、煤炭和保护难民免遭日本暴行侵害外，国际委员会还承担了许多其他工作：维护公共卫生；向幼儿发放奶粉和鱼肝油，打防疫针；为难民提供基本的医疗服务；发放救济金帮助赤贫的难民；提供圣经学习班、生存技能班和家庭手工艺课程；开办小学、初中和高中。此外，委员会为那些丈夫、儿子和其他男性家庭成员被日军杀害的妇女收集数据、材料，提出请愿，并调查战争对南京及其周边地区造成的人口、房屋与经济的损害。

1938年春天，随着城市状况的改善，难民能返回家园，难民营逐渐解散。在国际委员会管理的25个难民营中，6个在2月和3月初关闭，13个在3月和4月关闭。5月仍开放的难民营只有6个。到1938年5月31日，所有的难民营全部关闭①。约有800名年轻姑娘继续留在金陵女子文理学院的校园，一些人无处可去，另一些人则担心返家后的安全问题。尽管所有难民营关闭后，安全区已不复存在，但此后很久，市民们对救济仍有需求。因此，安全区总部从宁海路5号迁至金陵大学校园内的天津路4号后，该委员会继续开展救济工作，直至1939年7月。根据1937年11月至1938年4月30日的《南京国际救济委员会报告》，自1938年6月以来，国际委员会的成员情况如下：

W. P. 米尔斯	美国	北方长老会
M. S. 贝茨	美国	金陵大学
查尔斯·H. 里格斯②	美国	金陵大学
爱德华·斯波林	德国	上海保险行
D. J. 林恩③	英国	亚细亚火油公司
P. R. 希尔兹	英国	和记洋行

---

① *Report of the Nanking International Relief Committee*, p. 11.
② 查尔斯·H. 里格斯1939年2月离开南京去休假并调动工作。
③ D. J. 林恩1939年6月离开南京去休假。

C. S. 特里默	美国	鼓楼医院
J. V. 皮克林	美国	美孚火油公司
约翰·G. 麦琪[①]	美国	圣公会
胡勃特·L. 索尼	美国	金陵神学院
欧内斯特·H. 福斯特[②]	美国	圣公会
詹姆斯·H. 麦考伦[③]	美国	统一基督教会
F. C. 盖尔	美国	卫理公会
詹姆斯·F. 卡尼	美国	耶稣会
许传音[④]	中国	鼓楼医院
S. 安村[⑤]	日本	日本浸信会
阿尔伯特·N. 斯图渥特[⑥]	美国	金陵大学[⑦]

身陷南京城的西方籍人士

上海沦陷后不久，日军于 11 月 19 日攻占苏州，国民政府于 1937 年 11 月 20 日宣布，将国都从南京迁往重庆。此后，政府机构和富裕阶层的居民立即行动起来，向西撤离。同时，外国政府敦促其国民在战事抵达南京之前撤离。日军于 12 月 10 日发起总攻时，所有的外国外交官和大多数外国居民都已撤离。然而，有 27 名西方国家的国民选择留在被围困的城市。他们的姓名、国籍、所属单位及在 1937 年 12 月 13 日至 1938 年 3 月中旬期间在南京的时间如下：

---

① 约翰·G. 麦琪 1939 年 5 月休假结束后返回南京。
② 欧内斯特·H. 福斯特 1939 年 6 月离开南京去休假。
③ 詹姆斯·H. 麦考伦 1939 年 7 月离开南京去休假。
④ 许传音 1938 年 12 月当选。
⑤ S. 安村 1938 年 12 月当选，但他 1939 年 2 月离开南京。
⑥ 阿尔伯特·N. 斯图渥特 1939 年 4 月当选。
⑦ *Report of the Nanking International Relief Committee*, pp. 53-54. 1938 年 6 月只是有关史迈斯、林恩希尔兹和皮克林的变化的代表日期。.

姓名	国籍	工作单位	在南京的日期
1. 弗兰克·提尔曼·杜丁 Frank Tillman Durdin	美国	纽约时报	12月13—15日
2. 查尔斯·叶兹·麦克丹尼尔 Charles Yates McDaniel	美国	美联社	12月13—16日
3. 亚瑟·冯·布里森·孟肯 Arthur von Briesen Menken	美国	帕拉蒙新闻摄影社	12月13—15日
4. 阿契包德·特洛简·斯提尔 Archibald Trojan Steele	美国	芝加哥每日新闻报	12月13—15日
5. 莱斯利·C.史密斯 Leslie C.Smith	英国	路透社	12月13—15日
6. 约翰·海因雷希·德特莱夫·拉贝 John Heinrich Detlev Rabe	德国	西门子洋行	12月13—2月23日
7. 克里斯卿·杰考伯·克罗格 Christian Jakob Kröger	德国	礼和洋行	12月13—1月23日
8. 爱德华·斯波林 Eduard Sperling	德国	上海保险行	12月13—
9. 奥古斯特·兆提格 Auguste Zautig	德国	起士林点心铺	2月13—2月28日
10. 理查德·翰培尔 Richard Hempel	德国	河北饭店	12月13—
11. 鲁波特·海兹 Rupert R.Hatz	奥地利	南京安全区	2月13—2月28日
12. 尼古拉·波德希伏洛夫 Nicolai Podshivoloff	白俄	桑德林电器行	12月13—
13. A.扎尔 A.Zial	白俄	南京安全区	12月13—
14. 马内·舍尔·贝茨 Miner Searle Bates	美国	金陵大学	12月13—
15. 路易斯·斯特朗·凯瑟·史迈斯 Lewis Strong Casey Smythe	美国	金陵大学	12月13—
16. 查尔斯·亨利·里格斯 Charles Henry Riggs	美国	金陵大学	12月13—
17. 罗勃特·奥利·威尔逊 Robert Ory Wilson	美国	鼓楼医院	12月13—
18. 克里福特·夏普·特里默 Clifford Sharp Trimmer	美国	鼓楼医院	12月13—

续表

姓名	国籍	工作单位	在南京的日期
19. 伊娃·M.海因兹 Iva M.Hynds	美国	鼓楼医院	12月13—
20. 格瑞丝·露易丝·鲍尔 Grace Louise Bauer	美国	鼓楼医院	12月13—
21. 明妮·魏特琳 Minnie Vautrin	美国	金陵女子文理学院	12月13—
22. 乔治·爱希默·菲齐 George Ashmore Fitch	美国	基督教青年会	12月13日—1月29日 2月10—20日
23. 约翰·吉利斯比·麦琪 John Gillespie Magee	美国	美国圣公会	12月13—
24. 詹姆斯·亨利·麦考伦 James Henry McCallum	美国	美国基督会	12月13—
25. 威尔逊·波鲁默·米尔斯 Wilson Plumer Mills	美国	北方长老会	12月13—
26. 胡勃特·拉法耶特·索尼 Hubert Lafayette Sone	美国	金陵神学院	12月13—
27. 欧内斯特·赫曼·福斯特 Ernest Herman Forster	美国	美国圣公会	12月13—

五位美国和英国的记者，在报道了南京保卫战和预料中的陷落之后，他们目睹了日军暴行的初始阶段。然而，他们很快获准离开南京，前往上海。斯提尔、杜丁和孟肯于12月15日乘坐美国炮艇"瓦胡号"离开，史密斯在同一天乘英国皇家海军的"瓢虫号"离开，而麦克丹尼尔则在次日乘日本驱逐舰"栂号"前往上海。在"瓦胡号"上，斯提尔成功地说服了海军报务员，将大屠杀的报道电讯稿拍发给《芝加哥每日新闻》，该报于1937年12月15日晨刊登了他的稿件，这是第一份有关南京大屠杀的目击报道，向全世界公布了日军在南京的暴行。其他四名记者到达上海后，也立即通过电报向他们所服务的在美国和英国的报纸发送了大屠杀的报道。

记者离开后，其余22名西方人士在南京经历了大屠杀时期。他们冒着生命危险留在南京，不仅是因为他们要在医院履行职责，或在大学、企业和教会保护其机构的财产,而且还因为他们在不同程度地参与南京安全区国际委员会的工作。这些西方人士在建立、组织和管理安全区和难民营方面发挥了积极作用。在恐怖笼罩下的南京,他们中的许多人不懈地努力,为难民服务,设法保护难民免受日军的暴行。他们中的大多数人都留下了各类书面材料,记录了他们在那段时期所目睹、经历和听闻的情况。那段经历在他们有生之年,铭刻在记忆之中。有些文字与他们在南京安全区国际委员会的工作有关,如官方信件、报告和文件,但大量的文字材料是他们的私人日记和写给家人、朋友和本国机构的信件。这些日常记述揭示了他们所处境况的细节,为后世的读者和研究者提供了从中立国国民的角度近距离审视南京大屠杀的机会。

约翰·海因雷希·德特莱夫·拉贝(John Heinrich Detlev Rabe,1882—1950)

约翰·海因雷希·德特莱夫·拉贝于 1882 年 11 月 23 日出生于德国汉堡。很小的时候,他就因父亲亡故而被迫辍学,到商行学徒。几年后,他去非洲,在莫桑比克的洛伦索马克斯(Lourenco Marques,今名马普托,Maputo)为一家英国公司工作。在那里,他练就了一口流利的英语。1908 年,他前往中国,并从 1908 年到 1938 年,在中国生活、工作了 30 年。他起初在北京和上海为一家汉堡公司工作。1911 年,他加入西门子中国公司,担任其北京分行的代表。1909 年,他在上海结婚,他的孩子都在中国出生。1931 年 11 月,他被调到西门子南京办事处,担任该商行在中国的高级代表,负责销售电话、涡轮机和其他电气设备。1937 年,战争爆发后,他留在城内坚守岗位,积极参与了安全区的筹备和建立,作为南京安全区国际委员会的会长发挥了领导作用,特别是在南京沦陷后,在大屠杀期间为成千上万的中国难民提供了食物、住所和保护[1]。

作为南京安全区国际委员会的会长,拉贝起草了数量可观的报告和信件。

---

[1] Erwin Wickert, Forword, *Good Man of Nanking*, pp. vii-viii.

在 1937 年 12 月 17 日写给日本驻南京代理总领事福井淳（Kiyoshi Fukui, 1898—1955）的信中，他指出：

> 换句话说，13 日贵军进城之际，我们几乎把所有的老百姓集中到安全区，那儿没有因打偏的炮弹而遭毁坏，中国军队全面撤退之际也没有掳掠的现象。舞台已为贵方搭好，让贵方和平地接管这一地区，以便这里的正常生活不受干扰地延续下去，直到其他城区也恢复正常秩序。那样全城的正常生活可以继续下去。其时，城里全体 27 名西方籍人士，以及中国老百姓完全被贵军士兵 14 日肇始的抢劫、强奸与屠杀震惊了。
>
> 我们在抗议中所要求的是贵军恢复军纪，尽快使城市的生活恢复正常。我们乐意在恢复城市正常生活的过程中以任何方式相助。但是，即使是在昨晚 8 时到 9 时之间，委员会的 5 名西方籍成员和工作人员在安全区巡视情况时，没有见到一个日军哨兵在安全区内或入口处巡逻！昨天的对警察威吓与押解使得我们的警察不敢上街。我们所能见到的是三两成群的日本兵在安全区的街道上游荡。此刻，在我写信之际，从安全区各处发来的有关这些游荡、不受约束的日本兵犯下的抢劫、破坏、强奸的报告纷至沓来。①

1937 年 12 月 18 日，拉贝又给福井写了封长信，提出抗议和要求。1946 年 8 月 29 日，这封信在远东国际军事法庭上被作为检方证据全文宣读。在这封信中，他强调了大批警察被抓走枪杀的事实。

> 昨天我们提请你注意，有 50 名穿制服的警察被从司法部抓走，还有 46 名"义务警察"也被抓走。现在我们必须补充说，我们驻扎在最高法院的 40 名穿制服的警察也被抓走了。对他们唯一的指控是在司法

---

① John H. D. Rabe, A letter to Kiyoshi Fukui, December 17, 1937, in *Documents of Nanking Safety Zone*, pp. 14-15.

部的日本军官说他们在司法部被搜查过一次后还让中国军人进去，因此，他们将被枪毙。正如所附的"关于司法部事件的备忘录"中所指出的，我们委员会的西方成员对安排一些平民男子和妇女到那里去承担全部责任，因为他们被日本兵从其他地方赶了出来。①

拉贝还在1938年1月14日起草了一份报告，德国驻华大使奥斯卡·保罗·陶德曼（Oskar Paul Trautmann，1877—1950）将之冠以《日军攻战南京的状况》的标题并转发给柏林的德国外交部。战后，这份外交信函也在远东国际军事法庭上被作为检方证据宣读。拉贝在其中详细描述了当时南京的情况：

> 但我们真正的困难是在轰炸之后，也就是日军攻占南京之后，才开始的。日军当局显然对他们的部队失去了控制，日军部队在城市被攻占后掳掠达数周之久，强奸了约20000名妇女与姑娘，数千无辜平民（包括43名电厂的工人）惨遭屠杀（用机枪扫射大规模屠杀已是人道的处决方法之一）。他们肆无忌惮地闯入外国人的房舍。在60座德国人的住宅中，大约40座遭到或多或少的掳掠，4座被完全烧毁。大约三分之一的城市被日本人焚毁，纵火仍持续着。这个城市里没有商店不被闯入或抢劫。城内各处仍有遭枪杀、被谋害的人们的尸体，并不允许我们将之掩埋（为什么，我们不得而知），离我家约50米处，一名中国士兵的尸体12月13日以来一直被捆绑在一张竹床上。该地区的几个池塘内有多达50具被枪杀的中国人的尸体，也不准我们掩埋这些尸体。②

---

① R. John Pritchard and Sonia Magbanua Zaide, *The Tokyo War Crimes Trial*, Vol.2, *Transcripts of the Tribunal*, pp. 4521-4522.

② 约翰·拉贝：《致威廉·麦尔的信》（1938年1月14日），收录于奥斯卡·陶德曼1938年1月28日签发的第58号报告《日军攻占后南京的状况》（"Verhältnisse in Nanking nach der Einnahme durch die Japaner"）的附件，Auswärtiges Amt Doc No. 2722/1507/38, R104842/ pp. 146187-146188, Peking I, Politisches Archiv, Auswärtiges Amt, Berlin.

除了起草报告、公函和文件外，拉贝每天还写日记，详细记录大屠杀期间的日常情况。在 1937 年 12 月 14 日的日记中，他写道：

> 10 到 20 个一伙的日本兵在城里横行，掳掠商店。如果我不是亲眼所见，真不会相信。他们砸开窗户和门，任意抢劫东西。据称是因为他们的口粮不足。我亲眼看到他们洗劫了我们德国面包师起士林先生的咖啡馆。翰培尔的旅馆也被闯入，中山路和太平路上的几乎所有商店都被闯入。日本兵把他们掳掠来的物品装在箱子里拖走，还有人则抢来人力车把他们的赃物运到安全的地方。①

在 12 月 16 日的日记中，他透露了他身边的人和那些在他家花园里寻求庇护的人们的情况：

> 我们学校以前的搬运工住进了鼓楼医院，他被枪击中。他被迫去做劳役，得到一份他干过活的证明，在回家的路上，毫无理由地开枪击中他的背部。德国大使馆签发给他的那张旧的就业证明摆放在我面前，上面沾满了血迹。
>
> 在我写这篇日记的时候，日本兵的拳头正在敲打花园的后门。由于我的佣人不开门，他们沿着院墙伸头探脑。当我突然拿着手电筒出现时，他们匆忙逃跑。我们打开大门，在他们后面走了一段路，直至他们消失在黑暗而狭窄的街道上，那里的各种尸体至今已经在水沟里躺了三天了，让人恶心战栗。
>
> 所有的妇女和儿童都惊恐地瞪大了眼睛，坐在花园里的草地上，紧紧地靠在一起，一部分是为了取暖，一部分是为了给彼此勇气。他们唯一的希望就是我这个"洋鬼子"能把这些瘟神赶走。②

---

① John Rabe, *Good Man of Nanking: Diaries of John Rabe*, p. 67.
② John Rabe, *Good Man of Nanking: Diaries of John Rabe*, pp. 76-77.

12月22日的日记对城市里的情况进行了真实而可怕的描述：

> 与此同时，官方的纵火行为仍在继续。我一直担心，摧毁上海商业储蓄银行附近建筑物的大火会蔓延到属于安全区的主街道的西侧。如果发生这种情况，我的房屋也将面临危险。在清理安全区时，我们在池塘里发现了许多尸体，都是被枪杀的平民（仅一个池塘就有30人），其中大部分人双手被绑，有些人脖子上还绑着石头。……
>
> 我答应日本人帮他们寻找发电厂的员工，并告诉他们，除了其他地方外，还可以到下关去找，在那里安置了54名电厂工人。我们现在得知，大约三四天前，他们中的43人被捆绑起来，押到江边，用机枪射杀，似乎因为他们是中国政府所经营企业的雇员。处决的消息是由一名遭行刑的工人告诉我的，他没有受伤，跳进江里藏身在两个遇难者尸体的下面而得救。①

1938年，拉贝被西门子公司召回德国，2月23日，他离开南京前往上海。4月中旬抵达柏林后，他发表了一系列公开演讲，重点描述了日军在南京的暴行，并放映了美国传教士约翰·G.麦琪拍摄的暴行影片。1938年6月8日，他给阿道夫·希特勒写了一封信，同时附上他的演讲稿，目的是向希特勒通报日军攻占南京后发生的情况及南京市民遭受的痛苦：

> 元首：
> 我在中国的大多数朋友都认为，您还没有得到关于南京实际情况的详细报告。随信附上我的一篇演讲稿邮寄给您，但这篇演讲稿并不是为广大公众准备的，我是在履行对我在中国的朋友们的承诺，让您得知中

---

① John Rabe, *Good Man of Nanking: Diaries of John Rabe*, pp. 86-87.

国人民的痛苦。如蒙不弃让我知悉所附的演讲稿已呈送给您，便完成了我的使命。

已通知我不得再作类似的演讲，也不要再放映任何涉及该主题的影片。我将服从这一命令，我无意与德国的政策与德国政府作对。

请您保证我的忠诚与诚实的奉献。

约翰·拉贝 [1]

信寄出几天后，拉贝被盖世太保短暂地拘捕，受到审讯，他的日记和影片被没收。虽然他在获释后拿回了日记，但影片却没有归还给他。此外，他还被禁止发表公开演讲和出版书籍。

战后，拉贝先被苏联军队扣留，继而被英国军队逮捕，最后还经历了漫长的去纳粹化过程。当他重获自由之际，他只能住在一个破旧的单身公寓里，经常挨饿。1947年初，南京市民得知他的下落与贫困的状况后，筹集资金，购买食物，持续不断地邮寄给他，直至1949年4月。同时，当时的南京市市长沈怡向他发出邀请，表示如果他愿意在南京定居，可以负责他的晚年生活[2]。1950年1月5日，拉贝因中风在柏林去世。

克里斯卿·杰考伯·克罗格（Christian Jakob Kröger，1903—1993）

1903年2月5日，克里斯卿·杰考伯·克罗格出生于德国汉堡附近的奥滕森，1923年，他完成学业，并以优异成绩通过考试，成为一名工程师。1928年9月，礼和洋行（Carlowitz & Co.）派遣他到中国，在洋行的太原分支机构及沈阳、天津工作。1846年，德国商人理查德·冯·卡洛维茨在广州成立礼和洋行，1877年将其总部迁至上海，1930年其南京分行开业。当时，该洋行的主要贸易活动是进口德国的重型机械、精密机械、铁路和采矿设备、武器和弹药等。

---

[1] John Rabe, *Good Man of Nanking: Diaries of John Rabe*, p. 212.
[2] 《京市长查访一德人下落》，载《申报》1947年2月8日，第2页；《艾拉培在大屠杀时救助我难民有功》，载《中央日报》1947年2月6日，第4页。

克罗格去南京出差时，遇到了出生在山东的德国姑娘埃瑞卡·布斯（Erika Busse，1911—1956），当时布斯在德国驻华大使馆任打字员。克罗格和她相爱。1936年，克罗格调到礼和洋行南京分行工作。当战事逼近南京时，克罗格留在城内，布斯则回到了她的出生地烟台。克罗格在南京照看洋行的房产与设备，处理遗留的业务，但他花了更多时间和精力为国际委员会和安全区工作。作为该委员会的财务主管，他协助拉贝积极为难民工作，尽力帮助和保护中国难民。同时，他写了详细的报告，记录日军在南京的暴行。克罗格于1938年1月6日起草了他的第一份目击报告，该报告提供了日本占领军大肆掳掠焚烧的详细信息：

> 中国军队撤退时以及交战期间，并不存在直接的死亡危险，然而被毫无军纪可言的日军攻占后，情况变得更加危险。南京任由日军大肆掳掠了整整十天，几乎没有房屋得以幸免，甚至欧洲人和美国人的房产也不能幸免，或者只有极少数例外。甚至大使的寓所也被"掠夺"。不幸的是，在我离开了大约两个小时的时间内，一辆小汽车从我的车库被窃走，同时被窃的还有几个轮胎和属于我的相机。与所有遭洗劫的房屋一样，这些损失在日本大使馆登了记。同样，我也会和罗森博士备案。总的来说，我估计仅德国房产受损约为30万至40万元。
>
> 自1937年12月20日以来，日本人开始有系统地放火焚烧这座城市，到目前为止已经成功地烧毁了约三分之一，特别是城南的主要商业区，以及单个的商业建筑和我们家附近的住宅区。①

德国官员返回南京后，可能应这些官员的请求，克罗格于1938年1

---

① 克里斯卿·克罗格：《未注明日期的信》，收录于奥斯卡·陶德曼1938年1月28日转发的第52号报告《日军攻占后南京的状况》（"Verhältnisse in Nanking nach der Einnahme durch die Japaner"）的附件，Auswärtiges Amt Doc No. 2722/1508/38, BA-R9208/2190/ p. 146, Peking II, Politisches Archiv, Auswärtiges Amt, Berlin.

月11日草拟了一份关于德国财产损失的调查报告，同时，他起草了一份文件，按时间顺序报告了1937年12月8日至1938年1月13日南京的情况，时间上涵盖了德国外交官不在南京城内的这段时间。1938年2月16日，这份没有披露作者身份的证言报告由陶德曼大使发往柏林。战后，盟军将此证言翻译成英文，并在东京远东国际军事法庭上将其用作检方的证据。1946年8月30日，美国检察官大卫·纳尔逊·萨顿在东京审判法庭上宣读了该证词的部分段落。克罗格以第三人称描述了焚烧与杀戮：

> 在日本人的统治下，城市的面貌已完全改变。没有一天不放火焚烧。目前已轮到太平路、中山东路、国府路与珠江路。整个城南和夫子庙遭洗劫，被焚毁。就百分比而言，可以说城市的30%至40%已被烧毁。许多丢弃的军装让日本人有理由声称在难民区有许多中国军人。日军多次仔细搜查难民营，但没有真的费心搜索涉嫌的军人，而是不加区别地将年轻小伙子都一起抓捕，然后将所有由于某种原因引起他们注意的人也带走。尽管中国人在城内从未向日本人放过一枪，日军至少枪杀了5000名中国男子，大部分在江边屠杀，以免掩埋尸体。死者中包括市政部门，发电厂和自来水厂的无辜工人。到12月26日，被绑缚遭枪杀的30名苦力的尸体仍横陈在交通部附近的路旁。在山西路附近的一个池塘里，大约有50具尸体，一座寺庙中有20具尸体。到1938年1月13日在江苏路的尽头周围，还横陈着20具尸体。
>
> 另一个悲伤的篇章是虐待和强奸许多姑娘与妇女。不必要的残忍和残害，即使是对幼儿施虐，也并非罕见。①

---

① "Bericht eines deutschen Augenzeugen über die Vorgänge in Nanking in vom 8. Dezember 1937 bis 13. Januar 1938"（《德国目击者关于1937年12月8日至1938年1月13日在南京发生事件的报告》），收录于奥斯卡·陶德曼1938年2月16日转发的第113号报告 "Die Vorgänge in Nanking vom 8. Dezember 1937 bis zum 13. Januar 1938"（《1937年12月8日至1938年1月13日在南京发生的情况》）的附件，Auswärtiges Amt Doc No. 2718/1955/38, R104842/ pp. 146194-146195, Peking I, Politisches Archiv, Auswärtiges Amt, Berlin.

1938年1月，他撰写了题为《南京命运悲惨的日子，1937年12月12日—1938年1月13日》（"Nankings Schicksalstage:12. Dezember 1937 - 13. Januar 1938"）的目击报告。这份报告是前述目击证言的扩充版本，提供了更多的细节：

> 14日，情况迅速恶化。在快速进军的情况下，由于战斗和给养不足，部队到城里就放纵开来，并以令人难以想象的方式对待那些最贫穷与无辜的人们。他们从难民那儿抢走米饭，所有可以拿走的物品，包括毯子、衣服、手表、手镯，简而言之，一切看上去值得携带走的东西。那些犹豫不决的人立刻被刺刀刺杀，很多人成为这种粗暴野蛮行为的牺牲品。遇害者的人数达数千，这些来势汹汹的士兵越来越多地涌入难民区和人口密集的房屋中，以抢劫他们的前任所蔑视的东西。今天这座城市里很少有房屋没有被极其野蛮地破门而入，翻查和携掠。上了锁的房门和箱子被强行撬开，所有东西都被洗劫，被抢走或毁损得无法使用。外国国旗以前没有得到尊重，现在也仍然没有被尊重，甚至也不尊重德国国旗。我们只能通过剧烈的举止和指向德国国旗的方式来捍卫我们和我们朋友的财产和服务单位，而这种方式经常受到日本官兵的威胁。在与后勤供应部队的高级军官就恢复供水和水厂开工进行谈判时，即使前轮已经拆下，我的汽车仍然从车库中被劫走。在刺刀的威胁下，仆人被迫开门并交出一切。由于几个星期以来我家前面横陈着3具尸体，所以我不能指望仆人成为英雄，那样只会遭到严厉的处置。显然，他们特别想要交通工具，因为在极力搜寻汽车和自行车，到处都有车辆被盗的情况。在找不到运输工具的情况下，仆人或难民被迫搬运他们掳掠来的物品。用得上的婴儿车，手推车，驴，骡子，简而言之，一切适合用的都行。这种有组织且公开容忍的掳掠持续了14天，即使在今天，遇到任何外出"征用"的团伙，没有房屋是安全的。随着更有价值的物品掳掠殆尽，他们拖走家具、地毯、房门等，有时仅仅用于烧火取暖。日军甚至也有自学

成才的锁匠,尽管有些保险箱是直接用步枪射击和手榴弹打开的。在大约54所德国房屋中,只有约14座房屋是轻微受损,4座房屋被完全烧毁,15间房屋遭到严重洗劫,也就是,所有的物品实际上都损毁得无法使用,其余的被洗劫一空。已经有15辆德国汽车被盗走。然而,受害最多的是难民营,因为每次新来掳掠的日本兵都希望能够通过威胁和暴虐压榨出更多的东西,因此使难民陷入绝望。①

克罗格是日军占领后第一个获准离开南京的西方居民。他以即将结婚为由,申请离开南京。1938年1月23日,他乘坐当时唯一的交通工具——日军军用列车,在1月的寒风中与日本军人同行。抵达上海后,他给拉贝写信,告知后者他在旅途中的所见所闻:

> 直至常州(武进),都是一片被破坏的疯狂景象,然后情况一下子就好转了,农民们都在田里,已经开始耕种。显然,在那儿"清剿"行动已经完成。但肯定到处都有同样的掳掠抢劫,因为在整个行程中,士兵们会带着他们沉重的包袱登车,军官们甚至让士兵为他们搬运掳掠来的物品。②

在上海期间,克罗格就南京的状况和日本兵在城内犯下的暴行发表了公开演讲。1938年3月8日,他与埃瑞卡·布斯在香港结婚。1939年1月,他返回德国。1986年初,为了纪念南京大屠杀50周年,克罗格取出他往日的笔记、手稿,重新修订、整理了有关日军南京暴行的目击证词,并将修订过的《南京命运悲惨的日子》一文邮寄给当时中国驻联邦德国大使郭丰民(1930—)。1993年3月21日,他在汉堡逝世。

---

① "Nankings Schicksalstage: 12. Dezember 1937 - 13. Januar 1938"(《南京命运悲惨的日子: 1937年12月12日至1938年1月13日》),BA-NS10/88/pp. 17-18,藏德国联邦档案馆柏林利希特费尔德分馆(Bundesarchiv, Berlin-Lichterfelde)。

② "A letter from Christian Kröger, Shanghai, to John Rabe", January 28, 1938, in *Good Man of Nanking*, p. 176.

爱德华·斯波林（Eduard Sperling）

爱德华·斯波林为德国公民，受雇于一家荷兰公司——上海保险行。他担任安全区的总稽查长，负责管理安全区的警察部队。虽已年过花甲，但在安全区内，他认真巡查，设法保护在恐怖笼罩下的难民。他多次赶走了企图或正在强奸妇女、姑娘的日本兵。1938年1月22日，斯波林起草了一份报告，这份报告最初发给德国驻南京的外交官乔治·罗森，1938年2月12日，该报告由德国驻汉口大使作为第102号报告的附件转发给柏林外交部。在报告中，他写道：

> 以下署名者在南京及周边地区战事发生期间甘冒风险与其他几位先生一起留在这里，并在国际委员会成立之际被任命为南京安全区总稽查长（警察署长）。因此，在我出外巡视期间，有很多机会亲眼目睹好的方面，但也有更为糟糕恶劣的情况。……
>
> 20万难民，其中包括许多妇女怀抱着依偎在抖动的乳房上哺乳的婴儿——被逐出家园流离失所——只留下性命一条而身无他物，在寻求安全与庇护。……
>
> 超过80次，我被中国平民百姓召唤去，驱赶闯入安全区人们家里，野蛮强奸妇女、姑娘的日本兵。我毫不费力地做到了。
>
> 元旦这天，一些日本兵寻欢作乐。一个年轻漂亮的女孩的母亲，极为恐慌地来叫我，跪下来哭着求我帮助她，我跟着她到汉口路附近的一所房子。一进门，我在屋子里见到以下情况：一个赤身裸体的日本兵趴在一个年轻漂亮的女孩身上，女孩拼命哭喊。我以各种尖刻的语言对这个家伙大声吼叫，祝他"新年快乐"。很快，他手拎着裤子，匆匆逃离。①

---

① 爱德华·斯波林：《致乔治·罗森的信》(1938年1月22日)，收录于奥斯卡·陶德曼1938年2月22日签发的第102号报告 "Japanische Ausschreitungen und Plünderungen deutscher Häuser in Nanking"（《日军在南京的暴戾行径与洗劫德国房产》）的附件，p. 3, Auswärtiges Amt Doc No. 2718/1789/38, R104842, Peking I, Politisches Archiv, Auswärtiges Amt, Berlin.

1938年3月22日，在日军控制南京四个多月之后，斯波林向罗森报告了一起强奸谋杀案："一名日本兵闯入一所房屋并奸污了一名年轻姑娘，但被一名日本宪兵发现并赶走。恼怒之余，这个日本兵晚上又回来，残酷地将一家四口都枪杀了。"① 此案经贝茨博士调查核实。

当时，共有14名美国人在南京城内经历了大屠杀的日子。在这14人中，除了伊娃·M.海因兹的材料尚未被发现，其他13人都留下了不同形式的书面记录，包括他们写给家人和朋友的信件、私人日记、报告和其他文件。

马内·舍尔·贝茨（Miner Searle Bates，1897—1978）

马内·舍尔·贝茨1897年5月28日出生于美国俄亥俄州的纽瓦克，1916年毕业于俄亥俄州的希拉姆学院，毕业时获得"罗兹学者"称号，他到牛津大学学习历史，1920年获得历史学硕士学位。之后，他前往中国，在金陵大学担任历史教授。1923年在南京与任教于金陵女子文理学院的加拿大籍教师莉莱丝·葛露德·罗宾逊（Lilliath Gertrude Robbins，1893—1982）结为夫妇，以南京为家，直至1950年。

1937年秋天，日本军队逼近，金陵大学迁往成都，贝茨被任命为大学紧急委员会会长，留下照顾校园建筑、财产和设备。同时，他积极参与了国际委员会和安全区的筹划、组织和建立，并在国际委员会存在期间一直担任委员。

1937年12月15日，日军占领南京之初，贝茨起草了一篇文章，谴责日军的残暴行为。这篇文章被《芝加哥每日新闻》的记者A.T.斯提尔带到了上海，转交给美国、英国及德国外交官，并由外交官进一步传送到华盛顿、伦敦、柏林。贝茨在文章中对他目睹的暴行表示震惊：

---

① 爱德华·斯波林：《致乔治·罗森的信》(1938年3月22日)，收录于乔治·罗森1938年3月24日签发的第36号报告 "Neue Greueltaten der japanischen Armee. Opiumhandel durch die japanische Armee"（《日军的新暴行　日军从事鸦片交易》）的附件，Auswärtiges Amt Doc No. 2718/2404/38, Bundesarchiv Doc. No. BA-R9208/2215/ p. 225, Peking II, Politisches Archiv, Auswärtiges Amt, Berlin.

日军在南京使自己的名誉丧失殆尽，也丢弃了可以赢得中国居民与外国舆论尊敬的一个极好的机会。这一地区的中国当局可耻的崩溃以及中国军队的溃散使得为数众多的人准备响应日本吹嘘所具有的秩序与组织。日军进城显然终止了战争状况造成的紧张与轰炸带来的直接危险，这时很多当地人直率地表达了他们的宽慰，至少摆脱了他们对混乱无序的中国军队的畏惧，实际上中国军队在撤离的过程中并未对城市绝大部分地区造成严重破坏。

然而，两天之内，频繁的屠杀、大规模无甚规律可循的掳掠，以及毫无节制地骚扰私人住宅，包括侵犯妇女的人身安全，而使得所有对前景的展望毁灭了。在城市各处走访的外国人报告说，街头横陈着很多平民的尸体。在南京市中心地区，他们昨天数了一下，大约每一个街区都有一具尸体。相当大比例的死难平民是在日军进城的13日下午与晚间遭枪击或被刺杀遇难的。任何因恐惧或受刺激而奔跑的人，黄昏后在街头或小巷中遇到游荡巡逻队的人极有可能被当场打死。这种严酷虐杀的绝大多数甚至都没有任何可以揣度的借口。屠杀在安全区内持续着，也发生在其他地区，很多案件为外国人与有身份的体面中国人亲眼所见。有些刺刀造成的伤口野蛮残酷至极。

日军将成群的男子作为当过中国兵的人加以搜捕，捆绑起来枪杀。这些军人丢弃了武器，有些人脱掉了军装。除了四处抓来临时为日军挑运掳掠品与装备的人，还有实际上，或显然是成群押往刑场的人之外，迄今为止，我们没有发现日本人手上留有俘虏的痕迹。在日军的逼迫下，当地的警察从安全区内的一栋建筑里挑出400个人，每50个人一组绑在一起，由持步枪与机枪的日本兵在两旁押送走。给旁观者所作的解释使人们对这些人的命运不会有任何疑问。……

报告来很多强奸侮辱妇女的案件，对此，我们还没有时间来进行调查。然而，下列案件足以表明情况。昨天，日军从临近我们一位外国朋友的一座房屋里劫持走 4 名姑娘。在位于几乎无人居住的一片城区，新近抵达的日军军官的居所内，外国人亲眼见到 8 名年轻妇女被强奸。①

从 1937 年 12 月 16 日至 31 日，贝茨每天都向日本大使馆提出抗议，有时一天两次，内容涉及在金陵大学校园或属于大学的场所发生的暴行案件。在 12 月 16 日的抗议信中，他写道：

> 请允许我非正式地来向你们谈谈贵使馆建筑隔壁的金陵大学校产上的秩序和总体状况的问题。我们都听到日本官员发表的皇军不希望伤害普通百姓的官方讲话，我们希望在贵当局满意的任何政府领导下恢复和平生活的过程中不会有困难。但此刻，老百姓遭受着巨大的苦难与极大的恐怖。下列案件发生在邻近贵使馆的金陵大学的校产上，还有许多发生在鼓楼医院、金陵大学附属中学与附近的农业专修科。②

他 12 月 18 日抗议道：

> 由于日本兵强奸、施暴和抢劫的行径，苦难与恐怖仍在四处持续着。17000 多可怜的人们，其中许多是妇女儿童，目前在我们学校的校舍里寻求安全庇护。人们还在涌进学校来，因为别的地方的情况比这儿更加

---

① It is one of the two enclosures to the No. 80 dispatch Robert George Howe, chargé d'affaires of the British Embassy at Shanghai, sent to the British Foreign Office on January 15, 1938, File 641, FO 371/22144, Public Record Office, London. It is No. 5 enclosure to the report, "Flag Incident at Wuhu and Conditions There and in Nanking after the Japanese Occupation", Clarence Edward Gauss, American Consul-General at Shanghai, sent to the Department of State on January 5, 1938, (Department of State File No. 811.015394/29), Box 4785, Record Group 59, the National Archives II, College Park, MD. Another copy of the article entitled "Some Pictures from Nanking (December 15, 1937)" is kept in Folder 862, Box 102, Record Group 10, Special Collection, Yale Divinity School Library, New Haven, CT.

② Enclosure No. 1-A to "Conditions of American Property and Interests in Nanking", February 28, 1938, National Archives II.

糟糕。然而，我必须向你们提供过去 24 小时内相对良好地区的记录。

（1）位于干河沿的金陵大学附中。一名受惊吓的孩子被刺刀挑死；另一个受重伤，奄奄一息就要死了。8 名妇女遭强奸。设法为这些可怜的人们提供食物并照管他们的我们几位工作人员在毫无缘由的情况下遭日本兵殴打。日本兵不论白天还是夜晚多次翻墙越舍。许多人三天来无法睡觉，有一种歇斯底里的恐惧。如果这一恐惧与绝望导致对强暴妇女的日本兵进行反抗，将会出现灾难性的屠杀。贵当局要对这种屠杀承担责任。日本兵轻蔑地扯下美国国旗。①

1938 年 1 月 6 日，美国外交官返回南京，重新开设美国大使馆后，贝茨开始向美国外交官呈递暴行报告，一直持续到 1938 年春天。与此同时，贝茨通过外交渠道向家人和朋友发送信件。1938 年 1 月 10 日，他写信给朋友们：

一万多名手无寸铁的人被残酷杀害。我信任的大多数朋友认为这个数字要高得多。有受困后扔下武器或投降的中国军人，还有包括不少妇女和儿童在内的平民，通常甚至都没有说他们是军人的借口，被肆无忌惮地枪杀和用刺刀刺杀。能干的德国同事认为强奸案有 2 万起。我得说不少于 8000 起，而且可能高于这个数字。仅仅在大学的房产上，包括我们的一些工作人员的家庭和现在由美国人居住的美国人的房屋上，我就有超过 100 个具有详情的强奸案，还有大约 300 个肯定发生的强奸案。你几乎无法想象那种痛苦和恐惧。仅在大学校园内，就有 11 岁的女孩和 53 岁的妇女被强奸。在神学院院内，17 名士兵在光天化日之下轮奸一名妇女。事实上，大约有三分之一的案件发生在白天。②

---

① Enclosure No. 1-D to "Conditions of American Property and Interests in Nanking", February 28, 1938.
② M. S. Bates, A letter to his friends, January 10, 1938, Box 103, Record Group 8, Special Collection, Yale Divinity School Library.

1938 年春天，贝茨协助路易斯·史迈斯调查了南京及周边地区遭受战争破坏与损失的情况。此后他自己也开展了社会调查，成果为《在南京的农作物调查：地区与各项经济数据》（Crop Investigation in the Nanking: Area and Sundry Economic Data），以及《南京的人口、就业、收入和支出的调查》（The Nanking Population, Employment, Earnings and Expenditures: A Survey）。前者于 1938 年 10 月由上海大美印刷所出版，后者于 1939 年由南京国际救济委员会出版。战后，他作为检方证人在南京和东京的两个军事法庭作证。

贝茨在珍珠港事件爆发之前回美国休假。1942 年，他返回中国，在西迁成都的金陵大学任教至 1945 年。他 1950 年离开中国后，在纽约隶属哥伦比亚大学的协和神学院任教，直至 1965 年退休。1978 年 10 月 28 日，他在新泽西州逝世。

贝茨留下了大量有关南京大屠杀的各种书面记录。尽管他的一些资料已在哈罗德·约翰·田伯烈的《战争意味着什么》（1938）、徐淑希的《南京安全区档案》（1939）、章开沅的《天理难容》（2000）和陆束屏的《忍辱负重的使命：美国外交官记录的南京大屠杀和大屠杀后的社会状况》（2010）中发表，但是他的大量材料似未出版。他的资料主要收藏在康涅狄格州纽黑文的耶鲁大学神学院图书馆、田纳西州纳什维尔的基督会历史协会图书馆、马里兰州学院公园的国家第二档案馆及纽约哥伦比亚大学协和神学院的伯克图书馆。

格瑞丝·露易丝·鲍尔（Grace Louise Bauer，1896—1976）

格瑞丝·露易丝·鲍尔，中文名鲍恩典，1896 年 1 月 20 日出生于美国马里兰州巴尔的摩，从西部高中毕业后，她在巴尔的摩商业学院学习，之后在巴尔的摩的霍华德·A. 凯利医院接受技术培训，担任了三年的病理化验室技术员。1919 年秋，她前往中国，在南京鼓楼医院的病理化验室担任负责人，从事化验工作并培训各地医院的化验技术人员。虽然她由金陵大学董事会任命供职，但她与基督教联合传教会（基督门徒会）关系密切。除了医院的工作外，她还作为鼓楼教堂的财务主管和周日学校的教师，积极参与该教会的工作。

在大屠杀期间，她一直坚守在医院的岗位上，阻止游荡的日本兵进入医院大院内，并照顾前来避难的难民。在南京的这些年，她几乎每周都会给父母和其他家人写信，此外她还写日记。在1938年1月22日写给家人的8页长信中，她表示，虽然她已经给母亲寄了四封信，让家人知道她还活着，但这是第一封关于城市状况的信件，希望它能在不被审查的情况下邮寄出去。在这封信件中，她从自己的角度描述了恐怖笼罩的情况：

> 说我还活得好好的，确实很了不起，因为我们在南京这里已经经历了地狱。事实上，我们还在地狱之中。现在情况有所好转，但我完全不确定我们是否已经跌入谷底。如果我能够感觉到我们真的触底了，我可能会对未来多一些希望。……
>
> 星期一一整天都有伤员到我们门上来。特里默[①]整天，鲍伯[②]部分时间，站在医院的后门，为他们包扎伤口。那些能走动的或有人帮着他们的人们，便尽快上路了。那天晚上，仍有六个人躺在门口。我对你们说吧，把他们留在那里真是糟糕透了，我们仍然不敢收留任何军人。第二天早上，四个人走了，但有两个死了。他们是死了还是被人扶着走的，永远不会知道。很可能是一颗子弹，因为日本人是星期一进城的。
>
> 星期一晚上对我们在医院的人来说又是一个可怕的夜晚。整天都有很多枪声。此外，日本兵枪杀，用刺刀捅死任何他们想杀的人。我们再次忙到深夜，医治受伤的人。我们的床位又不够了，许多人不得不被安置在长椅上。事实上，也没有足够的长椅，有些人不得不躺在地板上。那天晚上，我为躺在我们诊室里的伤员分发了40床被子。他们中的一些人不得不在那里待上几天，直到他们有床位，或者直至我们在大学宿

---

① 克里福特·夏普·特里默（Clifford Sharp Trimmer, 1891—1974）。
② 罗勃特·奥利·威尔逊（Robert Ory Wilson, 1906—1967）。

舍里开设了一个辅助医院。……

12月16日星期四,我们开始收到有关强奸妇女的报告。国际委员会有100份发生在难民区内美国房产上的强奸案确实的报告。难民区以外有多少案件,没人知道。肯定有数以万计的案件。而事情的可悲之处在于,强奸仍在持续。现在,我们美国财产得到了更多的尊重,然而我们在医院里不断收治被强奸的人。不是被强奸一次,而是很多次。

他们进城后不久便开始焚烧城市,并继续在烧。每天都有大火在燃烧。我想,如果不是三分之二的城市被烧毁,也有一半的城市被烧毁了。经过商业区,让人心碎。一切都被摧毁了。十年的成就似乎都化为乌有了。有时我的情绪非常低落,但大多数时候我都会振作起来,继续向前进。……

12月19日星期日,日本人在房产上贴出告示,宣布这是美国的财产,应受到尊重。我不知道这是否有用,但至少我们可以指望它。

星期一下午,我突然被叫到医院的后面。有两个日本兵在我们的难民房的二楼。我顿时发虚,因为我知道上面有年轻的姑娘。有两个楼梯通向二楼。我设法迅速决定哪一个能让我先找到那些人。命运指引我选择了正确的那个楼梯。他们没有看到我,直到我在楼梯口上面遇到他们。看到他们很有趣。他们像两个淘气的男孩一样转身,以最快的速度向大门走去。我无法追上他们。他们几乎是在跑。当我赶到门口时,又有三个人正要进来。我指了指告示和美国国旗,他们上路走了。

这些情况持续之际,越来越难弄到粮食。我们储备了很多食品,但都吃光了。一个老人过来告诉我们,如果我们愿意去买,他有一些蔬菜可以出售。当我们到达那儿时,他已经准备好500磅,可以装上卡车,但日本兵比我们先到,把蔬菜拿走了。我们不得不等他们再采摘一些蔬菜。弄回来装满救护车的蔬菜。我坐在卡车里守着它,男人们则去搬蔬菜。日本兵来过好几次,但没有惹事。

当蔬菜全部上完后，老人爬了上去。我听到他自言自语，而不是对其他人说："这些美国人对我们很好。如果麦克林医生① 没有来南京，我们怎么办啊？"

同一天的中午，送来两个严重烧伤的人。他们是100到140人中的两个，被赶进一个围栏里，浇上汽油点燃。他们的状况简直无法形容。一个在天亮前就死了，另一个几天后死去。其余的人都被烧死。你们能想象如此可怕的事吗？

此地和上海之间的地区发生恐怖事情的那些报告传到我们这儿时，我说这不可能是真的。人不可能如此邪恶。这是宣传。每场战争都是如此。现在我在想，那些告诉我们世界大战中的宣传是虚假的人，他们自己是不是也是宣传家，在对世界撒谎。战争确实是地狱，带来了无法想象的邪恶。

就张贴在房屋上的所有布告而言，很少有像我们这样好的情况。中国人已经被完全洗劫一空。他们能保住性命已很幸运。几乎所有的外国房产都被闯入。他们任意掳走东西。基督教会损失了五架钢琴，女子学校三架，南门教堂两架。他们用一辆卡车把东西从女子学校运走。也许你们从广播中听到了这个消息。我知道那是伦敦的广播。报告从南京的大使馆发送到华盛顿。

南门教堂的两座建筑被烧毁。卫理公会的一座大教堂已被完全摧毁。

发给城里每个外国人一个日本大使馆的臂章。上面有我们的名字和国籍。戴上它很伤我的感情，但我还是戴着。②

---

① 威廉·爱德华·麦克林（William Edward Macklin, 1860—1947），1860年5月出生于加拿大安大略省的洛勃（Lobo）镇，1880年毕业于多伦多医学院。1886年，作为统一基督传教会前往中国的第一批传教士抵达上海，1892年在南京设立诊所。他开办的诊所以后并入金陵大学医院，亦即鼓楼医院，成为该医院重要的组成部分。麦克林在南京工作至1927年回国，1947年8月8日在加拿大逝世。

② Grace L. Bauer, A letter to the family, January 22, 1938, pp. 1-6, her family collection.

鲍尔继续在南京工作，直至美日关系日趋紧张，才于 1941 年 10 月离开中国。此时距珍珠港事件爆发仅两个月。1942 年夏天，她在巴尔的摩大学医院找到了一份化验室技术员的工作。战后，她曾考虑返回南京，但她母亲的健康状况不佳，她无法脱身。1976 年 7 月 29 日，鲍尔在她的家乡巴尔的摩逝世。她的日记和 500 多封信件被保存在她亲属的私人收藏中，2007 年，她的亲属将她 1937 年 11 月 25 日至 1941 年 9 月 15 日的日记的副本捐赠给她工作了 22 年的鼓楼医院。

乔治·爱希默·菲齐（George Ashmore Fitch，1883—1979）

乔治·爱希默·菲齐，中文名费吴生，1883 年 1 月 23 日出生在中国苏州的一个美国传教士家庭。他在中国长大并接受早期教育，后回到美国读大学。1906 年，他毕业于俄亥俄州的伍斯特学院，后在纽约的协和神学院继续深造。1909 年从神学院毕业后，他回到中国，在上海的基督教青年会任干事。1936 年，奉调到南京基督教青年会工作。

菲齐在规划和组织安全区方面发挥了积极作用，他担任安全区的行政主管，负责管理安全区，四处巡查，为粥棚提供大米、燃料，安排工作人员为在安全区避难的难民提供食物，他还要驱赶掳掠、强奸的日本兵，并将受害者送往医院。

他定期写信，与家人和朋友保持联系。由于几个月没有邮政通信设施，他无法将信件邮寄出去，因此他从 1937 年 12 月 10 日至 1938 年 1 月 11 日写的信件犹如一系列日记。这些信件从南京夹带出去后广为流传，它们详细地描述了城市的突然变化、居民的痛苦、日军的暴行，以及恐怖笼罩下的城市：

> 星期二，14 日。日军大批涌入南京城——坦克、大炮、步兵、军车，恐怖的统治开始了。在此之后的十天中，残酷恐怖的程度与日俱增。……
> 当晚，召开委员会议时，有消息传来，日军从安全区总部附近的一个难民营抓走并枪杀了所有 1300 百名男子。我们知道其中有一些当过兵，

但是，那天下午一名军官向拉贝保证会宽恕他们的性命。他们要做什么，现在再清楚不过了。手持刺刀枪的日本兵让这些人排成行，约100个人绑在一起，戴着的帽子都被强行摘下，摔到地上。借着汽车灯光，我们看见他们被押往刑场。……

星期五，12月17日。抢劫、杀人、奸淫有增无减。粗略地估计，昨天晚上和白天至少有上千名妇女被强奸。一个可怜的妇女被奸达37次。日本兽兵在强奸另一名妇女时，为了阻止她五个月的婴儿啼哭，将其窒息致死。抵抗意味着刺刀相向。医院已迅速住满了日军残酷野蛮行径的牺牲品。……

星期天，12月19日。全天混乱异常。发生数起大火，都是日本兵放的火，还会有更多的纵火事件。……有些房屋，日本兵一天之内闯进去五到十次，可怜的老百姓遭抢劫，妇女被强奸。有些人在毫无缘由的情况下被残酷杀害。我们在一个地区有七名清洁工，六人被杀，第七个负伤逃了出来，讲述了事情的经过。……

星期三，12月22日。今晨5点，行刑队在离我们很近的地方开枪杀人，数了一下，打了一百多枪。……我和斯波林到位于安全区总部东面四分之一英里处的几个池塘，察看那儿的五十几具尸体。显然都是平民，手绑在背后，有一个人上半个头颅被砍掉。他们是不是被用来练军刀砍的？……

星期四，12月23日。……在农业专修科，有70个人被抓出去枪毙。简直是无法无天。日本兵可以随意捉拿他们认为可疑的人。手上的老茧便是当兵的凭据，处死的依据。人力车夫、木匠及其他劳动者经常被抓。有个男子中午被送到安全区总部，头烧得焦黑，耳朵和眼睛烧掉了，鼻子还剩一半，看上去可怕极了。我用车送他去医院，数小时之后他在医院死去。他的经历是这样的：他们上百个人被绑在一起，浇上汽油，点火焚烧。他正巧在人群的边缘上，只有头上浇到汽油。稍后，又有一个情况类似的人被送到医院，烧伤的面积大多了。他也死了。他们似乎先被机枪扫射，但并没有都被打死。第一个人没有枪伤，但第二个人有。后来，我看到第三个人有类似的头部和膀臂烧伤，他躺在鼓楼对面通往我住所的街角上。显然死之前他挣扎着爬了那么远。难以想象的暴戾残酷！①

当他能够通过美国和英国炮艇把邮件寄出后，他于1938年1月15日写信给他的家人，表达他的沮丧，他希望那里发生的每一件事都只是一场噩梦：

> 要写些什么？如果你拥有那篇我让威尔伯先生复印并寄给你的长篇大论，你就已经知道我的最新情况了。那是一个相当遗憾的故事，是否把它邮寄出去，甚至给你寄去，极为犹豫不决。它能带来什么好处？当然，我并不是完全抱着这种想法来写的——我只是觉得我必须把它从我身上吐露出来。即使在今天，这一切都像是一场可怕的噩梦，我一直半信半疑地希望我醒来后会发现这只是一场梦。这样的事情发生在今天，而且就在我们可爱的南京，似乎太不可思议了。
>
> 然而，最糟糕的情况现在已经过去了，我们当然对此心存感激。然而，即使在今天，在日本人占领这座城市一个多月后，仍然有各种不愉快的事情发生，每天我们都要到大使馆提出抗议。②

菲齐是南京沦陷后第一个获准离开南京的美国人。1938年1月29日，他乘坐英舰"蜜蜂号"前往上海，1938年2月12日，他又乘坐美舰"瓦胡号"返回。在上海逗留期间，他就南京的情况做了演讲并接受采访，同时还完成了一项重要任务：购买100吨青豆运往南京的安全区。然而，直到1938年2月26日，日军当局才允许这批青豆在南京港卸货。

---

① George A. Fitch, *My Eighty Years in China*, Taipei: Mei Ya Publications, Inc., 1967, pp. 436-446.
② George A. Fitch, A letter to family, January 15, 1938, Box 52, Fitch Family Archives, Yen-ching Library, Harvard University, Cambridge, MA.

回来后不久，菲齐又着手安排再次离开。2月20日，他乘坐日本军用列车再次前往上海，并成功地将麦琪拍摄的记录日军暴行的8卷电影胶片夹带出去。3月初，在前往美国的途中，菲齐在广州短暂停留，广东省主席邀请他就其在南京的经历发表演讲。1938年3月16日，根据他的演讲，香港出版的英文报纸《南华早报》刊登了一篇文章，标题是《南京暴行：美国目击者讲述了侵略者的放荡行为》。这篇文章首次使用了"南京暴行"（Rape of Nanking）一词，描述了南京大屠杀的惨烈恐怖：

> 12月14日，一名日本大佐来到中立区办公室，要求得知，根据他的消息，住在中立区的6000名解除武装的中国军人的身份和现状。拒绝向他提供信息。于是，日本搜索队在总部附近的一座难民营发现了一堆中国军服。最靠近军装堆的1300名男子被抓去枪决。
>
> 中立区总部提出抗议，并得到保证这些人只是去为日军干活。抗议信送到了日本大使馆，送抗议信的人夜幕降临时分回来时，发现1300名囚犯被捆绑在一起。他们没有戴帽子，没有带铺盖，也没有拿任何行李；针对他们的意图再明显不过了。他们被押解走，没有一个人出声，在江边被处决。
>
> 日军占领后的第四天，又有1000人从中立区难民营被抓去处决。其中有市政府先前分配给中立区的450名警察中的50名。再次提出强烈抗议，但显然日本大使馆对日本军方无能为力。任何留着短发、因拉船纤或人力车手上有老茧或有其他辛苦劳作痕迹的中国人，这些辨识印记便是他自己的死刑执行书。①

抵达美国后，菲齐在各地巡回演讲，在旧金山、洛杉矶、芝加哥、俄亥俄州哥伦布市、华盛顿特区和纽约市举办了讲座并放映暴行影片，让美国人

---

① "The Rape of Nanking : American Eyewitness Tells of Debauchery by Invaders; Un-armed Chinese Butchered"，*South China Morning Post*（Hong Kong），March 16, 1938, p. 17.

民直观地了解南京大屠杀及其暴行。

1939年初，菲齐回到中国，到重庆的基督教青年会工作，之后担任河南省联合国善后救济总署的副主任。1946年，他作为检方证人，前往东京参加对日本战犯的审判，但由于工作繁忙，他没能在那里待很久。因此，他为检方作了书面宣誓证词。他1947年离开中国前往朝鲜，为基督教青年会服务。1979年1月21日，他在加利福尼亚州波莫纳去世。

尽管菲齐的日记信件传播较广，并在他的自传《旅华岁月八十载》（*My Eighty Years in China*）中发表，但他在大屠杀时期的大量信件被收藏在他的家庭档案中，尚未公布于世，这些档案被保存在哈佛大学燕京图书馆。耶鲁大学神学院图书馆也收藏了他的一些档案材料。

欧内斯特·赫曼·福斯特（Ernest Herman Forster，1896—1971）

欧内斯特·赫曼·福斯特1896年11月1日出生在美国费城，1917年毕业于普林斯顿大学。1920年，他前往中国，在扬州的美汉中学（Mahan School）担任教师。1937年11月，在南京沦陷之前不到一个月，他奉调到南京，从事与美国传教会（圣公会的一个教派）有关的传教和救济工作。

当日本军队逼近南京时，福斯特将他的妻子克瑞丽莎·露可瑞霞·汤森德·福斯特（Clarissa Lucretia Townsend Forster，1900—1973）送往汉口，他则留下来帮助约翰·麦琪，将圣公会的教徒团体从下关迁入城内的安全区。福斯特和麦琪与白俄尼古拉·波德希沃洛夫（Nicolai Podshivoloff）、A. 扎尔（A. Zial）一起住在德国商人舒尔茨-潘丁（Schultze-Pantin）位于鼓楼四条巷10号的住宅内，在日本人占领该城后帮助保护圣公会的教徒团体免受暴行侵害。同时，他积极参与了国际红十字委员会的组织工作，建立红十字医院，治疗中国伤兵。

在大屠杀期间，福斯特也写了当时无法寄出的日记信件。1937年12月19日，在给妻子的信中，他谈到自己周围的糟糕情况：

15日和16日，他们搜寻军人，并成群结队地把人抓走，而不管他们是否扛过枪。他们冷酷地杀害了其中大部分人。我们听说他们把两三百人押到池塘边，将他们逐一枪杀，扔入水里。另一大群人被强行赶入一座芦席棚，四周架起机枪，活活将他们烧死。陈先生在模范村的教区中有14人几天前被抓走，至今未归。其中有陈先生的长子，大约16岁，他也没有回来。接着日本兵一直肆无忌惮地掳掠、强奸。约翰和我通常在白天把妇女和受伤的百姓送到医院，并看守我们大多数基督徒和许多其他人，尤其是女孩避难的两处住所。我们在那里的存在有助于防止日本兵闯入。我们也睡在那里。①

在1月26日的信中，福斯特描述了一起谋杀案，一名14岁的女孩被日本兵枪杀。这起案件前一天下午发生在他们的住所附近，他亲自调查了此案。这名女孩来自无锡，一座位于上海以西约150英里的城市，"女孩和她的弟弟去附近的田里拔萝卜，这时一个日本兵出现了。他试图抓住这个女孩，但她受到惊吓跑开了，这时，士兵开了枪，击穿她的头部，几乎立即打死了她"②。

两天后，他告诉家人，100多具尸体被从附近的一个池塘拖拽出来，这是中国目击者证词中常见的场景：

从我们居住的街道尽头的一个池塘里，前天捞出了100多具男人的尸体，12月16日被日本兵指控为中国军人而枪杀并扔进水里后就一直泡在水中。他们中的许多人就是从我们周围的房屋里被抓出去的，我们知道他们不是军人。但是嗜血与复仇的渴望太强烈，致使他们成为牺牲

---

① An enclosure to Maxwell M. Hamilton's letter to Irving U. Townsend, February 25, 1938, (Department of State File No. 793.94/12556), Microfilm Set M976, Roll 51, 1930-1939 Central Decimal File, Record Group 59, National Archives II.

② Ernest H. Forster, A letter to his wife Clarissa, January 26, 1938, Folder 5, Box 263, Record Group 8, Special Collection, Yale Divinity School Library.

品。在许多情况下，他们是家庭的养家糊口者，这些家庭现在一贫如洗。①

除了在1939年6月至1940年5月期间休假外，福斯特一直在南京工作。珍珠港事件爆发后，他和其他美国人被日本人拘留并软禁。1943年，他被遣送回美国，但战争刚结束，他就设法立即回到中国。

1951年，福斯特离开中国。1971年12月18日，他在康涅狄格州纽黑文市去世。他留下了大量的信件、报告和其他文件。他的档案材料被收藏在耶鲁大学神学院图书馆。因为福斯特曾向美国驻南京大使馆提交报告，他妻子的哥哥欧文·厄普森·汤森（Irving Upson Townsend，1894—1969）于1938年将福斯特的信件转交给国务院，所以他的一些材料也保存在美国国家第二档案馆。此外，福斯特和麦琪的人事档案被保存在得克萨斯州奥斯汀市的圣公会国家历史档案馆。然而，由于档案馆规定，传教士的档案要在其去世75年后才可向公众开放，因此这些资料目前还不能查阅。

约翰·吉利斯比·麦琪（John Gillespie Magee，1884—1953）

约翰·吉利斯比·麦琪1884年10月10日出生于美国匹兹堡。他于1906年毕业于耶鲁大学，并于1911年在马萨诸塞州剑桥市的圣公会神学院获得神学学士学位。1912年，他前往南京，在那里担任圣公会牧师直至1940年。在传教工作中，麦琪邂逅了一位隶属于英国中国内地传教会（China Inland Mission）的英国姑娘菲丝·爱密琳·贝克哈斯（Faith Emmeline Backhouse，1891—1975），1921年7月，二人在江西牯岭结为夫妇。战争在上海爆发后，他将妻儿送回家乡匹兹堡。日军即将进城之际，他在南京安全区国际委员会任职，还成立了南京国际红十字委员会和红十字医院，并担任红十字会会长，为中国伤兵提供保护。他与福斯特和两名白俄合作，守护圣公会教徒团体和其他难民，还不时地访问医院和难民营。1938年2月，

---

① Ernest H. Forster, A letter to his family, January 28, 1938, Folder 6, Box 263, Record Group 8, Special Collection, Yale Divinity School Library.

他去了位于南京以东约15英里的栖霞山难民营。麦琪在大屠杀期间作出的最重要、最独特的贡献是在鼓楼医院内,用16毫米电影摄影机拍摄了暴行影片。为了帮助观众理解他的影片图像,麦琪为影片各个部分起草了说明。以下是影片第三部分案例10的说明:

> (10)下关电话局的雇员俞海棠(Yu, Hai-t'ang)是金陵大学4000难民中的一员。12月26日,日军军官到那里进行登记,城里所有成年人都必须登记。军官对他们说,如果他们中有人承认是当兵的,可以饶他们一命,但他们得干活;如果不承认并被发现,将处死他们。给他们20分钟的时间考虑。大约200个人随后向前跨了一步。他们被押走了,日军还在街上抓捕了很多被他们指认为当兵的人。俞就是在街上被抓的。他说他和其他数百人被押到金陵女子文理学院附近的山上,日本兵开始用他们练习刺杀。他身上被刺了6处,胸部2处,腹部2处,腿部2处,之后,他昏了过去。当他苏醒时,日军已经离开,有人帮忙送他去教会医院。这些图像是威尔逊医生动手术时拍摄的,当时对他的康复似乎不抱多少希望;但他确实康复了。[①]

他给当时在匹兹堡的妻子菲丝写了许多信。1937年12月15日,他写信谈到为中国伤兵组建一座红十字医院:

> 昨天是最不愉快的一天——这是非常温和的说法。星期天下午,中国军人开始撤退时,我去了外交部,在那里我发现许多伤兵,但没有军医或护士。后来,欧内斯特和我去了位于三牌楼的陆军部,在那里我们发现更多的伤兵和大约10或20名军队护士和医生,但他们都无所事事,而且打算离开。我告诉他们,如果他们愿意留下来医治那里的伤兵,国

---

① John G. Magee, Case 10, Film 10, Folder 7, Box 263, Record Group 8, Special Collection, Yale University Divinity School Library.

际红十字委员会将接管他们。我们在前一天组织了一些愿意协助伤兵的人——德国人、英国人（然而蒙罗－福勒和所有英国人一样被命令离开南京，住在长江上的一艘船上）、中国人，还有年轻的科拉，我们的俄国朋友，但大多数是美国人。我被推举为我们委员会的会长，欧内斯特为秘书长。①

12月19日，他描述了城内的恐怖状况：

上周的恐怖是我从未经历过的。我从未梦想过日本兵是这样的野蛮之徒。这是一个充满谋杀和强奸的一周，我想，这比长久以来发生的情况都要糟糕，只有土耳其人对亚美尼亚人的屠杀可以与之相比。他们不仅杀害了所有他们能抓到的俘虏，而且还杀害了大量各年龄段的普通百姓。他们中的许多人就像被在街上猎杀的兔子一样遭枪杀。从城南到下关，城里到处都是尸体。就在前天，我们看到一个可怜虫在我们所住的房屋附近被杀。许多中国人都很胆小，一旦受到挑衅就会愚蠢地开始逃跑。这就是那个人的遭遇。我们没有目睹真正的杀戮，因为它就发生在我们看得到的竹篱笆的拐角处。科拉后来去了那里，说那个人头部中了两枪。这两个日本士兵并不比杀一只老鼠更在意，他们不停地抽着烟，谈笑风生。J. L. 陈的长子陈昌（Ch'en Chang），16岁（中国人的算法），两天前就在我们住所附近和一大群约500人一起被抓走，我认为他活着的可能性很小。在这群人中，还有11名四所村的基督徒。虽然我昨天把我们的人的名字告诉了新到任的田中总领事，但此后我们再也找不到他们的踪迹。②

---

① John G. Magee, A letter to his wife Faith, December 15, 1937, Folder 2, Box 263, Record Group 8, Special Collection, Yale University Divinity School Library.

② John G. Magee, A letter to his wife Faith, December 19, 1937, Folder 2, Box 263, Record Group 8, Special Collection, Yale University Divinity School Library.

麦琪于1938年6月前往美国休假，并于1939年5月回南京继续他的传教工作，1940年，他离开中国。此后，他在华盛顿特区的圣约翰圣公会教堂担任牧师，是在富兰克林·D.罗斯福总统的葬礼上主祭的牧师之一。

战后，麦琪前往东京，于1946年8月15日和16日在远东国际军事法庭上出庭，就日军在南京的暴行作证。

1953年9月9日，麦琪在他的家乡匹兹堡逝世。他留下了大量的文字记录，这些材料被收藏在耶鲁大学神学院图书馆与得克萨斯州奥斯汀市的圣公会全国历史档案馆。

詹姆斯·亨利·麦考伦（James Henry McCallum，1893—1984）

詹姆斯·亨利·麦考伦1893年11月19日出生在美国华盛顿州的奥林匹亚市，1917年毕业于俄勒冈大学。1921年，他从耶鲁大学神学院获得了神学学士学位，同年秋天，他与新婚妻子伊娃·安德森·麦考伦（Eva Anderson McCallum，1895—1963）一起前往中国，在南京基督会的南门教堂担任牧师至1951年。

麦考伦原定于1937年冬季休假。然而，当日军向南京推进时，许多人离开南京，前往中国西部，因此，鼓楼医院急需一名总务主任。这时，尽管麦考伦非常需要休假，但他决定留在城里，填补医院的空缺。他勤奋工作，为医院搜寻燃料、大米、蔬菜、食品、设备和其他物资，此外，帮助组织安全区的工作。

在大屠杀的日子里，他给当时已和孩子在上海的妻子伊娃写了犹如日记的信件。特别是那些写于1937年12月19日至1938年1月15日期间的信件曾广为传阅。1946年8月29日，信件的一些内容在东京的远东国际军事法庭上作为检方证据被宣读。麦考伦在12月19日写道：

说起来这段经历真让人毛骨悚然，我不知从哪儿说起，也不知在哪儿结束。从未听说过如此残暴的行径，也没有在书本上读过这样野蛮的兽行。强奸，奸淫，淫辱：我们估计每晚至少有上千桩强奸案，白天还有许许多多。稍有抵抗或不情愿的表示，就会给你一刀或一枪。每天我们都可以写出数以百计的案子；人们已被逼得神经不正常了；我们这些外国人无论何时出现，都有人下跪磕头，恳求帮助。被怀疑当过兵的人以及许多老百姓都被押往城外，成千上万地集体屠杀。我们医院的工作人员已被抢了三次，有的被抢去钢笔，有的是手表和钱财。甚至难民营中贫困的难民也一而再再而三地遭洗劫，直至分文不剩，仅余一身薄衫和铺盖，这些东西过不久仍会被夺去。每天，不管是早晨，是下午，还是晚上，妇女都可能遭劫持。日军似乎可以任意进出，四处横行，为所欲为。在金陵女子学院、金陵大学和希尔克里斯特学校，美国国旗已数次被扯下撕毁。在神学院、金陵女子神学院、金陵大学、金陵女子学院、金大附中、蚕桑大楼、图书馆和其他许多地方，每晚都有强奸、抢劫、枪击和刺刀杀人的事件发生。[1]

12月29日，他描述了一个挣扎着来到医院的暴行受害者：

然而，更惨的是人们的遭遇。难怪他们终日处于恐怖之中。许多人只剩一件遮体的薄衫，孤苦无援，手无寸铁，听任日军摆布。日本兵为所欲为，任意横行，毫无军纪约束，许多日本兵喝得醉醺醺的。白天他们钻进安全区的房屋寻找合意的妇女，晚上再来掳走。倘若妇女躲藏不见，有干系的男子则被当场刺死。从十一二岁的小姑娘到五十来岁的妇女都难逃魔掌，抗拒不从将引来杀身之祸。最惨的几个妇女被送到医院。一个怀有六个月身孕的妇女拒不从命，来医院时脸上、身上有16处刀伤，腹部被刺穿。孩子死了，但她总算把命保住。听信日军不杀的许诺而任其摆布的男子，

---

[1] James H. McCallum, A letter to his wife Eva, December 19, 1937, Correspondence of James Henry & Eva Anderson McCallum, Disciples of Christ Historical Society Library.

只有极少数活着回到安全区，回来的人情况也很惨。有个人说他们被当作练刺刀的靶子，看上去他的身躯的确被刺过。还有一批人被押到古林寺旁，其中有个人回来，奄奄一息地讲述了那群人的命运。他们被兜头浇了汽油，再点火焚烧。他身上除了烧伤没有别的伤。头部、颈脖部已被烧得不成人形。同一天，另一个人被送到医院，他的身体大部分被烧伤，还被枪弹击中。这批人很可能被机枪扫射，尸体被架起来焚烧。[1]

在1938年2月16日的信中，他告诉妻子，生命的损失是巨大的：

> 他们正在用我们的一辆救护车掩埋尸体。大约有1500具尸体被埋在汉西门外，我们曾设法营救这批人，但没有成功。另外两群人，一群是在下关和记外面的一万人，稍微再往下游去一些的江边还有另一群两万人，都是在试图离开南京时受困的军人。[2]

他自己"在医院的防空洞里掩埋的尸体超过38具，并在附近的街道上收殓了一些尸体，大部分都是军人，未经许可就将他们掩埋了"[3]。

然而，1938年1月27日，麦考伦要求两名强行闯入鼓楼医院的日本骑兵离开，他本人也成为日军暴行的受害者。

> 这时穿马靴、马刺的一个对我动起粗来，抓住我的胳膊，推推搡搡差不多有100英尺远。此刻他拔出刺刀，朝我腹部一划，但我站稳脚跟。然后，他用刺刀尖顶着我的颈脖子，向前轻轻一戳。我把头向后一让，

---

[1] James H. McCallum, A letter to his wife Eva, December 29, 1937, Correspondence of James Henry & Eva Anderson McCallum, Disciples of Christ Historical Society Library.

[2] James H. McCallum, A letter to his wife Eva, February 16, 1938, Correspondence of James Henry & Eva Anderson McCallum, Disciples of Christ Historical Society Library.

[3] James H. McCallum, A letter to friends, January 7, 1938, Correspondence of James Henry & Eva Anderson McCallum, Disciples of Christ Historical Society Library.

只轻轻被刺破点皮。①

麦考伦继续在医院的岗位工作到 1939 年 7 月,然后回美国休假一年。他 1940 年秋返回南京,但珍珠港事件后他被软禁,直至 1942 年 8 月被遣返。1945 年,战争刚结束,他便返回了南京传教的岗位,并在审判日本战犯期间向远东国际军事法庭提交了他的书面证词和大屠杀时期的日记。麦考伦 1951 年离开中国,1984 年 4 月 20 日在加利福尼亚州皮科里维拉(Pico Rivera)去世。他留下了大量关于南京大屠杀的文字记载。虽然耶鲁神学院图书馆和国会图书馆藏有他的一些信件,但他的档案材料主要保存在田纳西州纳什维尔的基督会历史协会图书馆。

威尔逊·波鲁默·米尔斯(Wilson Plumer Mills,1883—1959)

威尔逊·波鲁默·米尔斯 1883 年 12 月 1 日出生在美国南卡罗来纳州的温斯伯勒(Winnsboro),1903 年毕业于北卡罗来纳州的戴维逊学院。1907 年在南卡罗来纳大学获得硕士学位时,他被评为罗德学者,并于 1910 年前往牛津大学基督教堂学院学习,取得神学学士学位。1912 年,他在南卡罗来纳州的哥伦比亚神学院获得另一个神学学士。同年秋天,他启程前往中国。最初,他在南京为基督教青年会服务,接着前往其他城市,如日本东京(主要为中国留学生工作)、中国北京、汉口和上海工作。1932 年,他开始在南京为北方长老会做传教工作。

1937 年,日军逼近南京时,他在发起和组建国际委员会和安全区的过程中发挥了关键作用。他担任该委员会的副会长至 1938 年 2 月 23 日约翰·拉贝离任。此后,米尔斯履行会长的职责,但将会长的职衔留给拉贝。

除了起草委员会文件、报告和抗议信之外,他还定期给妻子海瑞亚特·康妮莉尔·赛尔·米尔斯(Harriet Cornelia Seyle Mills,1889—1998)写信,

---

① James H. McCallum, A letter to John M. Allison, January 27, 1938, Enclosure No. 1-Y to "Conditions of American Property and Interests in Nanking", February 28, 1938.

向她通报南京的情况。1938年1月9日,在可以通过美国大使馆寄出信件后,他写道:

> 到现在为止,我还没有机会在我觉得安全的时候给你写信。日本大使馆曾提出过一两次为我们寄信,但我们知道他们在审查一切,所以人们几乎不能写任何想写的东西。简而言之,情况就是这样的。在南京沦陷之前,中国军队表现得非常好,至少在城内是这样。他们在城外掳掠了一些东西,也许在某些地区也抢夺了一些东西,但相对来说很少。外国财产受到他们的尊重。但自从日本人进来后,这里就成了地狱。我想我们所有人都觉得这是描述日军占领的头十天或两个星期内所发生情况的唯一的词语。残酷地杀害攻占城市后俘虏的军人和许多声称是军人的无辜百姓,甚至在没有这种借口的情况下枪杀了许多人,大规模地强奸妇女,大肆掳掠抢劫人们,再加上蓄意破坏城市的大部分地区,除了我用的这个词外,没有其他词可以形容这一切。[1]

一个月后的2月9日,他更详细地介绍了日军占领后南京的情况:

> 13日晚上天黑后,任何中国人上街都不安全,尽管在数万人中,有些人因为这样或那样的原因不得不上街,这也是可以预料的。金陵大学的齐先生[2]和顾先生那天晚上死里逃生。他们刚从大学走到他们住的伊

---

[1] W. P. Mills, A letter to his wife Nina, January 9, 1938, Box 141, Record Group 8, Special Collection, Yale Divinity School Library.

[2] 齐兆昌(Charles G. T. Gee, 1890—1956),浙江杭州人,早年就读之江大学,毕业后赴美深造,毕业于北俄亥俄大学土木工程专业,获学士学位。曾长期担任金陵大学建筑师。南京大屠杀期间,他留在城内,任金陵大学难民营的负责人。1952年后任南京大学工务科(即以后的校产科)科长,于1956年1月21日在南京鼓楼医院逝世。

利克^①家——你知道那是多么短的距离——就被一个哨兵拦住。如果不是查理·里格斯的突然出现，他们很可能当时就被杀了，因为哨兵似乎非常怀疑他们，而查理·里格斯恰好要经过大学回到平仓巷那里。即便如此，当查理试图解释这些人的身份时，哨兵并不想让这些人离开，我想部分原因是他并不完全理解查理所说的内容。然而，当里格斯放弃解释这些人是大学的人，并在回答哨兵的询问时说这些人是他的"仆人"时，他们终于被放行。

经过接下来的两天，我们才充分意识到我们面对的是什么样的日本人行径。13日之后，日本兵被放纵开来，从那时起到1月1日之间发生了什么，现在全世界都很清楚。我们所有人一致同意，与日军占领开头的两个星期相比，几周的空袭和城市周围进行的激战对身体和精神造成的压力，简直是小巫见大巫。在那段时间里，我们真的感觉到我们在与邪恶的力量抗争。像拉贝先生、路易斯和我在一个难以忘怀的下午为人们的生命辩护，看到他们被释放，接受人们的微笑和感谢，但两小时后回来时却发现不仅是被捆绑的三四十人，而且整个难民营的几百人都被押走了，这种记忆将永远留存在人们心间。我们无能为力，无法避免悲剧的发生。收到了新的命令，这些人被押出去处死。在那几周里，有一天我回家吃午饭，发现大家神情庄严而肃穆，因为查理正含着眼泪讲述那些人是如何在那天早晨从一个难民营被押走的。他曾试图做他力所能及的努力，却在痛苦之中被打耳光。这场战争最糟糕的不是烧毁的建筑和毁坏的家园，尽管那很糟糕，而是那些再也不会回来的男人以及那些直至她们生命的尽头都会在心中与身体上承载着被肆无忌惮的肉欲造成痛苦与伤害的女子。我几乎不知道哪一个更可悲，是男人被押走赴死，

---

① 约翰·舍伦·伊利克（John Theron Illick，1888—1966），中文名伊礼克，1888年12月3日出生于美国宾夕法尼亚州道芬（Dauphin），毕业于泰勒（Taylor）大学，在纽约州瑟勒克斯（Syracuse）大学获硕士学位，并在普林斯顿大学获博士学位。他1918年前往中国，在金陵大学教授动物学直至1950年。他于1966年9月27日在加利福尼亚州斯坦尼斯勒斯（Stanislaus）逝世。

还是女人无法逃离恐怖的痛苦。①

2月22日，他报告了发生在美国人住地附近的谋杀案：

> 就在昨天晚上，据说在离我们很近的地方发生了一起日本兵杀人案。我之前给你写过，大约三周前我亲眼看到一位白发老人、一个妇女和另外两个男人的尸体躺在被枪杀的地方。即使这位老人偷了两把椅子，我认为这一点并没有得到证实，也不能作为杀害四个人的正当理由。就在两三天前，我又看到一个男人和一个小男孩遭士兵枪击。幸运的是，这两个人的伤势都不严重，但这一事件表明，在日本人的手中，这个城市的生活仍然是多么的不安全。抢劫是我提到的最后一起事件的主要原因之一，如果不是唯一原因的话。对"花姑娘"（漂亮女孩）的欲望可能也是一个促成因素。此外，就在今天上午，经过两个多月的抗议，仍从金陵大学附中强行抓走人去做劳工，在这个过程中，窗户被打破，我相信门也被砸碎。因此，虽然几个大使馆的官员回城有助于改善城市的状况，但离我们过去所享有的和平仍有很大的距离。②

米尔斯在南京待到1942年9月。1943年2月，他被关进上海浦东的集中营；1943年9月，他被遣返回美国；1944年，他回到中国，在重庆和上海工作。

1949年，米尔斯离开中国，于1959年2月26日在纽约去世。米尔斯也留下了相当多的书面记录。除了他写给妻子的信之外，他还多次向日本和美国大使馆提出了抗议。他的大部分档案材料保存在耶鲁大学神学院图书馆，

---

① W. P. Mills, A letter to his wife Nina, February 9, 1938, Box 141, Record Group 8, Special Collection, Yale Divinity School Library.

② W. P. Mills, A letter to his wife Nina, February 22, 1938, Box 141, Record Group 8, Special Collection, Yale Divinity School Library.

有些则收藏在美国国家第二档案馆的外交档案中，而他的人事档案则保存在宾夕法尼亚州费城的长老会历史协会。

查尔斯·亨利·里格斯（Charles Henry Riggs，1892—1953）

查尔斯·亨利·里格斯1892年2月6日出生在土耳其安塔布的一个美国传教士家庭，1914年毕业于俄亥俄州立大学。他和新婚妻子格蕾丝·埃德娜·弗雷德里克·里格斯（Grace Edna Frederick Riggs，1893—1984）于1916年前往中国，在金陵大学学习了一年中文后，夫妇俩于1917年前往福建邵武山区，里格斯负责新成立的农业试验站的工作。在他们回国休假期间，里格斯于1931年获得纽约协和神学院的神学学士学位，并于1932年获得康奈尔大学的农业机械工程硕士学位。1932年秋天，他回到中国，加入金陵大学的教师队伍。

当日本军队向南京推进时，他把妻子和孩子送回纽约，自己则留在国际委员会任职，帮助组织和管理安全区，为难民分配住房，用卡车为难民营运送大米和煤炭。他也给家人写信，尽管不像其他几个美国人那样频繁。1938年1月15日，他写道：

> 然后在13日，日军进来了，地狱里的魔鬼被释放了出来。他们首先把抓到的俘虏全部杀害，将五六个人绑在一起，用手枪打或用刺刀捅死他们。然后他们围捕所有他们认为是军人的人，当然也包括许多老百姓，成千上万地枪杀。然后他们开始掳掠、强奸，甚至从那些一无所有的最贫穷的人那里偷走几个铜板或一些食物。而且他们仍持续施暴，不仅仅是中国古代历史上的屠城三日，而且是仍然在一些地方犯下暴行。你曾读到有关西班牙海盗及其对城市洗劫的描述，与南京人民遭受的痛苦相比，显得平淡无奇。数以千计的妇女每晚被强奸，许多人在强奸过程中或之后被杀害；儿童因为父母被抢劫、谋杀或强奸而哭闹，被刺刀捅死，等等，等等。他们在寻找可以携带的更有价值与小巧的物品时，

砸门和乱扔东西所造成的损失，远远超过了他们掳掠走的东西的价值。各处的房屋看起来犹如龙卷风席卷过一般。①

里格斯本人也多次遭到日本兵的袭击。最严重的一次发生在1938年1月25日，当时他陪同美国外交官约翰·M.爱利生调查一起强奸案。他和爱利生都被日本兵打了耳光，他的衬衫领子被撕破，纽扣被扯掉：

> 还是那个出了大门一会儿的士兵冲上来，用我听不懂的语言叫嚷着，并把爱利生先生往后推。见此，我和爱利生先生停下来。日本兵又抓住爱利生先生的胳膊用力推他，但是爱利生先生已经退着背靠到大门上，不能再往后退了。这时，日本兵使劲打了爱利生先生的耳光，又立即当着宪兵的面打了我的耳光。……两个宪兵站在我的前面，在他们前面是那个士兵，并与之争论。使馆警察对当兵的说，"这些是美国人"，这似乎激怒了他，他突然强行挣开他们，从他们之间猛冲过来，抓住我的衣领和西装的翻领，用劲拉扯，撕破了衬衣，扯掉几颗纽扣。宪兵再次抓住他的胳膊，让他放开我。②

里格斯在南京工作到1939年2月，回美国休假，但是三个月后，他又回到中国，在成都、贵阳工作。他1951年离开中国，1953年3月13日，因心脏病发作，在纽约市去世。他留下的文字记录数量有限，主要保存在哈佛大学的霍顿图书馆。

---

① Charles H. Riggs, A letter to family, January 15, 1938, Folder 17, Charles Henry Riggs Individual Biographical Folder, Box 59 ABC 77.1 from the American Board of Commission for Foreign Mission Archives, by permission of the Houghton Library, Harvard University, and the Wilder Church Ministries.

② Incident Involving Mr. Allison and Mr. Riggs, January 26th, 1938, Enclosure No. 1 to the report "Assault by Japanese Soldier on American Embassy Official and American citizen", pp. 5-6, (State Department File No. 123 Allison, John M./193), box 355, Record Group 59, National Archives II.

路易斯·斯特朗·凯瑟·史迈斯（Lewis Strong Casey Smythe，1901—1978）

路易斯·斯特朗·凯瑟·史迈斯 1901 年 1 月 31 日出生在美国华盛顿特区，1923 年毕业于艾奥瓦州的德雷克（Drake）大学。读书期间，他结识了一位在南京出生的美国姑娘——玛格丽特·盖瑞特（Margaret Garrett，1901—1986），并于 1924 年与之结婚。婚后，史迈斯在芝加哥大学继续深造，其妻子则在芝加哥的拉什（Rush）医学院攻读医学学位。史迈斯 1928 年在芝加哥大学获得社会学博士学位后，因妻子的父母均在中国传教，史所以迈斯夫妇于同年秋天前往中国。史迈斯在金陵大学担任社会学教授，直至 1951 年。

当日本军队向南京进发时，史迈斯的妻子和女儿们都在江西的度假胜地牯岭。他则留在南京，组织安全区。作为国际委员会的秘书长，他与约翰·拉贝紧密合作。在恐怖统治最严重的几个星期，他和拉贝轮流向日本大使馆提出抗议。因此，他撰写了大量的抗议信、委员会报告和文件。同时，像城里的其他美国人一样，史迈斯频繁地给妻女写信，虽然这些信件当时无法寄出。在 1937 年 12 月 13 日的信中，他写道：

> 在神学院附近，我们发现了一些死去的平民，大约有 20 人，后来我们听说因为他们逃跑，所以被日本人杀害了。这就是那天的可怕情况，任何逃跑的人都会被枪击，不是死就是伤。……在总部，我们发现外面有一群人，斯波林和其他一些人在解除他们的武装。这个地方正成为一座军火库！他们被带入我们附近的警察署。总共约有 1300 人，有些还穿着军装。（写于 1937 年 12 月 22 日）我们争辩说，日本人不会枪杀解除武装的人。解除武装的军人是我们前三天遇到的最严重的问题，但很快就解决了，因为日本人把他们全部枪杀了……至少在他们再次露面之前，我们不会相信还有其他结果。他们最后把所有的人都押解出来，并解决了他们。周三下午，我们进行了一场了不起的斗争——只在言语上——去救这 1300 人，如果我们那时把他们分开来，军官答应把他们

留到第二天。于是我们很放心地去开工作人员会议。半个小时后，有人来告诉我们日本人回来抓他们了。果然，他们带着200名士兵，正在把他们捆绑起来。我们，拉贝和我，飞快地去找福田，或者任何人，并找到了他。他向我们礼貌地保证不会枪杀他们，但保证得不够坚定，使我们无法相信。里格斯和克罗格留下来察看，但日本兵把他们赶走了。我们及时赶回来，看到他们中的最后一批人走向自己命运的末日。①

1937年12月21日，他报告了城内猖獗的强奸案：

在暴行的高峰期，星期六和星期天，我们估计在安全区那两天每天晚上肯定有1000名妇女被强奸，可能白天也有同样多的妇女遭强奸！任何年轻妇女以及有些年纪大一些的妇女如果被抓到，极有可能遭到强奸。牧师的妻子、大学教员的妻子、任何人，不管是什么人，只是更喜欢漂亮的。最高的纪录是一名妇女在神学院被17个日本兵轮奸。在美国，人们只会低声耳语提及"强奸"。在这里，它几乎是我们的日常饮食！情况来得如此迅速，速度跟不上，我只得开始在餐桌上将它们速记下来。如果我等到能说服人们把它们写出来，对大使馆来说就过时了，因为大使馆需要每天的情况报告。所以现在我无论在什么地方都用速记的方式记录。②

12月23日，史迈斯报告说，日军从金陵大学的农业专修科抓走约200人，押出去枪杀：

---

① Lewis S. C. Smythe, A letter to family, December 13, 1937, Box 103, Record Group 8, Special Collection, Yale University Divinity School Library.
② Lewis S. C. Smythe, A letter to family, December 21, 1937, Box 103, Record Group 8, Special Collection, Yale University Divinity School Library.

日本人从农业专修科的难民营抓走200人并枪杀了他们。其中有些人可能是军人，但那里的人说一半以上是平民。我们希望日军的怒火已经发泄出来，我们将不再听到枪声。有一个人回来讲述了经历。他受了伤，身体有的部分被烧伤。我们无法弄清这是否与另一份报告提及的是同一个人。但今天又来了一个人，他的脸完全被烧伤，可能眼睛也被烧坏了。他报告说，有140人被捆绑在一起，然后向他们泼洒汽油，再点燃！太可怕了！他们是否是同一批人，我们不得而知。据报告，被枪杀的那群人身上浇了汽油，焚烧尸体。逃脱的那个人被压在下面，后来逃走了。[①]

史迈斯对于南京大屠杀文献作出的最突出、最独特的贡献，是他设计并领导了一项对南京及周边地区生命、房屋和经济遭受战争损失的社会调查。调查的结果为1938年刊出的《1937年12月至1938年3月南京地区的战争损失》，史迈斯指出：

> 根据城内与临近城墙的地区掩埋的尸体加以仔细地估算，有12000平民死于暴力。这些清单并没有把数以万计的没有武器或被解除武装的军人考虑进去。在委员会赈济委员会3月份调查的13530个提出申请的家庭中，据报告被抓走的男子相当于所有16至50岁男性的近20%。这意味着整个城市的人口中有10860人。申请救济者的陈述很可能有夸大的成分，但这个数字与调查报告中的4200人之间差异的绝大部分，可能是由于包括了拘留或强迫劳动的那些已知幸存的男子。[②]

1938年7月，史迈斯离开南京，前往已迁至成都的金陵大学，他在那里

---

① Lewis S. C. Smythe, A letter to family, December 23, 1937, Box 103, Record Group 8, Special Collection, Yale University Divinity School Library.
② Footnote 1 on page 8 of the book, *War Damage in the Nanking Area*, *December 1937 to March 1938*: *Urban and Rural Surveys*, Nanjing: The Nanking International Relief Committee, June, 1938.

待到 1944 年 6 月，此后回美国休假。他于 1946 年回到南京，并向南京和东京的军事法庭提交了关于日军暴行的书面证词。

史迈斯于 1951 年初离开中国，1978 年 6 月 4 日，他在加利福尼亚州的罗斯米德（Rosemead）去世。他留下了大量有关南京大屠杀的书面记录。除了保存在耶鲁大学神学院图书馆和美国国家第二档案馆的档案外，他的人事档案及大量的信件、报告、文件和其他材料，都收藏在田纳西州纳什维尔的基督会历史协会图书馆。

胡勃特·拉法耶特·索尼（Hubert Lafayette Sone，1892—1970）

胡勃特·拉法耶特·索尼，中文名宋熙伯，1892 年 6 月 7 日出生于美国得克萨斯州的丹顿（Denton）。他在得克萨斯州的克拉伦登学院补习，然后进入得克萨斯州达拉斯的南方卫理公会大学学习，1917 年毕业。1919 年，他与凯蒂·海伦·杰克逊（Katie Helen Jackson，1893—1982）结婚，夫妇俩于 1920 年 4 月乘船前往中国。在苏州学习了两年中文后，他于 1922 年到浙江省湖州的教会担任主管。1933 年，他奉调南京，加入金陵神学院的教师队伍，教授《圣经·旧约》。

1937 年夏，在南京遭受空袭之前，索尼把他的妻子和孩子送到浙江的度假胜地莫干山，他们此前在那里建了一座别墅。他自己留下来看管金陵神学院的校产。同时，他以副粮食专员的身份积极参与了国际委员会的组织和管理。1938 年 2 月，乔治·菲齐离开后，他继任安全区的行政主管。

在大屠杀期间，他向日本和美国大使馆提交了抗议材料，并给同事和朋友写信，揭露日本人的暴行。1938 年 1 月 11 日，他给田纳西州纳什维尔的朋友阿尔弗雷德·华盛顿·华生（Alfrad Washington Wasson，1880—1964）写了封长信：

> 在南京，几乎没有一所房子没有被日本兵从上到下洗劫一空，不是一次，而是很多次——往往每天都洗劫很多次。他们任意劫走想要的东

西。所有的东西都被搞得乱七八糟。在许多情况下，这些东西被堆放在街上烧毁，房屋也被烧毁。外国人的房产也遭到洗劫，在许多情况下，美国国旗被扯下，几乎每一次都不把美国国旗当回事。我们神学院的房屋没有一座逃过这一劫——每座房屋均被一而再再而三地洗劫掳掠，很多东西都被抢走。然而除了门窗的玻璃被打碎，锁和门被砸烂等，房屋本身并没有受到很大的破坏。但各种食品、被褥、保暖衣物、毛巾、化妆用品、照相机、贵重物品、自行车、汽车、各种车辆、马、牛、猪、鸡等，无论在哪里找到，不管是谁的财产，都被洗劫而去……

这种破坏是可怕的，令人难以置信。自从日本人进城以来，他们一直在有计划地焚烧许多城区，主要是商业区。太平路、中华路和许多其他主要商业街道上几乎所有从商的建筑都被烧毁。青年会和讲堂街卫理公会教堂被烧毁。许多大商店首先被有计划地抢劫，货物被大卡车运走，然后付之一炬烧毁。①

他告诉另一位朋友，马歇尔·图伦汀·斯提尔（Marshall Turrentine Steele，1906—1989），日军在南京不留俘虏，他们将俘虏排成行，逐一枪杀：

这里不留俘虏。所有的军人或那些被认为是军人的人，都被排成一行，捆绑起来，用机枪扫射，或用刺刀捅死。我看到有好几批人被分成小组押出来，逐一枪杀，扔进防空壕内，紧随其后的人向前一步，轮到他被枪杀。最近几天，我看到有几十具尸体被殡葬协会的人从池塘里拖拽出来掩埋。其中许多人的手上绑着铁丝，被烧得面目全非。我看到有

---

① Hubert L. Sone, A letter to A. W. Wasson, January 11, 1938, Missionary Files: Methodist Episcopal Church, South, Missionary Correspondence, 1897-1940, Roll 11, Scholarly Resources Inc., Wilmington, DE.

好几百人同时被押走，再也没有回来。①

当日本兵来强占神学院的房产时，索尼本人也遭到了日本兵的攻击。1937年12月24日，他向日本大使馆提出了抗议：

> 我想报告昨天，12月23日，下午约5时，两个日本兵闯入上海路2号的房屋，扯下美国国旗，竖起一面横幅，称该房屋是调查委员会的住地。
>
> 上海路2号的这栋房屋是美国财产，是金陵神学院R. A. 菲尔顿教授的住宅，里面还存放了我们神学院C. S. 史密斯教授和爱德华·詹姆斯教授的家庭及个人用品。
>
> 就在我发现日本兵扯下美国国旗之前几分钟，日本使馆在前门上张贴的布告被撕去。美国使馆的布告仍张贴在显眼的地方。其中一个日本兵显然喝醉了。他们坚持要借用这地方10天，我不同意。此后，他们气愤异常，对我动粗，大喊大叫，拳击我的肩膀，最后强行抓住我，把我拖着穿过院子到外面的上海路中央。直到我同意签署一个让他们借用房屋两周的字据，他们才肯放我。签了字据后，他们放了我，并同意我们重新挂起美国国旗。但是，把他们的横幅挂在前门上，并说今天9点来占房子。他们命令目前住在这座房屋里的中国难民全部搬出去。
>
> 请您采取必要的措施制止这种强行霸占我们房产的行径，以防止类似事件再度发生。②

索尼一直在南京工作到1941年夏天，当时他被安排回美国休假。战争结束后，他回到金陵神学院继续任教，1951年4月离开中国。1970年9月6日，

---

① Hubert L. Sone, A letter to Rev. Marshall T. Steel, March 14, 1938, p. 5, Missionary Files: Methodist Episcopal Church, South, Missionary Correspondence, 1897－1940, Roll 11, Scholarly Resources Inc., Wilmington, DE.

② Enclosure No. 5-A to "Conditions of American Property and Interests in Nanking", February 28, 1938.

他在得克萨斯州的福斯沃斯（Forth Worth）去世。他的档案材料主要保存在新泽西州麦迪逊联合卫理公会的档案和历史协会，还有一些书面材料收藏在美国国家第二档案馆。

克里福特·夏普·特里默（Clifford Sharp Trimmer，1891—1974）

克里福特·夏普·特里默1891年2月5日出生在美国新泽西州的中谷（Middle Valley），1913年毕业于宾夕法尼亚州的拉法耶特（Lafayette）学院。1918年，他在宾夕法尼亚大学医学院获得医学博士学位。完成住院医师培训后，他于1922年携妻子茹丝·巴克曼·特里默（Ruth Barkman Trimmer，1893—1982）前往中国，在鼓楼医院担任内科医生。他在这个岗位上工作至1950年。

1937年夏天，特里默的妻子和孩子去了江西牯岭，他留在南京，经历了空袭、围城和沦陷及随后的恐怖笼罩的日子。他是国际委员会的成员，但他主要在医院内照顾病人和伤员。特里默时常给妻子写信，报告在南京城内的经历。在1938年3月10日的一封信中，特里默告诉她，为数众多的日本兵无所事事，在街上酗酒：

> 现在这里比较平静，但我们也有一些令人不安的事情。昨天，一个日本兵来到一个人家，强行入室，这个人从后门出走时，他用刀刺捅向他的侧面。这个中国人似乎没有受到很严重的伤害，但他的脉搏即使在今天也很急促，有可能被刺中肠子。如果是这样的话，对他来说是很严重的。[①]

3月11日，他写了一份关于卫理公会财产损失的报告，其中提道：

> 丢失一架钢琴。仆人们说，日本人进城几天后（他们是12月13日

---

① Clifford S. Trimmer, A letter to his wife Ruth and children, March 10, 1938, p. 2, Trimmer family's collection.

进城的），把钢琴拖到附近一座日本人住的房屋里，但我无法识别那座房屋，所以无法追踪。门被砸坏，一些陶器，所有的东西都被砸乱了，散落一地，但可能损失数量不大。约有 15 到 50 张铁床被劫走……

没有多少房屋逃过这一劫。许多德国人的房屋和美国人的一样被洗劫一空。[①]

特里默继续在鼓楼医院工作，直至珍珠港事件爆发。此后，他被关进上海的一座集中营，直到 1943 年初被遣返。1946 年秋天，他回到了南京的医院，工作到 1950 年 11 月才离开中国。他于 1974 年 1 月 8 日在新泽西州的蒙特克莱尔（Montclair）去世。他的档案资料收藏在新泽西州麦迪逊联合卫理公会的档案和历史协会，但是他与家人的来往信件仍保存在其后人的私人收藏中。

明妮·魏特琳（Minnie Vautrin，1886—1941）

明妮·魏特琳 1886 年 9 月 27 日出生在美国伊利诺伊州塞科（Secor），一个典型的中西部乡村聚落。她于 1907 年毕业于伊利诺伊州立师范大学，一个教师培训机构，并在一所农村中学教了三年数学。此后，她又回归校园，在伊利诺伊大学攻读学士学位。1912 年获得学位后，她去中国做了一名传教士教育者。在金陵大学接受了一年的中文培训后，她于 1913 年前往安徽庐州（今合肥）的一所女子学校——三育女校（Coe Memorial Girls School），集校长与教师的职责于一身，直至 1918 年回国休假。1919 年，她应金陵女子文理学院之邀，加入该校的教师队伍。

1937 年 12 月，日军向南京推进之际，她选择留在校园里，照看学院的房产、家具、设备和书籍，并将校园改造成难民营，以庇护妇女和儿童。在大屠杀最恐怖的日子里，她的校园容纳了 1 万多人，因此她为保护可怜的妇

[①] Clifford S. Trimmer, "Methodist Mission property report", March 11 and 21, 1938, pp. 1 and 3, Trimmer family collection.

女儿童难民作出了巨大的贡献。在那些日子里,每天清晨,她都会在大门口站上几个小时,将前一天晚上担惊受怕、遭遇不幸的妇女儿童接进校园:

> 我们开始意识到日本兵在疯狂地搜寻年轻姑娘,妇女留在自己家中已极度危险,于是,我们敞开大门,任她们蜂拥而入。此后几天,对妇女来说情况越发糟糕,她们从破晓时分便涌进来。我们永远都不会忘记涌进门时年轻姑娘的面容——她们中绝大多数在大门口与父亲和丈夫分别。她们以一切可能的方式来假扮自己——许多人剪掉头发,大多数人把脸抹黑,很多人穿上男人或男孩的服装,或是穿着老年妇女的装束。王先生、夏先生、玛丽和我在大门口待了几天,试图把游手好闲的人挡在门外,让妇女们进来。在高峰期,我们校园里肯定有一万人。我们已经腾空了的科学馆和文学馆的大阁楼是年轻妇女最好的藏身处所。楼梯上、门厅里也挤得难以通行,甚至有屋顶的回廊也挤满了人,所有的走廊上情况也是如此。①

管理一座规模如此大的难民营使魏特琳非常忙碌,每天都感到精疲力尽、心力交瘁。尽管如此,她还是忠实地记录了每天发生的情况与事件。1937年12月21日,她写道,她陪同一名男子去寻找他的父亲,据说他的父亲被日军杀害了:

> 1点30分,我和爱契逊的厨师乘使馆的车子到我们西面的一条街上。他听说自己75岁的老父亲被杀,急于要去看看。我们见到老人躺在街心。他们把尸体抬到竹林里,盖上芦席。他拒绝去大使馆寻求庇护,并说他

---

① Minnie Vautrin, "A Review of the First Month", p. 7, Folder 2875, Box 145, Record Group 11, Special Collection, Yale Divinity School Library.

肯定不会受到伤害。①

在1938年2月25日的日记中，她谈到自己目睹了红卍字会的工人掩埋大量无人认领的尸体：

> 今天下午去开会时，路过安徽墓地。我看见红卍字会的人员正忙着掩埋无人认领的尸体。他们用芦席将尸体一卷，放入，或拖进壕沟。气味难闻极了，使那些人现在不得不戴上口罩。大部分尸体是日军占领初期的受害者。②

近两个月后，即1938年4月15日，她获悉红卍字会掩埋尸体的数据，这与1946年提交给军事法庭的掩埋尸体统计数据基本一致。"从他们开始收殓尸体时起，也就是大约从1月中旬至4月14日这段时间，在城里，他们已经掩埋了1793具尸体，其中大约有80%是平民。他们在城外掩埋了39589具男、女及孩童的尸体，其中大约有2.5%是平民。这些数字还不包括下关和上新河地区在内，我们知道那里还有数目可观的人丧生。"③

魏特琳本人也成了日军暴行的受害者。1937年12月17日，日军闯入金陵女子文理学院的校园。他们表面上是搜寻中国军人，但真正的目的却是搜寻、劫持年轻女子，发泄兽欲。日本兵在企图强行打开一栋楼的楼门时，打了魏特琳一巴掌：

> 刚吃完晚饭，中大楼的一个小伙子来说，校园里有许多日本兵，正

---

① Minnie Vautrin, December 21, 1937 Diary, Minnie Vautrin Papers, Disciples of Christ Historical Society Library.
② Minnie Vautrin, February 25, 1938 Diary, Minnie Vautrin Papers, Disciples of Christ Historical Society Library.
③ Minnie Vautrin, April 15, 1938 Diary, Minnie Vautrin Papers, Disciples of Christ Historical Society Library.

往宿舍楼去。我发现两个日本兵站在中大楼前正在拉门，一定要把门打开。我说没钥匙。一个日本兵说："这里有当兵的。日本的敌人。"我说："没有中国军人。"和我在一起的李先生也说了相同的话。然后，日本兵打了我的耳光，又狠狠地打了李先生的嘴巴，并坚持要开门。我指了指边门，带他们进去。他们楼上楼下转了转，大概在找中国军人。我们出来时，又来了两个日本兵将我们三个工人绑上带过来，并说"中国兵"，但我说，"不是兵，是苦力，花匠"——他们确是花匠。日本兵把他们带到前面去，我跟着他们。到前门见到一大群中国人跪在路旁——陈斐然先生、夏先生，还有几个我们的工人。一名军曹和手下几个当兵的也在那儿，不久程夫人和玛丽·特威楠也被日本兵带到我们这儿。他们问谁是这所机构的负责人，我说是我。然后，让我指认每一个人。①

魏特琳管理难民营与金陵女子文理学院校园里的其他项目直至1940年春末，魏特琳精神崩溃，被送回美国接受治疗。她于1941年5月14日在印第安纳州波利斯自杀。她留下了大量宝贵的原始资料，其中大部分保存在耶鲁大学神学院图书馆内的金陵女子文理学院档案中，而她的人事档案、金陵女子文理学院相关的照片、她的信件和其他档案资料收藏在田纳西州纳什维尔的基督会历史协会。

罗勃特·奥利·威尔逊（Robert Ory Wilson，1906—1967）

罗勃特·奥利·威尔逊1906年10月5日在南京出生，其父亲威尔伯·菲斯克·威尔逊（Wilbur Fisk Wilson）与其母亲玛丽·路德·罗利·威尔逊（Mary Luther Rowley Wilson）均为美国传教士。其父亲在金陵大学任英语教授。他在南京长大，在那里的美国学校上学。1922年，他到美国新泽西州的普林斯顿中学上学。1927年毕业于普林斯顿大学，1933年在哈佛医学

---

① Minnie Vautrin, December 17, 1937 Diary, Minnie Vautrin Papers, Disciples of Christ Historical Society Library.

院获得医学博士学位，之后他在纽约市的圣路加（St. Luke's）医院接受住院医师培训，在那里遇到了未来的妻子玛娇莉·伊丽莎白·尤斯特（Marjorie Elizabeth Jost， 1908—2004）。1935年12月17日二人结婚后，由于威尔逊急于回到他怀有深厚感情并视为故乡的南京，夫妇俩立即乘船前往中国，1936年1月，威尔逊成为鼓楼医院的一名外科医生。

1937年夏天，威尔逊将他的妻子和刚出生的女儿伊丽莎白送回美国，而他则在医院坚守岗位。随着医院的大部分工作人员出城避难，威尔逊是唯一留在城内的外科医生，当日军暴行的受害者开始涌入医院时，他日常的工作变得极为忙碌：

> 昨天我写道，我做了11台手术。今天我除了在病房里查看病人外，还做了10台手术。我起了个大早，在一个病房巡视一圈，然后回家吃早餐。早餐后，我花了一上午时间查看其他病房，午餐后开始做手术。
>
> 第一个病人是一名警察，他的前臂被炸弹炸伤，桡骨炸碎，约四分之三的肌肉被炸断。他的止血带已经绑了大约七个小时，任何试图止血的行为都会完全切断手部仅有的血液循环。除了截肢，没有其他办法。下一个病人是一个可怜的家伙，有一块大的金属嵌入他的脸颊，打坏下颌的一部分。金属和嵌在下颚断裂部分的几颗牙齿被拔了出来。随后，在特里默的协助下，在荧光镜下做了一系列的手术。一个人的腮腺里有一块弹片，它切断了他的面部神经。另一个人的身侧有一颗子弹，子弹进入他的上腹部，直接穿过他的胃。他吐了大量的血，然后感觉好多了。他的情况很好，我相信我根本不需要对他做开腹手术。我毫无困难地将子弹从侧面取出。另一个病人的脚四天前被炸掉，他严重中毒，我对他的小腿做了开放性截肢手术。另一个病人是一个被日本兵用刺刀捅伤的理发师，刺刀切开了他的后颈，通过棘间韧带切断了所有的肌肉，一直到椎管。他受到了惊吓，很可能会死亡。他是商店里八个人中唯一的幸存者，其余的人都被杀害了。

对平民的屠杀是令人震惊的。我可以用好几页的篇幅讲述强奸和暴行的案例，这些案例几乎超出了人们的想象。两个被刺刀捅伤的案例是七个街道清洁工中的幸存者，当时他们正坐在他们的总部，日本兵冲进来，在没有警告或理由的情况下杀害了他们中的五个人，并使这两个到医院来的人受了伤。我想知道这一切何时会停止，我们能够正常生活工作。①

1937年12月18日，威尔逊在给妻子的信中，谈到一个大规模屠杀的幸存者：

我今天治疗的一个人身上有三个弹孔。他是80人中唯一的幸存者，其中包括一名11岁的男孩，从所谓的安全区内两栋房屋中把他们抓走，押到西藏路以西的山上，在那里被屠杀。他在他们离开后苏醒，发现其他79人都死在他身旁。他身上的三处枪伤并不严重。

1937年的平安夜给他带来了更多的恐怖：

今天刚来的一个人说他是担架兵，是被押到长江边遭机枪扫射的4000人之一。他的肩膀上有一道枪伤，不敢大声说话，只是小心翼翼地四处张望，看是否会被人偷听。被烧伤的两个可怜的人中的一个今天上午死了，另一个人还挺了一阵。舍尔·贝茨今天下午去了被描述为烧死人的现场，发现那些可怜的人被烧焦的尸体。他们现在告诉我们安全区内还有两万中国军人（没有人知道他们从哪儿得到这个数字），他们要把这些人都抓出来，统统枪毙。这意味着现在城内所有年纪在18至50岁的壮年男子。他们怎么能再查看任何人的脸呢？

---

① Robert O. Wilson, A letter to wife Marjorie, December 15, 1937, Folder 3875, Box 229, Record Group 11, Special Collection, Yale University Divinity School Library.

辛德伯格今天回城，带来了更多恐怖的故事。他说中国人在路上修建的防坦克的巨大壕沟里填满了尸体和伤兵，在尸体不够填满壕沟以让坦克开过去的情况下，他们不分青红皂白地枪杀住在附近的人填入壕沟里。他借了部照相机去拍下来证实他所说的情况。[1]

在血腥的大屠杀期间，威尔逊每天都给妻子写信，尽管他当时不能把信寄出去。凭借外科医生的科学精准态度，他的描述详细而精确。

1946年6月，他前往东京，在远东国际军事法庭上作为检方的证人作证。他于1967年11月16日在加利福尼亚州的阿卡迪亚（Arcadia）去世。他留下的许多大屠杀时期的信件被保存在耶鲁大学神学院图书馆和斯坦福大学胡佛研究所。然而，他的更多书面记录仍然保存在他家庭的私人收藏中。

---

[1] Robert O. Wilson, A letter to wife Marjorie, Christmas Eve, 1937, Folder 3875, Box 229, Record Group 11, Special Collection, Yale University Divinity School Library.